国家级特色专业

高等教育会计 … 材

Auditing

审计学

郑石桥 吴青川 编著

东北财经大学出版社
Dongbei University of Finance & Economics Press
大连

图书在版编目（CIP）数据

审计学 / 郑石桥，吴青川编著. —大连 ：东北财经大学出版社，2017.10
（高等教育会计类创新应用型规划教材）
ISBN 978-7-5654-2942-2

Ⅰ. 审… Ⅱ. ①郑… ②吴… Ⅲ. 审计学-高等学校-教材 Ⅳ. F239.0

中国版本图书馆CIP数据核字（2017）第224024号

东北财经大学出版社出版
(大连市黑石礁尖山街217号 邮政编码 116025)
网 址：http：//www.dufep.cn
读者信箱：dufep@dufe.edu.cn

大连市东晟印刷有限公司印刷 东北财经大学出版社发行

幅面尺寸：185mm×260mm 字数：434千字 印张：18.75 插页：1

2017年10月第1版 2017年10月第1次印刷

责任编辑：王 莹 孔利利 吴 茜 责任校对：那 欣
高 铭
封面设计：冀贵收 版式设计：钟福建

定价：35.00元

前言

从技术逻辑上来说，审计就是对特定事项与既定标准之间的一致性获取证据并发表意见，这里的特定事项就是审计主题（audit subject matter）。总体来说，审计主题包括财务信息、业务信息、行为、制度。审计就是围绕上述四类主题与既定标准之间的一致性收集证据并发表意见，基于四类审计主题，分别形成财务审计、绩效审计、合规审计、制度审计。

上述四类审计业务中，财务审计是传统且基础的审计业务，并且为其他各类审计提供了许多可资借鉴的方法，本书作为非审计学专业的学生学习审计学的教材，对财务审计做了较详细的介绍，对绩效审计、合规审计、制度审计做了概要性的介绍。同时，还介绍了各类审计的共同知识——审计学基础知识。

根据上述指导思想，本书共分三篇：第一篇是审计学基础，包括第一章至第三章；第二篇是财务审计原理，包括第四章至第十章；第三篇是各种非财务审计基本框架，包括第十一章至第十三章，概要性地介绍绩效审计、合规审计和制度审计。第一篇和第三篇由郑石桥教授负责编写，孟金卓博士、许莉教授参与第三章编写；第二篇由吴青川副教授负责编写，戚振东副教授参与第九章编写。

除了内容安排上独具特色外，本书的另外一个显著特点是与审计实验配套。多年的审计教学实践表明，审计学的学习离不开操作，但是，到实践中去操作又难以具备条件，所以，模拟实验操作是理想的路径。南京审计大学国际审计学院与广州市福思特科技有限公司合作开发了“审计之友虚拟仿真教学软件”，这是在扎实的理论知识和丰富的教学经验的基础上，按照模拟操作的思路并基于实际数据来开发的模拟操作平台，为学生学习审计学提供了较好的平台，本书与“审计之友虚拟仿真教学软件”的相关内容高度配合。学习本书的内容，可以通过“审计之友虚拟仿真教学软件”来进行模拟实验操作；而使用“审计之友虚拟仿真教学软件”来进行模拟实验操作，首先需要学习本书的内容。

非审计学专业的审计学课程教学是一个多年来未能很好解决的难题，本书的三篇式结构加之模拟实验操作只是作者基于多年教学经验的一种探索，不当之处还望读者指正！

作　者

2017年8月于南京老山

目录

第三篇　各种非财务审计基本框架

第一篇

审计学基础

第一章　审计本质与审计体系

什么是审计？为什么会有审计？有哪些审计？这是学习和了解审计的逻辑起点，本章对这些内容做简要介绍，具体内容包括：审计需求和审计本质；审计分类和审计体系。

[学习目标]

1. 了解审计需求理论；
2. 了解审计本质理论；
3. 掌握审计组织分类体系；
4. 掌握审计业务分类体系；
5. 掌握审计方法分类体系。

第一节　审计需求和审计本质

审计需求及审计本质是要从理论上说清楚这些问题：为什么需要审计？审计是什么？本节按从资源经管责任、人性缺陷及其后果、治理构造到审计这个逻辑路径来分析审计需求及审计本质。基本的思路是，资源经管责任的履行中由于人性缺陷，引致代理问题和次优问题，因此，治理构造中会有一些应对代理问题和次优问题的制度设计，审计是其中之一。

一、资源经管责任

资源经管责任就是一定的主体使用资金、资产、资源（狭义）来完成受托事务，也就是使用委托人提供的资金、资产、资源（狭义）来提供委托人要求的产品或服务。资源经管责任源于资源委托代理关系，如果没有资源委托代理关系，就没有资源经管责任。资源委托代理关系中的代理人是资源经管责任的承担者，委托人是资金、资产、资源（狭义）的所有者。从起源上来说，资源经管责任事实上源于资源委托代理关系。尽管人们对于委托代理关系有不同的认识，美国自由主义经济学家米尔顿·弗里德曼曾极为精彩地归纳出表1-1列示的四种花钱方式。其中，除了“花自己的钱，为自己办事”没有委托代理关系之外，其他各种花钱方式都有一定的委托代理的成分，而“花他人的钱，为他人办事”属于典型的委托代理关系。

二、人性缺陷及其后果

资源经管责任的核心内容之一是资源经管责任承担者最大善意地使用资金、资产、资

表1-1 **四种花钱方式**

类型	是否讲求节约	是否讲求效果
花自己的钱，为自己办事	是	是
花自己的钱，为他人办事	是	否
花他人的钱，为自己办事	否	是
花他人的钱，为他人办事	否	否

源（狭义）来提供要求的产品或服务，并且真实、完整、及时地报告相关信息。然而，资源委托代理关系能否按委托人希望的状况来运行呢？表1-1的信息显示，资源经管责任作为“花他人的钱，为他人办事”的典型情形，很有可能出现“不讲节约，不讲效果”的低效率状况。也就是说，资源委托代理关系的运行很有可能偏离委托人的期望，资源经管责任很有可能得不到很好地履行。其原因是什么呢？主要是人性缺陷。正常人表现出来的人性缺陷主要包括两个方面：一是自利；二是有限理性。所谓自利，是指人会计算、有创造性、能寻求自身利益最大化，表现为经济人；而有限理性认为人的行为是有意识的理性选择，但这种理性又是有限的，也就是说，人并不能在任何情形下都作出最优选择。由于自利，资源经管责任承担者可能产生代理问题；由于有限理性，资源经管责任承担者可能出现次优问题。

1.人的自利及其后果：代理问题

代理问题就是在委托代理关系中，代理人偏离委托人的期望，也称为机会主义倾向或机会主义行为。资源经管责任承担者在运用资金、资产、资源（狭义）的过程中可能偏离委托人的期望，从而出现代理问题。为什么资源经管责任承担者会出现代理问题？或者说，为什么资源经管责任承担者的代理问题能得以实施？信息经济学告诉我们，委托代理关系中由于委托人和代理人之间存在激励不相容、信息不对称，再加上环境不确定，代理人可能出现机会主义。

（1）激励不相容与代理问题。每个理性人在正常情形下都会有自利的一面，其个人决策和行为会按自利原则来进行，如果能有一种制度安排使代理人追求个人自利的决策和行为正好与委托人的期望相吻合，这一制度安排就是激励相容。激励不相容是激励相容的对立面，是指制度安排没有达到激励相容的效果，也就是说，代理人追求个人自利的决策和行为，与委托人的期望出现了差距。

（2）信息不对称与代理问题。信息不对称是指代理人拥有委托人无法拥有的信息或拥有的信息数量或质量高于委托人。在委托代理关系中，信息不对称的存在是必然的，也就是说，代理人一定存在信息优势。原因在于，如果代理人不存在信息优势，就意味着委托人知道代理人所知道的全部信息，在这种情况下委托人将一些事宜托付给代理人就失去了意义，因为委托人对所有事宜都投入了几乎与代理人一样的精力，既然如此，为什么还需要代理人？所以，信息不对称是客观存在的。正是由于信息不对称，代理人可以利用其信息优势来谋取自己的利益。在多数情形下，委托人不能觉察出代理人已经利用信息优势谋取了自己的利益。

（3）环境不确定与代理问题。在信息不对称的情形下，委托人完全可以“以成败论英雄”，根据代理人的产出来评价代理人的努力程度。如果产出在某种水平之上，则代理人付出了应有的努力；如果产出在某种水平之下，则代理人没有付出应有的努力。然而，这只是理想的状态，其前提是，产出必须是代理人努力的结果，如果产出还受到其他很多重要因素的影响，则委托人无法根据产出来判断代理人是否付出了应有的努力。在环境具有不确定性的条件下，产出的增加也许是代理人努力之外的因素导致的，而产出的减少也可能并不是因为代理人不努力。正是不确定因素与代理人的努力共同决定了产出水平，而委托人又无法区分代理人努力程度在其中的份额，因此，代理人就可能将自己不努力归结为环境不利，从而出现代理问题。

激励不相容、信息不对称和环境不确定这三个因素要联系起来考虑，只要其中任何一个因素不存在，代理问题就难以出现。激励不相容是代理人出现代理问题的动机，即使存在信息不对称和环境不确定，只要没有激励不相容，代理人就没有动机来实施机会主义行为，也就不会产生代理问题。信息不对称和环境不确定是代理人出现代理问题的条件，即使存在激励不相容，只要不存在信息不对称，代理人出现的代理问题就会被委托人发现；同样，即使存在激励不相容和信息不对称，只要委托人能从产出中分离出代理人的努力程度，代理人出现的代理问题也会被委托人发现。所以，总体来说，只有激励不相容、信息不对称和环境不确定同时存在，代理问题才会发生。

2.人的有限理性及其后果：次优问题

传统的经济学理论一直以经济人假设为前提，并且，认为经济人是完全理性，能够通过成本/收益或趋利避害原则来对其所面临的一切机会和目标及实现目标的手段进行最优选择。事实上，现实生活中的人并不完全理性，并不能作出最优选择。西蒙认为，现实生活中的行为人是介于完全理性与完全非理性之间的有限理性的人。决策者无法寻找到全部备选方案，决策者也无法完全预测全部备选方案的后果，决策者还不具有一套明确的、完全一致的偏好体系，以使它能在多种多样的决策环境中选择最优的决策方案。有限理性人只寻找满意决策。那么，什么是满意决策呢？西蒙认为，所谓满意，就是满意的资源通过满意的组合和利用获得满意的效果，而这才是合理的，也是能实现的。

然而，即使是“满意”，本身也有程度之分，例如很满意、较满意、满意等。西蒙及其他学者没有直接论及满意决策的满意程度之分。有限理性分为潜在有限理性、实际有限理性和即时有限理性三个层级。潜在有限理性是有限理性的最大值，即时有限理性是有限理性的最小值。现实生活中行为人的理性抉择所能达到的实际程度值通常介于有限理性的最大值和最小值之间，因此实际有限理性的取值往往介于潜在有限理性和即时有限理性之间。

“次优选择”或“满意决策”在经济学中对应于“最优选择”，但是，绝不是对最优的任何偏离都可以称为次优或满意，所以，“次优选择”或“满意决策”并不是可以随意达到的，其本质是现实条件下的最优，任何对现实条件没有充分利用的选择或决策都不是西蒙所称的“次优选择”或“满意决策”，我们将其称为次优问题。次优问题不同于“次优选择”，并不是说所做的选择或决策没有达到西蒙所称的最优，而是指没有作出当前环境下最适宜的选择，从而还存在改进的潜力。简单地说，“次优问题”就是没有达到实际有限理性的最大值。

三、治理构造

委托人和资源经管责任承担者都希望通过建立一整套治理体系来确保资源委托代理有

效，一般称之为治理构造。建立治理构造具有双重目的：一是提高效率，也就是为资源经管责任承担者高效率地履行职责奠定基础；二是抑制风险，即防范资源经管责任承担者偏离职责目标，前面提到的由于人性缺陷而产生的代理问题和次优问题都可能导致资源经管责任承担者偏离职责目标。

毋庸置疑，这里的效率和风险是对立的。风险较高，就表明效率没有达到应有的水准；风险得到抑制，就表明效率达到了应有的水准。所以，提高效率和防范风险事实上是异曲同工的。从风险应对视角出发，具体治理机制包括激励机制、制衡机制、道德机制、监督机制和公开透明机制。

激励机制是激励主体通过一系列制度设计来调动客体积极性的方式。激励机制依靠的力量主要是诱导因素，内含于激励制度之中；同时，激励制度得以执行之后，这种制度的力量是持续存在的，不会时断时续，只要属于激励范围的事项都能发挥作用，所以具有经常性。

制衡机制是将不同的权能分别交给不同的主体去行使，使权力系统内部各种力量之间形成一种相互牵制的链条和平衡的机制，以防止集权所带来的专制。制衡机制属于日常工作中因分工而产生的相互约束，因此，力量来源于流程内部，并且具有经常性。

以道德制约权力就是把外在的价值准则内化为权力主体自身的价值需求和道德自律，通过强化权力主体的道德认识、道德修养和道德意志，培养起权力主体自我监督和自我约束的能力，使其自觉规避滥用权力的行为，以防止权力的异化。简单地说，道德机制是权力主体通过道德进行自我约束，所以具有经常性。

监督机制是将掌管某一类型或具体事项的权力交给某个特定主体独立去行使，再设定一个专门机关或者建立一些必要的机制来观察其是否按照授权的既定目的和具体规定合法、合规、合理地履行其职责。监督就是对权力运作状态进行监视和督查，发现其中的偏差情况，采取相应的制约措施的过程。监督不是一项日常工作，且具有可选择性，因此，力量源自于流程之外，并且不具有经常性。

公开透明机制是指将权力运行的依据、过程和结果及权力运行者的相关事宜向利益相关者公开，使利益相关者知悉。公开透明机制是在流程之外，公开透明的内容、时间及方式等都具有可选择性，所以，公开透明机制对权力的控制也具有可选择性，难以做到对权力运行的经常性控制。

以上分析了各种具体治理机制，根据依靠力量来源和是否具有经常性，将分析结果归纳见表1-2。

表1-2 **各种具体治理机制特征**

具体机制	依靠力量来源	是否具有经常性
激励机制	流程内部	具有经常性
制衡机制	流程内部	具有经常性
道德机制	流程内部	具有经常性
监督机制	流程外部	不具有经常性
公开透明机制	流程外部	不具有经常性

一般来说，在应对风险（这里的风险主要指代理问题和次优问题）的过程中，首先是内部-经常性机制发挥作用（称为第一道防线），将部分风险消灭在萌芽之中。在通过内部-经常性机制发挥作用之后，还可能存在一些风险，称为剩余风险，对于这类风险，再通过监督机制、公开透明机制来发挥作用（称为第二道防线），通过这些机制对风险的再次抑制，使风险降低到可容忍的程度。上述作用过程如图1-1所示。

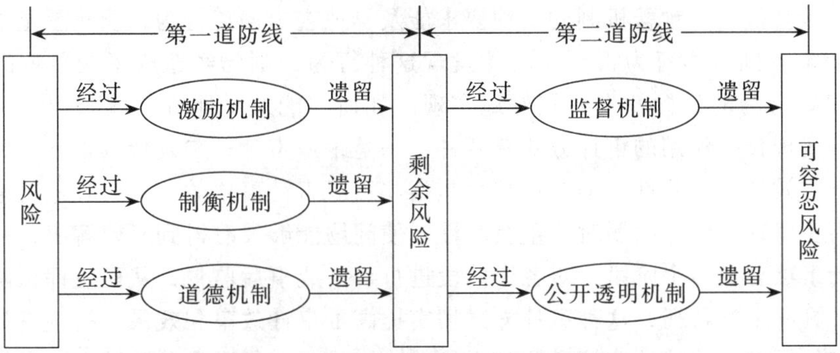

图1-1 资源经管责任风险应对体系

从结构上看，治理构造有两种类型：一种类型是以第一道防线为主；另外一种类型是以第二道防线为主。如果是以第一道防线为主，则内部-经常性机制是主要的工具性机制，它们是抑制风险的主力军；如果是以第二道防线为主，则外部-非经常性机制是主要的工具性机制，它们是抑制风险的主力军。为了叙述方便，我们将第一种情形称为内部-经常性治理模式，将第二种情形称为外部-非经常性治理模式。

四、审计的作用路径

在图1-1所示的资源经管责任风险应对体系中，审计属于监督机制，是风险应对的第二道防线。为什么需要审计呢？原因是，审计在资源经管责任风险应对体系中能发挥两方面的作用：一是直接抑制剩余风险；二是评估治理构造，确保其持续有效。

1.审计直接抑制剩余风险

审计通过揭示机制、威慑机制、预警机制和抵御机制，抑制代理问题和次优问题，从而保障制度本身良好且得到良好执行。各种保障机制具体分析如下：

第一，揭示机制。审计对资源经管责任承担者是否执行了既定的治理规则进行审计，发现偏离既定治理规则的各种问题，纠正已经发生的偏离行为，从而保障既定的治理规则得到良好执行。揭示机制源于审计的技术属性，在这里，既定的治理规则就是既定的标准，审计就是要搞清楚各种执行行为（也包括数据或信息的生产和报告）的真实情况，并在此基础上判断执行行为是否符合既定的标准。对于偏离行为，一方面要纠正，另一方面要直接或推动对相关责任者进行处理处罚。只有这样，才能真正发挥抑制偏离行为的目的。如果没有处理处罚，甚至没有纠正，则行为人以后可能还会继续发生类似行为，抑制偏离行为的目标难以达成。

第二，威慑机制。威慑机制是指资源经管责任承担者由于敬畏审计而主动放弃其偏离行为。威慑机制的实现要求资源经管责任承担者对审计具有足够的敬畏。如果他们对审计没有足够的敬畏，对于审计作出的决定或建议可以置之不理，则威慑机制无法发挥作用。

一般来说，要使资源经管责任承担者对审计有足够的敬畏，就要使得有偏离行为者承担严重的负面后果，审计惩罚制度的建立是产生负面后果的主要制度安排。当然，并不是所有的审计惩罚都能产生威慑作用，只有惩罚对象感到严重的后果才能产生威慑作用。当然，威慑机制也离不开揭示机制，如果审计对于偏离行为难以发现，则行为人自然不会敬畏审计，审计也就无从发挥威慑作用。

第三，预警机制。预警机制的实现要求能及早地查出偏离行为，防止星星之火形成燎原之势。如果等到偏离行为很严重时才发现这种行为，则已经造成了较严重的后果，此时，抑制偏离行为的目标就没有较好地实现。如何才能及早地查出偏离行为呢？一般来说，能较好实现预警作用的审计方式有两种：一是跟踪审计；二是持续审计。跟踪审计强调过程性、时效性和预防性：强调过程性是指注重对审计事项的业务过程进行审计；强调时效性是指在发现和纠正问题时注重及时性，使问题能够及时得到有效解决；强调预防性是指将审计事项分成多个阶段，对各个阶段进行事中或事后监督，从而发挥预防作用。由于跟踪审计具有上述特征，这种审计方式切实提高了审计效率和效果。持续审计是审计人员基于预定的标准，持续地监控和测试交易并确定需要执行进一步测试的异常例外情况的系统化方法，具有审计过程的连续性、审计信息的及时性和审计程序的自动化等特征。持续审计正是由于具有上述特征，可以对偏离行为进行及时跟踪，从而为预警机制的实现奠定基础。当然，预警机制也离不开揭示机制，如果审计对于苗头性偏离行为不能及早发现，也就无从发挥预警作用。

第四，抵御机制。抵御机制的实现要求能改进相关的治理制度。一方面，审计对于发现的偏离行为要追踪其原因，从而找到治理规则的缺陷，提出建议并推动这些缺陷得到整改，从而避免同类偏离行为再度发生，实现治理规则的优化。另一方面，可以直接以治理规则为对象进行制度审计，评价治理规则是否存在缺陷。如果存在缺陷，则提出建议并推动这些缺陷得到整改，从而达到治理规则的优化。有人将抵御机制形象地比喻为“强身壮体”，增加其抵御“病毒”的能力。审计建议及其实施是抵御机制最核心的内容，体现这些核心内容的制度安排包括三个部分：一是审计建议，也就是如何提出高质量的审计建议；二是审计建议实施机制，也就是相关各方如何协同来采纳和实施审计建议；三是后续审计制度，也就是在审计建议提出之后，审计方自己要单独做的事宜是如何实施的。

2.评估治理构造的有效性

以提高效率和抑制风险为目的建立的治理构造，其持续有效地运行的前提是持续改进，为此，必须对治理构造进行定期或不定期的评估，及时找到治理构造的缺陷，并推进整改。资源经管责任承担者由于是治理构造的建立者和执行者，难以做到客观公正地评估治理构造，而审计恰恰具有独立性，能够对资源经管责任承担者所建立的治理构造是否存在缺陷、是否得到有效执行进行客观的评估，从而为治理构造的持续改进奠定基础。总体来说，审计需求有两个作用路径：一是独立鉴证资源经管责任承担者是否存在代理问题和次优问题；二是独立鉴证治理构造是否存在缺陷。

当然，以上是基于资源经管责任承担者的人性缺陷对审计需求进行的分析，还有一些权变因素也会影响审计需求。第一，如果委托人不关心资源经管责任承担者是否存在代理问题和次优问题，审计就没有需求。第二，如果委托人建立的治理构造中第一道防线效果很好，能够有效地抑制风险，剩余风险水平较低，或者审计之外的其他监督机制有效地发挥了作用，则通过审计来抑制的剩余风险就较少，此时，审计需求就不强烈。第三，如果委托人对治理构造很有信心或不关注治理构造是否存在缺陷，则通过审计来评估治理构造是否存在缺陷的需求也不强烈。

五、审计本质

根据以上分析，我们知道，在资源经管责任履行过程中，由于人性自利和有限理性，在信息不对称、激励不相容和环境不确定的前提下，资源经管责任承担者可能偏离委托人的期望，从而出现代理问题和次优问题，为此，委托人会通过建立治理构造来应对这些问题。审计是这个治理构造的组成部分，一方面，通过揭示机制、威慑机制、预警机制和抵御机制，直接抑制代理问题和次优问题；另一方面，通过评估治理构造的有效性，为治理构造的持续可靠奠定基础。由于委托人的需求不同、治理构造不同，审计需求可能出现差异化。

在此基础上，审计本质可以概括如下：审计是以系统方法从行为和信息两个角度独立鉴证经管责任中的代理问题和次优问题并将结果传达给利益相关者的制度安排。

这一概念是高度概括的，可以从以下几个方面进行解析：

(1) 审计的内容是经管责任中的代理问题和次优问题。这有两个方面的含义：一是审计的内容只涉及经管责任，非经管责任一般不作为审计的内容，没有委托代理关系，就没有经管责任，也就没有审计；二是对于经管责任，审计也只关注其中的代理问题和次优问题，代理问题缘于人性自利，次优问题缘于有限理性，特别需要注意的是，这里的次优问题不同于西蒙所称的次优选择，而是指未能在当前的条件下作出最适宜的选择。

(2) 审计的直接目的是鉴证经管责任中的代理问题和次优问题。也就是说，审计主要是就经管责任履行中是否存在代理问题和次优问题形成结论，并将这个结论传递给利益相关者。

(3) 审计主题包括行为和信息两个方面。审计主题就是审计人员所要发表审计意见的直接对象，而审计过程就是围绕审计主题收集证据并发表审计意见的系统过程。审计主题包括两个方面：一是信息，通常所说的认定是其主要形态，分为财务信息和业务信息；二是行为，也就是审计客体的作为或过程，分为特定行为和约束特定行为的制度。与上述两类审计主题相对应，审计也区分为信息审计和行为审计。

(4) 审计是有系统方法的制度安排。审计是一种制度安排，这种制度安排中包含审计自身的系统方法。

(5) 审计具有独立性。经管责任涉及多方面，审计不参与其所鉴证的经管责任的履行，与经管责任本身没有利益关联，具有独立性。也正是由于这种独立性，审计才具有客观性。

第二节　审计分类和审计体系

审计可以按不同的方式进行分类，从而形成不同的审计体系。主要的分类方法有三种：一是按审计主体分类，从而形成审计组织体系；二是按审计业务分类，从而形成审计业务体系；三是按审计方式分类，从而形成审计方式体系。

一、审计组织体系

审计主体是审计活动的从事者，包括审计人员和审计组织。其中，审计组织是专门从事审计活动的机构，主要包括国家审计、内部审计、民间审计、税务审计四种类型，不同的审计组织之间相互联系、互为补充，形成完整的审计系统。一些国家还有独立的军队审计，本书将其作为国家审计的组成部分。

（一）国家审计

国家审计是代表国家依法行使审计监督权力的国家机关，具有法律赋予的独立性和权威性，目前世界上已有190多个国家和地区建立了适合自己国情的国家审计制度。由于国家与广义政府具有同一性，所以，国家审计也称为政府审计。

审计体制是国家审计制度的核心内容，指国家审计组织的隶属关系。各国审计体制不尽相同，总体来说，大致分为四种类型：审计机关隶属于立法部门；审计机关隶属于司法系列；审计机关隶属于行政系列；审计机关不隶属于任何权力部门。

（1）当审计机关隶属于立法部门时，审计机关直接对议会负责并报告工作，独立于政府。这种模式在西欧、北美等发达国家和许多发展中国家十分普遍，是目前世界审计制度的主流，美国是这种类型的典型代表。这种审计体制具有如下具体特征：在国会之下设置独立的国家审计机构；审计机关拥有足够的调查权，但对在审计过程中发现的问题，不能直接或强制地采取控制行动，其权限仅限于检查、评价和向国会报告。

（2）当审计机关隶属于司法系列时，审计机关除具有审计职能外，还拥有一定的司法权限，主要是西欧和南美一些国家采用，法国是典型代表。这种审计体制有如下具体特征：设置独立的审计法院，享有最高法院的特权，独立于议会和政府；审计机关除了拥有足够的调查权外，还拥有一定的处罚权，审计法院正式开庭审理案件并作出判决，同时可作出相应的处罚。

（3）当审计机关隶属于行政系列时，审计机关是国家行政机构的一部分，对政府负责并报告工作。这种审计机关有两种类型：一是审计和监察职能分开，中国是典型代表；二是审计和监察职能合一，韩国是典型代表。审计和监察职能分开的中国审计体制具有如下具体特征：国务院设立审计署，在国务院总理的领导下，主管全国的审计工作；审计机关除了拥有常规的调查权外，还具有一定的行政处理、处罚权。审计和监察职能合一的韩国审计体制具有如下具体特征：设立监察院，直接隶属于总统，负责对审计和行政机关及其公务员的职务监察；除了拥有常规的调查权外，由于监察与审计职能合并，就很自然地被授予了行政处理处罚权，在审计执法过程中，往往将处理问题与追究个人责任结合起来。

（4）当审计机关不隶属于任何权力部门时，直接对法律负责，德国是这种类型的典型代表。这种审计体制具有如下具体特征：联邦审计院是最高联邦机构，是独立的财政监督机构，独立于立法部门、司法系列和行政系列之外，直接对法律负责，其法定职能是协助联邦议院、联邦参议院和联邦政府作出决议；独立行使审计和咨询服务的职权，对在审计中发现的问题，有向议会报告和建议纠正的权利；审计机关的批评和建议没有法律效力，审计机关没有处理权，如果审计中发现被审者行为违法，则交由司法机关审理。

（二）内部审计

内部审计是组织内部设立的审计机构。内部审计领导体制是内部审计制度的核心内容，它是指内部审计机构的领导关系或隶属关系，也就是说，在组织治理框架中由何种岗位或机构来领导内部审计部门，这个岗位或机构不是指内部审计部门负责人，而是指领导内部审计部门负责人的岗位或机构。这个概念本来是很清楚的，但是，由于国际内部审计师协会没有使用领导关系或隶属关系，而是使用报告关系（reporting relationships），就使得内部审计领导体制的概念有些模糊了。

那么，领导关系和报告关系究竟是什么关系呢？我们先来看报告关系。一般来说，内部审计部门的报告有两种类型：一是审计报告；二是工作报告。前者是关于特定审计项目的报告，后者一般涉及内部审计管理，内容较丰富，例如一定时期的审计计划或其实施情况的报告、审计预算报告、审计资源需求报告等都属于这类报告。审计报告和工作报告需要报送的对象不同，从而有不同的报告关系。就审计报告来说，被审计单位肯定是报送对象，一些组织甚至实行内部审计报告公开制度，这就意味着组织内部的所有单位都是报告对象。就工作报告来说，一般涉及内部审计管理，并不需要报送给被审计单位。所以，内部审计的报告关系有两种：一是审计报告关系；二是工作报告关系。很显然，审计报告关系不属于领导关系，而工作报告关系与领导关系密切相关。一般来说，内部审计部门的工作报告涉及以下几个方面：第一，关于内部审计职责和权限的要求报告；第二，关于内部审计工作计划及实施情况的报告；第三，关于内部审计部门财务资源和人力资源配置要求的报告；第四，关于内部审计部门负责人报酬及任免的报告；第五，关于内部审计工作制度的报告；第六，内部审计相关特定事项寻求高层支持的报告。这些工作报告显然要报送给相关事项的决策者，而相关事项的决策者显然是内部审计工作的领导者。所以，从本质上来说，工作报告关系就是领导关系。

接下来的问题是，内部审计领导体制有哪些类型？根据现有文献或调查报告对内部审计领导体制的研究或调查，归纳起来，内部审计领导体制的类型大致有五类共八种（见表1-3）。

表1-3　**内部审计领导体制的类型**

类型	具体岗位或机构
董事会领导的内部审计	董事长
	董事会所属审计委员会
监事会领导的内部审计	监事长
经理层领导的内部审计	总经理（CEO）
	财务副总经理或财务总监
	副总经理（除财务副总经理之外）
董事会和总经理双重领导的内部审计	董事会所属审计委员会/总经理
合署办公	与审计合署的业务领域的领导

有些文献还提出了另外一种领导体制，即财务部领导的内部审计。我们认为，这不属于一种领导体制。对于这种体制，可以有两种理解：一是理解为内部审计与财务合署办公，此时，财务部门的领导——财务副总经理或财务总监——就是内部审计工作的领导；二是理解为内部审计工作是财务部门工作的一部分，同样，财务部门的领导——财务副总经理或财务总监——也是内部审计工作的领导。

（三）民间审计

民间审计是依法设立的民间组织，接受委托人的委托从事审计业务活动。民间审计通常要收取审计费用，在遵守审计准则的前提下按市场化原则运行，所以，民间审计机构也是市场主体。一般来说，民间审计机构的成员主要由注册会计师组成，所以也称为注册会计师审计。由于民间审计机构可以接受委托对任何机构进行审计，所以还称为公共审计。新中国审计事业恢复以后，民间审计机构主要是由社会力量来举办的，所以，我国的民间审计也称为社会审计。

民间审计机构的法律组织形式是民间审计制度的核心，主要有无限责任、有限责任和有限责任合伙三种模式，基本情况见表1-4。

表1-4 **民间审计机构法律组织形式的基本情况**

法律组织形式	客户规模	要求的审计能力规模	能否约束签字审计师的行为
无限责任：独资	小规模	小	能约束
无限责任：合伙制	中等规模	中等	能约束
有限责任：公司制	大型	较大	较难约束
有限责任合伙	大型	较大	能约束

英美等发达国家会计师事务所的法律组织形式的主流变迁过程是，从独资到合伙制，再到有限责任合伙。在这个过程中，一些国家也允许以公司形式设立有限责任的会计师事务所，但是，这种法律组织形式并未受到会计师行业的青睐。中国大多数会计师事务所选择有限责任的公司制，合伙制不受青睐，后来，在政府的强力推动下，大型会计师事务所采用特殊普通合伙制。

各国民间审计机构的法律组织形式为什么会出现变迁？中国与英美等发达国家民间审计机构的法律组织形式的变迁路径为什么不同？

英美等发达国家会计师事务所的法律组织形式原来是以独资和合伙制为主要形式，这些承担无限责任的法律组织形式对于约束签字审计师的机会主义行为有较大的作用。但是，存在的问题是，这种法律组织形式限制了会计师事务所的规模。随着这些发达国家社会经济的发展，对民间审计的需求越来越多，不少大型客户要求会计师事务所具有相当规模的审计能力，而独资和合伙制这两种形式都限制了会计师事务所的审计能力。在此背景下，有限责任公司制得到一些国家的认可，但是，这种法律组织形式可能不利于约束签字审计师的机会主义行为，不能得到审计产品消费者的认可，所以，并没有得到会计师行业的青睐。有限责任合伙既约束签字审计师的机会主义行为，又不限制会计师事务所的审计能力，所以得到了大型会计师事务所的青睐，成为这类事务所的主流法律组织形式。

中国的会计师事务所（包括原来的审计师事务所）在开始阶段是由政府的财政、审计等部门建立起来的，其业务开展也是在这些部门的关照下开展的，所以，以人力资本为基础的会计师事务所声誉和法律责任并未成为其业务经营的关键因素；同时，由于会计师事务所基本上都是官办的，当然也无法承担无限责任。后来，会计师事务所脱离官办，转为真正意义上的民间审计机构，但是，签字审计师害怕承担无限责任，不愿意选择有限责任之外的法律组织形式，所以，脱钩改制时，大多数会计师事务所仍然选择有限责任。但是，注册会计师行业要做大做强，甚至要走向国际，如果不能建构约束签字审计师机会主义行为的制度安排，则这些目标无疑难以实现，特别是，随着我国审计市场的对外开放，国际会计公司大量进入中国，本土会计师事务所如果不能建立核心竞争能力，将会被市场淘汰。在这种背景下，我国注册会计师行业的监管部门及相关部门对会计师事务所法律组织形式作出了强制性规定，即大型会计师事务所要选择特殊普通合伙制。

（四）税务审计

税务审计也称税务稽查，是指税务机关设立的审计机构依法对纳税人履行纳税义务、扣缴义务人履行扣缴义务情况所进行的检查及处理工作的总称，它是税收征收管理工作的重要步骤和环节，其依据是具有法律效力的各种税收法律法规及政策规定。税务稽查包含选案、检查、审理、执行四个部分。选案是指确定税务稽查对象，分为人工选案、计算机选案、举报、其他等，它是税务稽查的重要环节。审理，是税务稽查机构对其立案查处的各类税务违法案件在检查完毕的基础上，由专门组织或人员核准案件实施、审查鉴别证据、分析认定案件性质，制作“审理报告”和“税务处理决定书”或“税务稽查结论”的活动过程。

目前，我国税务机关在市（地）、县（市）两级逐步实行一级稽查体制。所谓“一级稽查”体制，是指由税务稽查机构专门负责税务稽查工作，对选出的稽查对象实施专案稽查。在税务部门内部建立选案、检查、审理、执行四分离制度。在稽查过程中，与纳税人接触的只能是稽查人员，他可以代表稽查部门，也可以代表稽查部门的主管税务机关。具体做法是，在总局、省局、市局、县局四级分别设立稽查局。总局、省局的稽查局主要负责系统税务稽查的业务管理工作，同时负责组织查处本辖区的重大偷骗税案件以及跨地区的协查案件。县局直属的稽查局也具有管理和稽查的双重职能，其具体职责一般与省辖市局直属的稽查局相同。各稽查局内部要按四分离的原则相应设置综合管理、检查、审理和执行机构。“一级稽查”体制的实施，为充分发挥税务稽查职能提供了保证，同时对解决多头进户和重复检查、减少工作阻力、改善征收管理与稽查的协调配合关系等也起到了积极的促进作用。

二、审计业务体系

现代审计究竟有哪些审计业务类型呢？总体来说，有三种分类方法：一是从审计客体的角度进行分类，从而形成基于审计客体的审计业务体系；二是从审计内容的角度进行分类，从而形成基于审计内容的审计业务体系；三是从审计目标的角度进行分类，从而形成基于审计目标的审计业务体系。

（一）基于审计客体的审计业务体系

审计客体包括四类：第一类是组织单位，包括党政机关、事业组织、企业组织、金融组织、非政府组织（non-governmental organization，NGO）；第二类是实物，包括资源、环境、工程；第三类是政策；第四类是自然人，目前主要是领导干部。基于审计客体的审计业务体系，将不同审计客体的审计作为不同的审计业务类型（见表1-5）。以组织单位为审计客体时，基于不同的组织类型，分别形成党政机关审计、事业组织审计、企业组织审计、金融组织审计、非政府组织审计；以实物为审计客体时，基于不同的实物类型，分别形成资源审计、环境审计和工程审计；以政策为审计客体时，基于不同的政策，分别形成不同的政策审计；以自然人作为审计客体，主要是领导干部经济责任审计，其根据不同的领导干部类型进一步分为不同的领导干部经济责任审计。

表1-5 **基于审计客体的审计业务体系**

审计客体		审计业务类型
组织单位	党政机关	党政机关审计
	事业组织	事业组织审计
	企业组织	企业组织审计
	金融组织	金融组织审计
	非政府组织	非政府组织审计
实物	资源	资源审计
	环境	环境审计
	工程	工程审计
政策	不同的政策	政策审计
自然人	不同的领导干部	领导干部经济责任审计

基于审计客体的审计业务体系，由于将不同的审计客体作为不同的审计业务类型，便于审计人员掌握审计客体相关的业务知识，有助于审计人员形成以审计客体为基础的专业化分工。但是，这种审计业务体系的不足是淡化了审计主题。对于同一个审计客体，可以有多种审计主题。在每次审计时，可以只注意其中一个审计主题，也可以同时关注多个审计主题，而不同审计主题的审计方法是有区别的，仅仅按审计客体来划分审计业务类型，就会淡化上述差别，从而不利于解决“怎么审计”的问题。

（二）基于审计内容的审计业务体系

基于审计内容的审计业务体系，认为不同的审计内容就是不同的审计业务，这里的审计内容就是“审计什么”。关于审计究竟审计什么有多种观点，比如会计论、财政财务收支论、财政财务收支及相关经济活动论、经济活动论、经济管理活动论、经济活动及相关信息论、“三资一责”论（公共资金、资产、国有资源和领导干部经济责任）。另外，根据国家治理免疫系统论，审计主要是找“病毒”及其原因。

这些观点尽管从不同视角探究了审计究竟“审计什么”，但是都还需要进一步深入细化，并需要更具有包容性。例如，会计论认为，审计就是审计会计。那么，这里的会计是会计制度，还是会计信息，抑或二者兼具？上述选择似乎都可以，所以，会计论需要进一步深入细化。再如，财政财务收支论认为，审计就是审计财政财务收支。这里的财政财务收支是财政财务收支相关信息，或是财政财务收支相关制度，或是财政财务收支产生的绩效结果，或是财政财务收支行为，还是这四项内容同时存在？上述选择似乎也都可以，所以，财政财务收支论需要进一步深入细化。经济活动论、经济管理活动论、经济活动及相关信息论、财政财务收支及相关经济活动论、“三资一责”论也存在与财政财务收支论同样的问题。至于国家治理免疫系统论，关键的问题是要界定“病毒”的范围，审计不可能包打天下，应该是“有所为，有所不为”，政府审计应该聚焦一些特定的“病毒”，而不是一般意义上的“病毒”。例如，即使从政府审计反腐败的角度来看，政府审计也只能在某些类型的反腐败中发挥作用，并不能对所有腐败都发挥作用。

审计主题是对审计内容较为合理的分类框架。简单地说，审计主题就是审计人员要发表意见的特定事项。从技术逻辑来说，审计的直接目的是要对特定事项发表意见，这里的特定事项是发表审计意见的主题，所以，基于技术逻辑，本书将这里的特定事项称为审计主题。前面提到的会计论、财政财务收支论、财政财务收支及相关经济活动论、经济活动论、经济管理活动论、经济活动及相关信息论、“三资一责”论、国家治理免疫系统论提出的审计内容都可以分解为某类审计主题。

问题的关键是，审计主题究竟有哪些？我们先来看权威职业规范的规定及问卷调查的结果。《中国注册会计师鉴证业务基本准则》规定，鉴证对象与鉴证对象信息具有多种形式，主要包括：

（1）当鉴证对象为财务业绩或状况时（如历史或预测的财务状况、经营成果和现金流量），鉴证对象信息是财务报表；

（3）当鉴证对象为非财务业绩或状况时（如企业的运营情况），鉴证对象信息可能是反映效率或效果的关键指标；

（3）当鉴证对象为物理特征时（如设备的生产能力），鉴证对象信息可能是有关鉴证对象物理特征的说明文件；

（4）当鉴证对象为某种系统和过程时（如企业的内部控制或信息技术系统），鉴证对象信息可能是关于其有效性的认定；

（5）当鉴证对象为一种行为时（如遵守法律法规的情况），鉴证对象信息可能是对法律法规遵守情况或执行效果的声明。

国际审计与鉴证准则委员会（International Auditing and Assurance Standards Board，IAASB）颁布的ISAE 100及随后取而代之的ISAE 3000将确认业务主题分为财务信息、业务信息、流程及制度、行为。此外，还有不少文献调查了审计机构的确认业务类型，发现确认的主题很广泛，涉及财务信息、业务信息、流程及制度、行为。

所以，综合权威规范的规定及实务部门已经开展的鉴证业务，审计主题包括四类：财务信息；业务信息；特定行为；特定制度。财务信息是历史或预测的财务状况、经营成果和现金流量信息，对于这些信息如何生产存在既定标准，通过系统方法可以搞清楚这些信息反映的事项的真实情况，所以，可以作为审计主题。业务信息是财务信息之外的信息，包括反映组织、项目、政策的营运状况或营运绩效的信息，也包括反映资源、环境、工程等实物的物理特征的信息等，对于这些信息如何生产也存在既定标准，并且也可以通过系统方法搞清楚这些信息反映的事项的真实情况，所以，也可以作为审计主题。特定行为是审计客体的特定作为或不作为，从行为的内容和属性来看，行为可以分为业务行为、财政财务收支行为等。关于行为有许多的规范或要求，这就是既定标准（例如法律法规、规章制度）。如果能通过系统方法搞清楚行为的真实情况并判断其是否符合既定标准，则该行为可以作为审计主题。特定制度是关于行为的规定，可以从两个角度进行鉴证：一是制度设计是否存在缺陷；二是制度执行是否存在缺陷。这两个方面都存在既定标准，也需要以系统方法搞清楚制度设计和制度执行的真实状况并判断其与既定标准是否相符，所以，可以作为审计主题。

以上对审计主题的讨论并未专门针对政府审计，从技术逻辑来说，政府审计、民间审计和内部审计并无显著差异，只是处于不同的委托代理关系之中，应用于不同的审计客体。所以，各类审计主体可能的审计主题都是财务信息、业务信息、特定行为、特定制度，基于审计主题的审计业务体系见表1-6。

表1-6　**基于审计主题的审计业务体系**

审计主题		具体审计业务类型	审计业务类型归属
财务信息	历史财务信息	财务报表审计	财务审计
	预测性财务信息	盈利预测审核	
业务信息	绩效信息	绩效审计	绩效审计
	工程信息	工程信息审计	
	社会责任信息	社会责任审计	
	资源信息	资源信息审计	
	环境信息	环境信息审计	
	统计信息	统计信息审计	
	……	……	
特定行为	财政财务收支行为	财政财务收支审计	合规审计
	业务行为	业务合规审计	
	……	……	
特定制度	财务制度	内部控制审计	制度审计
	业务制度		
	信息制度		
	信息系统	信息系统审计	

（三）基于审计目标的审计业务体系

审计目标有多种含义，这里的审计目标是指审计人员的审计目标，也就是直接审计目标。关于直接审计目标有多种不同的观点，但是，真实性、合规性和效益性这三个目标得到大多数人的认可。很显然，这些审计目标无法与审计客体关联起来，但是与审计主题之间则有天然的关联，一定的审计目标总是与一定的审计主题相关联。对于不同的审计主题，人们关注的角度不同，有不同的期望，从而使得审计目标不同。

真实性关注的是财务信息或业务信息有无虚假或错报，针对的是财务信息主题或业务信息主题。合规性也称为合法性，关注的是财政财务收支及相关经济活动是遵守了相关的法律法规和规章制度，针对的是合规审计主题。效益性关注的是财政收支、财务收支以及有关经济活动实现的经济效益、社会效益和环境效益，这里的审计对象是经济效益、社会效益和环境效益，它们是属于行为主题还是属于信息主题呢？

首先，效益性必然表现为一些数据，首先，需要鉴证其真实性，此时，审计主题是财务信息或业务信息，审计目标是真实性。其次，需要对鉴证后的效益与既定的效益标准进行比较，此时，审计主题仍然是财务信息或业务信息，但是，审计目标是评价效益本身的优劣，显然是真实性和合规性所无法涵盖的。如果效益不好，就需要寻找原因，这就必然会涉及效益生产的全过程，从全过程中寻找缺陷、发现改进效益的机会，此时，审计主题是生产效益的行为，审计目标是判断此行为是否存在次优问题，从这个意义上来说，审计目标可以归结为合理性。所以，总体来说，效益性不宜作为独立的审计目标，它包括特定行为、财务信息和业务信息三方面的主题，可以分解为真实性和合理性两个审计目标。

不过，真实性、合规性和效益性这三类审计目标未能涵盖制度审计的全部审计目标。一般来说，对于特定制度进行审计，其直接目标是鉴证这种制度是否存在缺陷或判断制度是否有效，所以，有效性或缺陷性是制度的目标。总体来说，基于审计目标的审计业务体系见表1-7。

表1-7　**基于审计目标的审计业务体系**

项目		审计目标			
		真实性	合规性	合理性	有效性
审计主题	财务信息	√	×	√	×
	业务信息	√	×	√	×
	特定行为	×	√	√	×
	特定制度	×	×	×	√

√表示有这种业务类型，×表示没有这种业务类型

三、审计方式体系

以上简要介绍了审计业务体系，由于履行审计业务体系的审计方式也存在多种情形，因此，下面简要阐述审计方式体系。对于审计方式，可以从不同的视角进行分类，不同的分类方法，就会形成不同的审计方式体系，基本情况见表1-8。

表1-8　**审计方式体系**

分类依据	审计方式分类	
审计工具	计算机审计	手工审计
审计技术	数据式审计	非数据式审计
审计地点	现场审计	非现场审计
审计思路	事实发现型审计	命题论证型审计
保证程度	有限保证审计	合理保证审计
审计重点的确定方式	账项基础审计	制度基础审计、风险导向审计

（一）基于审计工具的审计方式分类：计算机审计和手工审计

计算机审计是指审计人员在审计过程和审计管理活动中，以计算机为工具来执行和完成某些审计工作的一种审计技术，它并非只适用于电子数据，对手工加工的数据也可应用计算机来辅助审计。计算机在审计中的应用程度一般来说可以分为四个层次：

第一层次是指在审计业务中利用Excel、Foxpro、Word等电子表格、数据库、字处理常规软件中的一些功能或审计人员自编的一些小程序，帮助审计人员计算、复算、复核、分析审计数据，主要目的是节约审计时间、提高效率、增加准确性、减轻劳动量。此时，即使审计客体提供的是手工数据，也可以应用上述技术来提高审计效率。

第二层次是指利用专门的辅助软件进行项目审计管理，主要是数据的归集与汇总等。例如，在开展行业审计时，根据审计工作方案编制专门的审计汇总软件，自下而上，从审计工作底稿开始，对审计情况进行逐级汇总。这种计算机辅助汇总能全面、准确地汇总反映审计情况，防止错漏和人为调整上报情况，便于统一定性、统一处理。例如，审计署统一组织的工商银行系统审计、国税系统审计就采用了这种方式。

第三层次是针对专门项目，用专门的审计方法进行全面、系统的审计。这是计算机辅助审计的主流。近些年，这方面的审计软件大量出现，例如，预算执行审计软件、投资审计软件、银行审计软件、税务审计软件、海关审计软件、行政事业审计软件等。

第四层次是联网审计，是指审计人员通过信息网络与被审计单位信息系统联通后，在系统测评和数据动态采集分析的基础上，对被审计单位相关审计主题进行实时、远程审计。一般来说，联网审计有四项典型特征：一是实现实时审计，主要是指审计人员通过网络访问被审计单位信息数据库，缩短了每次检查活动的相隔期间以及检查时间，可以做到实时检查；二是实现远程审计，主要是指审计人员可以通过网络远程访问被审计单位的信息系统；三是实现更高效率的数据采集和分析，主要是指联网审计中通过网络连接进行的数据采集和分析的数量基本不受限制、时间不受现场组网时间与审计期间的影响，因此，联网审计具有更高的审计数据采集和分析效率；四是信息系统成为新的、必须开展的并且处于首要地位的审计内容。在联网审计中，由人、计算机硬件、软件和数据源组成，负责收集、加工存储、传递和提供决策所需信息的信息系统，成为内部控制的主要内容。它不仅决定了审计人员对信息的依赖程度，更重要的是决定了是否可以依赖，因此，信息系统审计在联网审计中是必须具备的审计环节。

有一种观点认为，在上述四种不同的层次中，计算机应用有实质性区别：第一层次和第二层次，计算机并未发挥审计功能，只是辅助审计人员的审计，所以，可以称为计算机辅助审计；而第三层次和第四层次，计算机真正发挥审计功能了，可以称为计算机审计。

手工审计是没有计算机这种辅助工具的审计，其主要工具是手工，也辅以一些简单计算工具，例如算盘、计算器等。在人类社会的历史长河中，计算机辅助审计只是计算机发展到一定的程度之后才出现的，在此之前的所有时代都是手工审计。即使就当代社会而言，手工审计仍然有一定的地位。在一些审计领域，如何发挥计算机的作用还处于探索之中，所以，手工审计仍然有其用武之地。

（二）基于审计技术的审计方式分类：数据式审计和非数据式审计

数据式审计是以信息系统内部控制测评为基础，通过对电子数据的收集、转换、整理、分析和验证来实现审计目标的审计方式。它以被审计单位底层数据库原始数据为切入点，在对信息系统内部控制测评的基础上，对底层数据进行采集、转换、整理和验证，形成审计可用数据，然后运用查询分析、多维分析、数据挖掘等多种数据分析方法构建模型进行数据分析，以发现疑点或错误，收集审计证据，实现审计目标。

数据式审计有三个特征：第一，不必将电子数据转换成相应的电子账套，而是对电子数据直接利用，对底层数据（这些数据不但包括传统的财务数据，还包括业务数据和外部数据）进行采集、转换、整理和验证，形成审计可用数据，在此基础上进行数据分析。第二，电子数据是反映所审计标的的信息，当然要作为审计对象，但是，这些电子数据是在特定的信息系统内部产生、加工和传递的，如果这个信息系统不可靠，则其所产生的电子数据很可能也不可靠，为此，需要对电子信息赖以形成的信息系统内部控制进行审计。如此一来，数据式审计就有两个审计对象：一是电子数据；二是信息系统内部控制。第三，数据式审计的核心方法是电子数据分析，不同的审计方式需要与其相适应的特定审计方法。在手工数据背景下，分析性程序有一定的价值，但是并非核心方法；在电子数据背景下，关键的问题在于审计人员是否能够对电子数据进行有效分析，并使各种各样的原始数据转化为对审计人员有用的信息，此时，数据分析方法就成为审计的核心方法。非数据式审计是不以数据分析为核心技术的审计方式，例如，在账项基础审计模式下，审计对象不是电子数据而是手工数据，在这种情形下，一般不以数据分析技术作为核心技术，而是把审阅法作为核心技术。需要注意的是，即使在电子数据背景下，如果不以数据分析作为核心技术，这种审计方式也就不是数据式审计。例如，在信息化背景下，内部控制审计的核心技术不是数据分析，所以，这种审计方式仍然是非数据式审计。

由于数据式审计是以电子数据为背景、以数据分析为核心技术的，所以，对于不同的审计主题具有不同的适用性，其大致情况见表1-9。

表1-9 不同审计主题适用的审计技术类型

审计主题	审计技术类型	
	数据式审计	非数据式审计
财务信息	适用	适用
业务信息	适用	适用
特定行为	适用	适用
特定制度	一般不适用	适用

（三）基于审计地点的审计方式分类：现场审计和非现场审计

对于一个特定的审计项目来说，如果审计人员主要通过亲自到被审计单位来获取资料和收集证据，这种审计方式就是现场审计，这里的现场就是被审计单位。

非现场审计就是审计人员获取资料和收集证据并不需要到被审计单位，主要在审计人员自身的办公室进行，这里的非现场是指未到被审计单位。非现场审计有两种方式：一是联网审计；二是送达审计。联网审计在前面已经有介绍。送达审计是指审计组织按照相关法规的规定和要求，通知被审计单位将与审计相关的全部资料送到审计机构，审计人员在审计机构的办公室而不需要到被审计单位就能进行审计的一种审计方式。

（四）基于审计思路的审计方式分类：事实发现型审计和命题论证型审计

事实发现型审计是通过一定的方法发现某些事实，根据发现的事实形成审计结论，并且只能就已经发现的审计事实形成结论，不能根据审计发现的事实来推断总体的情况。事实发现型审计之所以不支持根据发现的问题来推断总体，主要原因是这种审计方式不具有周延性。即使没有发现问题，也不能推断总体不存在问题；即使发现的问题不具有重要性，也不能推断总体不存在具有重要性的问题。这种审计方式所验证的审计命题不具有穷尽性，无从使用“疑错从无”和“无反证假设”。

命题论证型审计是将大命题分解为小命题（也称为分解命题），对小命题进行数据分析和验证，根据小命题的证明情况，对大命题作出结论。其逻辑过程大致包括提出问题、调查问题和回答问题三个阶段。调查问题是以提出问题为基础的，而回答问题是以调查问题为基础的，是对提出问题的回应。命题论证型审计需要根据审计主题和审计目标，提出一个具有周延性的需要验证问题的逻辑框架，能够根据发现的问题推断总体状况，对总体形成审计意见，不存在没有总体意见的审计期望差。

（五）基于保证程度的审计方式分类：有限保证审计和合理保证审计

有限保证审计是审计人员将审计风险降至该业务环境下可接受的水平，以此作为以消极方式提出结论的基础，事实上也就是以消极方式对审计主题提出结论。例如，在历史财务信息审阅中，要求审计人员将审阅风险降至该业务环境下可接受的水平（高于历史财务信息审计中可接受的低水平），对审阅后的历史财务信息提供低于高水平的保证（有限保证），在审阅报告中对历史财务信息采用消极方式提出结论，这种业务属于有限保证审计。合理保证是一个与积累必要的证据相关的概念。合理保证审计要求审计人员通过不断修正的、系统的执业过程，获取充分适当的证据，对审计主题整体提出结论，提供一种高水平但非百分之百的保证。有限保证审计与合理保证审计有如下区别：

1.所需证据的证明力有差异

合理保证业务的审计证据证明力较强，有限保证业务的审计证据证明力较低。

2.收集审计证据的审计程序有差别

正是由于所需要的审计证据的证明力不同，所以，收集审计证据的程序也存在差异。有限保证所实施的审计程序较为简洁。

3.最终审计风险有差别

合理保证业务的审计证据证明力较强，审计风险较低，但是，由于是以积极方式对总体发表意见，这又提升了审计风险；有限保证业务的审计证据证明力要求有所降低，审计风险较高，但是，由于是以消极方式发表意见，这又降低了审计风险。

4.审计结论的发表方式及信息含量不同

合理保证业务以积极方式对总体发表意见，从整体上对总体予以肯定或否定；有限保证业务以消极方式发表意见，并未从整体上对总体予以肯定或否定。

（六）基于审计重点确定方式的分类：账项基础审计和制度基础审计、风险导向审计

根据审计重点的确定方式，审计方式分为凭经验确定重点的账项基础审计，以及凭审计程序确定重点的制度基础审计和风险导向审计。在账项基础审计下，审计人员也许不需要确定审计重点，是大海捞针式审计，如果要确定审计重点，也是凭审计人员的经验来主观判断的。在制度基础审计和风险导向审计下，都需要确定审计重点。制度基础审计是以

内部控制评估程序为基础来确定进一步的审计重点，通常是内部控制缺陷越严重，与此相关的审计标的越成为审计重点；风险导向审计是以风险评估为基础来确定进一步的审计重点，通常是风险越高，与此相关的审计标的越成为审计重点。

有一种观点认为，账项基础审计、制度基础审计和风险导向审计都是财务信息审计的审计模式，不一定适宜于其他审计业务类型。这种观点有失偏颇，事实上，如果从是否寻找重点的视角来考虑，这三种审计模式的基本思路适宜于任何审计业务类型。

【复习思考题】

1.什么是经管责任？经管责任履行中为什么会出现代理问题和次优问题？

2.应对代理问题和次优问题的治理机制有哪些要素？各有什么特点？

3.审计应对代理问题和次优问题的路径有哪些？

4.审计的本质是什么？

5.审计主体有哪些？

6.基于审计客体的审计业务体系有哪些审计业务？

7.基于审计内容的审计业务体系有哪些审计业务？

8.基于审计目标的审计业务体系有哪些审计业务？

9.审计方式有哪些？

第二章　审计实施框架和实施过程

如何审计是审计的关键问题，涉及审计实施框架、审计实施过程、审计取证模式和审计取证方法等内容，本章介绍审计实施框架和审计实施过程的相关内容，其他内容在后续章节中介绍。

[学习目标]

1. 掌握审计的技术逻辑；
2. 掌握审计实施的技术要素；
3. 掌握审计实施的基本步骤。

第一节　审计实施框架

审计实施框架是如何审计的基础性问题，包括两个具体问题：一是审计的技术逻辑；二是审计的技术要素。本节介绍这些内容。

一、审计的技术逻辑

尽管人们对审计本质的认识可能存在差异，但是，对于审计的技术属性则有较高程度的共识。一般认为，从技术逻辑来说，审计就是围绕特定事项与既定标准之间的相符程度，采用系统方法收集证据，根据证据，形成对特定事项的审计意见。上述过程如图 2-1 所示。

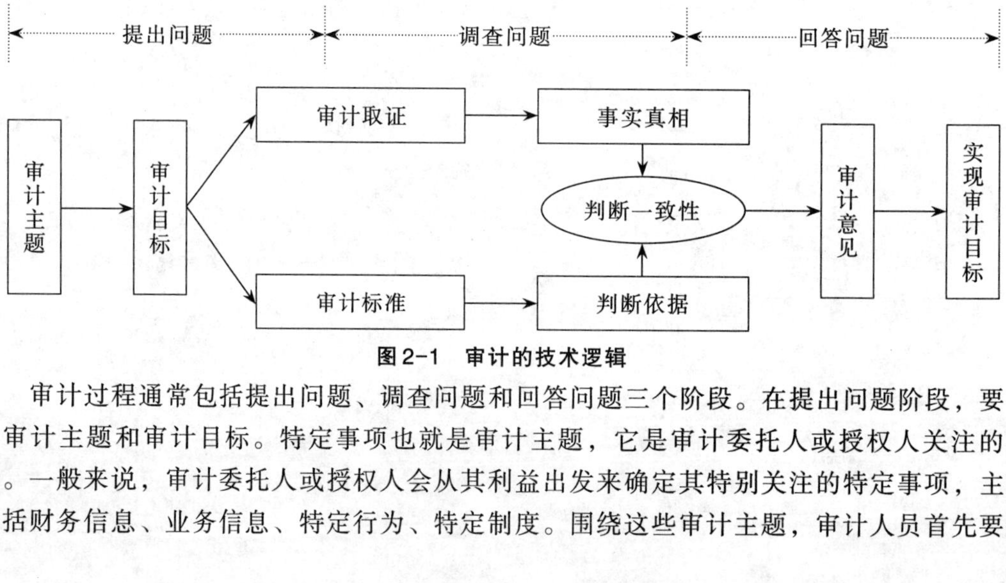

图 2-1　审计的技术逻辑

审计过程通常包括提出问题、调查问题和回答问题三个阶段。在提出问题阶段，要确定审计主题和审计目标。特定事项也就是审计主题，它是审计委托人或授权人关注的事项。一般来说，审计委托人或授权人会从其利益出发来确定其特别关注的特定事项，主要包括财务信息、业务信息、特定行为、特定制度。围绕这些审计主题，审计人员首先要搞清楚，审计委托人或授权人从哪些方面关注审计主题，这就是审计目标，例如，审计委托人或授权人可能关注财务信息是否真实、业务信息是否真实、特定行为是否合规、特定制度是否有缺陷，审计人员的使命就是回答上述问题，换言之，也就是验证审计委托人或授权人关注的上述问题是否真的出现了。为此，在调查问题阶段，审计人员需要从两个方面来开展工作：一是审计人员要确定审计委托人或授权人期望它们如何，这就是审计标准；二是要采用系统方法搞清楚审计主题的真实状况。在回答问题阶段，就是根据调查问题阶段获取的审计证据，将审计主题的真实状况与审计标准做一个比较，判断二者的一致性，形成审计意见。所以，总体来说，审计的技术逻辑就是采用系统方法回答审计委托人或授权人关注的特定事项的特定问题的过程，也就是验证审计主题的审计目标的过程。它是以审计主题为基础，围绕审计目标来收集证据并形成关于审计目标的答案的过程。审计目标既是审计的起点，也是审计的终点。一切审计活动都是围绕审计目标的有目的行为，而非与审计目标无关的审计活动，从技术本质上来说，审计是一个验证过程。

二、审计的技术要素

根据图2-1所示的审计技术逻辑，可以概括出审计实施的技术要素，主要包括审计内容、审计方法、审计标准和审计意见。从某种意义上来说，审计实施框架就是审计内容、审计方法、审计标准及审计意见相互关联的一个逻辑体系。它解决了审计的两个基本问题：一是审计什么；二是怎么审计。前者就是审计内容，后者包括审计方法、审计标准和审计意见三个要素，这四个要素相互关联，形成一个有机的整体，并受到审计环境的影响（如图2-2所示）。

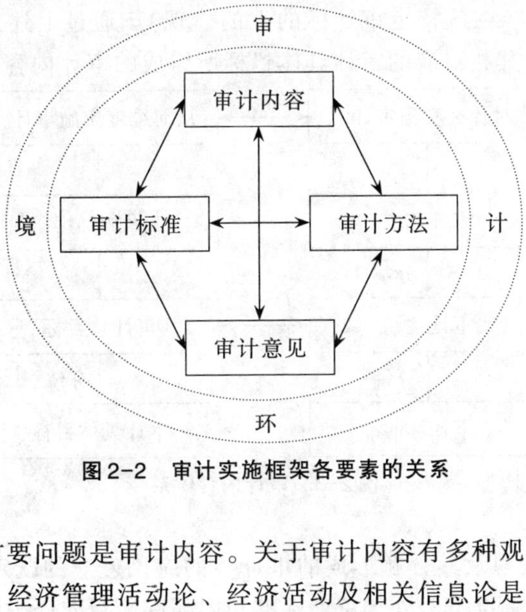

图2-2 审计实施框架各要素的关系

（一）审计内容

审计实施框架的首要问题是审计内容。关于审计内容有多种观点，会计论、财政财务收支论、经济活动论、经济管理活动论、经济活动及相关信息论是主要的观点，然而，这些观点事实上只是解决了审计范围问题。如果将审计需要发表意见的“特定事项”称为审计主题，审计就是围绕审计主题来收集证据，以判断其与既定标准的相符程度并形成意见。一般来说，审计主题分为四种类型：财务信息、业务信息、特定行为、特定制度。不同的审计业务类型就是基于不同的审计主题来收集证据以判断该主题与既定标准的相符程度并形成意见的。关于审计内容的各种观点可能分解的审计主题见表2-1。

表2-1 **关于审计内容的各种观点可能分解的审计主题**

关于审计内容的各种观点	可能分解的审计主题
会计论	财务信息、财务信息相关制度
财政财务收支论	财政财务收支活动、财政财务收支相关制度、财政财务收支相关信息
经济活动论	经济活动、经济活动相关信息、经济活动相关制度
经济管理活动论	经济管理活动、经济管理活动相关信息、经济管理活动制度
经济活动及相关信息论	经济活动、经济活动相关信息、经济活动相关制度

将审计内容划分到审计主题之后，审计内容就具有可实施性了，可以针对财务信息、业务信息、特定行为、特定制度设计可实施的审计方案。

对于特定的审计主题实施审计，还需要确定其审计目标，也就是说，审计人员希望通过对该审计主题的审计得到什么结果。一般来说，这种审计目标要分两个层级，首先是审计总目标（事实上，就是审计标准在该特定审计主题上的体现），这是针对审计主题这个层级来的。例如，财务信息、业务信息，其审计总目标是真实性；特定行为，其审计总目标是合规性；特定制度，其审计总目标是有效性。有了审计总目标，对于特定的审计主题就有了审计的大方向，但是，要具体实施审计，还需要将总目标细分到具体的审计标的（审计标的还可以进一步分解为审计事项）。这里有两个细分：一是将审计主题分解为具体的审计标的；二是将审计总目标再分解到具体的审计标的，确定审计标的的审计具体目标（事实上，就是审计标准在该特定审计标的上的体现）。通过上述过程（如图2-3所示），就形成了由审计标的及其相对应的审计具体目标所组成的审计内容体系。

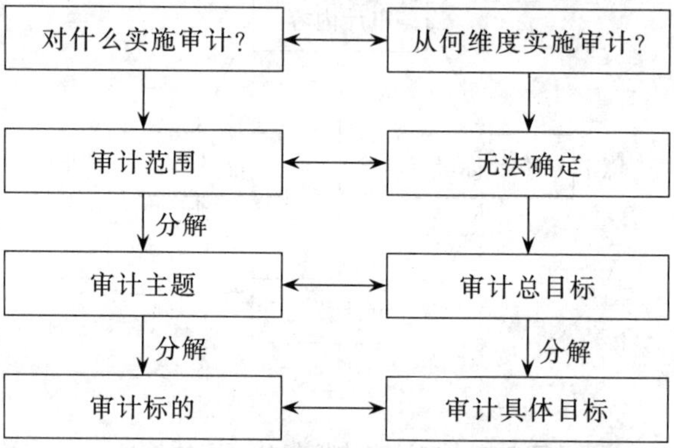

图2-3 审计内容体系

（二）审计标准

审计标准是审计主题及其分解形成的审计标的应该遵守的既定标准，是一种应然状态。按来源不同，审计标准分为外部审计标准和内部审计标准；按性质不同，审计标准分为法律法规、规章制度、预算/计划、业务规范和技术经济标准等。一般认为，审计标准具有层次性、时效性、地域性等特征，但是，审计标准的最重要特征是针对性，在图2-3所示的审计内容体系中，不同的审计主题甚至不同的审计标的有不同的审计标准，不能不区分审计主题来谈审计标准，一定的审计标准需要与一定的审计主题或审计标的相联系，而一定的审计主题或审计标的需要有一定的审计标准，二者是一一对应的，如果张冠李戴，就会出现错误的审计意见。一般来说，财务信息及其分解形成的审计标的，其审计标准是关于财务信息如何确认、计量、记录和报告的规范；业务信息及其分解形成的审计标的，其审计标准是关于业务信息如何确认、计量、记录和报告的规范；特定行为及其分解形成的审计标的，其审计标准是关于这些特定行为及其审计标的应该如何营运的规范；特定制度及其分解形成的审计标的，其审计标准是关于这些特定制度及其审计标的应该如何设计和执行的规范。不同审计主题及其分解形成的审计标的，都有其相对应的既定标准，如果混同使用，会形成荒谬的结论。

审计标准除了要与审计主题及其分解形成的审计标的对应之外，它与审计目标也高度关联。事实上，审计目标就是判断特定的审计主题及其分解形成的审计标的对于既定审计标准的遵守程度。例如，对于财务信息，审计目标是真实性，就是判断财务信息的确认、计量、记录和报告是否遵守了其相应的既定标准，如果遵守了，就是真实的，如果有重大错报，就是不真实的。其他各类审计主题也是如此。所以，总体来说，审计标准是判断审计目标是否达成的依据。

（三）审计方法

审计方法就是获取证据以判断审计主题及其分解形成的审计标的是否遵守了审计标准的系统过程，由于审计目标是审计标准在审计主题及其分解形成的审计标的上的体现，所以，审计方法也是收集审计证据以判断不同层级审计目标达成状况的系统过程。但是，从审计实施的角度来说，审计方法就是寻找偏离审计标准之处，或者是寻找审计目标未达成之处，通过偏离审计标准或审计目标未达成的严重程度来判断审计标准遵守情况或审计目标达成情况。如果将偏离审计标准或审计目标未达成作为“问题”，那么审计过程就是问题导向的，审计过程就是寻找问题并对问题进行等级划分的过程。

根据上述思路，审计方法作为一个系统过程，首先要选择审计取证模式，在此基础上，设计审计方案并获取审计证据。

审计取证模式按是否能根据样本推断总体通常可以分为两种类型：一是命题论证型模式；二是事实发现型模式。前者是将审计总目标作为大命题，将审计具体目标作为小命题，将审计取证过程视同命题证明过程，根据小命题的证明情况来推断大命题的状况，这种取证模式能根据样本审计结果来推断总体状况，可以发表合理保证审计意见；后者将审计目标视同指引方向，围绕这个方向找问题，并报告发现的问题，而非根据找到的问题来推断总体状况，样本不代表总体，只能发表有限保证审计意见。审计实践中先后出现的账项基础审计、制度基础审计、传统风险导向审计、现代风险导向审计、数据式审计等取证模式是以审计取证的思路来划分的，都可以选择命题论证型模式或事实发现型模式。不同的选择，会有不同的取证逻辑，也会有不同的审计意见类型。然而，审计取证模式的选择并不是随意的，而是要受到一些条件的约束，主要约束条件有三个：一是审计意见类型；二是审计载体；三是审计主题。不同的审计意见类型需要不同的审计证据，从而需要不同的审计取证模式，一般来说，合理保证审计意见需要采用命题论证型取证模式，而事实发现型取证模式只能支持有限保证审计意见，所以，需要发表的审计意见类型会影响审计取证模式的选择。然而，审计实施是需要载体的，没有系统且有支撑材料的审计载体，命题论证型取证模式就无法采用，只能采用事实发现型取证模式，所以，审计载体状况是影响审计取证模式选择的重要因素。另外，前已叙及，审计主题包括财务信息、业务信息、特定行为、特定制度，不同的审计主题可能需要不同的审计意见类型，也可能有不同的审计载体，从而会有不同的审计取证模式。审计取证模式一般会体现在审计准则中，所以，在具体的审计中，只要选择了适用的审计准则，也就基本上确定了适用的审计取证模式。

设计审计方案并获取审计证据这个过程要基于对被审计单位的了解，无论采用何种审计取证模式，该过程都包括三个步骤：一是以审计标的为对象，围绕审计具体目标的验证，设计审计方案，包括审计程序的性质、范围及时间；二是合并同类审计标的的审计方案，删除重复的审计程序，形成可实施的审计方案；三是实施这个审计方案，获取证明各审计标的的审计证据，并形成对审计标的的审计具体目标的审计结论。很显然，审计方案离不开审计标的，也离不开审计具体目标。

（四）审计意见

审计意见就是对该审计主题与既定标准之间的相符程度形成的结论。一般来说，需要针对不同的审计主题分别发表意见，需要根据审计证据的证明力来确定审计意见类型，可能的选择有两种：一是合理保证；二是有限保证。合理保证是对审计总目标达成程度的结论，一般需要以命题论证型模式为基础；有限保证则不对总体发表意见，而是报告不同的审计主题下的审计发现，事实发现型模式可以满足其对于证明力的需求。审计意见的形成过程与审计内容体系的形成过程恰好相反，后者是一个命题分解过程，前者则是需要根据针对审计标的的审计具体目标的审计结论形成关于审计主题的审计总目标的审计结论（合理保证），或者是根据审计标的的审计具体目标的审计发现形成关于审计主题的审计总目标的审计发现（有限保证）。所以，总体来说，审计意见离不开审计内容和审计方法，不能就审计意见谈审计意见。

当然，不同的审计意见能满足审计报告使用者的不同需求，因此，如果发表的审计意见类型与需求者所希望的审计意见类型不同，则会产生审计期望差。例如，如果需求者希望看到合理保证审计意见，而审计人员发表的是有限保证审计意见，就会出现审计期望差。此外，审计意见类型还会影响法律责任，一般来说，合理保证审计意见更容易界定审计人员的法律责任，而有限保证审计意见则较难界定审计人员的法律责任。这些都可以被视为环境因素对审计意见的影响。

根据上述分析可以认为，审计内容、审计方法、审计标准和审计意见既各自独立又相互影响，不能就某一要素来谈该要素，应该从相互关系中来认识各个要素。这些要素彼此关联地组成了审计实施框架，在这个框架中，审计主题是关键，因此，可以将这个框架称为基于审计主题的审计实施框架。

第二节　审计实施过程

审计实施过程包括三个步骤：第一步是为获取审计证据做好准备，一般称为审计准备阶段；第二步是获取审计证据，一般称为审计实施阶段；第三步是根据审计证据形成审计结论，一般称为审计报告阶段。当然，上述三个步骤是以被审计单位已经确定为前提的。如果被审计单位还没有确定，则可以将选择被审计单位及签订业务约定书也作为审计准备的一部分。本章后续内容中以被审计单位已经确定并已经签订业务约定书为背景，在这个前提下来介绍审计准备阶段、审计实施阶段和审计报告阶段的主要工作。

一、审计准备阶段

审计准备是对一个审计项目实施审计前所做的各项准备工作。审计准备工作是否充分，对审计实施的顺利进行和最终实现既定审计目标有重要的影响。一般来说，审计准备阶段的主要工作包括五项：明确审计任务；组建审计小组；初步了解被审计单位及其环境；确定审计标准；编制项目审计计划。

（一）明确审计任务

审计任务的确定涉及审计目标和审计范围。

审计目标一般分为三个层级：它们是审计终极目标、审计总目标、审计具体目标。在明确审计任务时，要先确定拟审计项目的业务类型，是属于财务审计、合规审计、绩效审计、制度审计中的哪一类，还是多种业务合并的综合性业务；在此基础上根据审计业务类型确定具体目标。

审计任务的另一个内容是审计范围。这里的审计范围包括两方面的含义：一是审计的空间范围，也就是审计客体涉及的具体单位；二是审计的时间范围，也就是审计涉及的时间起点和终点。

（二）组建审计小组

审计小组是审计任务的具体完成者。审计小组的组建要特别注意审计小组的能力组合和独立性。审计小组的组合能力是指从业务能力来说，审计小组作为一个整体应该具备完成该审计项目的能力，这里强调的是，小组的每个成员并不都具备这种能力，但是，作为一个组合所形成的能力应该是足够的。审计小组的独立性是指审计小组成员要严格遵守回避制度，凡是与被审计单位或审计事项有利害关系的人员，均不得进入审计小组。

审计小组组建之后，要组织审计小组内部的初步研讨学习，主要是两方面的内容：一是审计任务；二是审计标准。在对被审计单位进行调查之前，审计小组成员要基本了解审计任务和审计标准，这样既有利于审前调查（也就是了解被审计单位及其环境），也有利于以审前调查为基础制订项目审计计划，又是后续其他审计工作的基础。当然，了解被审计单位及其环境并制订项目审计计划之后，还要组织审计小组内部研讨学习。

（三）初步了解被审计单位及其环境

审计实施是根据项目审计计划来进行的，所以，审计准备阶段需要编制项目审计计划，而项目审计计划的编制并不是凭空猜测的，必须以对被审计单位及其环境的初步了解为基础来编制项目审计计划。之所以将在审计准备阶段对被审计单位及其环境的了解称为初步了解，是因为在审计实施过程中还要进一步了解被审计单位及其环境。这些工作因为是在审计实施之前完成的，所以也被称为审前调查。初步了解被审计单位及其环境是编制项目审计计划的前提和目的所在，因此，有时将审前调查和项目审计计划编制合并起来称为计划审计工作。

对于不同的审计项目，审前调查的具体内容不同，但是大多数审计项目的审前调查具有一些共性。这些共性主要包括：

（1）审前调查是为编制项目审计计划服务的，而编制项目审计计划的关键在于确定审计重点，所以，审前调查并不是一般性的了解，其直接目的是初步确定审计重点，判断被审计单位可能存在的问题。调查的广度和深度要以能初步判断审计重点为标准。

（2）初步调查了解被审计单位的外部环境，主要是有关政策和法律法规及其对被审计单位的影响，被审计单位所在行业的特点、现状和发展趋势，被审计单位所在行业执行的会计准则或会计制度、行业惯例等。

（3）初步调查了解被审计单位的内部情况，包括被审计单位的基本情况、内部控制等，并对内部控制总体上是否值得依赖作出初步判断。

（4）充分利用以往审计成果，了解被审计单位以前存在的问题和行业普遍存在的问题。

（5）执行分析性程序。选择一些重要的指标与以前年度、同行业水平、预期值进行计算对比，对一些变动幅度较大或与预期值差距较大和明显不符合逻辑的指标予以特别关注，结合其他调查得来的信息选择审计重点。

（四）确定审计标准

审计标准是审计人员判断被审计单位行为是否相符的既定尺度。一般来说，可以作为审计标准的有：相关法律法规和方针政策；国家、行业或地区性的正式标准；专业机构研究或制定的专业标准；公认的或良好的实践标准，如行业或地区平均水平和先进水平；其他国家的标准和经验；被审计单位自行制定的标准，如可行性报告、预算、目标、计划、定额、技术指标、产出能力等；利益相关者的评价标准等。

在审计准备阶段，审计人员要根据审计任务来确定审计标准，不同的审计任务会有不同的审计标准。从理论上来说，审计标准就是审计委托人对被审计单位的行为规范要求，是委托人对代理人的期望。通常由审计人员提出拟采用的审计标准，经审计委托人和被审计单位同意，方可确定审计目标。所以，审计标准的确定不是审计人员单方面的事，而是需要三方共同确定。

（五）编制项目审计计划

项目审计计划不是年度审计计划，它是特定审计项目的实施计划，也称为审计方案，包括总体审计计划和具体审计计划。

总体审计计划是注册会计师从接受审计委托到出具审计报告整个过程基本工作内容的综合计划，主要包括以下内容：（1）被审计单位的基本情况；（2）审计目的、审计范围及审计策略；（3）重点审计领域；（4）审计工作进度及时间、费用预算；（5）审计小组组成及人员分工；（6）审计重要性的确定及风险的评估；（7）对专家及其他审计人员工作的利用；（8）其他有关内容。

总体审计计划一般要由派出审计小组的部门领导进行审核，一般来说，在审核总体审计计划时，应特别注意审核以下事项：审计目的、审计范围及重点审计领域的确定是否恰当；时间预算是否合理；审计小组成员的选派和分工是否恰当；对被审计单位的内部控制制度的信赖程度是否恰当；对审计重要性的确定和审计风险的评估是否恰当；对专家及其他审计人员工作的利用是否恰当。

具体审计计划是依据总体审计计划制订的，对实施总体审计计划所需要的审计程序的性质、时间和范围所做的详细规划与说明。具体审计计划比总体审计计划更加详细，其内容包括为获取充分、适当的审计证据以将审计风险降至可接受的低水平，项目组成员拟实施的审计程序的性质、时间和范围。具体审计计划应当包括各具体审计项目的以下基本内容：（1）审计具体目标；（2）审计程序；（3）执行人及执行日期；（4）审计工作底稿的索引号；(5) 其他有关内容。

一般来说，具体审计计划要由派出审计小组的部门领导进行审核，对具体审计计划，应审核以下主要事项：(1) 审计程序能否达到审计具体目标；(2) 审计程序是否适合各审计项目的具体情况；(3) 重点审计领域中各审计项目的审计程序是否恰当；(4) 重点审计程序的制定是否恰当。

二、审计实施阶段

审计实施是审计人员实施总体审计计划和具体审计计划以获取审计证据的过程（当然，这其中可能包括对项目审计计划的调整）。尽管在不同的审计项目中，由于审计取证模式不同，在审计实施过程中的具体审计程序会不同，但在风险导向审计模式下实施的主要审计程序通常包括两类：一是风险评估程序；二是进一步审计程序，又分为控制测试（control testing）和实质性测试（substantive testing）两类。

（一）风险评估程序

风险评估就是了解被审计单位及其相关情况并将了解到的情况与不同层级的风险评估对象相联系以评估各层级的风险。了解被审计单位及其相关情况是风险评估的基础，那么，从哪些方面了解被审计单位及其相关情况呢？很显然，审计主题不同，需要了解的内容就不同；审计目标不同，了解的内容也不同。一般来说，审计人员可以采取下列方法调查了解被审计单位及其相关情况：

(1) 书面或者口头询问被审计单位内部和外部相关人员；

(2) 审阅有关文件、记录、报告、内部管理手册、信息系统的技术文档、操作手册及外部相关信息；

(3) 观察有关财务活动及其场所、业务活动及其场所、其他活动及其场所以及相关内部控制的执行情况；

(4) 追踪有关交易的处理过程；

(5) 分析相关数据。

（二）进一步审计程序

进一步审计程序是在风险评估程序的基础上实施的有针对性的审计程序，一般包括控制测试和实质性测试。

1. 控制测试

在审计准备阶段及风险评估程序中，作为调查了解被审计单位内部情况的一部分，已经对被审计单位的内部控制进行调查了解，并且对其总体有效性做了初步判断。如果拟依赖内部控制，则需要在进一步审计程序中进行控制测试。

控制测试的直接目的是测试内部控制运行的有效性。内部控制运行的有效性强调的是控制能够在各个不同的时点按照既定设计得以一贯执行。审计人员在了解被审计单位的内部控制之后，只有对那些准备依赖的内部控制才执行控制测试。一般来说，控制测试包括两个方面：

(1) 控制设计测试，即对被审计单位的内部控制政策和程序的设计是否适当所进行的审计程序。目的是确定被审计单位的内部控制是否能够防止和发现特定风险。例如，审计人员了解到，会计人员记录存货购入时，必须有检验部门出具的检验报告、仓库管理人员签字的入库单和采购部门认可的购货发票。据此，审计人员可以推断，该项控制可以防止由于虚假购货产生的存货高估的风险。

（2）控制执行测试，即对被审计单位的内部控制政策和程序是否得到持续执行所进行的审计程序。如果被审计单位的控制政策和程序未能得到持续执行，即使设计得再完整，也不能减少风险。因此，针对被审计单位现已存在的内部控制，审计人员应测试其是否得到有效执行。例如，对于前面提到的控制，审计人员应检查会计人员所记录的购货是否均附有入库单、验收报告和采购部门认可的购货发票。

2.实质性测试

实质性测试也称为实质性程序，是指审计人员直接针对鉴证对象实施的用以发现与既定标准（鉴证标准）不符的事实的审计程序。审计人员直接针对鉴证对象设计和实施实质性程序的目的是发现鉴证对象与既定标准（鉴证标准）不符的事实。

实质性测试包括细节测试和实质性分析程序。细节测试是对鉴证对象的具体细节进行测试，目的在于直接识别鉴证对象是否存在与既定标准（鉴证标准）不符的事实。实质性分析程序从技术特征上仍然是分析程序，其主要是通过研究数据间关系评价信息。将该技术方法用于实质性程序，即用以识别鉴证对象是否存在与既定标准（鉴证标准）不符的事实的迹象。

3.将控制测试和实质性测试进行组合的原因

通过前面的分析可以看出，通过控制测试获得的证据是关于内部控制运行有效性的证据，并不能直接证明鉴证对象是否存在与既定标准不符的事实，实质性测试中的实质性分析程序只能识别鉴证对象是否存在与既定标准不符的事实的迹象，只有细节测试才能直接获取鉴证对象是否存在与既定标准不符的事实的证据。为什么审计人员不直接实施细节测试，而要首先实施控制测试和实质性分析程序？主要原因有两个：一是抓住审计重点；二是提高审计效率。下面，我们来分析这个问题。

从理论上来说，获取关于鉴证对象是否存在与鉴证标准不符的事实的证据有两个路径，分别如图2-4所示。

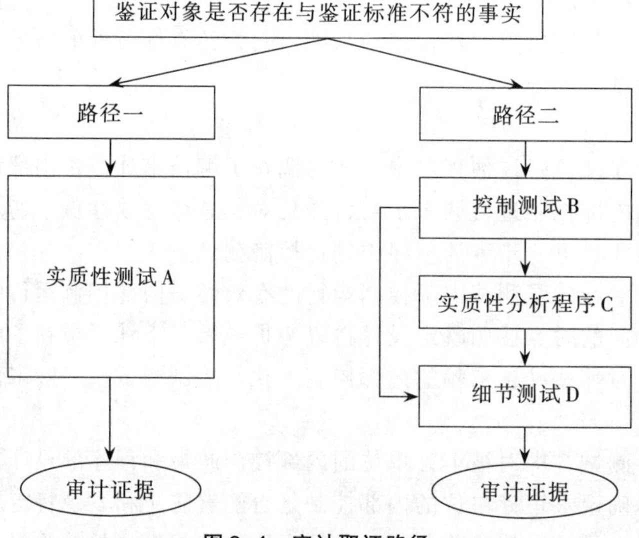

图2-4 审计取证路径

图2-4中，路径一是直接进行实质性测试，直接获取关于鉴证对象是否存在与鉴证标准不符的事实的证据；路径二是先进行控制测试和实质性分析程序，在此基础上，根据前面两个程序的结果再实施细节测试。

从审计重点来说，路径一是没有审计重点的，而路径二实施的控制测试和实质性分析程序事实上是在寻找审计重点，针对审计重点再实施细节测试。从审计效率来说，如果以图形的面积大小表示审计效率，面积越大，审计效率越低。路径二中的细节测试面积是D，显然是小于路径一中的面积A。但是，路径二中增加了控制测试面积B和实质性分析程序面积C，此时，路径二要提高效率，只有D+B+C<A，才能提高审计效率。也就是说，只有通过控制测试和实质性分析程序找到了审计重点，大大降低了细节测试的工作量，路径二才是有效的。在多数情形下，这种条件是具备的。所以，控制测试和实质性测试的组合在多数情形下是有效的。

三、审计报告阶段

尽管不同审计业务类型在审计报告阶段要做的具体工作不同，但是，也有两项工作属于共性的：一是形成审计结论；二是撰写审计报告。

(一) 形成审计结论

从技术角度来看，审计就是在搞清楚审计主题的事实真相之后，将审计主题与既定标准进行比较，判断二者之间的相符程度，并作出结论。这种结论就是审计结论，它是审计过程的最终产品，是审计委托人期望的结果。虽然审计结论是审计人员在完成审计工作后对于鉴证对象是否符合鉴证标准而发表的意见，但是，审计结论的形成受到审计人员职业判断的影响较大，所以，审计结论也称为审计意见。

正是由于审计结论的形成过程受到审计人员职业判断的影响较大，所以，审计结论有可能是错误的，这就需要确定审计人员对审计结论的置信度。

一方面，审计人员往往难以做到对审计结论有绝对把握，所以，100%的置信度也就是绝对置信是不可能的。同时，如果有绝对置信，则以抽样为代表的许多现代审计方法就无法采用，审计成本将会显著提高，所以，审计作为一种社会经济制度安排，也不需要审计结论绝对置信。另一方面，如果审计结论的置信度太低，审计结论的使用者也就无法有效使用审计结论。因此，审计结论的置信度也不能太低。所以，审计结论应该有足够而不是绝对的置信度。如前所述，有两种选择：一是合理保证；二是有限保证。合理保证即审计人员对鉴证对象是否符合鉴证标准作出的判断的置信度属于高水平但非百分之百，一般以积极或正面的方式提出；有限保证即审计人员对鉴证对象是否符合鉴证标准作出的判断的置信度足够高但低于合理保证，一般以消极或负面的方式提出。例如，财务报表审计一般采用合理保证，而财务报表审阅一般采用有限保证，二者的区别见表2-2。

(二) 撰写审计报告

审计报告是审计结论的载体，它以书面形式反映审计结论。当然，审计报告中除了审计结论外，还需要表述审计人员实施审计的情况。由于审计的委托人的要求不同，有详式审计报告和简式审计报告两种情形。前者对审计过程及其发现有详细的表述，后者对审计过程及其发现只有简洁的表述，重点是发表审计意见。

表2-2 **合理保证的鉴证业务与有限保证的鉴证业务的区别**

项目	合理保证的鉴证业务（财务报表审计）	有限保证的鉴证业务（财务报表审阅）
鉴证业务目标	在可接受的低审计风险下，以积极方式对财务报表整体发表审计意见，提供高水平的保证	在可接受的审阅风险下，以消极方式对财务报表整体发表审阅意见，提供有意义的保证水平（该保证水平低于审计业务的保证水平）
审计程序	通过一个不断修正的、系统化的执业过程，获取充分、适当的证据，证据收集程序包括检查记录或文件、检查有形资产、观察、询问、函证、重新计算、重新执行、分析程序等	通过一个不断修正的、系统化的执业过程，获取充分、适当的证据，证据收集程序受到有意识的限制，主要采用询问和分析程序获取证据
所需证据数量	较多	较少
鉴证业务风险	较低	较高
鉴证对象信息的可信度	较高	较低
提出结论的方式	以积极方式提出结论。例如："我们认为，ABC公司财务报表已经按照企业会计准则和《××会计制度》的规定编制，在所有重大方面公允反映了ABC公司20×1年度的财务状况、经营成果和现金流量"	以消极方式提出结论。例如："根据我们的审阅，我们没有注意到任何事项使我们相信，ABC公司财务报表没有按照企业会计准则和《××会计制度》的规定编制，未能在所有重大方面公允反映被审阅单位的财务状况、经营成果和现金流量"

【复习思考题】

1.审计的技术逻辑是什么？
2.审计的技术要素有哪些？它们是什么关系？
3.审计实施过程包括哪些基本步骤？
4.审计准备阶段的主要工作有哪些？
5.审计实施阶段要实施哪些类型的审计程序？
6.审计报告阶段的主要工作有哪些？

第三章 审计取证基本模式和基本方法

如何审计是审计的关键问题，涉及审计实施框架、审计实施过程、审计取证模式和审计取证方法等内容，前面已经介绍了审计实施框架和审计实施过程的相关内容，本章介绍审计取证基本模式和审计取证基本方法。

[学习目标]

1. 了解审计取证模式的发展过程及其原因；

2. 掌握风险导向审计模式和数据式审计模式；

3. 掌握审计取证的基本方法。

第一节 审计取证基本模式

审计取证模式也称审计模式，是审计人员为了实现特定的审计目标所采取的审计策略、审计思路的总称。按照审计模式的发展历史，依次出现过四种审计模式，它们是账项基础审计模式、制度基础审计模式、风险导向审计模式和数据式审计模式。其中，风险导向审计模式又可细分为传统风险导向审计模式和现代风险导向审计模式两种。关于本节的内容，需要做两点说明：第一，本节对审计取证模式的介绍是以历史财务信息这种审计主题为背景的，但是，其基本原理也适用于业务信息、特定行为、特定制度这些审计主题；第二，本节对账项基础审计模式、制度基础审计模式、风险导向审计模式的介绍是以企业审计为背景，然而，其基本原理也适用于非企业组织的审计。基于上述两点考虑，本节介绍的审计取证模式可以称为审计取证基本模式。

一、账项基础审计模式

账项基础审计起源于19世纪以前的英国，当时审计的主要目的是接受财产所有者的委托，对受托的管理者是否存在错误、舞弊以及有无贪污盗窃等行为进行检查。与此相适应的审计方法是以凭单审核为重心，以财务数据的可信性为着眼点，对被审计单位的会计凭证、账簿、报表等资料进行全面、详细的检查，即详细审计。

账项基础审计本身也经历了多个发展阶段。19世纪以后，资本主义市场经济得到迅速发展，被审计单位的规模及其业务范围日益扩大，反映经济业务的会计记录数量不断增加、内容也日趋复杂，不仅审计人员无法承受对会计资料进行全面验证的巨额成本，就连会计信息的使用者也无法接受详细审计的低效率。19世纪中叶，股份公司这种组织形式的迅速发展进一步加剧了财产所有权和业务权的分离。无论是所有者还是管理者都认识到，作为沟通公司和外部信息桥梁的财务报表，必须由审计人员加以鉴证。随着金融资本对产业资本的广泛渗透，被审计单位的利害关系人也需要了解资产负债表列示的项目是否真实、正确，以判断其财务状况和偿债能力，由此催生了资产负债表审计。20世纪30年代以后，资本市场的迅速发展使得被审计单位的资金来源逐步从银行扩大到股票和债券市场。管理者的受托责任也由原来主要对少数股东及银行负责转向对众多利益相关者负责，这使社会对被审计单位财务信息的需求日益增加。1929年美国爆发的金融危机及随后的经济衰退使得大批企业破产倒闭，无数投资者和债权人损失惨重。整个社会对企业盈利能力的关注乃至对整个财务报表的关注逐渐超过了对查错防弊的要求，于是利润表被纳入审计范围，由资产负债表审计过渡到以利润表审计为主、包括资产负债表审计在内的财务报表审计阶段。在这个阶段，抽样审计逐步取代了详细审计。随着抽样技术的发展，审计人员所采用的判断抽样逐渐取代了初期的任意抽样方法或经验抽样方法。

无论哪个阶段的账项基础审计，这种取证模式都可以被理解为一种以经济业务、会计事项和账目记录为基础，直接从会计资料的审查入手收集有关审计证据，从而形成审计意见和结论的审计模式。账项基础审计模式以会计资料为切入点，其审计目标是查错纠弊。审计人员首先取得各个账项的明细表，与总账核对后再核对财务报表，顺向或逆向核对记账凭证和原始凭证。通过检查、观察、函证、询问等具体方法取得证明性材料。

账项基础审计模式最大的优点是审计误差小、可靠性高，尤其在揭露舞弊或不法行为时效果显著。这种取证模式可以直接取得具有实质性意义的审计证据，审计质量较高。但是，这种审计模式也具有一些不足之处：不对审计工作进行整体规划，只是机械地对会计信息进行详细检查，审计效率低下；采取有限的抽样技术，判断抽样的盲目性比较大；主要围绕财务报表、账簿及有关凭证进行审计，即使发现一些技术性错误或舞弊，也难以避免同类错误的重复发生。

二、制度基础审计模式

20世纪40年代以后，随着股份制公司的不断涌现，社会公众开始关注财务报表的公允性和真实性。同时，出于加强被审计单位管理的内在需要，被审计单位也开始不断完善内部控制制度。审计人员逐渐认识到内部控制系统对审计具有重大影响：如果被审计单位建立和维护的内部控制系统是健全有效的，那么会计资料准确性往往较高，资产也较为安全，既然发生错弊的可能性较低，那么抽样审计结果的可靠性也较强，据此所作出的总体性评价也较有把握。于是，以被审计单位的内部控制制度为着眼点，产生了制度基础审计模式。20世纪50年代，该模式在西方国家得到广泛应用。

制度基础审计是在了解和评价被审计单位内部控制制度健全有效性的基础上，确定实质性测试的时间、审查的范围和程度的审计模式。制度基础审计模式产生的理论依据是：如果产生财务信息的各种技术和方法以及为防止与揭示差错或不法行为而采取的各种措施是可以依赖的，则由这个系统所产生的结果其可信性水平也会比较高。运用制度基础审计模式需要大量采用抽样方法。抽样测试中工作量的大小、样本容量的确定以及抽样方法的选择都是以内部控制系统的强弱以及对内部控制系统的检查和评价为基础的。如果发现内部控制系统是值得信赖的，那么审计测试的范围和样本量可相应减小；反之，审计测试的范围和样本量就需要适当增加。

与账项基础审计模式相比，制度基础审计模式根据内部控制的测评结果确定实质性测试的范围和深度，这种取证模式较好地适应了审计环境和审计目标的变化，提高了审计质量和效率，同时也减少了审计取证的盲目性，降低了审计风险。制度基础审计模式能够发现被审计单位业务流程中的问题和内部控制中的缺陷，有利于避免相同错误的重复出现，也促使被审计单位不断完善内部控制系统、提高业务营运水平。

制度基础审计模式的主要缺陷是审计人员对内部控制制度过分依赖而忽视了审计风险产生的其他环节，往往难以将审计风险降至可接受的低水平。在极端情况下，如果被审计单位的内部控制系统存在许多重大缺陷甚至已经失效，内部控制不值得信赖，此时，制度基础审计便不能达到其应有的效果。

三、风险导向审计模式

在20世纪60年代末70年代初的一些审计诉讼案例中，即便审计人员证明其审计程序符合相关审计准则的要求，被审计单位的财务报表遵守了相应的公认会计原则，法院也认定审计人员需要承担相应的法律责任。日益增高的法律风险迫使职业界寻找新的审计思想，这就推动了风险导向审计模式的逐渐确立。风险导向审计模式是指审计人员通过对被审计单位进行风险评估，评价被审计单位的风险控制，确定剩余风险，执行追加审计程序将剩余风险降低到可接受水平的审计模式。

1.风险导向审计模式的分类

风险导向审计模式可以分为传统风险导向审计模式和现代风险导向审计模式。其中，传统风险导向审计模式主要是在理念上引入了审计风险概念，通过对财务报表的固有风险和控制风险的定量评估，确定检查风险，据以将审计资源相对合理地分配到高风险领域。现代风险导向审计模式改变了传统风险导向审计模式侧重于控制风险的分析方式，转向对被审计单位的业务环境和业务过程的分析，将被审计单位置于社会经济体系中，分析其所面临的业务风险及对风险的控制措施，从而形成对审计主题的预期，根据预期对审计主题进行判断。

传统风险导向审计模式以内部控制为导向，而现代风险导向审计模式则以被审计单位的业务风险为导向，关注于从业务风险衍生出来的财务报表重大错报风险，进而执行相应的实质性审计程序。传统风险导向审计模式主要是以交易为基础，从交易的角度判断是否存在重要错报，是一种“自下而上”的审计思路；而现代风险导向审计模式则是以业务风险为基础，首先“自上而下”对报表形成预期，然后“自下而上”根据预期实施相应的审计程序。两种风险导向审计模式可以用如下公式简单描述：

$$\text{计划检查风险}=\frac{\text{可接受审计风险}}{\text{固有风险}\times\text{控制风险}}=\frac{\text{可接受审计风险}}{\text{重大错报风险}}$$

2.传统风险导向审计模式与现代风险导向审计模式的区别

传统风险导向审计模式与现代风险导向审计模式之间存在如下不同之处：

（1）审计思路不同。传统风险导向审计模式的思路是从分析被审计单位财务报表的固有风险和内部控制风险着手，了解内部控制，实施控制测试，根据内部控制测试的结果决定实质性测试的性质、时间和范围。其中，评估被审计单位的控制风险往往需要审计人员大量的专业判断。而现代风险导向审计模式是以被审计单位的业务风险为导向，借助于“战略分析—业务环节分析—剩余风险分析”的基本思路，将被审计单位财务报表重大错报风险与被审计单位业务风险紧密联系起来。其引入了被审计单位战略管理分析工具，对被审计单位财务报表重大错报风险进行专业判断，进而大大提高审计人员发现被审计单位财务报表中重大错报的能力。

（2）对风险的认识不同。传统风险导向审计模式对审计风险模式中固有风险和控制风险的认识仅从会计的视角予以分析，因而大多只分析财务报表项目本身的固有风险和控制风险，并以此为基础来分析控制财务报表风险。而现代风险导向审计模式对固有风险的认识除了包括财务报表项目本身的风险外，更多地考虑被审计单位的战略风险和业务风险，并成为控制财务报表风险的最重要手段。国际审计风险准则引入“重大错报风险”概念，要求从多方面来了解被审计单位及其环境并评估重大错报风险，其中包括了解被审计单位的目标和战略以及可能导致财务报表重大错报的相关而非全部业务风险。

（3）审计风险模型不同。传统风险导向审计模式的审计风险模型是“审计风险=固有风险×控制风险×检查风险”，而现代风险导向审计模式则建立了新的审计风险模型，即“审计风险=重大错报风险×检查风险”。现代风险导向审计模式明确，评估重大错报风险是首要的审计程序，这为整个审计工作找到了正确的起点及导向，并为发现重大错报提供了有益的线索及方向。现代审计风险模型不是简单地将固有风险和控制风险合并为重大错报风险，而是作出了重大的实质性改进，从被审计单位及其相关环境中来寻找风险。

（4）审计重心不同。传统风险导向审计模式以审计测试为重心，而现代风险导向审计模式则以风险评估为重心。现代风险导向审计模式的审计程序主要包括风险评估程序、审计测试程序（包括控制测试和实质性测试）。传统风险导向审计模式不能适应现代报表审计的需要，就在于其原有的风险评估不到位，未能有效发现高风险审计领域，造成审计过量或审计不足。现代风险导向审计模式大大加强了风险评估程序，真正体现了现代风险导向审计的理念。

（5）审计测试程序个性化程度不同。传统风险导向审计测试程序标准化，现代风险导向审计测试程序个性化。审计测试程序标准化的主要问题在于：一是不能对症下药，没有贯彻风险导向审计思想；二是由于很多被审计单位的财务人员要么是审计师出身，系统学习过审计理论知识，要么有长期与审计师打交道的经验，这使审计人员无法突破被审计单位预先设置的障碍或防范措施。审计测试程序个性化就是为了克服传统风险导向审计测试的缺陷，针对风险不同的被审计单位、被审计单位不同的风险领域，采用个性化的审计程序。

（6）风险评估方法不同。传统风险导向审计模式对于信息的再加工重视程度不够，将分析性程序主要运用在报表分析上。现代风险导向审计模式注重分析，将分析性程序作为最重要的程序。为了适应其功能增加的要求，分析性程序开始走向多样化。在数据分析上，不仅对财务数据进行分析，也对非财务数据进行分析；在分析工具上，充分借鉴现代管理方法，将其运用到分析性程序中。

可见，现代风险导向审计模式与传统风险导向审计模式的区别有起点不同、程序不同，但更主要的是审计理念不同，不仅从微观的账户层次而且从宏观的内外部环境来分析业务风险、生存能力、管理能力等，并将其与重大错报风险联系起来，这是一种基于战略系统观的思考，是一种新的审计理念。现代风险导向审计在一些国际审计组织中的运用实践表明，这种方法既保证了效果又提高了效率。

3. 风险导向审计模式的优势和局限性

风险导向审计模式立足于对审计风险进行系统的分析和评价。风险导向审计模式重视审计战略的选择，既注重降低审计风险，又注重控制审计成本。在选择审计战略时，注重在审计效果和效率之间寻找一个均衡点。在审计过程中，审计人员不仅要对控制风险进行评价，而且要对审计各个环节的各种风险进行评价，并在评价的基础上运用相应的方法进行实质性测试。在风险导向审计模式下，除采用账项基础审计模式和制度基础审计模式下的审计方法外，还大量采用分析性程序。与其他审计模式相比，风险导向审计模式的优势主要体现在以下几个方面：

（1）强化了审计风险和审计效率观念。风险导向审计模式的目的是提高审计效率和效果，而不单单是节约审计成本。审计的关键是发现有价值的线索，识别不同的风险点，然后实施一系列个性化测试方案。风险导向审计模式能有效发现被审计单位存在的业务风险和舞弊风险，从而实施个性化的审计程序，提高审计效率和效果。

（2）风险导向审计模式建立在“合理的职业怀疑假设”的基础上。账项基础审计模式主要着眼于查错防弊。制度基础审计建立在被审计单位管理层与审计人员之间的“无利害关系假设”基础上，重点对内部控制各个环节进行审查。把“查错防弊”的手段主要寄托在内部控制制度上可以说是制度导向审计模式的最大弱点。而风险导向审计模式合理地扬弃“无利害关系假设”，建立在“合理的职业怀疑假设”基础上，不只依赖于对被审计单位内部控制制度的检查与评价，而且实事求是地对管理层是否诚信、是否有舞弊动机始终保持一种合理的职业警觉，将审计的视野扩大到被审计单位所处的业务环境，捕捉潜在的风险点，将风险评估贯穿于审计工作的全过程。

（3）风险导向审计模式有利于审计资源的合理配置。账项基础审计模式和制度基础审计模式均会造成低风险审计领域审计过量而高风险审计领域审计不足的问题。风险导向审计模式以分析、评价审计风险为基础，把有限的审计力量集中在高风险领域，合理配置了审计资源。

然而，风险导向审计模式也具有一定的局限性：一是风险导向审计模式自身尚未形成严密、科学的体系，缺乏必要的理论支撑；二是风险导向审计模式仍存在一些过于主观的工作标准；三是对执业的审计人员的素质要求比较高。在风险导向审计模式中，风险评估失败极有可能导致审计失败，因而该审计模式对审计人员的执业能力要求非常高。

四、数据式审计模式

数据式审计是以信息系统内部控制测评为基础，通过对电子数据的收集、转换、整理、分析和验证来实现审计目标的审计方式。它以被审计单位底层数据库原始数据为切入点，在对信息系统内部控制测评的基础上，对底层数据进行采集、转换、整理和验证，形成审计可用数据，在此基础上，运用查询分析、多维分析、数据挖掘等多种数据分析方法构建模型进行数据分析，以发现疑点或错误，在此基础上，收集审计证据，实现审计目标。

数据式审计的关键环节是电子数据分析，无论电子数据分析用于数据式审计的哪个阶段，为了避免影响被审计单位信息系统的正常运行，规避审计风险，并保持审计的独立性，审计人员在进行电子数据审计时，一般不直接使用被审计单位的信息系统进行查询、检查，而是将所需的被审计单位的电子数据采集到审计人员的计算机中，同时结合其他来源的电子数据，利用审计软件进行分析。概括起来，电子数据分析的基本过程如图3-1所示。

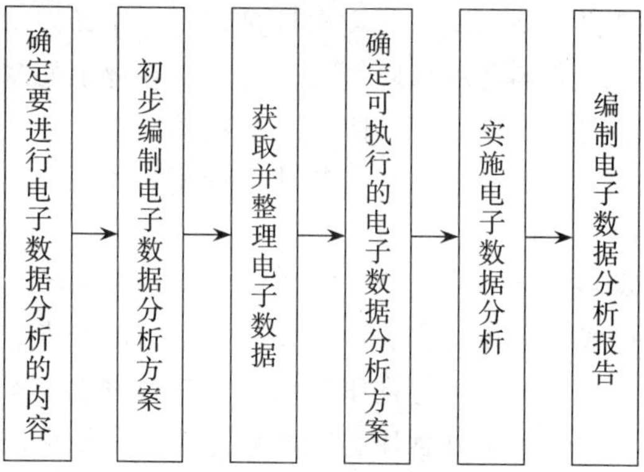

图3-1 电子数据分析的基本过程

下面，对图3-1显示的电子数据分析各阶段作简要介绍：

(1) 确定要进行电子数据分析的内容。电子数据分析是问题导向的，即通过数据异常来发现疑点，无论是在任何审计阶段应用电子数据分析都是这个思路。然而，问题导向的关键是寻找谁的问题、寻找什么样的问题，所以，需要先确定要进行电子数据分析的内容体系，再围绕这个体系来设计电子数据分析方案。在不同审计阶段运用电子数据分析，需要单独确定电子数据分析的内容体系。但是，在对审计客体及相关情况了解之后，通常需要将特定行为这种审计主题分解为审计标的（审计标的可以分解为审计事项），并为每个审计标的确定具体审计目标。因为审计主题是同类事项的集合，是难以实施的审计内容，而具体的审计程序要针对可实施的审计内容，审计主题分解就成为审计标的，将关于审计主题的总目标分解到每个审计标的，就确定了审计标的的具体审计目标。这个过程犹如将审计总目标这个总命题分解为可具体论证的小命题，所以，这种审计取证思路是命题论证式，分解过程是该取证模式的关键，后续的所有工作都是为了验证这些审计标的的审计命题（或具体审计目标）。

(2) 初步编制电子数据分析方案。首先，按审计标的编制审计数据分析方案。以每个审计标的为对象，编制验证其具体审计目标可能涉及的数据分析方案，包括有待分析的问题及分析模型。如何建立数据分析模型是电子数据分析方案的重点内容，建立数据分析模型的方法多种多样。例如，依据法律法规的限定、根据业务的逻辑关系、依据数据的钩稽关系、利用外部数据的关联关系、基于业务规则、基于数据匹配技术、基于孤立点检测、基于数据规律、基于可视化技术、基于数据挖掘技术、基于数据流程、基于迭代式聚类等都是备选方法。其次，合并各审计标的的电子数据分析方案，删除重复的数据分析，确定需执行的电子数据分析方案。由于是为每个审计标的编制数据分析方案，在一些情形下，一次数据分析可能与多个具体审计目标相关，甚至与多个审计标的相关，这些数据分析无须多次执行，所以，需要合并各审计标的的电子数据分析方案，删除重复的数据分析，得到一个无重复的审计数据分析方案，这个方案可以称为需执行的电子数据分析方案。

(3) 获取并整理电子数据。根据电子数据分析方案，提出电子数据需求，获取电子数据，并整理电子数据。有了需执行的电子数据分析方案，向审计客体或相关部门及单位提出电子数据需求，通过一定的方式获取这些数据，并对数据进行整理，就会得到审计人员可以直接利用的数据。

（4）确定可执行的电子数据分析方案。由于获取并整理之后的电子数据可能与审计人员编制电子数据分析方案时的数据期望有差别，为此，需要根据电子数据状况调整电子数据分析方案，确定可执行的电子数据分析方案。通过这个方案的确定，就选定了电子数据分析模式是命题论证型数据分析还是事实发现型数据分析。

（5）实施电子数据分析。执行上个步骤确定的可执行的电子数据分析方案，对每个审计标的的每个具体审计目标（或小命题）进行初步验证，将验证为伪的分解命题初步确定为疑点。根据与疑点相关的审计标的的重要性确定疑点的重要性。在此基础上，编制电子数据分析报告。

（6）编制电子数据分析报告。电子数据分析报告主要是报告数据分析的发现，通常需要针对不同的分析对象分别报告其数据分析发现的异常。不同审计阶段的分析结果有不同的用途。一般来说，初步业务活动阶段的数据分析结果不宜作为审计证据；风险评估阶段的数据分析结果只能作为间接证据；实质性分析性程序的分析结果可以作为主要审计证据之一，其性质仍然是间接证据，只有在相应的违规风险较低时，才可以根据这种分析结果作出关于该特定审计标的或具体审计目标的审计结论。

第二节　审计取证基本方法

审计取证模式也称审计模式，是审计人员为了实现特定的审计目标所采取的审计策略、审计思路的总称。无论采用何种审计取证模式，都需要用到一些具体的审计取证方法，这就是本节要介绍的审计取证基本方法。目前，审计取证的基本方法包括：审阅法、监盘法、观察法、询问法、函证法、重新执行法、重新计算法、分析性程序。本节将对这些方法作简要介绍。

一、审阅法

审阅法是指通过对被审计单位有关书面资料进行仔细观察和阅读来取得查账证据的一种查账技术方法。审阅的书面资料主要包括会计资料和其他经济信息资料、管理资料。与通常意义上的阅读不同，审阅法是根据有关法律法规、政策等标准或依据对书面资料进行审阅，借以鉴别资料本身所反映的经济活动是否真实、正确、合理、合法及有效。审阅法不仅可以取得一些直接证据，还可以取得一些间接证据，如通过审阅可以找出可能存在的问题和疑点，作为进一步审查的线索。

审阅法主要是用来判断被审查书面资料的真实性和合法性。如确实存在疑点，审计人员应当根据情况采用其他审计方法做进一步审查。审计人员在审查阅读有关书面材料获得有关审计证据时，应当从形式和内容上进行审阅。所谓形式上的审阅，是指关注会计资料等书面资料的外在形式是否符合规定和要求，例如，会计凭证要素是否填列完整，有无涂改、伪造的痕迹等。所谓内容上的审阅，是指有关书面材料反映的内容是否真实、正确、合理、合法。

审阅法是审计人员在审计工作中使用最广泛、最基本的技术方法。不管是财务报表审计、财务收支合规审计、内部控制审计等单一审计主题的审计，还是绩效审计、经济责任审计等多审计主题的审计，都离不开这种审计方法。审计人员通常在审计过程中不是对所有的书面资料进行审阅，一般不需要对全部资料逐一进行检查，而应当在专业判断的基础上，有重点地抽取资料进行审查阅读，可根据需要有选择、有重点地进行审查。因此，审阅法运用成功与否，一个重要的影响因素是运用该方法的审计人员的专业能力和工作态度。一般来说，审阅法的成功运用要求审计人员具有丰富的工作经验和较高的专业理论水平。

二、监盘法

监盘法是审计人员通过现场监督被审计单位对各种实物资产及现金、有价证券的盘点，并进行适当抽查而取得审计证据的方法。监盘法有两个要点：一是监督盘点，即审计人员审核盘点计划，监督盘点的全过程；二是抽查盘点，即审计人员亲临现场对被审计单位的盘点结果进行一定规模的抽查。

1.监盘法的实施技术举例

根据盘点对象不同，监盘法的实施技术多种多样。例如：

（1）堆积型存货。对于堆积型存货如煤炭、糖果、沙土等，可以采用工程估测、几何计算、高空勘测等方法计算，比如把煤堆堆成长方体，测量长宽高，再根据煤堆密度计算出其数量。对于一些堆积不高的存货，也可以实地监盘其数量或加以旋转测量。

（2）水产品。对于水产品比如池塘里的鱼，我们可以先计算出池塘的体积，看其能容纳多少鱼，然后检查鱼苗的采购、销售等相关资料，最后倒推出剩下多少鱼。

（3）成罐装的存货。对于成罐装的存货如散装白酒、液态氨等，首先确定装的是否是这类存货，比如抽取存货进行化验，然后确定数量是否足够，比如用测量棒量取，必要时利用专家工作。

（4）牲畜。由于牲畜较多且移动性强，想要实地监盘几乎不可行，因此可以采用不同时点高空射影比较计算数量或者依赖永续盘存记录。

（5）黄金、古董。对于这类存货，一般需要利用专家工作。

2.库存现金监盘的注意事项

库存现金监盘的基本原理较为简单，但是，要真正实现监盘目的，需要注意以下事项：

（1）突击性。库存现金监盘应在事先不通知被审计单位相关人员的情况下突击进行。避免由于被审计单位相关人员了解到审计人员将要实施库存现金监盘而早有防备，致使库存现金监盘达不到预期目的。

（2）时间性。实施库存现金监盘的最佳时间应选择在上午上班前或下午下班后，这样既可避免打扰被审计单位正常的业务工作，又可防止被审计单位对监盘发现的问题有这样或那样的解释，影响库存现金监盘的预期效果。

（3）同步性。当被审计单位将库存现金存放在不同地点的保险柜时，应安排几个监盘小组对每一存放处的保险柜同时展开库存现金监盘，或将每一存放处的保险柜先做封存然后逐一监盘，避免被审计单位在实际监盘过程中采取拆东墙补西墙的办法应付库存现金监盘，致使监盘失去原有的作用，达不到预期的审计目标。

（4）程序性。审计人员应邀请被审计单位财务负责人、主管会计等一同到监盘现场参与监盘及监督工作，监盘工作一般由被审计单位出纳员在现场清点现金并做好记录，审计人员不直接参与盘点，只是现场监督盘点。必要时，审计人员可对监盘结果进行复查，避免审计人员单独或亲自盘点产生一些不必要的麻烦。

（5）区别性。审计人员在组织安排库存现金的清点工作前，先要求出纳员取出保险柜内存放的私人钱物，然后要求出纳员将保险柜外所有单位公款全部放入保险柜，最后封存保险柜，避免由于单位资金和出纳员个人钱物混淆，影响最后监盘数的认定。

（6）可靠性。库存现金清点工作结束后，由被审计单位出纳填制“库存现金盘点表”，由审计人员、被审计单位财务负责人及出纳员三方共同签字认证，增强审计证据的可靠性，避免由于“库存现金盘点表”未经被审计单位财务负责人及出纳员签字认证，影响审计证据的可靠性和证明力。

以上分别介绍了审阅法和监盘法，前者是对书面资料的检查，后者是对实物的检查，二者合称为检查法。

三、观察法

观察法是指审计人员通过查看相关人员正在从事的活动或执行的程序或者客观存在的事物，以获得审计证据或发现审计线索的一种技术方法。审计人员进入被审计单位后，深入业务现场、科室、工地、仓库等地，对于业务营运工作的进行、财产物资的保管和利用、内部控制制度的执行以及劳动效率、劳动纪律等方面情况进行直接观察，注意其是否符合审计标准和书面资料的记载，从中发现薄弱环节和存在的问题，同时还能收集书面资料以外的证据。

1.观察法的分类

（1）按照运用的对象，观察法可以分为环境观察和行为观察。环境观察通常包括被审计单位业务营运的外部环境的观察和内部环境的观察。外部环境的观察包括对被审计单位的位置、交通状况、与周边环境的协调性、影响业务的有利和不利因素、业务状态的功能的观察；内部环境的观察通常包括对被审计单位的整体布局、业务和管理状况等内容的观察。行为观察也是审计人员发现审计线索、获得审计证据的一个重要方法。通过观察被审计单位管理人员、会计人员、业务人员及其他员工的行为来帮助审计人员了解真实的业务营运情况，以确定审计重点或获得审计证据或线索。在了解和评价被审计单位内部控制时，行为观察是一种有效的手段。例如，通过观察仓库保管员的收料、发料、保管等行为，审计人员可以了解被审计单位材料管理中实际存在的问题。再如，审计人员可以通过抽样观察员工某一内部控制行为的情况来确定内部控制执行的有效性。

（2）按照观察的方式，观察法可以分为连续观察和非连续观察。连续观察是审计人员通过连贯性地完整观察审计事项从而获得审计线索或审计证据的观察方法。非连续性观察是审计人员抽取时间、地点针对某一事项进行的观察，相对于连续观察，这种观察持续的时间较短。相对来说，这种观察方法取得证据证明力较弱，一般适合于审计线索的发现。

2.运用观察法时的注意事项

无论采取何种类型的观察，审计人员在运用观察法时都需要注意以下事项：

（1）审计人员对被审计单位的业务和管理环境进行观察的过程中应当保持职业谨慎态度。例如，审计人员进入被审计单位以后，对被审计单位所处的外部环境和内部环境进行仔细观察，以发现疑点或借以取得环境证据；审计人员对被审计单位人员行为进行观察，察看有无异常行为，借以发现问题和证实问题，并取得行为证据；审计人员对被审计单位的财产物资进行观察，了解其存放、保管和使用状况，借以确定盘点重点、证实账簿记录、充实证据资料。

（2）观察法不仅可以用来发现审计问题线索，而且在某些情况下可以直接获得审计证据。例如，审计人员应当通过实施询问并结合观察或检查程序，获取这些控制是否发生重大变化的审计证据，以确认对这些控制的了解。当然，如果被审计单位的内部控制不健全或不存在相关内部控制时，审计人员仍能通过观察来评估被审计单位内部控制存在的问题以及在此基础上评估错报风险。运用观察法获得的审计证据通常为亲历证据，一般而言，只要运用得当，其证据的可信性比其他证据都强。

（3）观察法取得的审计证据是时点证据，而且仅与特定审计目标相关。首先，观察法得到的审计证据仅限于发生的时点，并且相关人员在知道将被观察的时点后所从事的活动或执行的程序可能与日常做法不同，从而影响了审计人员对真实情况的了解，如果要得到整个期间的证据，这个证据的证明力可能是比较弱的；其次，观察法得到的证据仅与特定审计目标相关，例如，观察法可以运用于对固定资产的检查，实现固定资产存在的目标，但是不能实现权利和义务的审计目标。

四、询问法

询问法是指审计人员主要以口头方式，向被审计单位内部或外部的知情人员获取相关信息，并对这些信息进行评价，以获取审计证据或线索的过程，它是针对某个或某些问题通过直接找有关人员进行面谈以取得必要的资料或对某一问题予以证实的一种审计技术方法。

询问法有多种类型。按询问对象的不同，询问法可分为知情人的询问和当事人的询问两种。对知情人的询问，是指审计人员通过找有关知晓某一问题具体情况的人员进行面谈来获得资料或证实问题；对当事人的询问，是指审计人员通过找有关问题的直接负责人进行面谈来获取资料或核实问题。

按询问方式不同，询问法又可分为个别询问和集体询问两种。个别询问，即个别交谈，是指审计人员通过找有关人员进行单独面谈来获取所需资料的一种询问方法。当询问的内容极为重要，或被询问人性格内向、不善交谈，或与当事人对质以核实问题时，则需要采用个别询问的方式。集体询问是指审计人员通过找多个有关人员一起面谈来获取所需资料的一种询问方法。这种方法实际上就是通常所说的开座谈会。如果调查了解的只是一般性质的问题或对一般情况的了解，而且被询问者善于交谈、性格活泼开朗，则可采用集体询问的方式。

应采用何种方式，要根据询问内容的具体情况以及被询问者的具体情况而定。

询问法尽管有多种类型，但都具有如下特点：

（1）询问获取的是间接证据。通过向知情人进行口头了解可以获取相关信息，但是这些信息并不一定能直接用来证明审计事项的真实情况，审计人员还需在此基础上进一步搜集书面信息尤其是与审计标的相关的书面资料来确定账户的实际情况。因此，询问法获得的证据并非直接证据，而是属于间接证据。

（2）询问能获得重要审计线索。虽然询问法获得的证据无法直接用于证明某个审计标的的真实情况，但是在审计过程中，询问法是一种不可或缺的重要方法。审计人员可以把询问获得的信息作为后续审计的重要线索。知情人提供的信息，尤其是不同知情人提出的相互矛盾的信息，可以成为审计人员发现问题的重要线索。而这些线索在书面资料中一般又很难直接获取。

（3）询问获取的证据可靠性不确定。由于询问的对象是不同的行为主体，而不同主体由于所处环境、所在岗位、信息掌握程度、个性特征等诸多因素差异会导致其提供的信息并不十分可靠，甚至在某些情况下会故意提供错误、虚假信息攻击他人或扰乱审计人员的思路。因此，询问获得的审计证据的可靠性受到被询问对象、询问场合、询问方式等多方面的影响，其可靠性不确定。根据美国三位学者曾对1987—1997年审计人员由于未能发现报表中的舞弊受到起诉的案件进行调查分析，他们发现造成审计失败有诸多原因，其中之一就是审计人员过分信任“询问”这一技术，约有40%的案件显示审计人员未能对管理层的陈述或解释与已取得的证据明显不符的地方取得合理、支持性的证据。询问不当或缺少相关佐证是造成这一风险的主要原因。

使用询问法应该注意的是，为了保证询问法获取证据的可靠性，询问现场一般至少安排两名审计人员，并且应当对询问内容做好书面记录。

五、函证法

函证法是指审计人员直接从第三方获取书面答复作为审计证据的过程，书面答复可以采用纸质、电子或其他介质等形式，所以，函证法也就是审计人员通过给有关单位和个人发函以了解情况取得证据的一种调查方法。函证方式分为积极式函证方式和消极式函证方式，审计人员可采用积极式或消极式函证方式实施函证，也可将两种方式结合使用。

如果采用积极式函证方式，审计人员应当要求被询证者在所有情况下必须回函，确认询证函所列示信息是否正确，或填列询证函要求的信息。

积极式函证方式又分为两种：一种是在询证函中列出拟函证的信息，要求被询证者确认所函证的信息是否正确。通常认为，对这种询证函的回复能够提供可靠的审计证据。但是，其缺点是被询证者可能对所列示的信息根本不加以验证就回函确认。为了避免这种风险的发生，审计人员可以采用另外一种询证函，即在询证函中不列明拟函证的信息，而是要求被询证者填写有关信息或提供进一步信息。由于这种询证函要求被询证者作出更多的努力，可能导致回函率降低，进而导致审计人员执行更多的替代程序。

在采用积极式函证方式时，只有审计人员收到回函，才能为审计标的提供审计证据。审计人员没有收到回函，可能是由于被询证者根本不存在，或是由于被询证者没有收到询证函，也可能是由于询证者没有理会询证函，因此，无法证明所函证信息是否正确。

如果采用消极式函证方式，审计人员只要求被询证者仅在不同意询证函列示信息的情况下才予以回函。在采用消极式函证方式时，如果收到回函，能够为审计标的提供说服力强的审计证据。未收到回函可能是因为被询证者已收到询证函且核对无误，也可能是因为被询证者根本就没有收到询证函。因此，积极式函证方式通常比消极式函证方式提供的审计证据可靠。因而，在采用消极式函证方式时，审计人员通常还需辅之以其他审计程序。

在某些情形下，由于种种原因，无论是积极式函证方式，还是消极式函证方式，回函率都不高。如果这种审计证据很重要，一些审计组织会派审计人员到第三方索取回函，在这种情形下，函证法也称为调查法。

六、重新执行法

重新执行法是审计人员获取审计证据的重要方法之一，它是审计人员在观察被审计单位的业务经营活动，检查文件、记录和内部控制手册，阅读由管理层和治理层编制的报告，实地察看被审计单位的业务营运场所和设备的基础上，重新独立执行相关内部控制，以评价其内部控制的有效性。

重新执行法不同于穿行测试。穿行测试是追踪交易在财务信息系统中的处理过程，即通过追踪某笔或某几笔交易在业务流程中如何生成、记录、处理和报告，以及相关控制如何执行，审计人员可以确定被审计单位的交易流程和相关控制是否与之前通过其他程序所获得的了解一致，并确定相关控制是否得到执行。而重新执行法是对内部控制程序重新过一遍，测试其是否得到有效执行，也就是说，不是检查已有的凭证或记录，而是会产生新的证据。

七、重新计算法

重新计算法亦称复算法或验算法，是指通过对有关数据指标进行重新计算，以验证其是否正确可靠的审计方法。被审计单位的很多数据指标都是通过一定方法计算求得的，但是，可能由于工作人员的一时疏忽或业务水平不足甚至故意舞弊等而造成数据失真，因此，审计人员可以采用与被审计单位相同的方法，再次对相关指标进行计算，以对有关数据指标进行复核。

八、分析性程序

1.分析性程序的概念

分析性程序是指审计人员运用数据定量分析以获取证据或发现线索的方法。正确理解分析性程序的概念，必须从以下几个方面加以把握：

（1）分析性程序的过程实质上是通过将信息资料（包括财务资料和非财务资料）间的数量关系或联系模型化，用此模型推断出合理期望值，继而得出期望值与现实资料之间的差异，并就重大差异形成原因进行调查的过程。它以资料间的联系模型和确认重大差异为起点，重视对重大差异的分解和剖析，从而确认形成重大差异的原因。

（2）分析性程序主要分析的是被审计单位的重要数量、比率或趋势。数量是指被审计单位财务或非财务数额；比率主要是指被审计单位会计或业务报表的某一项目和与其相关的项目间的比值；趋势则主要指被审计单位连续若干期财务报表某一项目的金额变动情况。

（3）分析性程序通过对数量、比率或趋势的比较和分析，确认存在的异常变动和异常项目，并对这些异常变动和异常项目进行调查，进而获取审计线索或证据。所谓比较是将依据数据资料间的相关关系得出的数量、比率或趋势与被审计单位提供资料所反映的情况进行对比，从中发现重大差异；所谓分析则是指分析被审计单位提供数据的合理性，分析某种趋势或某一事件发生的可能性。

2.分析性程序的特点

（1）广泛运用于审计的各个阶段。在审计准备阶段，分析性程序可以帮助审计人员加深对被审计单位基本情况的了解，确定重点审计领域，编制有针对性的审计方案；在审计实施阶段，分析性程序可以直接作为实质性测试程序，收集与数量相关的审计证据；在审计报告阶段，分析性程序可以用于对被审计事项整体合理性作最后的复核。

（2）成本低，效率高。通过对被审计单位及其相关信息资料的比较和分析，审计人员能够很快发现其中存在的异常波动和异常项目，确认审计重点领域，选择适当审计策略，降低实施其他审计程序可能增加的审计时间，有利于审计成本的降低和审计效率的提高。此外，随着信息化的普及，被审计单位及其相关信息资料通常储存在计算机中，审计人员利用已经编好的程序能够很快地计算出所需的数据或进行比较，可以更加便捷地发现有必然联系的财务数据或非财务数据，可以更加准确地计算出实际结果和预期结果的差异幅度，并借助有关数学和统计方法，分析实际差异是否在可以接受的范围之内。

（3）可以帮助发现数据资料存在的人为错误或舞弊。在执行分析性程序的过程中，用来比较的信息资料通常有各自独立的来源。有些时候，审计证据的来源可能是在被审计单位管理人员的控制范围之内。如果有人为了掩盖错误或舞弊而操纵记录，那么仅对管理人员控制下的记录进行审计是无法发现记录的不当之处的，但通过比较不同来源的资料则可能发现重大错弊。

（4）可以提供整体合理性的证据。检查、监盘、观察、查询及函证等其他审计取证方法针对的往往是单个项目或单笔业务，其获取的审计证据能够证明的也只是该单个项目或单笔业务的存在性、完整性或所有权等，而分析性程序所针对的是报表或项目层次的某个整体，通过将反映该整体的数据与其他来源获得的数据或信息资料进行比较或分析来判断其合理性，其获得的证据可以用来证明该整体的总体合理性。

3.分析性程序的适用条件

分析性程序可以广泛运用于审计的各个阶段，但它并不适用于所有的审计事项和所有的审计人员，主要表现在：

（1）分析性程序的使用有一定的前提。首先，作为分析性程序对象和依据的信息资料间必须存在着某种相关关系。只有存在着某种相关关系的信息资料才可以作为分析性程序的对象和依据。其次，这种相关关系必须是可预期的。可预期是指分析性程序所采用的关系是相关关系明确并可预测的。可预测是指关系的稳定性。在某些情况下，数据之间的相关关系虽然明确，但不稳定、不可预测，那么审计人员还是不能对这一数据之间的关系执行分析性程序。再次，分析性程序的使用存在着一个基本假定，即在不存在已知的相反情况时，数据间将继续保持各种预期的关系。如果被审计单位外部环境变化大，或内部生产和管理发生结构性的调整，那么这种预期关系可能会被打破，分析性程序的结果将失去有效性。

（2）分析性程序难以得到精确的结论。分析性程序多数情况下是为安排其他审计程序和获取的其他审计证据提供佐证。分析性程序的结论是一种对被检查事项总体上的合理性判断，它无法给出被检查事项的准确值。对于性质重要、相关检查风险较高的项目，如果审计人员只是机械地执行分析性程序，不通过检查、函证、监盘、计算等审计取证方法取得直接证据对分析性程序加以证实或排除，分析性程序就无法发挥作用，审计风险也不会减少。

（3）分析性程序的有效运用对审计人员的要求较高。分析性程序不但涉及各种信息资料间的关系，还需要大量的专业判断。要有效执行分析性程序，审计人员必须要具有足够的专业知识、丰富的审计经验，并掌握一定的数学知识。如果审计人员不了解信息各构成要素间的关系，不了解被审计单位的具体情况，就无法建立合理的关系模型并进行相应的测算。如果审计人员没有很强的专业判断力，就无法对分析性程序得出差异的合理性进行判断。在某些情况下，被审计单位的数据资料虽然存在着重大反映失实的问题，但某些数据间的相关关系可能仍然存在，这就要求审计人员根据对审计风险的评估确定是否需要执行分析性程序及能否依赖分析性程序的结果，而这同样对审计人员的知识和经验提出了较高的要求。

【复习思考题】

1.什么是账项基础审计模式？它有什么利弊？
2.什么是制度基础审计模式？它有什么利弊？
3.什么是风险导向审计模式？它有什么利弊？
4.什么是数据式审计模式？它有什么利弊？
5.什么是审阅法？它有什么利弊？
6.什么是观察法？它有什么利弊？
7.什么是询问法？它有什么利弊？
8.什么是函证法？它有什么利弊？
9.什么是监盘法？它有什么利弊？
10.什么是重新执行法？它有什么利弊？
11.什么是重新计算法？它有什么利弊？
12.什么是分析性程序？它有什么利弊？
13.审计取证基本方法与审计取证基本模式是什么关系？

第二篇

财务审计原理

第四章　财务审计目标及审计基本过程

财务审计的目标是什么？审计目标与管理层对财务报表的认定有何关系？如何进行审计工作以实现财务审计的目标？本章介绍主要财务审计的总目标、管理层认定和具体审计目标以及实现审计目标的基本工作流程，主要内容包括：财务审计目标；财务审计基本过程。

［学习目标］

1.熟悉财务审计的总目标；
2.掌握管理层认定；
3.掌握具体审计目标；
4.了解财务审计的组织方式；
5.掌握财务审计基本过程。

第一节　财务审计目标

审计目标就是人们通过审计实践活动所期望达到的目的、境地或标准。财务审计是指以被审计单位财务信息为主要内容而进行的审计。主要是审查和核实被审计单位各种会计凭证、账簿、报表及其他财务资料是否客观公正地反映了该单位的财务状况和经营情况，并通过对各种财务资料的审查，以考核被审计单位财务收支活动的真实性和合法性。由于财务审计通常最终是对财务报表整体发表意见，因而也被称为财务报表审计。

财务审计目标包括总目标和具体目标两个层次。财务审计总目标是以财务信息作为一个总体进行审计想要达到的境地或标准；而具体目标是总目标的分解与实现形式，具体而言是指对各类交易、账户余额、列报审计想要达到的境地或标准，包括与各类交易和事项相关的审计目标、与期末账户余额相关的审计目标、与列报和披露相关的审计目标。

一、财务审计总目标

不同审计主体在开展财务审计时，虽然审计对象都是财务信息，但在审计目标定位上还是有一定差异的。政府审计开展财务审计的目标在于揭露和反映被审计单位资产、负债和净资产或盈亏的真实情况，查处财政财务收支中各种违法违规问题，维护国家所有者权益，促进廉政建设，防止国有资产流失，为政府加强宏观调控服务。内部审计部门开展财务审计的目标同政府审计一样，也是关注真实性、合法性、合规性。但是，内部审计即使开展财务审计，其最终目的仍然是透过财务问题表象，发掘经营管理中存在的提升绩效的机会。与政府审计、内部审计不同的是，注册会计师审计开展财务审计，尤其是对上市公司进行审计，除了受股东和董事会的委托，需履行受托责任之外，还要对广大的潜在投资人负责，对整个资本市场负责，履行社会责任。因此，注册会计师开展财务审计一个重要目标是财务报表是否得到公允表达，即公允性。本节介绍的财务审计目标主要针对具有代表性的注册会计师审计展开。

《中国注册会计师审计准则第1101号——注册会计师的总体目标和审计工作的基本要求》规定，在执行财务报表审计工作时，注册会计师的总体目标是：（1）对财务报表整体是否不存在由于舞弊或错误导致的重大错报获取合理保证，使得注册会计师能够对财务报表是否在所有重大方面按照适用的财务报告编制基础编制发表审计意见；（2）按照审计准则的规定，根据审计结果对财务报表出具审计报告，并与管理层和治理层沟通。

在任何情况下，如果不能获取合理保证，并且在审计报告中发表保留意见也不足以实现向预期使用者报告的目的，注册会计师应当按照审计准则的规定出具无法表示意见的审计报告，或者在法律法规允许的情况下终止审计业务或解除业务约定。

二、管理层认定

管理层认定（management assertion）是指管理层对财务报表组成要素的确认、计量、列报作出的明确或隐含的表达。管理层在财务报表上的认定有些是明确表达的，有些则是隐含表达的。例如，管理层在资产负债表中列报存货及其金额，意味着作出了下列明确的认定：（1）记录的存货是存在的；（2）存货以恰当的金额包括在财务报表中，与之相关的计价或分摊调整已恰当记录。同时，管理层也作出下列隐含的认定：（1）所有应当记录的存货均已记录；（2）记录的存货都由被审计单位拥有。

财务报表审计的总目标是对会计报表发表审计意见，具体目标是审计总目标的分解与实现形式，如何分解呢？就是将会计报表分成组成要素，按组成要素确定审计目标，这些目标就是具体审计目标。而管理层认定恰恰就是管理层对财务报表组成要素的确认、计量、列报作出的明确或隐含的表达。所以，具体审计目标事实上就是对财务报表组成要素的管理层认定发表意见。一般来说，财务报表组成要素可以区分为三类：交易和事项，期末账户余额，列报和披露。管理层对于上述财务报表组成要素有不同的认定，从而也就出现不同的具体审计目标。

管理层认定与具体审计目标密切相关，注册会计师的审计工作就是要确定管理层的认定是否恰当。注册会计师要确定每个项目的具体审计目标，首先要明确管理层对财务报表各组成要素所作出的认定。审计人员需要确认的管理层认定包括：

（一）与各类交易和事项相关的认定

1.发生：记录的交易或事项已发生，且与被审计单位有关。

2.完整性：所有应当记录的交易和事项均已记录。

3.准确性：与交易和事项有关的金额及其他数据已恰当记录。

4.截止：交易和事项已记录于正确的会计期间。

5.分类：交易和事项已记录于恰当的账户。

（二）与期末账户余额相关的认定

1.存在：记录的资产、负债和所有者权益是存在的。

2.权利和义务：记录的资产由被审计单位拥有或控制，记录的负债是被审计单位应当履行的偿还义务。

3.完整性：所有应当记录的资产、负债和所有者权益均已记录。

4.计价和分摊：资产、负债和所有者权益以恰当的金额包括在财务报表中，与之相关的计价或分摊调整已恰当记录。

（三）与列报和披露相关的认定

各类交易和账户余额的认定正确只是为列报正确打下了必要的基础，财务报表还可能因被审计单位误解有关列报的规定或舞弊等而产生错报。另外，还可能因被审计单位没有遵守一些专门的披露要求而导致财务报表错报。因此，即使审计人员审计了各类交易和账户余额的认定，实现了各类交易和账户余额的具体审计目标，也不意味着就获取了足以对财务报表发表审计意见的充分、适当的审计证据。审计人员还应当对各类交易、账户余额及相关事项在财务报表中列报的正确性实施审计。因此，审计人员对列报和披露运用的认定通常分为下列类别：

1.发生以及权利和义务：披露的交易、事项和其他情况已发生，且与被审计单位有关。

2.完整性：所有应当包括在财务报表中的披露均已包括。

3.分类和可理解性：财务信息已被恰当地列报和描述，且披露内容表述清楚。

4.准确性和计价：财务信息和其他信息已公允披露，且金额恰当。

审计人员可以按照上述分类运用认定，也可按其他方式表述认定，但应涵盖上述所有方面。例如，审计人员可以选择将有关交易和事项的认定与有关账户余额的认定综合运用。又如，当发生和完整性认定包含了对交易是否记录于正确会计期间的恰当考虑时，就可能不存在与交易和事项截止相关的单独认定。

三、具体审计目标

审计人员了解认定后，就很容易确定每个项目的具体审计目标，并以此作为评估重大错报风险以及设计和实施进一步审计程序的基础。

（一）与各类交易和事项相关的审计目标

1.发生：由发生认定推导的审计目标是确认已记录的交易是真实的。例如，如果没有发生销售交易，但在销售日记账中记录了一笔销售，则违反了该目标。

发生认定所要解决的问题是管理层是否把那些不曾发生的项目列入财务报表，它主要与财务报表组成要素的高估有关。

2.完整性：由完整性认定推导的审计目标是确认已发生的交易确实已经记录。例如，如果发生了销售交易，但没有在销售明细账和总账中记录，则违反了该目标。

发生和完整性两者强调的是相反的关注点。发生目标针对潜在的高估，而完整性目标则针对漏记交易（低估）。

3.准确性：由准确性认定推导出的审计目标是确认已记录的交易是按正确金额反映的。例如，如果在销售交易中，发出商品的数量与账单上的数量不符，或是开账单时使用了错误的销售价格，或是账单中的乘积或加总有误，或是在销售明细账中记录了错误的金额，则违反了该目标。

准确性与发生、完整性之间存在区别。例如，若已记录的销售交易是不应当记录的

（如发出的商品是寄销商品），则即使发票金额是准确计算的，仍违反了发生目标。再如，若已入账的销售交易是对正确发出商品的记录，但金额计算错误，则违反了准确性目标，但没有违反发生目标。在完整性与准确性之间也存在同样的关系。

4.截止：由截止认定推导出的审计目标是确认接近于资产负债表日的交易记录于恰当的期间。例如，如果本期交易推到下期，或下期交易提到本期，均违反了截止目标。

5.分类：由分类认定推导出的审计目标是确认被审计单位记录的交易经过适当分类。例如，如果将现销记录为赊销，将出售经营性固定资产所得的收入记录为营业收入，则导致交易分类的错误，违反了分类的目标。

管理层认定和与各类交易和事项相关的审计目标的关系举例见表4-1。

表4-1 **管理层认定和与销售交易相关的审计目标举例**

管理层认定	与销售交易相关的审计目标
发生	记录的销售交易是否已向实际存在的客户发货
完整性	销售收入是否包括了所有已发货的交易
准确性	销售业务是否基于正确的价格和数量，计算是否准确
截止	销售交易是否记录在恰当的期间
分类	销售交易是否已恰当分类

（二）与期末账户余额相关的审计目标

1.存在：由存在认定推导的审计目标是确认记录的金额确实存在。例如，如果不存在某顾客的应收账款，在应收账款明细表中却列入了对该顾客的应收账款，则违反了存在目标。

2.权利和义务：由权利和义务认定推导的审计目标是确认资产归属于被审计单位，负债属于被审计单位的义务。例如，将他人寄售商品列入被审计单位的存货中，违反了权利目标；将不属于被审计单位的债务记入账内，违反了义务目标。

3.完整性：由完整性认定推导的审计目标是确认已存在的金额均已记录。例如，如果存在某顾客的应收账款，而应收账款明细表中却没有列入，则违反了完整性目标。

4.计价和分摊：资产、负债和所有者权益以恰当的金额包括在财务报表中，与之相关的计价或分摊调整已恰当记录。

管理层认定和与期末账户余额相关的审计目标的关系举例见表4-2。

表4-2 **管理层认定和与存货余额相关的审计目标举例**

管理层认定	与存货余额相关的审计目标
存在	所有已入账的存货在资产负债表日是否实际存在
权利和义务	被审单位对所列示的存货是否都拥有所有权
完整性	所有实际存在的存货是否都已列入存货汇总表
计价和分摊	存货的数量与单价的乘积是否正确，数据汇总是否正确

（三）与列报和披露相关的审计目标

1.发生以及权利和义务：将没有发生的交易、事项，或与被审计单位无关的交易和事项包括在财务报表中，则违反该目标。例如，复核董事会会议记录中是否记载了固定资产抵押等事项，询问管理层固定资产是否被抵押，即是对列报的权利认定的运用。如果被审计单位拥有被抵押的固定资产，则需要将其在财务报表中列报，并说明与之相关的权利受到限制。

2.完整性：如果应当披露的事项没有包括在财务报表中，则违反了该目标。例如，检查关联方和关联交易，以验证其在财务报表中是否得到充分披露，即是对列报的完整性认定的运用。

3.分类和可理解性：财务信息已被恰当地列报和描述，且披露内容表述清楚。例如，检查存货的主要类别是否已披露，是否将一年内到期的长期负债列为流动负债，即是对列报的分类和可理解性认定的运用。

4.准确性和计价：财务信息和其他信息已公允披露，且金额恰当。例如，检查财务报表附注是否分别对原材料、在产品和产成品等存货成本核算方法做了恰当说明，即是对列报的准确性和计价认定的运用。

管理层认定和与列报和披露相关的审计目标的关系举例见表4-3。

表4-3 **管理层认定和与应付票据列报和披露相关的审计目标举例**

管理层认定	与应付票据列报和披露相关的审计目标
发生以及权利和义务	报表附注中描述的应付票据是否确实存在且是被审计单位的义务
完整性	所有与应付票据有关的规定披露事项是否都已包括在报表附注中
分类和可理解性	应付票据是否已恰当的区分长期负债、流动负债，且报表附注披露表述清楚
准确性和计价	与应付票据有关的报表附注披露的金额是否都是准确的

认定是确定具体审计目标的基础。审计人员通常将认定转化为能够通过审计程序予以实现的审计目标。针对财务报表每一项目所表现出的各项认定，审计人员相应地确定一项或多项审计目标，然后通过执行一系列审计程序获取充分、适当的审计证据以实现审计目标。

第二节 财务审计基本过程

审计目标实现的核心内容是获取审计证据。由于审计取证有不同的模式，所以审计目标实现有不同的过程。风险导向审计是目前的主流审计模式，本节以风险导向审计为背景，介绍财务审计目标实现的基本过程。

一、财务审计的组织方式

财务审计的组织方式大致有两种：一是对报表的每个账户余额单独进行审计，此法称为账户法（account approach）。二是将财务报表分成几大块进行审计，即把紧密联系的交易种类（含事项，下同）和账户余额归入同一块中，此法称为循环法（cycle approach）。比如，销售、销售退回、货款回收及坏账冲销是导致应收账款增减的四种交易，把这四种交易及应收账款划入“销售与收款循环”进行审计。

一般而言，账户法与多数被审计单位账户设置体系及财务报表格式相吻合，具有操作方便的优点，但它将紧密联系的相关账户（如存货和营业成本）人为地予以分割，容易造成整个审计工作的脱节和重复，不利于审计效率的提高；而循环法则更符合被审计单位的业务流程和内部控制设计的实际情况，不仅可加深审计人员对被审计单位经济业务的理解，而且由于将特定业务循环所涉及的财务报表项目分配给一个或数个审计人员，增强了审计人员分工的合理性，将有助于提高审计工作的效率与效果。

按照各财务报表项目与业务循环的相关程度，基本可以建立起各业务循环与其所涉及的主要财务报表项目（特殊行业的财务报表项目不涉及）之间的对应关系，见表4-4。

表4-4 **业务循环与主要财务报表项目对照表**

业务循环	资产负债表项目	利润表项目
销售与收款循环	应收票据、应收账款、长期应收款、预收款项、应交税费	营业收入、税金及附加
采购与付款循环	预付款项、固定资产、在建工程、工程物资、固定资产清理、无形资产、开发支出、商誉、长期待摊费用、应付票据、应付账款、长期应付款	销售费用、管理费用
生产与存货循环	存货（包括材料采购或在途物资、原材料、材料成本差异、库存商品、发出商品、商品进销差价、委托加工物资、委托代销商品、受托代销商品、周转材料、生产成本、制造费用、劳务成本、存货跌价准备、受托代销商品款等）	营业成本
人力资源与工薪循环	应付职工薪酬	营业成本、销售费用、管理费用
投资与筹资循环	交易性金融资产、应收利息、应收股利、其他应收款、其他流动资产、可供出售金融资产、持有至到期投资、长期股权投资、投资性房地产、递延所得税资产、其他非流动资产、短期借款、交易性金融负债、应付利息、应付股利、其他应付款、其他流动负债、长期借款、应付债券、专项应付款、预计负债、递延所得税负债、其他非流动负债、实收资本（或股本）、资本公积、盈余公积、未分配利润	财务费用、资产减值损失、公允价值变动收益、投资收益、营业外收入、营业外支出、所得税费用

在财务报表审计中将被审计单位的所有交易和账户余额划分为多个业务循环，这并不意味着各业务循环之间互不关联。事实上，各业务循环之间存在一定联系，如投资与筹资循环同采购与付款循环紧密联系，生产与存货循环则同其他所有业务循环均紧密联系。各业务循环之间的流转关系如图4-1所示。

二、财务审计基本过程

（一）接受业务委托

会计师事务所应当按照执业准则的规定，谨慎决策是否接受或保持某客户关系和具体审计业务。在接受新客户的业务前，或决定是否保持现有业务或考虑接受现有客户的新业务时，会计师事务所应当执行一些客户接受与保持的程序，以获取如下信息：(1) 考虑客户的诚信，没有信息表明客户缺乏诚信；(2) 具有执行业务必要的素质、专业胜任能力、时间和资源；(3) 能够遵守相关职业道德要求。

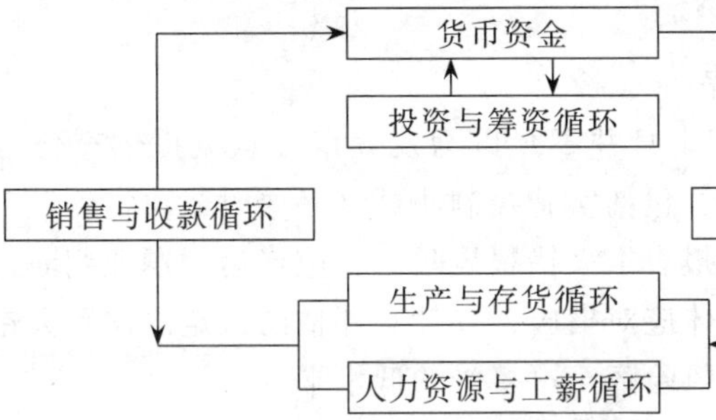

图4-1　各业务循环之间的关系

会计师事务所执行客户接受与保持的程序的目的，旨在识别和评估会计师事务所面临的风险。例如，审计人员发现潜在客户正面临财务困难，或者发现现有客户在之前的业务中作出虚假陈述，那么可以认为接受或保持该客户的风险非常高，甚至是不可接受的。会计师事务所除考虑客户施加的风险外，还需要复核执行业务的能力，如当工作需要时能否获得合适的具有相应资格的员工；能否获得专业化协助；是否存在任何利益冲突；能否对客户保持独立性等。

审计人员需要作出的最重要的决策之一就是接受和保持客户。一项低质量的决策会导致不能准确确定计酬的时间或未被支付的费用，增加项目合伙人和员工的额外压力，使会计师事务所声誉遭受损失，或者涉及潜在的诉讼。一旦决定接受业务委托，审计人员应当与客户就审计约定条款达成一致意见。对于连续审计，审计人员应根据具体情况修改业务约定条款，以及是否需要提醒客户注意现有的业务约定书。

(二) 计划审计工作

计划审计工作十分重要。如果没有恰当的审计计划，不仅无法获取充分、适当的审计证据，影响审计目标的实现，而且会浪费有限的审计资源，从而影响审计工作的效率。因此，对于任何一项审计业务，审计人员在执行具体审计程序之前，都必须根据具体情况制订科学、合理的计划，使审计业务以有效的方式得到执行。一般来说，计划审计工作主要包括：在本期审计业务开始时开展的初步业务活动；制定总体审计策略；制订具体审计计划等。需要指出的是，计划审计工作不是审计业务的一个孤立阶段，而是一个持续的、不断修正的过程，贯穿于整个审计过程的始终。

(三) 实施风险评估程序

审计准则规定，审计人员必须实施风险评估程序，以此作为评估财务报表层次和认定层次重大错报风险的基础，风险评估程序是指审计人员为了解被审计单位及其环境，以识别和评估财务报表层次和认定层次的重大错报风险（无论该错报由于舞弊或错误导致）而实施的审计程序。风险评估程序是必要程序，了解被审计单位及其环境为审计人员在许多关键环节作出职业判断提供了重要基础。了解被审计单位及其环境实际上是一个连续和动态地收集、更新与分析信息的过程，这个过程贯穿整个审计过程的始终。一般来说，实施风险评估程序的主要工作包括：了解被审计单位及其环境；识别和评估财务报表层次以及各类交易、账户余额和披露认定层次的重大错报风险，包括确定需要特别考虑的重大错报风险（即特别风险）以及仅通过实施实质性程序无法应对的重大错报风险等。

风险评估程序的详细内容，将在本教材第七章介绍。同时，本教材第九章将介绍各业务循环内部控制的了解。

（四）实施进一步的审计程序

审计人员实施风险评估程序本身并不足以为发表审计意见提供充分、适当的审计证据，还应当实施进一步审计程序，包括实施控制测试（必要时或决定测试时）和实质性程序。因此，审计人员在评估财务报表重大错报风险后，应当运用职业判断，针对评估的财务报表层次重大错报风险确定总体应对措施，并针对评估的认定层次重大错报风险设计和实施进一步审计程序，以将审计风险降至可接受的低水平。

有关进一步的审计程序的内容，将在本教材第八章介绍。同时，本教材第九章介绍对各业务循环的控制测试和实质性程序。

（五）完成审计工作和编制审计报告

审计人员在完成财务报表进一步审计程序后，还应当按照有关审计准则的规定做好审计完成阶段的工作，并根据所获取的各种证据，合理运用专业判断，形成适当的审计意见。本阶段主要工作有：考虑持续经营假设、或有事项和期后事项；获取管理层声明；汇总审计差异，提请被审计单位调整或披露；复核审计工作底稿和财务报表；与管理层和治理层沟通；评价所有审计证据，形成审计意见；编制审计报告等。

【复习思考题】

1.财务审计的总目标是什么？
2.什么是管理层认定？管理层认定包括哪些内容？
3.管理层认定与具体审计目标有什么关系？
4.财务审计的组织方式有哪些？
5.财务审计的基本过程是什么？

第五章 财务审计核心要素

在财务审计过程中，重要性和审计风险的应用贯穿全过程，是财务审计的核心要素。本章主要介绍的内容包括：重要性的内涵、特点和重要性水平的确定；审计风险的含义、构成要素、风险模型，以及重要性与审计风险的关系。

[学习目标]

1. 熟悉重要性的内涵与特点；
2. 掌握重要性水平的确定；
3. 熟悉审计风险的含义与构成要素；
4. 掌握审计风险模型；
5. 熟悉重要性与审计风险的关系。

第一节 重要性

重要性是财务审计中的一个核心概念，其运用贯穿于整个审计过程，是决定审计风险、测试范围和审计程序的直接依据之一。正确理解与运用重要性概念，对于审计人员制订审计计划、选择审计方法、控制审计风险和提高审计效率都具有十分重要的意义。

一、重要性的含义

重要性（materiality），是指财务信息被错报的严重程度，在特定环境下，这种被错报的信息可能改变或影响理性的财务信息使用者的判断或决策。《中国注册会计师审计准则第1221号——计划和执行审计工作时的重要性》中指出，财务报告编制基础通常从编制和披露财务报表的角度阐释重要性概念。财务报表编制基础可能以不同的术语解释重要性，但通常而言，重要性概念可从下列方面进行理解：

（1）如果合理预期错报（包括漏报）单独或汇总起来可能影响财务报表使用者依据财务报表作出的经济决策，则通常认为错报是重大的；

（2）对重要性的判断是根据具体环境作出的，并受错报的金额或性质的影响，或受两者共同作用的影响；

（3）判断某事项对财务报表使用者是否重大，是在考虑财务报表使用者整体共同的财务信息需求的基础上作出的。由于不同财务报表使用者对财务信息的需求可能差异很大，因此不考虑错报对个别财务报表使用者可能产生的影响。

重要性概念的应用贯穿审计全过程，例如在标准无保留意见审计报告中，其意见段的表述为：

“我们认为，后附的财务报表在所有重大方面按照企业会计准则的规定编制，公允反映了ABC公司20×1年12月31日的财务状况以及20×1年度的经营成果和现金流量。”

其中，“重大方面”是审计人员向财务报表使用者传达的重要性概念，表明审计人员执行的审计业务并非对财务报表的绝对保证，而只是表明他们认为财务报表从总体上公允反映了被审计单位的财务状况、经营成果和现金流量，不存在超过重要性水平的错报。

二、重要性的特点

（一）重要性是针对报表层次和认定层次的财务信息错报影响程度的评价标准

在审计中，注册会计师的审计总目标之一是对财务报表整体是否不存在由于舞弊或错误导致的重大错报获取合理保证，使得注册会计师能够对财务报表是否在所有重大方面按照适用的财务报告编制基础编制发表审计意见；具体审计目标与各类交易和事项、期末账户余额以及列报和披露相关。因此，在审计全过程注册会计师都需要结合报表层次和认定层次对错报的影响程度进行判断，因此，重要性概念主要是针对各层次的财务信息进行的一种评价。

（二）重要性取决于其能否影响财务报表使用者的决策与判断

如果报表中存在的错报、漏报足以影响到使用者的判断，那么这个错报、漏报则属于重要的错误。不同财务报表使用者的目的具有差异性，有的借以进行投资决策，有的借以进行信贷决策，还有的借以进行交易和财务的决策等。决策的内容不同，对被审计单位财务信息依赖和需求程度不同，则重要性水平的标准不同。因此，决策者的主观需求会直接影响重要性水平的标准。

（三）重要性是审计人员在特定环境下作出的职业判断

重要性受到外部环境、被审计单位状况、财务报告使用者等多方面因素的影响，其中不仅有客观因素的影响，也具有很多主观因素。审计人员对重要性的确定属于职业判断，受审计人员对财务报表使用者对财务信息需求的认识的影响。就审计而言，审计人员针对财务报表使用者作出下列假设是合理的：

1.拥有经营、经济活动和会计方面的适当知识，并有意愿认真研究财务报表中的信息；

2.理解财务报表是在运用重要性水平的基础上编制、列报和审计的；

3.认可建立在对估计和判断的应用以及对未来事项的考虑的基础上的会计计量具有固有的不确定性；

4.依据财务报表中的信息作出合理的经济决策。

重要性的判断是一个复杂的过程，离不开特定的环境。影响重要性的因素很多，不同的审计对象的重要性不同，同一审计对象的重要性在不同时期也可能不同。审计人员不能机械地套用，只能根据被审计单位面临的环境，综合考虑其他因素，充分发挥其主观能动性进行专业判断，以合理确定重要性水平。

（四）重要性可以从数量和性质两个方面考虑

重要性的数量即重要性水平，是针对错报的金额大小而言的。确定多大金额的错报会影响到财务报表使用者的决策，是审计人员运用职业判断的结果。一般来说，金额大的错报比金额小的错报更重要；重要性的性质是指某项错报的性质，一般是指错报发生的原因，如涉及舞弊与违法行为的错报，无论金额大小都是重要的，因为舞弊与违法行为反映了管理层或会计人员的诚实和可信性存在问题，对于财务报表使用者而言，蓄意错报比相同金额的笔误更重要。

三、重要性水平的确定

在计划审计工作时，审计人员就必须对重大错报的规模和性质作出一个判断，包括制定财务报表整体的重要性和特定交易类别、账户余额和披露的重要性水平。当错报金额高于整体重要性水平时，就很可能被合理预期，这将对财务报表使用者根据财务报表作出的经济决策产生影响。

（一）财务报表整体的重要性

由于财务报表审计的目标是审计人员通过执行审计工作对财务报表发表审计意见，因此，审计人员应当考虑财务报表整体的重要性。只有这样，才能得出财务报表是否公允反映的结论。审计人员在制定总体审计策略时，应当确定财务报表整体的重要性。

确定财务报表整体的重要性，是审计人员根据行业惯例及自己的经验进行职业判断的结果。在审计实践中，通常是根据某个选定的基准乘以某一百分比作为财务报表整体的重要性。在选择基准时，需要考虑的因素包括：

1.财务报表要素（如资产、负债、所有者权益、收入和费用）；

2.是否存在特定会计主体的财务报表使用者特别关注的项目（如为了评价财务业绩，使用者可能更关注利润、收入或净资产）；

3.被审计单位的性质、所处的生命周期阶段以及所处的行业和经济环境；

4.被审计单位的所有权结构和融资方式（例如，如果被审计单位仅通过债务而非权益进行融资，财务报表使用者可能更关注资产及资产的索偿权，而非被审计单位的收益）；

5.基准的相对波动性。

适当的基准取决于被审计单位的具体情况，包括各类报告收益（如税前利润、营业收入、毛利和费用总额），以及所有者权益或净资产。对于以营利为目的的实体，通常以经常性业务的税前利润作为基准。如果经常性业务的税前利润不稳定，选用其他基准可能更加合适，如毛利或营业收入。就选定的基准而言，相关的财务数据通常包括前期财务成果和财务状况、本期最新的财务成果和财务状况、本期的预算和预测结果。当然，本期最新的财务成果和财务状况、本期的预算和预测结果需要根据被审计单位情况的重大变化（如重大的企业并购）和被审计单位所处行业和经济环境情况的相关变化等作出调整。例如，当按照经常性业务的税前利润的一定百分比确定被审计单位财务报表整体的重要性时，如果被审计单位本年度税前利润因情况变化出现意外增加或减少，注册会计师可能认为按照近几年经常性业务的平均税前利润确定财务报表整体的重要性更加合适。

表5-1举例说明一些实务中较为常用的基准。

在通常情况下，对于以营利为目的的企业，利润可能是大多数财务报表使用者最为关注的财务指标，因此，审计人员可能考虑选取经常性业务的税前利润作为基准。但是在某些情况下，例如企业处于微利或微亏状态时，采用经常性业务的税前利润为基准确定重要性可能影响审计的效率和效果。审计人员可以考虑采用以下方法确定基准：

表5-1 **确定重要性水平时常用的基准**

被审计单位的情况	可能选择的基准
1.企业的盈利水平保持稳定	经常性业务的税前利润
2.企业近年来经营状况大幅度波动，盈利和亏损交替发生，或者由正常盈利变为微利或微亏，或者本年度税前利润因情况变化而出现意外增加或减少	过去3~5年经常性业务的平均税前利润或亏损（取绝对值），或其他基准，例如营业收入
3.企业为新设企业，处于开办期，尚未开始经营，目前正在建造厂房及购买机器设备	总资产
4.企业处于新兴行业，目前侧重于抢占市场份额、扩大企业知名度和影响力	营业收入
5.开放式基金，致力于优化投资组合、提高基金净值、为基金持有人创造投资价值	净资产
6.国际企业集团设立的研发中心，主要为集团下属各企业提供研发服务，并以成本加成的方式向相关企业收取费用	成本与营业费用总额
7.公益性质的基金会	捐赠收入或捐赠支出总额

（1）如果微利或微亏状态是由宏观经济环境的波动或企业自身经营的周期性所导致，可以考虑采用过去3~5年经常性业务的平均税前利润作为基准；

（2）采用财务报表使用者关注的其他财务指标作为基准，如营业收入、总资产等。

审计人员要注意的是，如果被审计单位的经营规模较上年度没有重大变化，通常使用替代性基准确定的重要性不宜超过上年度的重要性。

审计人员为被审计单位选择的基准在各年度中通常会保持稳定，但是并非必须保持一贯不变。审计人员可以根据经济形势、行业状况和被审计单位具体情况的变化对采用的基准作出调整。例如，被审计单位处在新设立阶段时审计人员可能采用总资产作为基准，被审计单位处在成长期时审计人员可能采用营业收入作为基准，被审计单位进入经营成熟期后审计人员可能采用经常性业务的税前利润作为基准。

为选定的基准确定百分比需要运用职业判断。百分比和选定的基准之间存在一定的联系，如经常性业务的税前利润对应的百分比通常比营业收入对应的百分比要高。例如，对以营利为目的的制造行业实体，审计人员可能认为经常性业务的税前利润的5%是适当的；而对非营利组织，审计人员可能认为总收入或费用总额的1%是适当的。百分比无论是高一些还是低一些，只要符合具体情况，都是适当的。

在确定百分比时，除了考虑被审计单位是否为上市公司或公众利益实体外，其他因素也会影响审计人员对百分比的选择，这些因素包括但不限于：

（1）财务报表使用者的范围；

（2）被审计单位是否由集团内部关联方提供融资或是否有大额对外融资（如债券或银行贷款）；

（3）财务报表使用者是否对基准数据特别敏感（如抱着特殊目的财务报表的使用者）。

审计人员在确定重要性水平时，不需考虑与具体项目计量相关的固有不确定性。例如，财务报表含有高度不确定性的大额估计，审计人员并不会因此而确定一个比不含有该估计的财务报表更高或更低的财务报表整体重要性。

（二）特定类别交易、账户余额或披露的重要性水平

根据被审计单位的特定情况，下列因素可能表明存在一个或多个特定类别的交易、账户余额或披露，其发生的错报金额虽然低于财务报表整体的重要性，但合理预期将影响财务报表使用者依据财务报表作出的经济决策：

1.法律、法规或适用的财务报告编制基础是否影响财务报表使用者对特定项目（如关联方交易、管理层和治理层的薪酬）计量或披露的预期；

2.与被审计单位所处行业相关的关键性披露（如制药企业的研究与开发成本）；

3.财务报表使用者是否特别关注财务报表中单独披露的业务的特定方面（如新收购的业务）。

在根据被审计单位的特定情况考虑是否存在上述交易、账户余额或披露时，了解治理层和管理层的看法和预期通常是有用的。

（三）实际执行的重要性

实际执行的重要性，是指审计人员确定的低于财务报表整体重要性的一个或多个金额，旨在将未更正和未发现错报的汇总数超过财务报表整体的重要性的可能性降至适当的低水平。如果适用，实际执行的重要性还指审计人员确定的低于特定类别的交易、账户余额或披露的重要性水平的一个或多个金额。

仅为发现单项重大的错报而计划审计工作将忽视这样一个事实，即单项非重大错报的汇总数可能导致财务报表出现重大错报，更不用说还没有考虑可能存在的未发现错报。确定财务报表整体的实际执行的重要性（根据定义可能是一个或多个金额），旨在将财务报表中未更正和未发现错报的汇总数超过财务报表整体的重要性的可能性降至适当的低水平。

与确定特定类别的交易、账户余额或披露的重要性水平相关的实际执行的重要性，旨在将这些交易、账户余额或披露中未更正与未发现错报的汇总数超过这些交易、账户余额或披露的重要性水平的可能性降至适当的低水平。

确定实际执行的重要性并非简单机械计算，需要审计人员运用职业判断，并考虑下列因素的影响：（1）对被审计单位的了解（这些了解在实施风险评估程序的过程中得到更新）；（2）前期审计工作中识别出的错报的性质和范围；（3）根据前期识别出的错报对本期错报作出的预期。

通常而言，实际执行的重要性通常为财务报表整体重要性的50%～75%。

如果存在下列情况，审计人员可能考虑选择较低的百分比来确定实际执行的重要性：

1.首次接受委托的审计项目；

2.连续审计项目，以前年度审计调整较多；

3.项目总体风险较高，例如处于高风险行业、管理层能力欠缺、面临较大市场竞争压力或业绩压力等；

4.存在或预期存在值得关注的内部控制缺陷。

如果存在下列情况，审计人员可能考虑选择较高的百分比来确定实际执行的重要性：

1.连续审计项目，以前年度审计调整较少；

2.项目总体风险为低到中等，例如处于非高风险行业、管理层有足够能力、面临较低的业绩压力等；

3.以前期间的审计经验表明内部控制运行有效。

审计准则要求审计人员确定低于财务报表整体重要性的一个或多个金额作为实际执行的重要性，审计人员无须通过将财务报表整体的重要性平均分配或按比例分配至各个报表项目的方法来确定实际执行的重要性，而是根据对报表项目的风险评估结果，确定如何确定一个或多个实际执行的重要性。例如，根据以前期间的审计经验和本期审计计划阶段的风险评估结果，审计人员认为可以以财务报表整体重要性的75%作为大多数报表项目的实际执行的重要性；与营业收入项目相关的内部控制存在控制缺陷，而且在以前年度审计中存在审计调整，因此考虑以财务报表整体重要性的50%作为营业收入项目的实际执行的重要性，从而有针对性地对高风险领域执行更多的审计工作。

（四）审计过程中修改重要性

由于存在下列原因，审计人员可能需要修改财务报表整体的重要性和特定类别的交易、账户余额或披露的重要性水平（如适用）：（1）审计过程中情况发生重大变化（如决定处置被审计单位的一个重要组成部分）；（2）获取新信息；（3）通过实施进一步审计程序，审计人员对被审计单位及其经营所了解的情况发生变化。例如，审计人员在审计过程中发现，实际财务成果与最初确定财务报表整体的重要性时使用的预期本期财务成果相比存在着很大差异，则需要修改重要性。

（五）在审计中运用实际执行的重要性

实际执行的重要性在审计中的作用主要体现在以下几个方面：

1.审计人员在计划审计工作时可以根据实际执行的重要性确定需要对哪些类型的交易、账户余额和披露实施进一步审计程序，即通常选取金额超过实际执行的重要性的财务报表项目，因为这些财务报表项目有可能导致财务报表出现重大错报。但是，这不代表审计人员可以对所有金额低于实际执行的重要性的财务报表项目不实施进一步审计程序，这主要出于以下考虑：

（1）单个金额低于实际执行的重要性的财务报表项目汇总起来可能金额重大（可能远远超过财务报表整体的重要性），审计人员需要考虑汇总后的潜在错报风险；

（2）对于存在低估风险的财务报表项目，不能仅仅因为其金额低于实际执行的重要性而不实施进一步审计程序；

（3）对于识别出存在舞弊风险的财务报表项目，不能因为其金额低于实际执行的重要性而不实施进一步审计程序。

2.运用实际执行的重要性确定进一步审计程序的性质、时间安排和范围。例如，在实施实质性分析程序时，审计人员确定的已记录金额与预期值之间的可接受差异额通常不超过实际执行的重要性；在运用审计抽样实施细节测试时，审计人员可以将可容忍错报的金额设定为等于或低于实际执行的重要性。

第二节　审计风险

由于受到财务报告的性质、审计程序的性质和审计时间与成本等因素的固有限制，审计人员即使按照审计准则的规定适当地计划和执行审计工作，也不可避免地存在财务报表的某些重大错报可能未被发现的风险。因此，审计风险是伴随审计工作存在的，是审计执业过程中的核心概念之一。

一、审计风险的含义

（一）关于审计风险含义的主要观点

由于理解角度不同，对审计风险的解释也不完全一致。目前具有代表性的主要有以下三种：

1.未能指出报表中重大错报的风险，是指财务报表中存在重大错误或漏报，而审计人员作出了错误的判断，乃至发表了与事实相悖的审计意见，受到有关利益关系人的指控并遭受损失的可能性。

2.发表不恰当审计意见的风险，是指审计人员因发表不恰当审计意见，从而导致审计组织和审计人员承担法律责任和相应经济损失的可能性。它包括两种情况：一是审计人员认为公允的财务报表，但实际上却是错误的；二是审计人员认为错误的财务报表，但实际上是公允的。在通常情况下，后者在审计实务中出现的概率比较低，通过增加审计时间与样本量可以得到纠正，主要影响的是审计效率；而前者直接关系审计的效果与质量，是审计工作中主要的风险。

3.审计职业风险，是指对审计职业界生存和发展可能带来不利影响的行为和环境的总和。该审计风险的含义已不局限于审计人员判断失误的风险，还扩展到客户和环境因素造成的审计人员受到损失或不利的可能性。

（二）审计风险的概念及理解应注意事项

目前，国际审计准则以及大多数国家审计准则所采用的均为上述第一种审计风险的含义。简而言之，财务审计风险是指当财务报表存在重大错报时，审计人员发表不恰当审计意见的可能性。对财务审计风险概念的理解应注意以下几个方面：

1.审计风险是一种不可完全避免的客观存在。由于审计的固有限制，审计人员只能在审计过程中去发现和控制风险，降低其发生的概率，但不可能完全消除它。审计的固有限制源于：

（1）财务报告的性质。管理层编制财务报表，需要根据被审计单位的事实和情况运用适合的财务报告编制基础的规定，在这一过程中需要作出判断。此外，许多财务报表项目涉及主观决策、评估或一定程度的不确定性，并且可能存在一系列可接受的解释或判断。因此，某些财务报表项目的金额本身就存在一定的变动幅度，这种变动幅度不能通过实施追加的审计程序来消除。

（2）审计程序的性质。审计人员获取审计证据的能力受到实务和法律上的限制。例如：舞弊可能涉及精心策划和蓄意实施以进行隐瞒。因此，用以收集审计证据的审计程序可能对于发现舞弊是无效的。并且，审计不是对涉嫌违法行为的官方调查。因此，审计人员没有被授予特定的法律权力（如搜查权）。

（3）财务报告的及时性和成本效益的权衡。由于信息的相关性及其价值会随着时间的推移而降低，所以需在信息的可靠性和成本之间进行权衡。因此，要求审计人员处理所有可能存在的信息是不切实际的。并且，财务报表使用者的期望是，审计人员在合理的时间内以合理的成本对财务报表形成审计意见。

2.审计风险区别于经营风险。经营风险是指由于企业经营环境的变化，以及企业经营管理工作上的失误和偏差，使得企业无法达到预期经营目标的可能性。经营风险主要取决于企业经营的性质、所处行业、外部监管环境、企业的规模和复杂程度。经营风险是被审计单位所面临的风险，而不是审计组织或审计人员本身所要面临的风险，两者有显著的差异。同时，经营风险与审计风险之间也存在密切联系。经营风险多数会产生财务后果，进而导致财务报表存在重大错报的风险，最终可能产生对其审计的风险。但是，经营风险也不一定会都转变为审计风险，只要审计人员注重对经营风险的识别，从源头上分析并发现财务报表错报风险，进而加强审计质量控制和执业风险管理，就能防止经营风险转化为审计风险。

3.审计风险与审计失败不同。审计风险是以审计人员切实遵循审计准则为前提的一种风险，而审计失败则是因为审计人员未能遵循审计准则而造成的工作失误。但是，两者的核心都是因为审计意见表达不当造成。在司法认定中，由于对重要性和必要职业关注的认定缺乏量化标准，导致形成意见表达不当的主客观原因难以严格区分。因此审计风险在某些情况下，也会被认定并转化为审计失败而造成审计损失。审计风险是客观存在的，当审计风险与损失联系在一起时，常常表现为事实上的审计失败。

4.审计风险与审计结论的合理保证水平存在互补关系。审计是审计人员对财务报表是否不存在重大错报提供的合理保证（reasonable assurance）。合理保证是审计人员对被审计对象是否符合既定标准作出一种判断，这种判断的置信度或可靠性较高（比如95%）但并非百分之百，这也意味着审计风险始终存在。审计结论的合理保证水平与审计风险的水平之和应为100%，如果合理保证水平为95%，则审计风险为5%。如果审计人员将审计风险降到了可接受的低水平，则对财务报表不存在重大错报获取了合理保证。

二、审计风险的要素

审计风险包括重大错报风险和检查风险。

（一）重大错报风险

重大错报风险是指财务报表在审计前存在重大错报的可能性。重大错报风险与被审计单位的风险相关，且独立于财务报表审计而存在。在设计审计程序以确定财务报表整体是否存在重大错报时，审计人员应当从财务报表层次和各类交易、账户余额和披露认定层次方面考虑重大错报风险。《中国注册会计师审计准则第1211号——通过了解被审计单位及其环境识别和评估重大错报风险》对注册会计师如何评估财务报表层次和认定层次的重大错报风险提出了详细的要求。

1.财务报表层次重大错报风险

财务报表层次重大错报风险与财务报表整体存在广泛联系，可能影响多项认定。此类风险通常与控制环境有关，但也可能与其他因素有关，如经济萧条。此类风险难以界定于某类交易、账户余额和披露的具体认定；相反，此类风险增大了任何数目的不同认定发生重大错报的可能性，与因舞弊引起的风险特别相关。

2.各类交易、账户余额和披露认定层次的重大错报风险

各类交易、账户余额和披露认定层次的重大错报风险又可以进一步细分为固有风险和控制风险。

固有风险是指在考虑相关的内部控制之前，某类交易、账户余额或披露的某一认定易于发生错报（该错报单独或连同其他错报可能是重大的）的可能性。报表中某些类别的交

易、账户余额和披露及其认定，固有风险较高。例如，复杂的计算比简单计算更可能出错；受重大计量不确定性影响的会计估计发生错报的可能性较大。产生经营风险的外部因素也可能影响固有风险，比如，技术进步可能导致某项产品陈旧，进而导致存货易于发生高估错报（计价认定）。被审计单位及其环境中的某些因素还可能与多个甚至所有类别的交易、账户余额和披露有关，进而影响多个认定的固有风险。这些因素包括维持经营的流动资金匮乏、被审计单位处于夕阳行业等。

控制风险是指某类交易、账户余额或披露的某一认定发生错报，该错报单独或连同其他错报是重大的，但没有被内部控制及时防止或发现并纠正的可能性。控制风险取决于与财务报表编制有关的内部控制的设计和运行的有效性。由于控制的固有局限性，某种程度的控制风险始终存在。

由于固有风险和控制风险不可分割地交织在一起，有时无法单独进行评估，通常不再单独提到固有风险和控制风险，而只是将这两者合并称为"重大错报风险"，但这并不意味着审计人员不可以单独对固有风险和控制风险进行评估。相反，审计人员既可以对两者进行单独评估，又可以对两者进行合并评估。

（二）检查风险

检查风险是指如果存在某一错报，该错报单独或连同其他错报可能是重大的，审计人员为将审计风险降至可接受的低水平而实施程序后没有发现这种错报的风险。检查风险取决于审计程序设计的合理性和执行的有效性。由于审计人员通常并不对所有的交易、账户余额和披露进行检查，可能选择了不恰当的审计程序、审计过程执行不当，或者错误解读了审计结论，所以检查风险不可能降低为零。审计人员可以通过适当计划、在项目组成员之间进行恰当的职责分配、保持职业怀疑态度以及监督、指导和复核项目组成员执行的审计工作来控制检查风险。

三、审计风险模型

在既定的审计风险水平下，可接受的检查风险水平与认定层次重大错报风险的评估结果呈反向关系。评估的重大错报风险越高，可接受的检查风险越低；评估的重大错报风险越低，可接受的检查风险就越高。检查风险与重大错报风险的反向关系用数学模型表示如下：

审计风险=重大错报风险×检查风险

这个模型也就是财务审计风险模型。在审计人员计划收集审计证据时，主要应用审计风险模型来考虑审计风险。审计风险模型帮助审计人员决定在审计实践工作中，应该收集的证据的数量及类型。在审计实务工作中，财务审计风险模型可以表示为：

$$\text{计划检查风险}=\frac{\text{可接受审计风险}}{\text{重大错报风险}}$$

假设针对某一认定，审计人员将可接受的审计风险水平设定为5%，审计人员实施风险评估程序后将重大错报风险评估为25%，则根据这一模型，可接受的检查风险为20%。审计人员根据确定的可接受检查风险，设计审计程序的性质、时间安排和范围，并有效执行审计程序，以控制检查风险。当然，实务中，审计人员不一定用绝对数量表达这些风险水平，而是选用"高""中""低"等文字描述。

四、重要性与审计风险的关系

重要性与审计风险是不可分割的两个概念，两者之间存在着密切关系，具体表现在以下几方面：

1.重要性和审计风险互为存在的条件。审计风险反映的是“不确定性”，重要性反映的是“一定程度”，二者结合起来就是一定程度的不确定性。当我们谈及重要性时，它是指在一个可接受的审计风险下的重要性水平。而审计风险则是指审计人员未能发现超过某一重要性水平的错报的审计风险。重要性和审计风险应同时加以限定，否则，无论重要性还是审计风险，都是无法理解的。例如，对某一账户确定重要性水平为10万元，检查风险为5%，即意味着审计人员有5%的可能性不能发现超过10万元错报或漏报。二者缺少任一方，另一方的存在就失去了意义。

2.重要性和审计风险呈反向关系。审计风险的高低往往取决于重要性的判断。确定的重要性水平越低，审计人员检查不出报表中重要错报的可能性就越大，审计风险就越高。此时，审计人员应采取有关措施降低审计风险至可接受水平。重要性水平的高低是指允许最大错报的金额。显然，10万元的重要性水平比5万元的重要性水平高。如果重要性水平是10万元，则意味着低于10万元的错报将不会影响报表使用者的判断与决策，审计人员仅仅需要执行有关程序查出高于10万元的错报即可。而如果重要性水平是5万元，则意味着金额在5万元之上的错报就会影响报表使用者的判断与决策，审计人员需要执行有关程序查出5万元以上的错报才行。由此可见，重要性水平为10万元时的审计风险要低于重要性水平为5万元时的审计风险。

3.审计人员应当充分运用执业经验和专业知识，保持应有的职业谨慎，合理确定重要性水平。鉴于重要性水平和审计风险之间存在反向关系，如果原本5万元错报才会影响到报表使用者的判断与决策，但审计人员将重要性水平确定为3万元，这时虽然审计人员承担的审计风险很低，但审计程序的范围却扩大了，增大了审计成本；相反，如果审计人员将重要性水平确定为6万元，这时由于执行的审计程序比应该执行的少，可能导致审计人员得出错误的结论，虽然审计成本节约了，但增加了审计人员承担的审计风险，影响了审计效果。因此，重要性水平偏高或偏低均对审计人员不利。审计人员必须充分运用自己的经验和专业知识合理确定重要性水平，使审计成本和审计风险处于合理的结合点。

【复习思考题】

1.什么是重要性？重要性有哪些特点？

2.如何确定财务报表整体的重要性水平？

3.什么是实际执行的重要性？实际执行的重要性在审计中的作用主要体现在哪些方面？

4.什么是审计风险？审计风险包括哪些要素？

5.重要性与审计风险的关系是什么？

第六章　审计准备工作

审计准备工作是审计流程的第一步，也是整个审计工作的基础和依据。有效的审计准备工作有助于审计人员顺利完成审计工作并控制审计风险。本章围绕注册会计师审计准备工作进行介绍，具体内容包括初步业务活动和审计计划两部分。注册会计师应当如何开展初步业务活动、签订审计业务约定书，制定出适当的总体审计策略和具体审计计划，这将是本章重点关注的问题。

[学习目标]

1. 了解初步业务活动的含义和内容；
2. 掌握审计业务约定书；
3. 了解审计计划的含义与作用；
4. 熟悉总体审计策略；
5. 熟悉具体审计计划。

第一节　初步业务活动

一、初步业务活动的含义和内容

（一）初步业务活动的含义

初步业务活动是注册会计师在计划审计工作之前，针对保持客户关系和具体审计业务所实施的相应的质量控制程序。开展初步业务活动的主要目的是：(1) 确保注册会计师已具备执行业务所需要的独立性和专业胜任能力；(2) 确保不存在因管理层诚信问题而影响注册会计师保持该项业务意愿的情况；(3) 确保与被审计单位不存在对业务约定条款的误解。

（二）初步业务活动的主要内容

为了达到初步业务活动的主要目的，注册会计师需要在本期审计业务开始时，根据《中国注册会计师审计准则第1121号——对财务报表审计实施的质量控制》及《质量控制准则第5101号——会计师事务所对执行财务报表审计和审阅、其他鉴证和相关服务业务实施的质量控制》的要求，完成下列主要任务：

1. 客户的接受与保持

会计师事务所在确定接受客户的委托、签订业务约定书前，应先对客户的基本情况进行调查和相关评估，确定是否可以接受该项委托。为了避免因接受不当客户的委托而使事务所遭受损失，无论是新客户还是老客户，注册会计师都要对目标客户情况进行审慎考量。

在对目标客户的情况进行调查和评估时，注册会计师必须对以下因素进行评估：(1) 目标客户业务性质、经营规模、组织结构和经营情况，是否较之前有所变化。是否存在面临财务困境的情况，甚至破产的风险；(2) 目标客户的声誉与形象、管理层的诚信情况，是否有足够理由让注册会计师相信他们不会有意进行重大舞弊或者作出违法行为，不会为事务所带来某些麻烦和损失；(3) 目标客户是否能够遵循适用的财务报告框架，编制基础的可接受性，其财务报告能否公允反映公司的财务状况以及经营成果；(4) 是否存在某些导致风险的特殊因素，例如客户正陷入主管机构或者政府机构的调查或者客户违反银行债务条约而受到起诉等；(5) 以前年度接受审计的情况，接受并完成该项审计业务是否能在合理的风险范围内给会计师事务所带来合理的收益。

2.评价遵守相关职业道德要求的情况

评价遵守职业道德规范的情况也是一项非常重要的初步业务活动。独立性是注册会计师审计的灵魂，审计人员只有具备形式上和实质上的独立性才能够被社会公众信任。专业胜任能力是审计结果的技术保障。独立性和专业胜任能力共同保证了审计的质量。

保持客户关系和评价职业道德的工作贯穿审计业务的全过程，但是这两项活动需要安排在其他审计工作之前，以确保注册会计师已具备执行业务所需要的独立性和专业胜任能力，且不存在因管理层诚信问题而影响注册会计师保持该项业务意愿等情况。

3.就审计业务约定条款达成一致意见

在作出接受或保持客户关系及具体审计业务的决策后，注册会计师应当按照《中国注册会计师审计准则第1111号——就审计业务约定条款达成一致意见》的规定，在审计业务开始前，与被审计单位就审计业务约定条款达成一致意见，签订或修改审计业务约定书，以避免双方对审计业务的理解产生分歧。

二、审计业务约定书

（一）审计业务约定书的含义

审计业务约定书是指会计师事务所与被审计单位签订的，用以记录和确认审计业务的委托与受托关系、审计目标和范围、双方的责任以及报告的格式等事项的书面协议。审计业务约定书具有经济合同的性质，一经约定各方签字认可，即成为法律上生效的契约，对各方均具有法定约束力。签订审计业务约定书的目的是明确委托人与受托人的责任与义务，敦促双方遵守约定事项并加强合作，以保护会计师事务所和被审计单位的各自利益。

（二）签订审计业务约定书之前应做的工作

会计师事务所在签订审计业务约定书之前，应指派注册会计师对被审计单位基本情况进行了解，并就审计业务约定相关条款特别是委托目的、审计范围、审计收费、被审计单位应提供的资料和信息以及必要工作条件与协助等进行充分沟通，并达成一致意见。执行初步审计风险评估与分析性测试，确定是否接受业务委托。

1.明确审计业务的性质和范围

会计师事务所在与被审计单位签约之前，首要的工作是使双方就审计业务的性质和范围达成一致意见。审计业务有一般目的财务报表审计业务和特殊目的审计业务之分。如审计范围受到限制，注册会计师无法获取充分、适当的审计证据，也就无法对财务报表公允性发表意见。

2.初步了解被审计单位的基本情况

注册会计师了解被审计单位基本情况，不仅有助于确定是否接受业务委托，还有利于计划和执行审计业务。注册会计师应了解的被审计单位基本情况包括：(1) 业务性质、经营规模和组织结构；(2) 经营情况和经营风险；(3) 以前年度接受审计的情况；(4) 财务会计机构及工作组织；(5) 其他与签订审计业务约定书相关的事项。

3.会计师事务所评价专业胜任能力

会计师事务所评价的内容主要包括：(1) 执行审计的能力（确定审计小组的关键成员、考虑在审计过程中向外界专家寻求协助的需要和具有必要的时间）；(2) 能否保持独立性；(3) 保持应有关注的能力。如果会计师事务所不具备专业胜任能力，应当拒绝接受委托。

4.商定审计收费

审计收费可采取计件收费和计时收费两种基本方式。在计时收费方式下确定收费时，会计师事务所应当考虑以下主要因素，以客观反映为客户提供专业服务的价值：(1) 专业服务的难度和风险以及所需的知识和技能；(2) 所需专业人员的水平和经验；(3) 每一专业人员提供服务所需的工时；(4) 提供专业服务所需承担的责任。在专业服务得到良好的计划、监督及管理的前提下，通常以合理估计的每一专业人员审计工时和适当的小时费用率为基础计算收费。

5.明确被审计单位应协助的工作

在注册会计师实施现场审计之前，被审计单位应将所有相关的会计资料和其他文件准备齐全。在审计过程中，被审计单位的财会人员及相关人员应对注册会计师的询问给予解释，并在适当情况下为注册会计师提供必要的工作条件和协助，如代编某些工作底稿等。

6.初步确定审计风险

注册会计师了解被审计单位基本情况和初步调查相关内部控制制度后，应初步确定审计风险，并认真评价初步风险水平对审计质量的影响，为确定是否接受业务委托提供依据。如果初步确定审计风险水平过高，注册会计师需考虑提请被审计单位应做好的补充准备工作，并且提高自身的关注能力，以期降低风险水平，否则可以考虑放弃接受业务委托。

7.分析性测试

注册会计师主要对会计报表进行概略性分析，即对未审会计报表中有重大变化的项目作出总体上的概略分析说明，为初步确定重点审计领域提供依据。概略分析一般也可以在签订审计业务约定书之后实施，这主要取决于注册会计师对审计程序的规划与安排。

（三）审计业务约定书的必备条款

审计业务约定书的具体内容和格式可能因被审计单位的不同而不同，但应当包括以下内容：

(1) 财务报表审计的目标；

(2) 管理层对财务报表的责任；

(3) 管理层编制财务报表采用的会计准则和相关会计制度；

(4) 审计范围，包括指明在执行财务报表审计业务时遵守的《中国注册会计师审计准则》；

（5）执行审计工作的安排，包括出具审计报告的时间要求；

（6）审计报告格式和对审计结果的其他沟通形式；

（7）由于测试的性质和审计的其他固有限制，以及内部控制的固有局限性，不可避免地存在着某些重大错报可能仍然未被发现的风险；

（8）管理层为注册会计师提供必要的工作条件和协助；

（9）注册会计师不受限制地接触任何与审计有关的记录、文件和所需要的其他信息；

（10）管理层对其作出的与审计有关的声明予以书面确认；

（11）注册会计师对执业过程中获知的信息保密；

（12）审计收费，包括收费的计算基础和收费安排；

（13）违约责任；

（14）解决争议的方法；

（15）签约双方法定代表人或其授权代表的签字盖章，以及签约双方加盖的公章。

（四）审计业务约定书的特殊考虑

1.考虑特定需要

如果情况需要，注册会计师还应当考虑在审计业务约定书中列明下列内容：（1）在某些方面对利用其他注册会计师和专家工作的安排；（2）与审计涉及的内部审计人员和被审计单位其他员工工作的协调；（3）预期向被审计单位提交的其他函件或报告；（4）与治理层整体直接沟通；（5）在首次接受审计委托时，对与前任注册会计师沟通的安排；（6）注册会计师与被审计单位之间需要达成进一步协议的事项。

2.集团审计

如果负责集团财务报表审计的注册会计师同时负责组成部分财务报表的审计，需要考虑下列因素，决定是否向组成部分单独致送审计业务约定书：（1）组成部分注册会计师的委托人；（2）是否对组成部分单独出具审计报告；（3）与审计委托相关的法律法规的规定；（4）母公司占组成部分的所有权份额；（5）组成部分管理层相对于母公司的独立程度。

3.连续审计

对于连续审计，注册会计师应当根据具体情况评估是否需要对审计业务约定条款作出修改，以及是否需要提醒被审计单位注意现有的条款。注册会计师可以决定不在每期都致送新的审计业务约定书或其他书面协议。然而，下列因素可能导致注册会计师修改审计业务约定条款或提醒被审计单位注意现有的业务约定条款：（1）有迹象表明被审计单位误解审计目标和范围；（2）需要修改约定条款或增加特别条款；（3）被审计单位高级管理人员近期发生变动；（4）被审计单位所有权发生重大变动；（5）被审计单位业务的性质或规模发生重大变化；（6）法律法规的规定发生变化；（7）编制财务报表采用的财务报告编制基础发生变更；（8）其他报告要求发生变化。

（五）审计业务约定条款的变更

1.变更审计业务约定条款的要求

在完成审计业务前，如果被审计单位或委托人要求将审计业务变更为保证程度较低的业务，注册会计师应当确定是否存在合理理由予以变更。下列原因可能导致被审计单位要求变更业务，如：（1）环境变化对审计服务的需求产生影响；（2）对原来要求的审计业务的性质存在误解；（3）无论是管理层施加的还是其他情况引起的审计范围受到限制。上述第（1）和第（2）项通常被认为是变更业务的合理理由，但如果有迹象表明该变更要求与错误的、不完整的或者不能令人满意的信息有关，注册会计师不应认为该变更是合理的。

如果没有合理的理由，注册会计师不应同意变更业务。如果注册会计师不同意变更审计业务约定条款，而管理层又不允许继续执行原审计业务，注册会计师应当：（1）在适用的法律、法规允许的情况下，解除审计业务约定；（2）确定是否有约定义务或其他义务向治理层、所有者或监管机构等报告该事项。

2.变更为审阅业务或相关服务业务的要求

在同意将审计业务变更为审阅业务或相关服务业务前，接受委托按照审计准则执行审计工作的注册会计师，除考虑上述变更审计业务约定条款的要求提及事项外，还需要评估变更业务对法律责任或业务约定的影响。

如果注册会计师认为将审计业务变更为审阅业务或相关服务业务具有合理理由，截至变更日已执行的审计工作可能与变更后的业务相关，相应地，注册会计师需要执行的工作和出具的报告会适用于变更后的业务。为避免引起报告使用者的误解，对相关服务业务出具的报告不应提及原审计业务和在原审计业务中已执行的程序。只有将审计业务变更为执行商定程序业务，注册会计师才可在报告中提及已执行的程序。

（六）审计业务约定书参考格式

如参考格式6-1所示的审计业务约定书为注册会计师对按照企业会计准则编制的通用目的财务报表进行审计提供了参考格式。该约定书是针对单个报告期间的财务报表审计而起草的，并且需要根据具体要求和情况作出修改。如果拟用于连续审计，则需要予以修改。就拟议的审计业务约定书是否适用，注册会计师可寻求法律建议。

参考格式6-1：审计业务约定书

审计业务约定书

甲方：ABC股份有限公司

乙方：××会计师事务所

兹由甲方委托乙方对20×1年度财务报表进行审计，经双方协商，达成以下约定：

一、审计的目标和范围

1.乙方接受甲方委托，对甲方按照企业会计准则编制的20×1年12月31日的资产负债表，20×1年度的利润表、现金流量表、所有者权益（或股东权益）变动表以及相关财务报表附注（以下统称财务报表）进行审计。

2.乙方审计工作的目标是对财务报表整体是否不存在由于舞弊或错误导致的重大错报获取合理保证，并出具包含审计意见的审计报告。合理保证是高水平的保证，但并不能保证按照审计准则执行的审计在某一重大错报存在时总能发现。错报可能由于舞弊或错误导致，如果合理预期错报单独或汇总起来可能影响财务报表使用者依据财务报表作出的经济决策，则通常认为错报是重大的。

3.乙方通过执行审计工作，对财务报表的下列方面发表审计意见：（1）财务报表是否在所有重大方面按照企业会计准则的规定编制；（2）财务报表是否在所有重大方面公允反映了甲方20×1年12月31日的财务状况以及20×1年度的经营成果和现金流量。

二、甲方的责任

1.根据《中华人民共和国会计法》及《企业财务会计报告条例》，甲方及甲方负责人有责任保证会计资料的真实性和完整性。因此，甲方管理层有责任妥善保存和提供会计记录（包括但不限于会计凭证、会计账簿及其他会计资料），这些记录必须真实、完整地反映甲方的财务状况、经营成果和现金流量。

2.按照企业会计准则的规定编制和公允列报财务报表是甲方管理层的责任，这种责任包括：（1）按照企业会计准则的规定编制财务报表，并使其实现公允反映；（2）设计、执行和维护必要的内部控制，以使财务报表不存在由于舞弊或错误导致的重大错报。

3.在编制财务报表时，甲方管理层负责评估甲方的持续经营能力，必须时披露与持续经营相关的事项，并运用持续经营假设，除非管理层计划清算、终止运营或别无其他现实的选择。甲方治理层负责监督甲方的财务报告过程。

4.及时为乙方的审计工作提供与审计有关的所有记录、文件和所需的其他的信息（在20×2年×月×日之前提供审计所需的全部资料，如果在审计过程中需要补充资料，亦应及时提供），并保证所提供资料的真实性和完整性。

5.确保乙方不受限制地接触其认为必要的甲方内部人员和其他相关人员。

6.甲方管理层对其作出的与审计有关的声明予以书面确认。

7.为乙方派出的有关工作人员提供必要的工作条件和协助，乙方将于外勤工作开始前提供主要事项清单。

8.按照本约定书的约定及时足额支付审计费用以及乙方人员在审计期间的交通、食宿和其他相关费用。

9.乙方的审计不能减轻甲方及甲方管理层的责任。

三、乙方的责任

1.乙方按照中国注册会计师审计准则（以下简称审计准则）的规定执行审计工作。审计准则要求注册会计师遵守中国注册会计师职业道德守则。在执行审计的过程中，乙方需要运用职业判断，保持职业怀疑。

2.乙方识别和评估由于舞弊或错误导致的财务报表重大错报风险，设计和实施审计程序以应对这些风险，并获取充分、适当的审计证据，作为发表审计意见的基础。由于舞弊可能涉及串通、伪造、故意遗漏、虚假陈述或凌驾于内部控制之上，未能发现由于舞弊导致的重大错报的风险高于未能发现由于错误导致的重大错报的风险。

3.乙方了解与审计相关的内部控制，以设计恰当的审计程序，但目的并非对内部控制的有效性发表意见。

4.乙方评价管理层选用会计政策的恰当性和作出会计估计及相关披露的合理性。

5.乙方对甲方管理层使用持续经营假设的恰当性得出结论。同时，根据获取的审计证据，就可能导致对甲方持续经营能力产生重大疑虑的事项或情况是否存在重大不确定性得出结论。如果乙方得出结论认为存在重大不确定性，应当在审计报告中提请报表使用者注意财务报表中的相关披露；如果披露不充分，乙方应当发表非无保留意见。乙方的结论基于截至审计报告日可获得的信息。然而，未来的事项或情况可能导致甲方不能持续经营。

6.乙方评价财务报表的总体列报、结构和内容（包括披露），并评价财务报表是否公允反映相关交易和事项。

7.乙方从与甲方治理层沟通过的事项中，确定对本期财务报表审计最为重要的事项（关键审计事项），并在审计报告中描述这些事项（如适用）。这些事项的应对以对财务报表整体进行审计并形成审计意见为背景，乙方不对这些事项单独发表意见。

8.在审计过程中，乙方若发现甲方存在乙方认为值得关注的内部控制缺陷，应以书面形式向甲方治理层或管理层通报。但乙方通报的各种事项，并不代表已全面说明所有可能存在的缺陷或已提出所有可行的改进建议。甲方在实施乙方提出的改进建议前应全面评估其影响。未经乙方书面许可，甲方不得向任何第三方提供乙方出具的沟通文件，除非法律法规另有要求。

9.由于审计和内部控制的固有限制，即使按照审计准则的规定适当地计划和执行审计工作，仍无法避免财务报表的某些重大错报可能未被乙方发现的风险。

10.按照约定时间完成审计工作，出具审计报告。乙方应于20×2年×月×日前出具审计报告。

11.除下列情况外，乙方应当对执行业务过程中知悉的甲方信息予以保密：（1）法律法规允许披露，并取得甲方的授权；（2）根据法律法规的要求，为法律诉讼、仲裁准备文件或提供证据，以及向监管机构报告发现的违法行为；（3）在法律法规允许的情况下，在法律诉讼、仲裁中维护自己的合法权益；（4）接受注册会计师协会或监管机构的执业质量检查，答复其询问和调查；（5）法律法规、执业准则和职业道德规范规定的其他情形。

四、审计收费

1.本次审计服务的收费是以乙方各级别工作人员在本次工作中所耗费的时间为基础计算的。乙方预计本次审计服务的费用总额为人民币×万元。

2.甲方应于本约定书签署之日起×日内支付×%的审计费用，其余款项于审计报告草稿完成日结清。

3.如果由于无法预见的原因，致使乙方从事本约定书所涉及的审计服务实际时间较本约定书签订时预计的时间有明显增加或减少时，甲乙双方应通过协商，相应调整本部分第1段所述的审计费用。

4.如果由于无法预见的原因，致使乙方人员抵达甲方的工作现场后，本约定书所涉及的审计服务中止，甲方不得要求退还预付的审计费用；如上述情况发生于乙方人员完成现场审计工作，并离开甲方的工作现场之后，甲方应另行向乙方支付人民币×元的补偿费，该补偿费应于甲方收到乙方的收款通知之日起×日内支付。

5.与本次审计有关的其他费用（包括交通费、食宿费等）由甲方承担。

五、审计报告和审计报告的使用

1.乙方按照中国注册会计师审计准则规定的格式和类型出具审计报告。

2.乙方向甲方致送审计报告一式×份。

3.甲方在提交或对外公布乙方出具的审计报告及其后附的已审计财务报表时，不得对其进行修改。当甲方认为有必要修改会计数据、报表附注和所做的说明时，应当事先通知乙方，乙方将考虑有关的修改对审计报告的影响，必要时，将重新出具审计报告。

六、本约定书的有效期间

本约定书自签署之日起生效，并在双方履行完毕本约定书约定的所有义务后终止，但其中第三项第11段、第四、五、七、八、九、十项并不因本约定书终止而失效。

七、约定事项的变更

如果出现不可预见的情况，影响审计工作如期完成，或需要提前出具审计报告，甲、乙双方均可要求变更约定事项，但应及时通知对方，并由双方协商解决。

八、终止条款

1.如果根据乙方的职业道德及其他有关专业职责、适用的法律法规或其他任何法定的要求，乙方认为已不适宜继续为甲方提供本约定书约定的审计服务，乙方可以采取向甲方提出合理通知的方式终止履行本约定书。

2.在本约定书终止的情况下，乙方有权就其于终止之日前对约定的审计服务项目所做的工作收取合理的费用。

九、违约责任

甲、乙双方按照《中华人民共和国合同法》的规定承担违约责任。

十、适用法律和争议解决

本约定书的所有方面均应适用中华人民共和国法律进行解释并受其约束。本约定书履行地为乙方出具审计报告所在地，因本约定书引起的或与本约定书有关的任何纠纷或争议（包括关于本约定书条款的存在、效力或终止，或无效之后果），双方协商确定采取以下第_____种方式予以解决：

（1）向有管辖权的人民法院提起诉讼；

（2）提交×仲裁委员会仲裁。

十一、双方对其他有关事项的约定

本约定书一式两份，甲、乙双方各执一份，具有同等法律效力。

ABC股份有限公司（盖章）	××会计师事务所（盖章）
授权代表：（签名并盖章）	授权代表：（签名并盖章）
20××年×月×日	20××年×月×日

第二节　审计计划

一、审计计划的含义与作用

审计计划是指审计人员为了完成各项审计业务，达到预期的审计目标，在具体执行审计程序之前编制的工作计划。审计计划分为总体审计策略和具体审计计划两个层次。注册会计师应当针对总体审计策略中所识别的不同事项，制订具体审计计划，并考虑通过有效利用审计资源以实现审计目标。值得注意的是，虽然制定总体审计策略的过程通常在具体审计计划之前，但是两项计划具有内在紧密联系，对其中一项的决定可能会影响甚至改变对另外一项的决定。

合理的审计计划有利于注册会计师顺利完成审计工作和控制审计风险。具体而言，审计计划的作用包括：

（1）有助于注册会计师适当关注重要的审计领域；

（2）有助于注册会计师及时发现和解决潜在的问题；

（3）有助于注册会计师恰当地组织和管理审计业务，以有效的方式执行审计业务；

（4）有助于选择具备必要的专业素质和胜任能力的项目组成员应对预期的风险，并有助于向项目组成员分派适当的工作；

（5）有助于指导和监督项目组成员并复核其工作；

（6）在适用的情况下，有助于协调组成部分注册会计师和专家的工作。

二、总体审计策略

注册会计师应当为审计工作制定总体审计策略。总体审计策略用以确定审计范围、时间安排和方向，并指导具体审计计划的制订。在制定总体审计策略时，应当考虑以下主要事项：

第一，确定审计业务的特征，以界定审计范围。应关注的审计业务特征主要包括适用的财务报告编制基础、特定行业的报告要求以及被审计单位组成部分的数量及所在地点等。

第二，明确审计业务的报告目标，以计划审计的时间安排和所需沟通的性质。主要应安排被审计单位对外报告的时间表、执行审计的时间表和沟通时间表，并且明确与管理层、治理层、组成部分注册会计师等沟通的性质、时间安排和范围等。

第三，根据职业判断，考虑用以指导项目组工作方向的重要因素。确定项目组工作方向，应当包括考虑以下影响审计业务的重要因素：确定适当的重要性水平；初步识别可能存在较高的重大错报风险的领域；初步识别重要的组成部分和账户余额；评价是否需要针对内部控制的有效性获取审计证据；识别被审计单位、所处行业、财务报告要求及其他相关方面最近发生的重大变化等。

第四，考虑初步业务活动的结果，并考虑项目合伙人对被审计单位执行其他业务时获得的经验是否与审计业务相关（如适用）；

第五，确定执行业务所需资源的性质、时间安排和范围。

注册会计师应当在总体审计策略中清楚地说明审计资源的规划和调配，包括确定执行审计业务所必需的审计资源的性质、时间安排和范围，具体包括：

1.向具体审计领域调配的资源，包括向高风险领域分派有适当经验的项目组成员，就复杂的问题利用专家工作等；

2.向具体审计领域分配资源的多少，包括分派到重要地点进行存货监盘的项目组成员的人数，在集团审计中复核组成部分注册会计师工作的范围，向高风险领域分配的审计时间预算等；

3.何时调配这些资源，包括是在期中审计阶段还是在关键的截止日期调配资源等；

4.如何管理、指导，监督这些资源，包括预期何时召开项目组预备会和总结会，预期项目合伙人和经理如何进行复核，是否需要实施项目质量控制复核等。

总体审计策略格式参见表6-1。

三、具体审计计划

注册会计师应当为审计工作制订具体审计计划。具体审计计划比总体审计策略更加详细，其内容的核心是为获取充分、适当的审计证据，而确定审计程序的性质、时间安排和范围的决策。具体审计计划应当包括风险评估程序、计划实施的进一步审计程序和其他审计程序。

表6-1 **总体审计策略参考格式**

被审计单位：______ 索引号：______

项目：总体审计策略 财务报表截止日/期间：______

编制：______ 复核：______

日期：______ 日期：______

一、审计范围

报告要求	
适用的财务报告编制基础	
适用的审计准则	
与财务报告相关的行业特别规定	例如：监管机构发布的有关信息披露法规、特定行业主管部门发布的与财务报告相关的法规等
由组成部分注册会计师审计的组成部分的范围	
…	

二、审计时间安排

（一）报告时间要求

审计工作	时间
1.提交审计报告草稿	
2.签署正式审计报告	
3.公布已审计报表和审计报告	
…	

（二）执行审计时间安排

执行审计时间安排	时间
1.制定总体审计策略	
2.制订具体审计计划	
3.执行存货监盘	
…	

（三）沟通的时间安排

所需沟通	时间
与管理层的沟通	
与治理层的沟通	
项目组会议（包括预备会和总结会）	
与注册会计师的专家的沟通	
与组成部分注册会计师的沟通	
与前任注册会计师的沟通	
…	

续表

三、影响审计业务的重要因素

（一）重要性

确定的重要性水平	索引号
财务报表整体重要性	
特定类别的交易、账户余额或披露的一个或多个重要性水平（如适用）	
实际执行的重要性	
明显微小错报的临界值	

（二）可能存在较高重大错报风险的领域

可能存在较高重大错报风险的领域	索引号

（三）识别重要组成部分

（四）识别重要的交易、账户余额和披露

四、人员安排

（一）项目组主要成员

姓名	职级	主要职责

（注：在分配职责时可以根据被审计单位的不同情况按会计科目划分，或按交易类别划分）

（二）质量控制复核人员

姓名	职级	主要职责

五、对专家或其他第三方工作的利用

（一）对专家工作的利用

主要报表项目	专家名称	主要职责及工作范围	索引号

（二）对内部审计工作的利用

主要流程/报表项目	拟利用的内部审计工作	索引号

（三）对组成部分注册会计师工作的利用

组成部分注册会计师名称	拟利用其工作范围及程度	索引号

（四）对被审计单位使用服务机构的考虑

主要报表项目	服务机构名称	服务机构提供的服务及其注册会计师出具的审计报告意见及日期（如有）	索引号

续表

六、其他事项

（一）风险评估程序

为了充分识别和评估财务报表重大错报风险，在具体审计计划中明确注册会计师拟实施的风险评估程序的性质、时间安排和范围。

（二）计划实施的进一步审计程序

针对评估的认定层次的重大错报风险，在具体审计计划中明确注册会计师拟实施的进一步审计程序的性质、时间安排和范围。进一步审计程序包括控制测试和实质性程序。通常，注册会计师计划的进一步审计程序可以分为进一步审计程序的总体方案和拟实施的具体审计程序两个层次。进一步审计程序的总体方案主要是指注册会计师针对各类交易、账户余额和披露决定采用的总体方案（包括实质性方案或综合性方案）。具体审计程序则是对进一步审计程序的总体方案的延伸和细化，它通常包括控制测试和实质性程序的性质、时间安排和范围。

（三）计划其他审计程序

计划其他审计程序是指上述进一步程序的计划中没有涵盖的、根据其他审计准则的要求注册会计师应当执行的既定程序。在审计计划阶段，除了按照《中国注册会计师审计准则第1211号——通过了解被审计单位及其环境识别和评估重大错报风险》进行计划工作，注册会计师还需要兼顾其他准则中规定的、针对特定项目在审计计划阶段应执行的程序及记录要求。例如，《中国注册会计师审计准则第1141号——财务报表审计中与舞弊相关的责任》《中国注册会计师审计准则第1324号——持续经营》《中国注册会计师审计准则第1142号——财务报表审计中对法律法规的考虑》《中国注册会计师审计准则第1323号——关联方》等准则中对注册会计师针对这些特定项目在审计计划阶段应当执行的程序及其记录作出了规定。当然，由于被审计单位所处行业、环境各不相同，特别项目可能也有所不同。例如，有些企业可能涉及环境事项、电子商务等，在实务中注册会计师应根据被审计单位的具体情况确定特定项目并执行相应的审计程序。

四、审计过程中对计划的更改

计划审计工作并非审计业务的一个孤立阶段，而是一个持续的、不断修正的过程，贯穿整个审计业务的始终。由于未预期事项、条件的变化或在实施审计程序中获取的审计证据等原因，在审计过程中，注册会计师应当在必要时对总体审计策略和具体审计计划作出更新和修改。

审计过程可以分为不同阶段，通常前面阶段的工作结果会对后面阶段的工作计划产生一定的影响，而在后面阶段的工作过程中又可能发现需要对已制订的相关计划进行相应的更新和修改。通常来讲，这些更新和修改涉及比较重要的事项。例如，对重要性水平的修改，对某类交易、账户余额和披露的重大错报风险的评估和进一步审计程序（包括总体方案和拟实施的具体审计程序）的更新和修改等。一旦计划被更新和修改，审计工作也就应当进行相应的修正。

例如，如果在制订审计计划时，注册会计师基于对材料采购交易的相关控制的设计和执行获取的审计证据，认为相关控制设计合理并得以执行，因此未将其评价为高风险领域并且计划执行控制测试。但是在执行控制测试时获得的审计证据与审计计划阶段获得的审计证据相矛盾，注册会计师认为该类交易的控制没有得到有效执行，此时，注册会计师可能需要修正对该类交易的风险评估，并基于修正的评估风险修改计划的审计方案，如采用实质性方案。

如果注册会计师在审计过程中对总体审计策略或具体审计计划作出重大修改，应当在审计工作底稿中记录作出的重大修改及其理由。

五、计划对项目组成员工作的指导、监督与复核

注册会计师应当制订计划，确定对项目组成员的指导、监督以及对其工作进行复核的性质、时间安排和范围。项目组成员的指导、监督以及对其工作进行复核的性质、时间安排和范围主要取决于下列因素：

1.被审计单位的规模和复杂程度；

2.审计领域；

3.评估的重大错报风险；

4.执行审计工作的项目组成员的专业素质和胜任能力。

注册会计师应在评估重大错报风险的基础上，计划对项目组成员工作的指导、监督与复核的性质、时间安排和范围。当评估的重大错报风险增加时，注册会计师通常会扩大指导与监督的范围，增强指导与监督的及时性，执行更详细的复核工作。在计划复核的性质、时间安排和范围时，注册会计师还应考虑单个项目组成员的专业素质和胜任能力。

【复习思考题】

1.初步业务活动的主要内容是什么？

2.签订审计业务约定书之前应做的工作有哪些？

3.审计业务约定书有哪些基本内容？

4.简述审计计划的含义与作用。

5.在制定总体审计策略时，主要应考虑哪些事项？

6.简述具体审计计划的主要内容。

第七章　风险评估程序

风险评估是风险导向审计模式下的重要审计环节，是针对审计风险因素中重大错报风险的识别与评估程序。有哪些风险评估的程序？如何了解被审计单位及其环境？如何根据了解的被审计单位及其环境评估重大错报风险？这些都是本章的重点。本章主要内容包括风险评估程序概述；了解被审计单位及其环境；了解被审计单位的内部控制；评估重大错报风险。

[学习目标]

1. 了解风险评估程序；
2. 掌握了解被审计单位及其环境；
3. 熟悉内部控制理论；
4. 掌握了解被审计单位的内部控制；
5. 掌握评估重大错报风险。

第一节　风险评估程序概述

一、风险评估程序的含义与目的

(一) 风险评估程序的含义

风险评估程序是指审计人员为了解被审计单位及其环境，以识别和评估财务报表重大错报风险而实施的审计程序。

自20世纪90年代以来，经济环境日益复杂，企业经营失败风险不断增加，尤其是与日俱增的财务报告舞弊风险大大增加了注册会计师的审计风险。在审计过程中如何识别会计报表中存在的重大错报并采取合理措施成为注册会计师审计的重要内容。国际会计师联合会下属的国际审计与鉴证准则委员会（IAASB）紧紧围绕如何提高审计人员评估风险、发现舞弊的能力，适时对审计准则进行了修订，于2003年10月发布了3个新的国际审计风险准则，引入“重大错报风险”，并重建审计风险模型，改进审计业务流程，增强实施审计程序的效果。我国也积极响应国际审计准则的发展趋势，在2010年修订的注册会计师执业准则体系中使用了现代风险导向审计的理念，风险评估和风险应对成为注册会计师财务报告审计的核心内容。

(二) 风险评估程序的目的与基本流程

审计人员实施风险评估程序的目的是识别和评估财务报表重大错报风险，包括财务报表层次的重大错报风险（针对该风险制定“总体应对措施”）和各类交易、账户余额、披露认定层次重大错报风险（针对该风险设计和实施进一步审计程序）。

为了实现风险评估程序的目的，风险评估程序应执行如图7-1所示的风险评估流程，各工作流程的具体内容将在本章后续部分进行介绍。

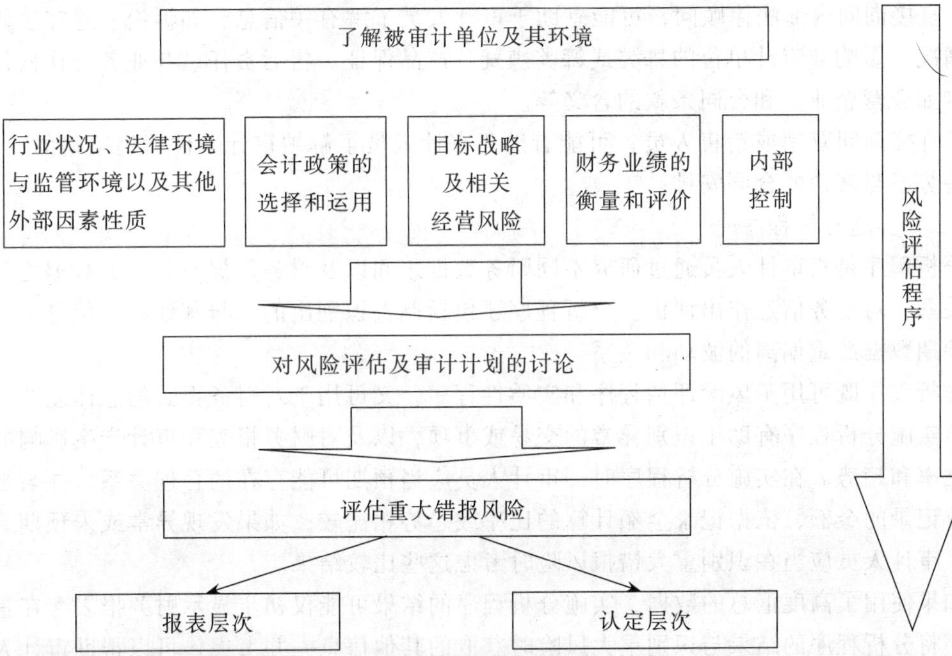

图7-1 风险评估程序

二、风险评估程序的种类

审计人员应当实施下列风险评估程序，以了解被审计单位及其环境：

（一）询问管理层和被审计单位内部其他人员

询问管理层和被审计单位内部其他人员是了解被审计单位及其环境的一个重要信息来源。审计人员可以考虑向管理层和财务负责人询问下列事项：

1.管理层所关注的主要问题，如新的竞争对手、主要客户和供应商的流失、新的税收法规的实施以及经营目标或战略的变化等。

2.被审计单位最近的财务状况、经营成果和现金流量。

3.可能影响财务报告的交易和事项，或者目前发生的重大会计处理问题，如重大的购并事宜等。

4.被审计单位发生的其他重要变化，如所有权结构、组织结构的变化，以及内部控制的变化等。

审计人员通过询问获取的大部分信息来自于管理层和负责财务被告的人员。审计人员也可以通过询问被审计单位内部的其他不同层级的人员获取信息，或为识别重大错报风险提供不同的视角。例如：

1.直接询问治理层，可能有助于审计人员了解编制财务报表的环境。

2.直接询问内部审计人员，可能有助于审计人员了解本年度针对被审计单位内部控制设计和运行有效性而实施的内部审计程序，以及管理层是否根据实施这些程序的结果采取了适当的应对措施。

3. 询问参与生成、处理或记录复杂或异常交易的员工，可能有助于审计人员评价被审计单位选择和运用某项会计政策的恰当性。

4. 直接询问内部法律顾问，可能有助于审计人员了解有关信息，如诉讼、遵守法律法规的情况、影响被审计单位的舞弊或舞弊嫌疑、产品保证、售后责任、与业务合作伙伴的安排（如合营企业）和合同条款的含义等。

5. 直接询问营销或销售人员，可能有助于审计人员了解被审计单位营销策略的变化、销售趋势或与客户的合同安排。

（二）实施分析程序

分析程序是指审计人员通过研究不同财务数据之间以及财务数据与非财务数据之间的内在关系，对财务信息作出评价。分析程序还包括调查识别出的、与其他相关信息不一致或与预期数据严重偏离的波动和关系。

分析程序既可用于风险评估程序和实质性程序，又可用于对财务报表的总体复核。审计人员实施分析程序有助于识别异常的交易或事项，以及对财务报表和审计产生影响的金额、比率和趋势。在实施分析程序时，审计人员应当预期可能存在的合理关系，并与被审计单位记录的金额，依据记录金额计算的比率或趋势相比较；如果发现异常或未预期到的关系，审计人员应当在识别重大错报风险时考虑这些比较结果。

如果使用了高度汇总的数据，实施分析程序的结果可能仅初步显示财务报表存在重大错报，将分析程序的结果与识别重大风险时获取的其他信息一并考虑，可以帮助审计人员了解并评价分析程序的结果。例如，被审计单位存在很多产品系列，各个产品系列的毛利率存在一定差异。对总体毛利率实施分析程序的结果可能仅初步显示销售成本存在重大错报，审计人员进而需要实施更为详细的分析程序。比如，对每一产品系列进行毛利率分析，或者将总体毛利率分析的结果连同其他信息一并考虑。

（三）观察和检查

观察和检查程序可以支持对管理层和其他相关人员的询问结果，并可以提供有关被审计单位及其环境的信息，审计人员应当实施下列观察和检查程序：

1. 观察被审计单位的经营活动。例如，观察被审计单位人员正在从事的生产活动和内部控制活动，增加审计人员对被审计单位人员如何进行生产经营活动及实施内部控制的了解。

2. 检查文件、记录和内部控制手册。例如，检查被审计单位的经营计划、策略、章程，与其他单位签订的合同、协议，各业务流程操作指引和内部控制手册等，了解被审计单位组织结构和内部控制制度的建立健全情况。

3. 阅读由管理层和治理层编制的报告。例如，阅读被审计单位年度和中期财务报告，股东大会、董事会会议、高级管理层会议的会议记录或纪要，管理层的讨论和分析资料，对重要经营环节和外部因素的评价，被审计单位内部管理报告以及其他特殊目的的报告（如新投资项目的可行性分析报告）等，了解自上一期审计结束至本期审计期间被审计单位发生的重大事项。

4. 实地查看被审计单位的生产经营场所和厂房设备。通过现场访问和实地查看被审计单位的生产经营场所和厂房设备，可以帮助审计人员了解被审计单位的性质及其经营活动。在实地查看被审计单位的厂房和办公场所的过程中，审计人员有机会与被审计单位管理层和担任不同职责的员工进行交流，可以增强审计人员对被审计单位的经营活动及其重大影响因素的了解。

5.追踪交易在财务报告信息系统中的处理过程（穿行测试）。这是审计人员了解被审计单位业务流程及其相关控制时经常使用的审计程序。通过追踪某笔或某几笔交易在业务流程中如何生成、记录、处理和报告，以及相关控制如何执行，审计人员可以确定被审计单位的交易流程和相关控制是否与之前通过其他程序所获得的了解一致，并确定相关控制是否得以执行。

（四）其他审计程序和信息来源

1.其他审计程序。除了采用上述程序从被审计单位内部获取信息以外，如果根据职业判断认为从被审计单位外部获取的信息有助于识别重大错报风险，审计人员应当实施其他审计程序以获取这些信息。例如，询问被审计单位聘请的外部法律顾问、专业评估师、投资顾问和财务顾问等。另外，阅读外部信息也可能有助于审计人员了解被审计单位及其环境，如证券分析师、银行、评级机构出具的有关被审计单位及其所处行业的经济或市场环境等状况的报告，贸易与经济方面的报纸期刊，法规或金融出版物，以及政府部门或民间组织发布的行业报告和统计数据等。

2.其他信息来源。在评估重大错报风险时，审计人员还应当考虑在客户接受或保持过程中获取的信息，并充分利用向被审单位提供其他服务所获得的经验。通常，对新的审计业务，审计人员应在业务承接阶段对被审计单位及其环境有一个初步的了解，以确定是否承接该业务。而对连续审计业务，也应在每年的续约过程中对上年审计作总体评价，并更新对被审计单位的了解和风险评估结果，以确定是否续约。对于连续审计业务，如果拟利用以往与被审计单位交往的经验和以前审计中实施审计程序获取的信息，审计人员应当确定被审计单位及其环境自以前审计后是否已发生变化，进而可能影响这些信息对本期审计的相关性。例如，审计人员前期已经了解了内部控制的设计和执行情况，但被审计单位及其环境可能在本期发生变化，导致内部控制也发生相应变化。在这种情况下，审计人员需要实施询问和其他适当的审计程序（如穿行测试），以确定该变化是否可能影响此类信息在本期审计中的相关性。另外，审计人员还应当考虑向被审计单位提供其他服务（如执行中期财务报表审阅业务）所获得的经验是否有助于识别重大错报风险。

根据审计准则的要求，审计人员应当从六个方面了解被审计单位及其环境。需要说明的是，审计人员无须在了解每个方面时都实施以上所有的风险评估程序。例如，在了解内部控制时通常不用分析程序。但是，对被审计单位及其环境获取了解的整个过程中，审计人员通常会实施上述所有的风险评估程序。

三、项目组内部的讨论

《中国注册会计师审计准则第1211号——通过了解被审计单位及其环境识别和评估重大错报风险》要求项目合伙人和项目组其他关键成员应当讨论被审计单位财务报表存在重大错报的可能性，以及如何根据被审计单位的具体情况运用适用的财务报告编制基础。项目合伙人应当确定向未参与讨论的项目组成员通报哪些事项。项目组内部的讨论在所有业务阶段都非常必要，可以保证所有事项得到恰当的考虑。

（一）讨论的目标

项目组内部的讨论为项目组成员提供了交流信息和分享见解的机会。项目组通过讨论可以使成员更好地了解：

（1）在各自负责的领域中，由于舞弊或错误导致财务报表重大错报的可能性；

（2）各自实施审计程序的结果如何影响审计的其他方面，包括对确定进一步审计程序的性质、时间安排和范围的影响。

（二）讨论的内容

项目组应当讨论被审计单位面临的经营风险、财务报表容易发生错报的领域以及发生错报的方式，特别是由于舞弊导致重大错报的可能性。

（三）参与讨论的人员

项目组内部的讨论不要求所有成员每次都参与，参与讨论人员范围的确定，主要受项目组成员的职责经验和信息需要的影响。通常项目组的关键成员应当参与讨论，如果项目组需要拥有信息技术或其他特殊技能的专家，这些专家也应参与讨论。

（四）讨论的时间和方式

项目组应当根据审计的具体情况，在整个审计过程中持续交换有关财务报表发生重大错报可能性的信息。

按照《中国注册会计师审计准则第1101号——注册会计师的总体目标和审计工作的基本要求》的规定，在计划和实施审计工作时，注册会计师应当保持职业怀疑，认识到可能存在导致财务报表发生重大错报的情形。项目组在讨论时应当强调在整个审计过程中保持职业怀疑，警惕可能发生重大错报的迹象，并对这些迹象进行严格追踪。通过讨论，项目组成员可以交流和分享在整个审计过程中获得的信息，包括可能对重大错报风险评估产生影响的信息或针对这些风险实施审计程序的信息。

项目组还可以根据实际情况讨论其他重要事项。

第二节　了解被审计单位及其环境

一、总体要求

（一）了解被审计单位及其环境的内容

按照《中国注册会计师审计准则第1211号——通过了解被审计单位及其环境识别和评估重大错报风险》的要求，注册会计师应当从下列方面了解被审计单位及其环境：

（1）相关行业状况、法律环境和监管环境及其他外部因素；

（2）被审计单位的性质；

（3）被审计单位对会计政策的选择和运用；

（4）被审计单位的目标、战略以及可能导致重大错报风险的相关经营风险；

（5）对被审计单位财务业绩的衡量和评价；

（6）被审计单位的内部控制。

上述第（1）项是被审计单位的外部环境，第（2）、（3）、（4）项以及第（6）项是被审计单位的内部因素，第（5）项则既有外部因素也有内部因素。值得注意的是，被审计单位及其环境的各个方面可能会互相影响。例如，被审计单位的行业状况、法律环境与监管环境以及其他外部因素可能影响到被审计单位的目标、战略以及相关经营风险，而被审计单位的性质、目标、战略以及相关经营风险可能影响到被审计单位对会计政策的选择和运用，以及内部控制的设计和执行。因此，审计人员在对被审计单位及其环境的各个方面进行了解和评估时，应当考虑各因素之间的相互关系。

（二）了解被审计单位及其环境的作用

了解被审计单位及其环境是必要程序，特别是为审计人员在下列关键环节作出职业判断提供重要基础：

1.确定重要性水平，并随着审计工作的进程评估对重要性水平的判断是否仍然适当；

2.考虑会计政策的选择和运用是否恰当，以及财务报表的列报是否适当；

3.识别需要特别考虑的领域，包括关联方交易、管理层运用持续经营假设的合理性，或交易是否具有合理的商业目的等；

4.确定在实施分析程序时所使用的预期值；

5.设计和实施进一步审计程序，以将审计风险降至可接受的低水平；

6.评价所获取审计证据的充分性和适当性。

（三）了解被审计单位及其环境的程度

审计人员应当运用职业判断确定需要了解被审计单位及其环境的程度，如被审计单位的规模和复杂程度，以及审计人员的相关审计经验，包括以前对被审计单位提供审计和相关服务的经验以及对类似行业、类似企业的审计经验。此外，识别被审计单位及其环境与以前期间相比发生的重大变化，对于充分了解被审计单位及其环境、识别和评估重大错报风险尤为重要。

评价对被审计单位及其环境了解的程度是否恰当，关键是看审计人员对被审计单位及其环境的了解是否足以识别和评估财务报表的重大错报风险。如果了解被审计单位及其环境获得的信息足以识别和评估财务报表的重大错报风险，设计和实施进一步审计程序，那么，了解的程度就是恰当的。

二、了解相关行业状况、法律环境和监管环境及其他外部因素

（一）行业状况

审计人员应当了解被审计单位的行业状况，主要包括：（1）所处行业的市场与竞争，包括市场需求、生产能力和价格竞争；（2）生产经营的季节性和周期性；（3）与被审计单位产品相关的生产技术；（4）能源供应与成本；（5）行业的关键指标和统计数据。

一般而言，相关行业状况可通过统计年鉴、行业协会、行业网站等途径获得相关资料。审计组织也可以通过建立自己的数据库积累相关资料。审计人员不仅要了解被审计单位所在行业的国内状况，也要了解该行业的国际状况，同时还要了解被审计单位在行业中所处的竞争态势。

行业状况对被审计单位或多或少存在影响，了解这些状况，有助于了解被审计单位，并评估被审计单位财务报表所反映的财务状况和经营成果的总体合理性。

（二）法律环境与监管环境

审计人员应当了解被审计单位所处的法律环境与监管环境，主要包括：（1）会计原则

和行业特定惯例；（2）受管制行业的法规框架；（3）对被审计单位经营活动产生重大影响的法律法规，包括直接的监管活动；（4）税收政策（关于企业所得税和其他税种的政策）；（5）目前对被审计单位开展经营活动产生影响的政府政策，如货币政策（包括外汇管制）、财政政策、财政刺激措施（如政府援助项目）、关税或贸易限制政策等；（6）影响行业和被审计单位经营活动的环保要求。

了解这些信息，有助于审计人员评价被审计单位会计政策选择和运用的合理性，以及对被审计单位财务状况和经营成果产生重大影响的法律、法规、方针、政策及其现实的、潜在的影响。

（三）其他外部因素

审计人员应当了解影响被审计单位经营的其他外部因素，主要包括总体经济情况、利率、融资的可获得性、通货膨胀水平或币值变动等。

（四）了解的重点和程度

审计人员对行业状况、法律环境与监管环境以及其他外部因素了解的范围和程度会因被审计单位所处行业、规模以及其他因素（如在市场中的地位）的不同而不同。例如，对从事计算机硬件制造的被审计单位，审计人员可能更关心市场和竞争以及技术进步的情况；对金融机构，审计人员可能更关心宏观经济走势以及货币、财政等方面的宏观经济政策；对化工等产生污染的行业，审计人员可能更关心相关环保法规。审计人员考虑将了解的重点放在对被审计单位的经营活动可能产生重要影响的关键外部因素以及与前期相比发生的重大变化上。

审计人员应当考虑被审计单位所在行业的业务性质或监管程度是否可能导致特定的重大错报风险，考虑项目组是否配备了具有相关知识和经验的成员。例如，建筑行业长期合同涉及收入和成本的重大估计，可能导致重大错报风险；银行监管机构对商业银行的资本充足率有专门规定，不能满足这一监管要求的商业银行可能有操纵财务报表的动机和压力。

三、了解被审计单位的性质

审计人员应当从所有权结构、治理结构、组织结构、经营活动、投资活动、筹资活动和财务报告等方面了解被审计单位的性质，这有助于理解预期在财务报表中反映的各类交易、账户余额、列报和披露。

（一）所有权结构

对被审计单位所有权结构的了解有助于审计人员识别关联方关系并了解被审计单位的决策过程。审计人员应当了解所有权结构以及所有者与其他人员或实体之间的关系，考虑关联方关系是否已经得到识别，以及关联方交易是否得到恰当核算。例如，审计人员应当了解被审计单位是属于国有企业、外商投资企业、民营企业，还是属于其他类型的企业，还应当了解其直接控股母公司、间接控股母公司、最终控股母公司和其他股东的构成，以及所有者与其他人员或实体（如控股母公司控制的其他企业）之间的关系。

了解所有权结构，有助于识别被审计单位的关联方，评价关联方及其交易是否在财务报表中得到恰当记录和充分披露。

（二）治理结构

治理结构主要包括董事会、监事会、经理层的构成及其制衡关系。审计人员对被审计单位治理结构的了解应当包括：董事会、监事会、经理层的构成情况，董事会内部是否有独立董事；董事会、监事会的运作情况以及对经理层的监督情况和效果；董事会下设战略、审计、提名、薪酬与考核委员会的构成及其运作情况。

良好的治理结构可以对被审计单位的经营和财务运作实施有效监督，从而降低财务报表发生重大错报的风险。审计人员应当了解被审计单位的治理结构，考虑治理层是否能够在独立于管理层的情况下对被审计单位事务（包括财务报告）作出客观判断。

（三）组织结构

审计人员应当了解被审计单位的组织结构，考虑复杂组织结构可能导致的重大错报风险，包括财务报表合并、商誉减值以及长期股权投资核算等问题。例如，对于在多个地区拥有子公司或其他组成部分的被审计单位，不仅编制合并财务报表的难度增加，还存在诸如投资类别的判断及其会计处理等可能导致重大错报风险的复杂事项。

（四）经营活动

了解被审计单位经营活动有助于审计人员识别预期在财务报表中反映的主要交易类别、重要账户余额和列报。审计人员应当了解被审计单位的经营活动，主要包括：

1.主营业务的性质。例如，主营业务是制造业还是商品批发与零售；是银行、保险还是其他金融服务；是公用事业、交通运输还是提供技术产品和服务等。

2.与生产产品或提供劳务相关的市场信息。例如，主要客户和合同、付款条件、利润率、市场份额、竞争者、出口、定价政策、产品声誉、质量保证、营销策略和目标等。

3.业务的开展情况。例如，业务分部的设立情况、产品和服务的交付、衰退或扩展的经营活动的详情等。

4.联盟、合营与外包情况。

5.从事电子商务的情况。例如，是否通过互联网销售产品和提供服务以及从事营销活动。

6.地区分布与行业细分。例如，是否涉及跨地区经营和多种经营，各个地区和各行业分布的相对规模以及相互之间是否存在依赖关系。

7.生产设施、仓库和办公室的地理位置，存货存放地点和数量。

8.关键客户。例如，销售对象是少量的大客户还是众多的小客户；是否有被审计单位高度依赖的特定客户（如超过销售总额10%的顾客）；是否有造成高回收性风险的若干客户或客户类别（如正处在一个衰退市场中的客户）；是否与某些客户订立了不寻常的销售条款或条件。

9.货物和服务的重要供应商。例如，是否签订长期供应合同、原材料供应的可靠性和稳定性、付款条件，以及原材料是否受重大价格变动的影响。

10.劳动用工安排。例如，分地区用工情况、劳动力供应情况、工薪水平、退休金和其他福利、股权激励或其他奖金安排以及与劳动用工事项相关的政府法规。

11.研究与开发活动及其支出。

12.关联方交易。例如，有些客户或供应商是否为关联方；对关联方和非关联方是否采用不同的销售和采购条款。此外，还存在哪些关联方交易，对这些交易采用怎样的定价政策。

（五）投资活动

了解被审计单位投资活动有助于审计人员关注被审计单位在经营策略和方向上的重大变化。审计人员应当了解被审计单位的投资活动，主要包括：

1.近期拟实施或已实施的并购活动与资产处置情况，包括业务重组或某些业务的终止。审计人员应当了解并购活动如何与被审计单位目前的经营业务相协调，并考虑它们是否会引发进一步的经营风险。例如，被审计单位并购了一个新的业务部门，审计人员需要了解管理层如何管理这一新业务，而新业务又如何与现有业务相结合，发挥协同优势，如何解决原有经营业务与新业务在信息系统、企业文化等各方面的不一致。

2.证券投资、委托贷款的发生与处置。

3.资本性投资活动，包括固定资产和无形资产投资，近期或计划发生的变动，以及重大的资本承诺等。

4.不纳入合并范围的投资。例如，联营、合营或其他投资，包括近期计划的投资项目。

（六）筹资活动

了解被审计单位筹资活动有助于审计人员评估被审计单位在融资方面的压力，并进一步考虑被审计单位在可预见未来的持续经营能力。审计人员应当了解被审计单位的筹资活动，主要包括：

1.债务结构和相关条款，包括资产负债表外融资和租赁安排。例如，获得的信贷额度是否可以满足营运需要；得到的融资条件及利率是否与竞争对手相似，如不相似，原因何在；是否存在违反借款合同中限制性条款的情况；是否承受重大的汇率与利率风险。

2.主要子公司和联营企业（无论是否处于合并范围内）的重要融资安排。

3.实际受益方及关联方。例如，实际受益方是国内的还是国外的，其商业声誉和经验可能对被审计单位产生的影响。

4.衍生金融工具的使用。例如，衍生金融工具是用于交易目的还是套期目的，以及运用的种类、范围和交易对手等。

（七）财务报告

了解影响财务报告的重要政策、交易或事项，例如：

1.会计政策和行业特定惯例，包括特定行业的重要活动（如银行业的贷款和投资、医药行业的研究与开发活动）；

2.收入确认惯例；

3.公允价值会计核算；

4.外币资产、负债与交易；

5.异常或复杂交易（包括在有争议的或新兴领域的交易）的会计处理（如对股份支付的会计处理）。

四、了解被审计单位对会计政策的选择和运用

被审计单位会计政策的选择和运用是否恰当，直接影响其财务报表列报和披露的公允性。因此，审计人员应当了解被审计单位对会计政策的选择和运用是否适合其经营活动，并与适用的财务报告编制基础、相关行业使用的会计政策保持一致。在了解被审计单位对会计政策的选择和运用是否适当时，审计人员应当关注下列事项：

1.重大和异常交易的会计处理方法；

2.在缺乏权威性标准或共识、有争议的或新兴领域采用重要会计政策产生的影响；

3.会计政策的变更；

4.新颁布的财务报告准则、法律法规，以及被审计单位何时采用、如何采用这些规定。

除上述与会计政策的选择和运用相关的事项外，审计人员还应关注：（1）被审计单位是否采用激进的会计政策、方法、估计和判断；（2）财会人员是否拥有足够的运用会计准则的知识、经验和能力；（3）被审计单位是否拥有足够的资源支持会计政策的运用，如人力资源及培训、信息技术的采用、数据和信息的采集等。

五、了解被审计单位的目标、战略以及相关经营风险

（一）目标、战略与经营风险

目标是企业经营活动的指针。企业管理层或治理层一般会根据企业经营面临的外部环境和内部各种因素，制定合理可行的经营目标。战略是管理层为实现经营目标采用的方法。为了实现某一既定的经营目标，企业可能有多个可行性战略。随着外部环境的变化，企业应对目标和战略作出相应的调整。经营风险是指可能对被审计单位实现目标和实施战略的能力产生不利影响的重要状况、事项、情况、作为（或不作为）而导致的风险，或由于制定不恰当的目标和战略而导致的风险。不同的企业可能面临不同的经营风险，这取决于企业经营的性质、所处行业、外部监管环境、企业的规模和复杂程度。

审计人员应当了解被审计单位是否存在与下列方面有关的目标和战略，并考虑相应的经营风险：

1.行业发展（例如，潜在的相关经营风险可能是被审计单位不具备足以应对行业变化的人力资源和业务专长）；

2.开发新产品或提供新服务（例如，潜在的相关经营风险可能是被审计单位产品责任增加）；

3.业务扩张（例如，潜在的相关经营风险可能是被审计单位对市场需求的估计不准确）；

4.新的会计要求（例如，潜在的相关经营风险可能是被审计单位不当执行相关会计要求，或会计处理成本增加）；

5.监管要求（例如，潜在的相关经营风险可能是被审计单位法律责任增加）；

6.本期及未来的融资条件（例如，潜在的相关经营风险可能是被审计单位由于无法满足融资条件而失去融资机会）；

7.信息技术的运用（例如，潜在的相关经营风险可能是被审计单位信息系统与业务流程难以融合）；

8.实施战略的影响，特别是由此产生的需要运用新的会计要求的影响。

（二）经营风险对重大错报风险的影响

经营风险与财务报表重大错报风险是既有联系又相互区别的两个概念，前者比后者范围更广。审计人员了解被审计单位的经营风险有助于其识别财务报表重大错报风险，但并非所有的经营风险都与财务报表相关，审计人员没有责任识别或评估对财务报表没有影响的经营风险。

目标、战略、经营风险和重大错报风险之间存在密切的联系。例如，企业当前的目标是在某一特定期间内进入某一新的海外市场，企业选择的战略是在当地成立合资公司。从该战略本身来看，是可以实现这一目标的。但是，成立合资公司可能会带来很大的经营风险，例如，企业如何与当地合资方在经营活动、企业文化等各方面协调，如何在合资公司中获得控制权或共同控制权，当地市场情况是否会发生变化，当地对合资公司的税收和外汇管理方面的政策是否稳定，合资公司的利润是否可以汇回，是否存在汇率风险等。这些经营风险反映到财务报表中，可能会因涉及对合资公司是属于子公司、合营企业或联营企业的判断问题，投资核算问题，包括是否存在减值问题、对当地税收规定的理解是否充分的问题，以及外币折算等问题，而导致财务报表出现重大错报风险。

（三）被审计单位的风险评估过程

管理层通常制定识别和应对经营风险的策略，审计人员应当了解被审计单位的风险评估过程。此类风险评估过程是被审计单位内部控制的组成部分。

此外，小型被审计单位通常没有正式的计划和程序来确定其目标、战略并管理经营风险。审计人员应当询问管理层或观察小型被审计单位如何应对这些事项，以获取了解，并评估重大错报风险。

六、了解被审计单位财务业绩的衡量和评价

被审计单位内部或外部对财务业绩的衡量和评价可能对管理层产生压力，促使其采取行动改善财务业绩或歪曲财务报表。因此，审计人员应当了解对被审计单位财务业绩的衡量和评价情况，考虑这种压力是否可能导致管理层采取行动，以至于增加财务报表发生重大错报的风险。

在了解被审计单位财务业绩衡量和评价情况时，审计人员应当关注下列信息：

1.关键业绩指标（财务或非财务的）、关键比率、趋势和经营统计数据；

2.同期财务业绩比较分析；

3.预算、预测、差异分析，分部信息与分部、部门或其他不同层次的业绩报告；

4.员工业绩考核与激励性报酬政策；

5.被审计单位与竞争对手的业绩比较；

6.外部机构提出的报告。

在了解的这些信息中，审计人员应当关注被审计单位内部财务业绩衡量所显示的未预期的结果或趋势、管理层的调查结果和纠正措施，以及相关信息是否显示财务报表可能存在重大错报。如果拟利用被审计单位内部信息系统生成的财务业绩衡量指标，审计人员应当考虑相关信息是否可靠，以及利用这些信息是否足以实现审计目标。

对于小型被审计单位来说，由于通常没有正式的财务业绩衡量和评价程序，管理层往往依据某些关键指标，作为评价财务业绩和采取适当行动的基础，审计人员应当了解管理层使用的关键指标。

需要强调的是，审计人员了解被审计单位财务业绩的衡量与评价，是为了考虑管理层

是否面临实现某些关键财务业绩指标的压力。此外，了解管理层认为重要的关键业绩指标，有助于审计人员深入了解被审计单位的目标和战略。这些压力既可能源于需要达到市场分析师或股东的预期，也可能产生于达到获得股票期权或管理层和员工奖金的目标。受压力影响的人员可能是高级管理人员（包括董事会），也可能是可以操纵财务报表的其他经理人员，如子公司或分支机构管理人员可能为达到奖金目标而操纵财务报表。

第三节 了解被审计单位的内部控制

一、内部控制的基本理论

（一）内部控制的含义

内部控制是指被审计单位为了合理保证财务报告的可靠性、经营的效率和效果以及对法律法规的遵守，由治理层、管理层和其他人员设计并执行的政策及程序。具体而言，内部控制可以从以下几方面理解：

（1）从保证的程度来看，由于内部控制固有的局限性，内部控制为财务报告的可靠性、经营的效率和效果以及对法律法规的遵守这三类目标提供的是合理保证，而不是绝对保证；

（2）从责任主体来看，设计和实施内部控制的责任主体是治理层、管理层和其他人员，组织中的每一个人都对内部控制负有责任；

（3）从内部控制目标的实现手段来看，实现内部控制目标的手段是设计和执行控制政策和程序。

（二）内部控制的要素

按照全美反舞弊性财务报告委员会发起组织（Committee of Sponsoring Organizations of the Treadway Commission，简称COSO委员会）发布的内部控制框架，内部控制包括控制环境、风险评估过程、信息系统与沟通、控制活动、对控制的监督五个要素。各控制要素之间如图7-2所示，其中控制环境为基础，风险评估过程为依据，控制活动为手段，信息与沟通为载体，对控制的监督为保证。

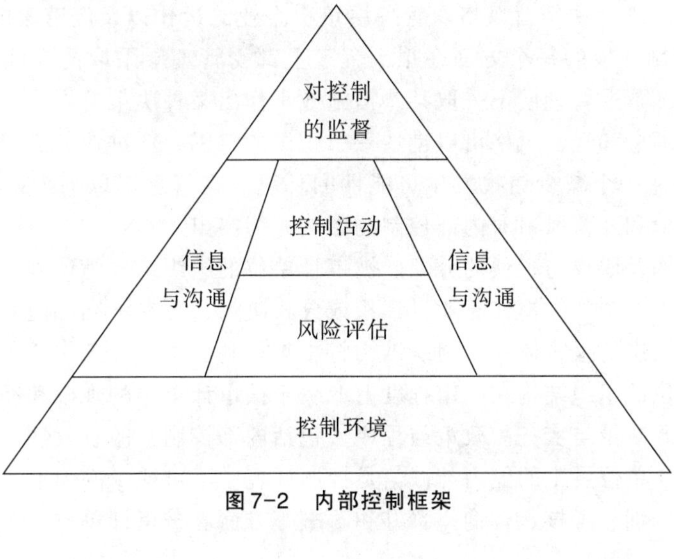

图7-2 内部控制框架

1.控制环境

控制环境是指对建立、加强或削弱特定政策、程序及其效率产生影响的各种因素，包括治理职能和管理职能，以及治理层和管理层对内部控制及其重要性的态度、认识和措施。控制环境设定了被审计单位的内部控制基调，影响员工对内部控制的意识。良好的控制环境是实施有效内部控制的基础。控制环境主要包括以下要素：

（1）对诚信和道德价值观念的沟通与落实。诚信和道德价值观念是控制环境的重要组成部分，其影响重要业务流程的内部控制设计和运行。内部控制的有效性直接依赖负责创建、管理和监控内部控制的人员的诚信和道德价值观念。被审计单位是否存在道德行为规范，以及这些规范如何在被审计单位内部得到沟通和落实，决定了是否能产生诚信和道德的行为。对诚信和道德价值观念的沟通与落实，既包括管理层如何处理不诚实、非法或不道德行为，又包括在被审计单位内部，通过行为规范以及高层管理人员的身体力行，对诚信和道德价值观念的营造和保持。

（2）对胜任能力的重视。胜任能力是指具备完成某一职位的工作所应有的知识和能力。管理层对胜任能力的重视包括对于特定工作所需的胜任能力水平的设定，以及对达到该水平所必需的知识和能力的要求。审计人员应当考虑主要管理人员和其他相关人员是否能够胜任承担的工作和职责，例如，财务人员是否对编报财务报表所适用的会计准则和相关会计制度有足够的了解并能正确运用。

（3）治理层的参与程度。被审计单位的控制环境在很大程度上受治理层的影响。治理层的职责应在被审计单位的章程和政策中予以规定。治理层（董事会）通常通过其自身的活动，并在审计委员会或类似机构的支持下，监督被审计单位的财务报告政策和程序。因此，董事会、审计委员会或类似机构应关注被审计单位的财务报告，并监督被审计单位的会计政策以及内部、外部的审计工作和结果。治理层的职责还包括监督用于复核内部控制有效性的政策和程序设计是否合理，执行是否有效。治理层对控制环境影响的要素有：治理层相对于管理层的独立性、成员的经验和品德、治理层参与被审计单位经营的程度和收到的信息及其对经营活动的详细检查、治理层采取措施的适当性，包括提出问题的难度和对问题的跟进程度，以及治理层与内部审计人员和注册会计师的互动等。

（4）管理层的理念和经营风格。管理层负责企业的运作以及经营策略和程序的制定、执行与监督。控制环境的每个方面在很大程度上都受管理层采取的措施和作出决策的影响，或在某些情况下受管理层不采取某些措施或不作出某种决策的影响。在有效的控制环境中，管理层的理念和经营风格可以创造一个积极的氛围，促进业务流程和内部控制的有效运行，同时创造一个减少错报发生可能性的环境。在管理层以一个或少数几个人为主时，管理层的理念和经营风格对内部控制的影响尤为突出。

（5）组织结构及职权与责任的分配。被审计单位的组织结构为计划、运作、控制及监督经营活动提供了一个整体框架。通过集权或分权决策，可在不同部门间进行适当的职责划分，建立适当层次的报告体系。组织结构将影响权利、责任和工作任务在组织成员中的分配。被审计单位的组织结构在一定程度上取决于被审计单位的规模和经营活动的性质。

（6）人力资源政策与实务。政策与程序（包括内部控制）的有效性，通常取决于执行人。因此，被审计单位员工的能力与诚信是控制环境中不可缺少的因素。人力资源政策与实务涉及招聘、培训、考核、咨询、晋升和薪酬等方面。被审计单位是否有能力雇用并保留一定数量既有能力又有责任心的员工在很大程度上取决于其人事政策与实务。例如，如果招聘录用标准要求录用最合适的员工，包括强调员工的学历、经验、诚信和道德，这表明被审计单位希望录用有能力并值得信赖的人员。被审计单位有关培训方面的政策应显示员工应达到的工作表现和业绩水准，通过定期考核的晋升政策表明被审计单位希望具备相应资格的人员承担更多的职责。

2.风险评估过程

风险评估过程是指管理层在其生产经营过程中，识别各种经营财务风险，确定其可以承受的风险水平，并对这些风险采取一定的应对措施的工作过程。可能产生风险的事项和情形包括：监管及经营环境的变化，新员工的加入，新信息系统的使用或对原系统进行升级，业务快速发展，新技术、新生产型号，产品和业务活动，企业重组，发展海外经营和新的会计准则应用等。

被审计单位的风险评估过程包括：识别与财务报告相关的经营风险，评估风险的重大性和发生的可能性，以及针对这些风险所采取的措施；审计人员应当了解被审计单位的风险评估过程和结果。

3.信息系统与沟通

（1）与财务报告相关的信息系统

与财务报告相关的信息系统包括可以生成、记录、处理和报告交易、事项和情况，对相关资产、负债和所有者权益履行经营管理责任的程序和记录。与财务报告相关的信息系统应当与业务流程相适应。与财务报告相关的信息系统所生成信息的质量，对管理层能否作出恰当的经营管理决策以及编制可靠的财务报告具有重大影响。

与财务报告相关的信息系统通常包括下列职能：

①识别与记录所有的有效交易；

②及时、详细地描述交易，以便在财务报告中对交易作出恰当分类；

③恰当计量交易，以便在财务报告中对交易的金额作出准确记录；

④恰当确定交易生成的会计期间；

⑤在财务报表中恰当列报交易。

（2）与财务报告相关的沟通

与财务报告相关的沟通包括使员工了解各自在与财务报告有关的内部控制方面的角色和职责，员工之间的工作联系，以及向适当级别的管理层报告例外事项的方式。

公开的沟通渠道有助于确保例外情况得到报告和处理。沟通可以采用政策手册、会计和财务报告手册及备忘录等形式进行，也可以通过发送电子邮件、口头沟通和管理层的行动来进行。

4.控制活动

控制活动是指有助于确保管理层的指令得以执行的政策和程序，包括与授权、业绩评价、信息处理、实物控制和职责分离等相关的活动。

（1）授权。授权的目的在于保证交易在管理层授权范围内进行。与授权有关的控制活动包括一般授权和特别授权。一般授权是指管理层制定的要求组织内部遵守的普遍适用于某类交易或活动的政策。特别授权是指管理层针对特定类别的交易或活动逐一设置的授权，如重大资本支出和股票发行等。特别授权也可能用于超过一般授权限制的常规交易。

例如，因某些特别原因，同意对某个不符合一般信用条件的客户赊销商品。

（2）业绩评价。与业绩评价相关的控制活动主要包括被审计单位分析评价实际业绩与预算（或预测、前期业绩）的差异，综合分析财务数据与经营数据的内在关系，将内部数据与外部信息来源相比较，评价职能部门、分支机构或项目活动的业绩（如银行客户信贷经理复核各分行、地区和各种贷款类型的审批和收回），以及对发现的异常差异或关系采取必要的调查与纠正措施。

通过调查非预期的结果和非正常的趋势，管理层可以识别可能影响经营目标实现的情形。管理层对业绩信息的使用（如将这些信息用于经营决策，用于对财务报告系统报告的非预期结果进行追踪），决定了业绩指标的分析是只用于经营目的还是同时用于财务报告目的。

（3）信息处理。被审计单位通常执行各种措施，检查各种类型信息处理环境下的交易的准确性、完整性和授权。信息处理控制可以是人工的、自动化的，或是基于自动流程的人工控制。信息处理控制分为两类，即信息技术一般控制和应用控制。

信息技术一般控制是指与多个应用系统有关的政策和程序，有助于保证信息系统持续恰当运行（包括信息的完整性和数据的安全性），支持应用控制作用的有效发挥，通常包括数据中心和网络运行控制，系统软件的购置、修改及维护控制，接触或访问权限控制，应用系统的购置、开发及维护控制。例如，程序改变的控制、限制接触程序和数据的控制、对新版应用软件包实施有关的控制等都属于信息技术一般控制。

信息技术应用控制是指主要在业务流程层面运行的人工或自动化程序，与用于生成、记录、处理、报告交易或其他财务数据的程序相关，通常包括检查数据计算的准确性，审核账户和试算平衡表，设置对输入数据和数字序号的自动检查，以及对例外报告进行人工干预。

（4）实物控制。实物控制主要包括了解被审计单位对资产和记录采取适当的安全保护措施，对访问计算机程序和数据文件设置授权，以及定期盘点并将盘点记录与会计记录相核对。例如，现金、有价证券和存货的定期盘点控制。实物控制的效果影响资产的安全，从而对财务报表的可靠性及审计产生影响。

（5）职责分离。职责分离主要包括了解被审计单位如何将交易授权、交易记录以及资产保管等职责分配给不同员工，以防范同一员工在履行多项职责时可能发生的舞弊或错误。当信息技术运用于信息系统时，职责分离可以通过设置安全控制来实现。

5.对控制的监督

对控制的监督是指被审计单位评价内部控制在一段时间内的运行有效性的过程。对控制的监督涉及及时评估控制的有效性并采取必要的补救措施。例如，管理层对是否定期编制银行存款余额调节表进行复核，内部审计人员评价销售人员是否遵守公司关于销售合同条款的政策，法律部门定期监控公司的道德规范和商务行为准则是否得以遵循等。监督对控制的持续有效运行十分重要。假如没有对银行存款余额调节表是否得到及时和准确的编制进行监督，该项控制可能无法得到持续的执行。

通常，管理层通过持续的监督活动、单独的评价活动或两者相结合实现对控制的监督。持续的监督活动通常贯穿被审计单位日常重复的活动中，包括常规管理和监督工作。被审计单位可能使用内部审计人员或具有类似职能的人员对内部控制的设计和执行进行专门评价，以找出内部控制的优点和不足，并提出改进建议。被审计单位也可能利用与外部有关各方沟通或交流所获取的信息监督相关的控制活动。

（三）内部控制的局限性

内部控制无论如何有效，都只能为被审计单位实现财务报告目标提供合理保证。内部控制实现目标的可能性受其固有限制的影响。这些限制包括：

1.在决策时人为判断可能出现错误和因人为失误而导致内部控制失效。

2.控制可能由于两个或更多的人员串通或管理层不当地凌驾于内部控制之上而被规避。

3.如果被审计单位内部行使控制职能的人员素质不适合岗位要求，也会影响内部控制功能的正常发挥。

4.被审计单位实施内部控制的成本效益问题也会影响其效能，当实施某项控制成本大于控制效果而发生损失时，就没有必要设置控制环节或控制措施。

5.内部控制一般都是针对经常而重复发生的业务设置的，如果出现不经常发生或未预计到的业务，原有控制就可能不适用。

二、与审计相关的控制

内部控制的目标旨在合理保证财务报告的可靠性、经营的效率和效果以及对法律法规的遵守。财务报表审计的目标是对财务报表是否不存在重大错报发表审计意见，尽管要求审计人员在财务报表审计中考虑与审计相关的内部控制，但目的并非是对被审计单位内部控制的有效性发表意见。因此，审计人员需要了解和评价的内部控制只是与财务报表审计相关的内部控制，并非被审计单位所有的内部控制。

被审计单位通常有一些与目标相关但与审计无关的控制，审计人员无须对其加以考虑。例如，被审计单位可能依靠某一复杂的自动化控制提高经营活动的效率和效果（如航空公司用于维护航班时间表的自动化控制系统），但这些控制通常与审计无关。进一步讲，虽然内部控制应用于整个被审计单位或所有经营部门或业务流程，但是了解与每个经营部门和业务流程相关的内部控制，可能与审计无关。

三、对内部控制了解的深度

对内部控制了解的深度，是指在了解被审计单位及其环境时对内部控制了解的程度。其包括评价控制的设计，并确定其是否得到执行，但不包括对控制是否得到一贯执行的测试。对内部控制了解的基本流程如图7-3所示。

（一）评价控制的设计

审计人员在了解内部控制时，应当评价控制的设计，并确定其是否得到执行。评价控制的设计，涉及考虑该控制单独或连同其他控制是否能够有效防止或发现并纠正重大错报。控制得到执行是指某项控制存在且被审计单位正在使用。评估一项无效控制的运行没有什么意义，因此，需要首先考虑控制的设计。设计不当的控制可能表明存在值得关注的内部控制缺陷。

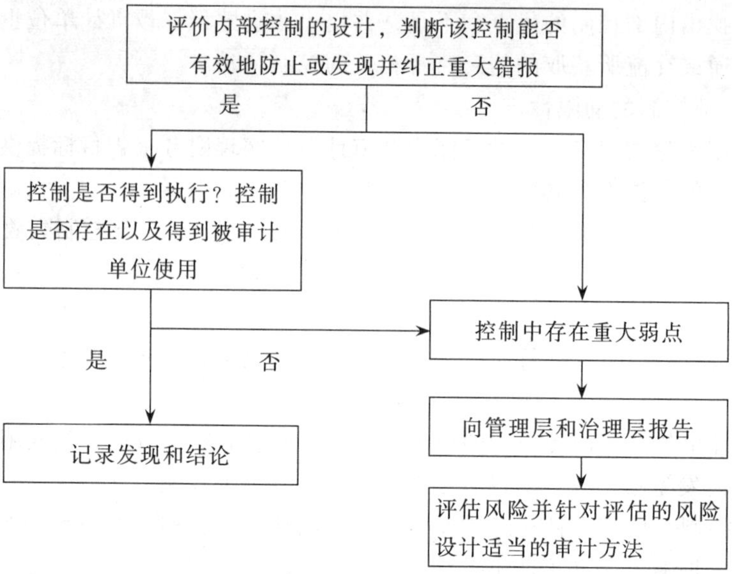

图7-3 对内部控制了解的基本流程

（二）获取控制设计和执行的审计证据

审计人员通常实施下列风险评估程序，以获取有关控制设计和执行的审计证据：

1.询问被审计单位人员；

2.观察特定控制的运用；

3.检查文件和报告；

4.追踪交易在财务报告信息系统中的处理过程（穿行测试）。

这些程序是风险评估程序在了解被审计单位内部控制方面的具体运用。

询问本身并不足以评价控制的设计以及确定其是否得到执行，审计人员应当将询问与其他风险评估程序结合使用。

（三）了解内部控制与测试控制运行有效性的关系

审计人员对控制的了解并不足以测试控制运行的有效性，除非存在某些可以使控制得到一贯运行的自动化控制。例如，获取某一人工控制在某一时点得到执行的审计证据，并不能证明该控制在所审计期间内的其他时点也有效运行。但是，信息技术可以使被审计单位持续一贯地对大量数据进行处理，提高了被审计单位监督控制活动运行情况的能力，信息技术还可以通过对应用软件、数据库、操作系统设置安全控制来实现有效的职责划分。由于信息技术处理流程的内在一贯性，实施审计程序确定某项自动控制是否得到执行，也可能实现对控制运行有效性测试的目标，这取决于审计人员（如针对程序变更的控制）的评估和测试。

四、在整体层面和业务流程层面了解内部控制

内部控制的某些要素（如控制环境）更多地对被审计单位整体层面产生影响，而其他要素（如信息系统与沟通、控制活动）则可能更多地与特定业务流程相关。在实务中，审计人员应当从被审计单位整体层面和业务流程层面分别了解和评价被审计单位的内部控制。整体层面的控制（包括对管理层凌驾于内部控制之上的控制）和信息技术一般控制通

常在所有业务活动中普遍存在。业务流程层面控制主要是对工薪、销售和采购等交易的控制。整体层面的控制对内部控制在所有业务流程中得到严格的设计和执行具有重要影响。

（一）在整体层面了解内部控制

在整体层面对被审计单位内部控制的了解和评估，通常由项目组中对被审计单位比较了解且较有经验的成员负责，同时需要项目组其他成员的参与和配合。审计人员可以考虑将询问被审计单位人员、观察特定控制的应用、检查文件和报告以及执行穿行测试等风险评估程序相结合，以获取审计证据。在了解内部控制的各构成要素时，审计人员应当对被审计单位整体层面的内部控制的设计进行评价，并确定其是否得到执行。这一评价过程需要职业判断。审计人员应当将对被审计单位整体层面内部控制各要素的了解要点和实施的风险评估程序及其结果等形成审计工作记录。

（二）在业务流程层面了解内部控制

在初步计划审计工作时，审计人员需要确定在被审计单位财务报表中可能存在重大错报风险的重大账户及其相关认定。为实现此目的，通常采取下列步骤：

（1）确定被审计单位的重要业务流程和重要交易类别。在实务中，将被审计单位的整个经营活动划分为几个重要的业务循环，有助于审计人员更有效地了解和评估重要业务流程及相关控制。通常，对制造业企业，可以划分为销售与收款循环、采购与付款循环、生产与存货循环、人力资源与工薪循环、投资与筹资循环等。重要交易类别应与相关账户及其认定相联系，例如，对于一般制造业企业，销售收入和应收账款通常是重大账户，销售和收款都是重要交易类别。除了一般所理解的交易以外，对财务报表具有重大影响的事项和情况也应包括在内。

（2）了解重要交易流程，并进行记录。在确定重要的业务流程和交易类别后，审计人员便可着手了解每一类重要交易在自动化或人工系统中生成、记录、处理及在财务报表中报告的程序，即重要交易流程，并综合运用文字说明、流程图等方法记录获得的了解。这是确定在哪个环节或哪些环节可能发生错报的基础。

（3）确定可能发生错报的环节。审计人员需要确认并了解错报在什么环节发生，即确定被审计单位应在哪些环节设置控制，以防止或发现并纠正各重要业务流程可能发生的错报。审计人员所关注的控制，是那些能通过防止错报的发生，或者通过发现并纠正已有错报，从而确保每个流程中业务活动的具体流程能够顺利运转的人工或自动化控制程序。

（4）识别和了解相关控制。通过对被审计单位的了解，包括在被审计单位整体层面对内部控制各要素的了解，以及在上述程序中对重要业务流程的了解，审计人员可以确定是否有必要进一步了解在业务流程层面的控制。在某些情况下，审计人员之前的了解可能表明被审计单位在业务流程层面针对某些重要交易流程所设计的控制是无效的，或者审计人员并不打算信赖控制，这时审计人员没有必要进一步了解在业务流程层面的控制。特别需要注意的是，如果认为仅通过实质性程序无法将认定层次的检查风险降至可接受的水平，或者针对特别风险，审计人员应当了解与评估相关的控制活动。

如果审计人员计划对业务流程层面的有关控制进行了解和评价，在了解业务流程中容易发生错报的环节后，审计人员应当确定：①被审计单位是否建立了有效的控制，防止或发现并纠正这些错报；②被审计单位是否遗漏了必要的控制；③被审计单位是否识别了可以最有效测试的控制。

（5）执行穿行测试，证实对交易流程和相关控制的了解。为了解各类重要交易在业务流程中发生、处理和记录的过程，审计人员通常会每年执行穿行测试。执行穿行测试可获得下列方面的证据：①确认对业务流程的了解；②确认对重要交易的了解是完整的，即在交易流程中所有与财务报表认定相关的可能发生错报的环节都已识别；③确认所获取的有关流程中的预防性控制和检查性控制信息的准确性；④评估控制设计的有效性；⑤确认控制是否得到执行；⑥确认之前所做的书面记录的准确性。

需要注意的是，如果不拟信赖控制，审计人员仍需要执行适当的审计程序以确认以前对业务流程及可能发生错报环节了解的准确性和完整性。

（6）进行初步评价和风险评估。在识别和了解控制后，审计人员要对内部控制进行初步评价。根据上述执行的程序和获取的审计证据，审计人员需要评价控制的设计并确定其是否得到执行。审计人员对控制的初步评价结论可能是：①内部控制设计合理（即单独或连同其他控制能够有效防止或发现并纠正重大错报），并得到执行；②控制本身的设计是合理的，但没有得到执行；③控制本身的设计是无效的或缺乏必要的控制。

审计人员对控制的评价，进而对重大错报风险的评估，需考虑以下因素：①账户特征及已识别的重大错报风险。如果已识别的重大错报风险水平为高（例如，复杂的发票计算或计价过程增加了开票错报的风险；经营的季节性特征增加了在旺季发生错报的风险），相关的控制应有较高的敏感度，即在错报率较低的情况下也能防止发现并纠正错报。②对被审计单位整体层面控制的评价。审计人员应将对整体层面获得的了解和结论，同在业务流程层面获得的有关重大交易流程及其控制的证据结合起来考虑。

（7）对财务报告流程的了解。以上讨论了审计人员如何在重要业务流程层面了解重大交易生成、处理和记录的流程，并评估在可能发生错报的环节控制的设计及其是否得到执行。在实务中，审计人员还需要进一步了解有关信息从具体交易的业务流程过入总账、财务报表以及相关列报的流程，即财务报告流程及其控制。这一流程和控制与财务报表的列报认定直接相关。

在了解财务报告流程的过程中，审计人员应当考虑对以下方面作出评估：①主要的输入信息，执行的程序，主要的输出信息；②每一财务报告流程要素中涉及信息技术的程度；③管理层的哪些人员参与其中；④记账分录的主要类型，如标准分录、非标准分录等；⑤适当人员（包括管理层和治理层）对流程实施监督的性质和范围。

第四节　评估重大错报风险

了解被审计单位及其环境，就是为了识别和评估财务报表层次和认定层次的重大错报风险，包括特别风险，以便为设计和实施进一步审计程序提供基础。

一、评估重大错报风险的审计程序

在评估重大错报风险时，审计人员应当实施下列审计程序。

1.在了解被审计单位及其环境（包括与风险相关的控制）的整个过程中，结合对财务报表中各类交易、账户余额和披露的考虑，识别风险。例如，被审计单位因相关环境法规的实施需要更新设备，可能面临原有设备闲置或贬值的风险。

2.结合对拟测试的相关控制的考虑，将识别出的风险与认定层次可能发生错报的领域相联系。例如，销售困难使产品的市场价格下降，可能导致年末存货成本高于其可变现净值而需要计提存货跌价准备，这显示存货的计价认定可能发生错报。

3.评估识别出的风险，并评价其是否更广泛地与财务报表整体相关，进而潜在地影响多项认定。

4.考虑发生错报的可能性（包括发生多项错报的可能性），以及潜在错报的重大程度是否足以导致重大错报。

审计人员应当利用实施风险评估程序获取的信息，包括在评价控制设计和确定其是否得到执行时获取的审计证据，作为支持风险评估结果的审计证据。审计人员应当根据风险评估结果，确定实施进一步审计程序的性质、时间安排和范围。

二、评估财务报表层次和认定层次的重大错报风险

在对重大错报风险进行识别和评估后，审计人员应当确定，识别的重大错报风险是与特定的某类交易、账户余额和披露的认定相关，还是与财务报表整体广泛相关，进而影响多项认定。

（一）财务报表层次的重大错报风险

财务报表层次的重大错报风险一般与财务报表整体广泛相关，进而影响多项认定。例如，在经济不稳定的国家和地区开展业务、资产的流动性出现问题、重要客户流失、融资能力受到限制等，可能导致审计人员对被审计单位的持续经营能力产生重大疑虑。又如，管理层缺乏诚信或承受异常的压力可能引发舞弊风险，这些风险与财务报表整体相关。

另外，薄弱的控制环境带来的风险也可能对财务报表产生广泛影响，难以限于某类交易、账户余额和披露。例如，被审计单位治理层、管理层对内部控制的重要性缺乏认识，没有建立必要的制度和程序；或管理层经营理念偏于激进，又缺乏实现激进目标的人力资源等，这些缺陷源于薄弱的控制环境，可能对财务报表产生广泛影响，需要审计人员采取总体应对措施。

（二）认定层次的重大错报风险

认定层次的重大错报风险一般与特定的某类交易、账户余额和披露的认定相关。例如，被审计单位存在复杂的联营或合资，这一事项表明长期股权投资账户的认定可能存在重大错报风险。又如，被审计单位存在重大的关联方交易，该事项表明关联方及关联方交易的披露认定可能存在重大错报风险。

在评估认定层次的重大错报风险时，审计人员应考虑所了解的内部控制的影响。由于内部控制有助于防止或发现并纠正认定层次的重大错报。在评估重大错报发生的可能性时，除了考虑可能的风险外，还要考虑控制对风险的抵消和遏制作用。有效的控制会减少错报发生的可能性，而控制不当或缺乏控制，错报就会有可能变成现实。

三、评估特别风险

（一）特别风险的含义

特别风险，是指审计人员识别和评估的、根据判断认为需要特别考虑的重大错报风险。与一般重大错报风险比较，特别风险难以识别和评估，通常属于财务报表层次，影响多个认定的重大错报风险，管理层有时还采取了掩盖措施。在风险评估中，审计人员应当

运用职业判断，确定识别的风险是否属于特别风险。在判断哪些风险是特别风险时，审计人员应当至少考虑下列事项：

（1）风险是否属于舞弊风险；

（2）风险是否与近期经济环境、会计处理方法或其他方面的重大变化相关，因而需要特别关注；

（3）交易的复杂程度；

（4）风险是否涉及重大的关联方交易；

（5）财务信息计量的主观程度，特别是计量结果是否具有高度不确定性；

（6）风险是否涉及异常或超出正常经营过程的重大交易。

在判断哪些风险是特别风险时，审计人员不应考虑识别出的控制对相关风险的抵消效果。

（二）非常规交易和判断事项导致的特别风险

特别风险通常与重大的非常规交易和判断事项有关。非常规交易是指由于金额或性质异常而不经常发生的交易，它具有下列特征：（1）管理层更多地干预会计处理；（2）数据收集和处理进行更多的人工干预；（3）复杂的计算或会计处理方法；（4）非常规交易的性质可能使被审计单位难以对由此产生的特别风险实施有效控制。因此，与重大非常规交易相关的特别风险可能导致更高的重大错报风险。

判断事项通常包括作出的会计估计（具有计量的重大不确定性）。由于下列原因，与重大判断事项相关的特别风险可能导致更高的重大错报风险：（1）对涉及会计估计、收入确认等方面的会计原则存在不同的理解；（2）所要求的判断可能是主观和复杂的，或需要对未来事项作出假设。

（三）考虑与特别风险相关的控制

对特别风险，审计人员应当评价相关控制的设计情况，并确定其是否已经得到执行。由于与重大非常规交易或判断事项相关的风险很少受到日常控制的约束，审计人员应当了解被审计单位是否针对该特别风险设计并实施了控制。例如，管理层在收到重大诉讼事项的通知时采取的措施，包括这类事项是否提交适当的专家（如内部或外部的法律顾问）处理、是否对该事项的潜在影响作出评估、是否确定该事项在财务报表中的披露问题以及如何确定等。

如果管理层未能实施控制以恰当应对特别风险，审计人员应当认为内部控制存在重大缺陷，并考虑其对风险评估的影响。在此情况下，审计人员应当就此类事项与治理层沟通。

四、仅通过实质性程序无法应对的重大错报风险

作为风险评估的一部分，如果认为仅通过实质性程序获取的审计证据无法应对认定层次的重大错报风险，审计人员应当评价被审计单位针对这些风险设计的控制，并确定其执行情况。

在被审计单位对日常交易采用高度自动化处理的情况下，审计证据可能仅以电子形式存在，其充分性和适当性通常取决于自动化信息系统相关控制的有效性，审计人员应当考虑仅通过实施实质性程序不能获取充分、适当审计证据的可能性。例如，某企业通过高度自动化的系统确定采购品种和数量，生成采购订购单，并通过系统中设定的收货确认和付款条件进行付款。除了系统中的相关信息以外，该企业没有其他有关订购单和收货的记录。在这种情况下，如果认为仅通过实施实质性程序不能获取充分、适当的审计证据，审计人员应当考虑依赖的相关控制的有效性，并对其进行了解、评估和测试。

五、对风险评估的修正

审计人员对认定层次重大错报风险的评估，可能随着审计过程中不断获取审计证据而作出相应的变化。例如，审计人员对重大错报风险的评估可能基于预期控制运行有效这一判断，即相关控制可以防止或发现并纠正认定层次的重大错报。但在测试控制运行的有效性时，审计人员获取的证据可能表明相关控制在被审计期间并未有效运行。同样，在实施实质性程序后，审计人员可能发现错报的金额和频率比在风险评估时预计的金额和频率要高。因此，如果通过实施进一步审计程序获取的审计证据与初始评估获取的审计证据相矛盾，审计人员应当修正风险评估结果，并相应修改按原计划实施的进一步审计程序。

因此，评估重大错报风险与了解被审计单位及其环境一样，也是一个连续和动态地收集、更新与分析信息的过程，并且贯穿整个审计过程的始终。

【复习思考题】

1.简述风险评估程序的目的与基本流程。
2.简述风险评估程序的种类。
3.注册会计师应当从哪些方面了解被审计单位及其环境？
4.简述经营风险对重大错报风险的影响。
5.简述内部控制的含义和要素。
6.简述内部控制的基本流程。
7.如何在整体层面了解内部控制？
8.如何在业务流程层面了解内部控制？
9.简述评估重大错报风险的审计程序。
10.什么是特别风险？在审计过程中，审计人员如何判断一项风险是否属于特别风险？

第八章 风险应对

审计人员针对评估的重大错报风险如何应对？风险应对措施有哪些？如何确定风险应对措施的性质、时间和范围？针对这些问题，本章主要内容有风险应对程序（包括针对财务报表层次重大错报风险的总体应对措施和针对认定层次重大错报风险的进一步审计程序）；控制测试；实质性程序。

［学习目标］

1. 了解针对财务报表层次重大错报风险的总体应对措施；
2. 熟悉针对认定层次重大错报风险的进一步审计程序；
3. 掌握控制测试；
4. 掌握实质性程序。

第一节 风险应对程序

根据《中国注册会计师审计准则第1231号——针对评估的重大错报风险采取的应对措施》的要求，注册会计师应当针对评估的重大错报风险实施程序，即针对评估的财务报表层次重大错报风险确定总体应对措施，并针对评估的认定层次重大错报风险设计和实施进一步审计程序，以将审计风险降至可接受的低水平。风险应对程序如图8-1所示。

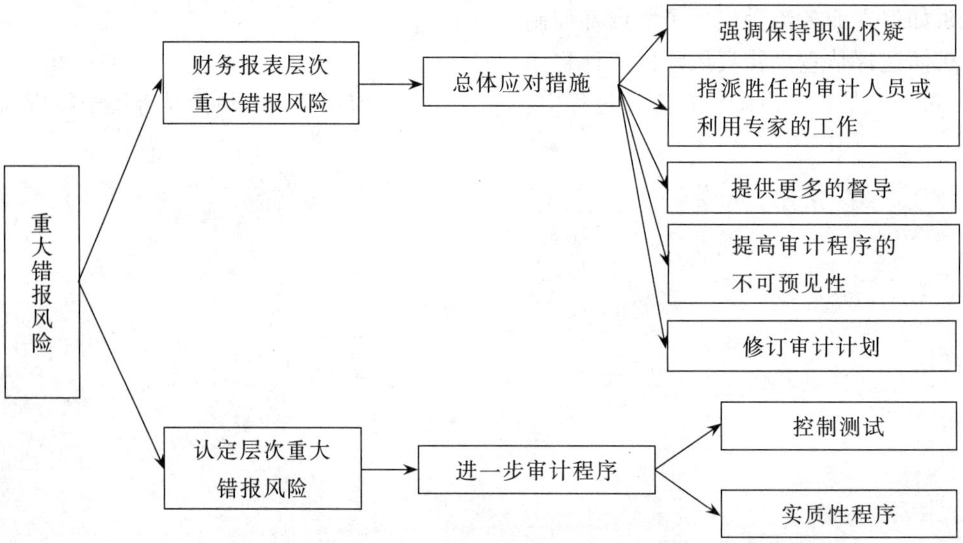

图8-1 风险应对程序

一、针对财务报表层次重大错报风险的总体应对措施

1.强调保持职业怀疑

职业怀疑是指审计人员执行审计业务的一种态度，包括采取质疑的思维方式，对可能表明由于错误或舞弊导致错报的迹象保持警觉，以及对审计证据进行审慎评价。保持职业怀疑有助于审计人员恰当运用职业判断，以提高审计程序设计及执行的有效性，降低审计风险。

为了应对重大错报风险，项目负责人应向项目组成员强调在收集和评价审计证据过程中保持职业怀疑态度的重要性。保持职业怀疑意味着不能仅获取最容易获得的证据来印证管理层的认定，还要充分考虑其他审计证据。例如：

（1）对于风险较高的领域，考虑是否需要获取更多的审计证据或获取更为相关或可靠的审计证据，例如，更多地从第三方获取审计证据或从多个独立来源获取相互印证的审计证据；

（2）设计和实施实质性分析程序，包括评价审计人员作出预期值时使用数据的可靠性，对与预期值差异较大或与其他相关信息不一致的异常波动或关系保持警觉，并跟进调查；

（3）不能以书面声明替代本应获取的其他审计证据；

（4）不能将通过询问程序获取的审计证据作为充分、适当的审计证据；

（5）针对诸如管理层不允许寄发询证函、询证函回函反映出不一致或对回函可靠性产生疑虑的情况，制定恰当的应对措施，以获取充分、适当的审计证据。

2.指派胜任的审计人员或利用专家的工作

根据风险评估结果，分派更有经验或具有特殊技能的审计人员，或利用专家的工作是有效应对风险的总体措施之一。由于各行业在经营业务、经营风险、财务报告、法规要求等方面具有特殊性，审计人员的专业分工细化成为一种趋势。项目负责人应当根据财务报表层次重大错报风险的评估结果，选派一定比例曾经参与过被审计单位以前年度审计的审计人员，或具有被审计单位所处特定行业的相关审计经验的审计人员。必要时，要考虑利用信息技术、税务、评估、精算等方面的专家的工作。通过利用专家的工作，弥补项目组成员在知识、经验方面的不足。

3.提供更多的督导

对于财务报表层次重大错报风险较高的审计项目，审计项目组的高级别成员，如项目合伙人、项目经理等经验较丰富的人员，要对其他成员提供更详细、经常、及时的指导和监督并加强项目质量复核。提供更多的督导，有助于项目组成员保持职业怀疑，也便于及时发现并解决审计程序的不足以及在审计过程中发现的重大问题，从而确保审计质量。

4.提高审计程序的不可预见性

被审计单位人员，尤其是管理层，如果熟悉审计人员的审计套路，就可能采取种种规避手段，掩盖财务报告中的舞弊行为。因此，在设计拟实施审计程序的性质、时间安排和范围时，为了避免既定思维对审计方案的限制，避免对审计效果的人为干涉，从而使得针对重大错报风险的进一步审计程序更加有效，审计人员要考虑使某些程序不被被审计单位管理层预见或事先了解。在实务中，审计人员可以通过以下方式提高审计程序的不可预

见性：

（1）对某些未测试过的低于设定的重要性水平或风险较小的账户余额和认定实施实质性程序；

（2）调整实施审计程序的时间，使被审计单位不可预期；

（3）采取不同的审计抽样方法，使当期抽取的测试样本与以前有所不同；

（4）选取不同的地点实施审计程序，或预先不告知被审计单位所选定的测试地点。

5.修订审计计划

根据风险评估的结果，项目负责人应对拟实施审计程序的性质、时间安排或范围作出总体修改。当控制环境存在缺陷时，由于薄弱的控制环境带来的风险可能对财务报表产生广泛影响，难以限于某类交易、账户余额和披露，审计人员应当采取总体应对措施，在对拟实施审计程序的性质、时间安排和范围作出总体修改时应当考虑：

（1）在期末而非期中实施更多的审计程序。因为控制环境的缺陷通常会削弱期中获得的审计证据的可信赖程度。

（2）通过实施实质性程序获取更广泛的审计证据。控制环境存在缺陷通常会削弱其他控制要素的作用，导致审计人员可能无法信赖内部控制，而主要依赖实施实质性程序获取审计证据。

（3）扩大审计程序的实施范围。例如，增加拟纳入审计范围的经营地点的数量。

另外，审计人员评估的财务报表层次重大错报风险以及采取的总体应对措施，对拟实施进一步审计程序的总体审计方案也具有重大影响。由于财务报表层次重大错报风险可能对财务报表的多项认定产生广泛影响，并相应增加审计人员对认定层次重大错报风险的评估难度，因而，当评估的财务报表层次重大错报风险属于高风险水平时，拟实施进一步审计程序的总体方案往往更倾向于实质性方案，即实施以实质性程序为主的进一步审计程序。

二、针对认定层次重大错报风险的进一步审计程序

（一）进一步审计程序的含义和要求

1.进一步审计程序的含义

进一步审计程序相对于风险评估程序而言，是指审计人员针对评估的各类交易、账户余额和披露认定层次重大错报风险实施的审计程序，包括控制测试和实质性程序。

2.设计进一步审计程序的要求

审计人员设计和实施的进一步审计程序的性质、时间安排和范围，应当与评估的认定层次重大错报风险具备明确的对应关系。使审计程序更具有目的性和针对性，有的放矢地配置审计资源，才有利于提高审计效率和效果。其中，保证进一步审计程序的性质对审计风险的高度针对性是最重要的。因为，当评估的重大错报风险越高时，拟实施进一步审计程序的范围越大；但是只有首先确保进一步审计程序的性质与特定风险相关时，扩大审计程序的范围才是有效的。

在设计进一步审计程序时，审计人员应当考虑下列因素：

（1）风险的重要性。风险的重要性是指风险造成的后果的严重程度。风险的后果越严重，就越需要审计人员关注和重视，越需要精心设计有针对性的进一步审计程序。

（2）重大错报发生的可能性。重大错报发生的可能性越大，同样越需要审计人员精心设计进一步审计程序。

（3）涉及的各类交易、账户余额和披露的特征。不同的交易、账户余额和披露，产生的认定层次的重大错报风险也会存在差异，适用的审计程序也有差别，需要审计人员区别对待，并设计有针对性的进一步审计程序予以应对。

（4）被审计单位采用的特定控制的性质。不同性质的控制（不论是人工控制还是自动化控制）对审计人员设计进一步审计程序具有重要影响。

（5）审计人员是否拟获取内部控制有效性的证据。如果审计人员在风险评估时预期内部控制运行有效，随后拟实施的进一步审计程序就必须包括控制测试，且实质性程序自然会受到之前控制测试结果的影响。

3.进一步审计程序总体方案的选择

审计人员应当根据对认定层次重大错报风险的评估结果，恰当选用实质性方案或综合性方案。其中，实质性方案是指审计人员实施的进一步审计程序以实质性程序为主；综合性方案是指审计人员在实施进一步审计程序时，将控制测试与实质性程序结合使用。

通常情况下，出于成本效益的考虑可以采用综合性方案设计进一步审计程序，但在某些情况下，如仅通过实质性程序无法应对重大错报风险，审计人员必须通过实施控制测试，才可能有效应对评估出的某一认定的重大错报风险；而在另一些情况下，如审计人员的风险评估程序未能识别出与认定相关的任何控制，或认为控制测试很可能不符合成本效益原则，审计人员可能认为仅实施实质性程序就是适当的。

另外，审计人员对重大错报风险的评估毕竟是一种主观判断，可能无法充分识别所有的重大错报风险，同时内部控制存在固有局限性（特别是存在管理层凌驾于内部控制之上的可能性），因此，无论选择何种方案，审计人员都应当对所有重大的各类交易、账户余额和披露设计并实施实质性程序。

（二）进一步审计程序的性质

1.进一步审计程序的性质的含义

进一步审计程序的性质是指进一步审计程序的目的和类型。其中，进一步审计程序的目的包括通过实施控制测试以确定内部控制运行的有效性，通过实施实质性程序以发现认定层次的重大错报；进一步审计程序的类型包括检查、观察、询问、函证、重新计算、重新执行和分析程序。

不同的审计程序应对特定认定错报风险的效力是不同的。例如，对于与收入完整性认定相关的重大错报风险，控制测试通常更能有效应对；对于与收入发生认定相关的重大错报风险，实质性程序通常更能有效应对。再如，实施应收账款的函证程序可以为应收账款在某一时点存在的认定提供审计证据，但通常不能为应收账款的计价认定提供审计证据。对应收账款的计价认定，审计人员通常需要实施其他更为有效的审计程序，如审查应收账款账龄和期后收款情况，了解欠款客户的信用情况等。

2.进一步审计程序的性质的选择

（1）考虑评估的认定层次重大错报风险的高低。在确定进一步审计程序的性质时，审计人员首先需要考虑的是认定层次重大错报风险的评估结果。评估的认定层次重大错报风险越高，对通过实质性程序获取的审计证据的相关性和可靠性的要求越高，从而可能影响进一步审计程序的类型及其综合运用。例如，当审计人员判断某类交易协议的完整性存在更高的重大错报风险时，除了检查文件以外，审计人员还可能决定向第三方询问或函证协议条款的完整性。

（2）考虑评估的认定层次重大错报风险产生的原因。在确定拟实施的审计程序时，审计人员还应当考虑评估的认定层次重大错报风险产生的原因，包括考虑各类交易、账户余额和披露的具体特征以及内部控制。例如，审计人员可能判断某特定类别的交易即使在不存在相关控制的情况下发生重大错报的风险仍较低，此时审计人员可能认为仅实施实质性程序就可以获取充分、适当的审计证据。

另外，如果在实施进一步审计程序时拟利用被审计单位信息系统生成的信息，审计人员应当就信息的准确性和完整性获取审计证据。例如，审计人员在对被审计单位的存货期末余额实施实质性程序时，拟利用被审计单位信息系统生成的各个存货存放地点及其余额清单，就应当获取关于这些信息的准确性和完整性的审计证据。

（三）进一步审计程序的时间

1.进一步审计程序的时间的含义

进一步审计程序的时间是指审计人员何时实施进一步审计程序，或审计证据适用的期间或时点。因此，当提及进一步审计程序的时间时，在某些情况下指的是审计程序的实施时间，在另一些情况下是指需要获取的审计证据适用的期间或时点。审计人员在确定进一步审计程序的实施时间时，主要考虑的是如何权衡期中与期末实施审计程序的关系；审计人员在确定需要获取的审计证据适用的期间或时点时，主要考虑的是如何权衡期中审计证据与期末审计证据的关系、如何权衡以前审计获取的审计证据与本期审计获取的审计证据的关系。这两个角度的最终落脚点都是如何确保获取审计证据的效率和效果。

2.进一步审计程序的时间的选择

审计人员选择在期中或期末实施控制测试或实质性程序时，考虑的基本因素是评估的重大错报风险。当重大错报风险较高时，审计人员应当考虑在期末或接近期末实施实质性程序，或采用不通知的方式，或在管理层不能预见的时间实施审计程序。

在期中实施进一步审计程序，可能有助于审计人员在审计工作初期识别重大事项，并在管理层的协助下及时解决这些事项；或针对这些事项制定有效的实质性方案或综合性方案。当然，在期中实施进一步审计程序也存在局限性：（1）审计人员往往难以仅凭在期中实施的进一步审计程序获取有关期中以前的充分、适当的审计证据（例如，某些期中以前发生的交易或事项在期中审计结束时尚未完结）；（2）即使审计人员在期中实施的进一步审计程序能够获取有关期中以前的充分、适当的审计证据，但从期中到期末这段剩余期间还往往会发生重大的交易或事项（包括期中以前发生的交易、事项的延续，以及期中以后发生的新的交易、事项），从而对所审计期间的财务报表认定产生重大影响；（3）被审计单位管理层也完全有可能在审计人员于期中实施了进一步审计程序之后对期中以前的相关会计记录作出调整甚至篡改，审计人员在期中实施了进一步审计程序所获取的审计证据已经发生了变化。为此，如果在期中实施了进一步审计程序，审计人员还应当针对剩余期间获取审计证据。

另外，审计人员在确定何时实施审计程序时还应当考虑下列因素：

（1）控制环境。良好的控制环境可以抵消在期中实施进一步审计程序的局限性，使审计人员在确定实施进一步审计程序的时间时有更大的灵活度。

（2）何时能得到相关信息。例如，某些控制活动可能仅在期中（或期中以前）发生，而之后可能难以再被观察到。审计人员如果希望获取相关信息，则需要考虑能够获取相关信息的时间。

（3）错报风险的性质。例如，被审计单位可能为了保证盈利目标的实现，而在会计期末以后伪造销售合同以虚增收入，此时审计人员需要考虑在期末（即资产负债表日）这个特定时点获取被审计单位截至期末所能提供的所有销售合同及相关资料，以防范被审计单位在资产负债表日后伪造销售合同虚增收入的做法。

（4）审计证据适用的期间或时点。审计人员应当根据需要获取的特定审计证据确定何时实施进一步审计程序。例如，为了获取资产负债表日的存货余额证据，显然不宜在与资产负债表日间隔过长的期中时点或期末以后时点实施存货监盘等相关审计程序。又如，被审计单位在期末或接近期末发生了重大交易，或重大交易在期末尚未完成，审计人员应当考虑交易的发生或截止等认定可能存在的重大错报风险，并在期末或期末以后检查此类交易。

（四）进一步审计程序的范围

1.进一步审计程序的范围的含义

进一步审计程序的范围是指实施进一步审计程序的数量，包括抽取的样本量、对某项控制活动的观察次数等。

2.确定进一步审计程序的范围时考虑的因素

（1）确定的重要性水平。确定的重要性水平越低，审计人员实施进一步审计程序的范围越广。

（2）评估的重大错报风险。评估的重大错报风险越高，对拟获取审计证据的相关性、可靠性的要求越高，因此，审计人员实施的进一步审计程序的范围也越广。

（3）计划获取的保证程度。计划获取的保证程度越高，对测试结果可靠性要求越高，审计人员实施的进一步审计程序的范围越广。

鉴于进一步审计程序的范围往往是通过一定的抽样方法加以确定的，因此，审计人员需要慎重考虑抽样过程对审计程序范围的影响是否能够有效实现审计目的。审计人员使用恰当的抽样方法通常可以得出有效结论。但如果存在下列情形，审计人员依据样本得出的结论可能与对总体实施同样的审计程序得出的结论不同，出现不可接受的风险：（1）从总体中选择的样本量过小；（2）选择的抽样方法对实现特定目标不适当；（3）未对发现的例外事项进行恰当的追查。

第二节 控制测试

一、控制测试的含义和要求

（一）控制测试的含义

控制测试是指用于评价内部控制在防止或发现并纠正认定层次重大错报方面的运行有效性的审计程序。控制测试与风险评估中提及的“了解内部控制”的概念不同，两者差异具体如下：

1.目的不同

控制测试的目的是确定控制运行的有效性。了解内部控制的目的包含两方面：一是评价控制的设计；二是确定控制是否得到执行。

2.所需获取的审计证据不同

在了解控制是否得到执行时，只需抽取少量的交易进行检查或观察某几个时点；在控制测试时，需要抽取足够数量的交易进行检查或对多个不同时点进行观察。因为，控制运行有效性强调的是控制能够在各个不同时点按照既定设计得以一贯执行，审计人员应当从下列方面获取关于控制是否有效运行的审计证据：（1）控制在所审计期间的相关时点是如何运行的；（2）控制是否得到一贯执行；（3）控制由谁或以何种方式执行。

测试控制运行的有效性与确定控制是否得到执行所需获取的审计证据虽然存在差异，但两者也有联系。为评价控制设计和确定控制是否得到执行而实施的某些风险评估程序并非专为控制测试而设计，但可能提供有关控制运行有效性的审计证据，审计人员可以考虑在评价控制设计和获取其得到执行的审计证据的同时测试控制运行有效性，以提高审计效率；同时审计人员应当考虑这些审计证据是否足以实现控制测试的目的。

（二）控制测试的要求

作为进一步审计程序的类型之一，控制测试并非在任何情况下都需要实施。当存在下列情形之一时，审计人员应当实施控制测试：

1.在评估认定层次重大错报风险时，预期控制的运行是有效的

审计人员通过实施风险评估程序，可能发现某项控制的设计是存在的，也是合理的，同时得到了执行。在这种情况下，出于成本效益的考虑，审计人员可能预期，如果相关控制在不同时点都得到了一贯执行，与该项控制有关的财务报表认定发生重大错报的可能性就不会很大，也就不需要实施很多的实质性程序。为此，审计人员可能会认为值得对相关控制在不同时点是否得到了一贯执行进行测试，即实施控制测试。这种测试主要是出于成本效益的考虑，其前提是审计人员通过了解内部控制以后认为某项控制存在着被信赖和利用的可能。因此，只有认为控制设计合理、能够防止或发现和纠正认定层次的重大错报，审计人员才有必要对控制运行的有效性实施测试。

2.仅实施实质性程序并不能够提供认定层次充分、适当的审计证据

在仅通过实施实质性程序不能获取充分、适当的审计证据的情况下，审计人员必须实施控制测试，这种测试已经不再是单纯出于成本效益的考虑，而是必须获取的一类审计证据。因为，有些重大错报风险审计人员仅通过实质性程序无法予以应对。例如，在被审计单位对日常交易或与财务报表相关的其他数据（包括信息的生成、记录、处理、报告）采用高度自动化处理的情况下，审计证据是否充分和适当通常取决于自动化信息系统相关控制的有效性。如果信息的生成、记录、处理和报告均通过电子格式进行而没有适当有效的控制，则生成不正确信息或信息被不恰当修改的可能性就会大大增加。

二、控制测试的性质

（一）控制测试的性质的含义

控制测试的性质是指控制测试所使用的审计程序的类型及其组合。计划从控制测试中

获取的保证水平是决定控制测试性质的主要因素之一。审计人员拟对控制有效性的信赖程度越高，应当获取越有说服力的审计证据。当拟实施的进一步审计程序主要以控制测试为主，尤其是仅实施实质性程序无法或不能获取充分、适当的审计证据时，审计人员应当获取有关控制运行有效性的更高的保证水平。

控制测试采用审计程序有询问、观察、检查和重新执行。询问本身并不足以测试控制运行的有效性。因此，审计人员需要将询问与其他审计程序结合使用。而观察提供的证据仅限于观察发生的时点，因此，将询问与检查或重新执行结合使用，可能比仅实施询问和观察获取更高水平的保证。

（二）控制测试性质的选择

1.考虑特定控制的性质

审计人员应当根据特定控制的性质选择所需实施审计程序的类型。例如，某些控制可能存在反映控制运行有效性的文件记录，在这种情况下，审计人员可以检查这些文件记录以获取控制运行有效的审计证据；某些控制可能不存在文件记录（如一项自动化的控制活动），或文件记录与能否证实控制运行有效性不相关，审计人员应当考虑实施检查以外的其他审计程序（如询问和观察）或借助计算机辅助审计技术，以获取有关控制运行有效性的审计证据。

2.考虑测试与认定直接相关和间接相关的控制

在设计控制测试时，审计人员不仅应当考虑与认定直接相关的控制，还应当考虑这些控制所依赖的与认定间接相关的控制，以获取支持控制运行有效性的审计证据。例如，被审计单位可能针对超出信用额度的例外赊销交易设置报告和审核制度（与认定直接相关的控制）；在测试该项制度的运行有效性时，审计人员不仅应当考虑审核的有效性，而且应当考虑与例外赊销报告中信息准确性有关的控制（与认定间接相关的控制）是否有效运行。

3.如何对一项自动化的应用控制实施控制测试

对于一项自动化的应用控制，由于信息技术处理过程的内在一贯性，审计人员可以利用该项控制得以执行的审计证据和信息技术一般控制（特别是对系统变动的控制）运行有效性的审计证据，作为支持该项控制在相关期间运行有效性的重要审计证据。

4.控制测试的目的

控制测试的目的是评价控制是否有效运行；细节测试的目的是发现认定层次的重大错报。尽管两者目的不同，但审计人员可以考虑针对同一交易同时实施控制测试和细节测试，以实现双重目的。例如，审计人员通过检查某笔交易的发票可以确定其是否经过适当的授权，也可以获取关于该交易的金额、发生时间等细节证据。当然，如果拟实施双重目的的测试，审计人员应当仔细设计和评价测试程序。

5.实施实质性程序的结果对控制测试结果的影响

审计人员应当考虑实施实质性程序发现的错报对评价相关控制运行有效性的影响，如降低对相关控制的信赖程度、调整实质性程序的性质、扩大实质性程序的范围等。如果实施实质性程序发现被审计单位没有识别出的重大错报，通常表明内部控制存在重大缺陷，审计人员应当就这些缺陷与管理层和治理层进行沟通。

三、控制测试的时间

(一)控制测试的时间的含义

控制测试的时间包含两层含义:一是何时实施控制测试;二是测试所针对的控制适用的时点或期间。

审计人员应当根据控制测试的目的确定控制测试的时间,并确定拟信赖的相关控制的时点或期间。如果仅需要测试控制在特定时点的运行有效性(如对被审计单位期末存货盘点进行控制测试),审计人员只需要获取该时点的审计证据。如果需要获取控制在某一期间有效运行的审计证据,仅获取与时点相关的审计证据是不充分的,审计人员应当辅以能提供相关控制在所有相关时点都运行有效审计证据的其他控制测试,如测试被审计单位对控制的监督。

(二)对期中审计证据的考虑

对于控制测试,审计人员在期中实施此类程序具有更积极的作用。但是,即使审计人员已获取有关控制在期中运行有效性的审计证据,仍然需要考虑如何能够将控制在期中运行有效性的审计证据合理延伸至期末。因此,如果已获取有关控制在期中运行有效性的审计证据,并拟利用该证据,审计人员应当实施下列审计程序:

1.获取这些控制在剩余期间发生重大变化的审计证据

针对期中已获取审计证据的控制,审计人员应考察这些控制在剩余期间的变化情况,包括是否发生了变化以及如何变化。如果这些控制在剩余期间没有发生变化,审计人员可能决定信赖期中获取的审计证据;如果这些控制在剩余期间发生了变化,如信息系统、业务流程或人事管理等方面发生变动,审计人员需要了解并测试控制的变化对期中审计证据的影响。

2.确定针对剩余期间还需获取的补充审计证据

针对期中证据以外的、剩余期间的补充证据,审计人员应当考虑下列因素:

(1)评估的认定层次重大错报风险的重要程度。评估的重大错报风险对财务报表的影响越大,审计人员需要获取的剩余期间的补充证据越多。

(2)在期中测试的特定控制,以及自期中测试后发生的重大变动。例如,对自动化运行的控制,审计人员更可能测试信息系统一般控制的运行有效性,以获取控制在剩余期间运行有效性的审计证据。

(3)在期中对有关控制运行有效性获取的审计证据的程度。如果审计人员在期中对有关控制运行有效性获取的审计证据比较充分,可以考虑适当减少需要获取的剩余期间的补充证据。

(4)剩余期间的长度。剩余期间越长,审计人员需要获取的剩余期间的补充证据越多。

(5)在信赖控制的基础上拟缩小实质性程序的范围。审计人员对相关控制的信赖程度越高,通常在信赖控制的基础上拟减少进一步实质性程序的范围就越大。在这种情况下,审计人员需要获取的剩余期间的补充证据越多。

(6)控制环境。控制环境越薄弱或把握程度越低,审计人员需要获取的剩余期间的补充证据越多。

除了上述的测试剩余期间控制的运行有效性，测试被审计单位对控制的监督也能够作为一项有益的补充证据，以便更有把握地将控制在期中运行有效性的审计证据延伸至期末。

（三）对以前审计获取的审计证据的考虑

被审计单位内部控制中的诸多要素往往是相对稳定的（相对于具体的交易、账户余额和披露），审计人员在本期审计时可以适当考虑利用以前审计获取的有关控制运行有效性的审计证据。但是，如果拟利用以前审计获取的有关控制运行有效性的审计证据，审计人员应当通过获取这些控制在以前审计后是否发生重大变化的审计证据，确定以前审计获取的审计证据是否与本期审计持续相关。

审计人员应当通过实施询问并结合观察或检查程序，获取这些控制是否已经发生重大变化的审计证据，以确认对这些控制的了解，并根据下列情况作出不同处理：

（1）如果控制发生变化，且这些变化对以前审计获取的证据的持续相关性产生影响，审计人员应当在本期审计中测试这些控制的运行有效性。例如，如果系统的变化仅仅使被审计单位从中获取新的报告，这种变化通常不影响以前审计所获取证据的相关性；如果系统的变化引起数据累积或计算发生改变，这种变化可能影响以前审计所获取证据的相关性，此时审计人员才需要在本期审计中测试相应控制运行的有效性。

（2）如果控制未发生变化，且不属于旨在减轻特别风险的控制，审计人员应当运用职业判断确定是否在本期审计中测试其运行有效性，但审计人员应当每三年至少对控制测试一次，并且在每年审计中测试部分控制，以避免将所有拟信赖控制的测试集中于某一年审计，而在之后的两年审计中不进行任何测试。

在确定利用以前审计获取的有关控制运行有效性的审计证据是否适当以及再次测试控制的时间间隔时，审计人员应当考虑的因素或情况包括：

（1）内部控制其他要素的有效性，包括控制环境、对控制的监督以及被审计单位的风险评估过程。例如，当被审计单位控制环境薄弱或对控制的监督薄弱时，审计人员应当缩短再次测试控制的时间间隔或完全不信赖以前审计获取的审计证据。

（2）控制特征（人工控制还是自动化控制）产生的风险。当在相关控制中人工控制的成分较大时，考虑到人工控制一般稳定性较差，审计人员可能决定在本期审计中继续测试该控制的运行有效性。

（3）信息技术一般控制的有效性。当信息技术一般控制薄弱时，审计人员可能更少地依赖以前审计获取的审计证据。

（4）影响内部控制的重大人事变动。例如，当所审计期间发生了对控制运行产生重大影响的人事变动时，审计人员可能决定在本期审计中不依赖以前审计获取的审计证据。

（5）由于环境发生变化而特定控制缺乏相应变化导致的风险。当环境的变化表明需要对控制作出相应的变动，但控制却没有作出相应变动时，审计人员应当充分意识到控制不再有效，从而导致本期财务报表发生重大错报的可能，此时不应再依赖以前审计获取的有关控制运行有效性的审计证据。

（6）重大错报的风险和对控制的信赖程度。如果重大错报风险较大或对控制的信赖程度较高，审计人员应当缩短再次测试控制的时间间隔或完全不信赖以前审计获取的审计证据。

如果确定评估的认定层次重大错报风险是特别风险，并拟信赖旨在减轻特别风险的控制，审计人员不应依赖以前审计获取的审计证据，而应在本期审计中测试这些控制的运行有效性。也就是说，如果审计人员拟信赖针对特别风险的控制，那么，所有关于该控制运行有效性的审计证据必须来自当年的控制测试，审计人员应当在每次审计中都测试这类控制。

图8-2概括了审计人员是否需要在本期测试某项控制的决策过程。

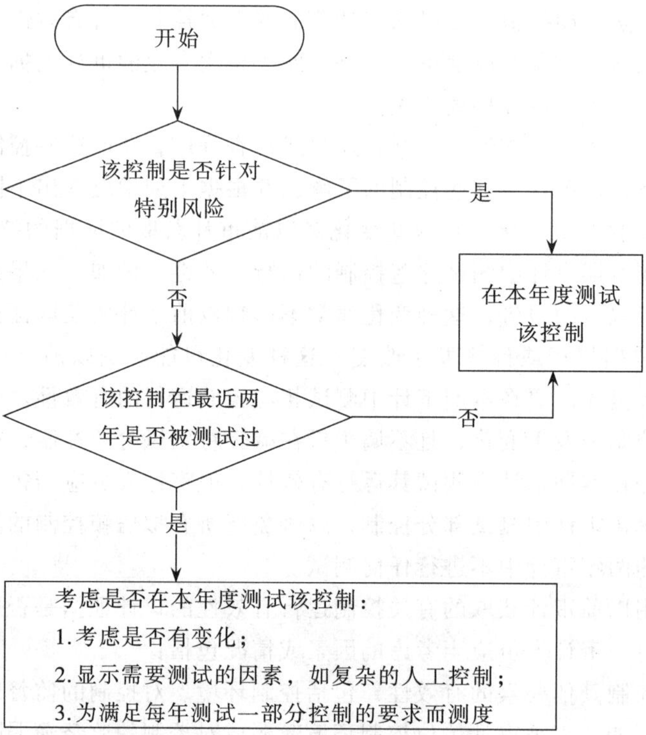

图8-2 本审计期间测试某项控制的决策

四、控制测试的范围

对于控制测试的范围，其含义主要是指某项控制活动的测试次数。审计人员应当设计控制测试，以获取控制在整个拟信赖的期间有效运行的充分、适当的审计证据。

（一）确定控制测试范围的考虑因素

当针对控制运行的有效性需要获取更具说服力的审计证据时，可能需要扩大控制测试的范围。在确定控制测试的范围时，除考虑对控制的信赖程度外，审计人员还可能考虑以下因素：

1.在拟信赖期间，被审计单位执行控制的频率。控制执行的频率越高，控制测试的范围越大。

2.在所审计期间，审计人员拟信赖控制运行有效性的时间长度。拟信赖期间越长，控制测试的范围越大。

3.控制的预期偏差。预期偏差可以用控制未得到执行的预期次数占控制应当得到执行次数的比率加以衡量，也可称为预期偏差率。考虑该因素，是因为在考虑测试结果是否可以得出控制运行有效性的结论时，不可能只要出现任何控制执行偏差就认定控制运行无效，所以需要确定一个合理水平的预期偏差率。控制的预期偏差率越高，需要实施控制测试的范围越大。如果控制的预期偏差率过高，审计人员应当考虑控制可能不足以将认定层次的重大错报风险降至可接受的低水平，从而针对某一认定实施的控制测试可能是无效的。

4.通过测试与认定相关的其他控制获取的审计证据的范围。针对同一认定，可能存在不同的控制。当针对其他控制获取审计证据的充分性和适当性较高时，测试该控制的范围可适当缩小。

5.拟获取的有关认定层次控制运行有效性的审计证据的相关性和可靠性。为证实控制能够防止或发现并纠正认定层次重大错报，所需获取审计证据的相关性和可靠性要求越高，控制测试的范围越大。

（二）对自动化控制的测试范围的特别考虑

除非系统（包括系统使用的表格、文档或其他永久性数据）发生变动，审计人员通常不需要增加自动化控制的测试范围。

信息技术处理具有内在一贯性，除非系统发生变动，一项自动化应用控制应当一贯运行。对于一项自动化应用控制，一旦确定被审计单位正在执行该控制，审计人员通常无须扩大控制测试的范围，但需要考虑执行下列测试以确定该控制持续有效运行：

1.测试与该应用控制有关的一般控制的运行有效性；

2.确定系统是否发生变动，如果发生变动，是否存在适当的系统变动控制；

3.确定对交易的处理是否使用授权批准的软件版本。

（三）测试两个层次控制时注意的问题

控制测试可用于被审计单位每个层次的内部控制。整体层次控制测试通常更加主观（如管理层对胜任能力的重视）。对整体层次控制进行测试，通常比业务流程层次控制（如检查付款是否得到授权）更难以记录。因此，整体层次控制和信息技术一般控制的评价通常记录的是文件备忘录和支持性证据。审计人员最好在审计的早期测试整体层次控制。原因在于对这些控制测试的结果会影响其他计划审计程序的性质和范围。

第三节 实质性程序

一、实质性程序的含义和要求

（一）实质性程序的含义

实质性程序是指审计人员针对评估的重大错报风险实施的直接用于发现认定层次重大错报的审计程序，包括对各类交易、账户余额和披露的细节测试以及实质性分析程序。

由于审计人员对重大错报风险的评估是一种判断，可能无法充分识别所有的重大错报风险，并且由于内部控制存在固有局限性，无论评估的重大错报风险结果如何，审计人员都应当针对所有重大类别的各类交易、账户余额和披露实施实质性程序。

（二）实施实质性程序的要求

审计人员实施的实质性程序应当包括下列与财务报表编制完成阶段相关的审计程序：

1.将财务报表与其所依据的会计记录进行核对或调节。

2.检查财务报表编制过程中作出的重大会计分录和其他调整。审计人员对会计分录和其他会计调整检查的性质和范围，取决于被审计单位财务报告过程的性质和复杂程度以及由此产生的重大错报风险。

如果认为评估的认定层次重大错报风险是特别风险，审计人员应当专门针对该风险实施实质性程序。如果针对特别风险实施的程序仅为实质性程序，这些程序应当包括细节测试，或将细节测试和实质性分析程序结合使用，以获取充分、适当的审计证据。为应对特别风险需要获取具有高度相关性和可靠性的审计证据，仅实施实质性分析程序不足以获取有关特别风险的充分、适当的审计证据。

二、实质性程序的性质

（一）实质性程序的性质的含义

实质性程序的性质是指实质性程序的类型及其组合。实质性程序的类型包括细节测试和实质性分析程序。

（1）细节测试是对各类交易、账户余额和披露的具体细节进行测试，目的在于直接识别财务报表认定是否存在错报。

（2）实质性分析程序从技术特征上讲仍然是分析程序，主要是通过研究数据间关系评价信息，只是将该技术方法用做实质性程序，即用以识别各类交易、账户余额和披露及相关认定是否存在错报。

细节测试和实质性分析程序各自有不同的适用领域。细节测试适用于对各类交易、账户余额和披露认定的测试，尤其是对存在或发生、计价认定的测试；实质性分析程序通常更适用于在一段时间内存在可预期关系的大量交易。

（二）设计细节测试时的考虑

审计人员需要根据不同的认定层次的重大错报风险设计有针对性的细节测试，获取充分、适当的审计证据，以达到认定层次所计划的保证水平。例如，在针对存在或发生认定设计细节测试时，审计人员应当选择包含在财务报表金额中的项目，并获取相关审计证据；又如，在针对完整性认定设计细节测试时，审计人员应当选择有证据表明应包含在财务报表金额中的项目，并调查这些项目是否确实包括在内，如为应对被审计单位漏记本期应付账款的风险，审计人员可以检查其后付款记录。

（三）设计实质性分析程序时的考虑

审计人员在设计实质性分析程序时应当考虑的因素包括：

（1）对特定认定使用实质性分析程序的适当性；

（2）对已记录的金额或比率作出预期时，所依据的内部或外部数据的可靠性；

（3）作出预期的准确程度是否足以在计划的保证水平上识别重大错报；

（4）已记录金额与预期值之间可接受的差异额。

考虑到数据及分析的可靠性，当实施实质性分析程序时，如果使用被审计单位编制的信息，审计人员应当考虑测试与信息编制相关的控制，以及这些信息是否在本期或前期经过审计。

三、实质性程序的时间

实质性程序的时间包含两层含义：一是何时实施实质性程序；二是以期审计获取的证据适用的时点或期间。

（一）对期中实施实质性程序的考虑

审计人员进行实质性程序的时间可以是期中或期末。在期中实施实质性程序，一方面消耗了审计资源，另一方面期中实施实质性程序获取的审计证据又不能直接作为期末财务报表认定的审计证据，审计人员仍然需要消耗进一步的审计资源，使期中审计证据能够合理延伸至期末。审计人员需要权衡这两部分审计资源的总和是否能够显著小于完全在期末实施实质性程序所需消耗的审计资源。因此，审计人员在考虑是否在期中实施实质性程序时应当考虑以下因素：

1.控制环境和其他相关的控制。控制环境和其他相关的控制越薄弱，审计人员越不宜在期中实施实质性程序。

2.实施审计程序所需信息在期中之后的可获得性。如果实施实质性程序所需信息在期中之后可能难以获取，审计人员应考虑在期中实施实质性程序。

3.实质性程序的目的。例如对于发生、完整性、权利或义务、计价与分摊、分类等目标，可大量在期中实施实质性程序；但对于存在、截止、列报与披露等目标，则主要依赖期末实质性程序。

4.评估的重大错报风险。评估的重大错报风险越低，可主要依赖期中实质性程序；相反，则必须大量依赖期末实质性程序。

5.特定类别交易或账户余额以及相关认定的性质。对各类交易的认定，可大量依赖期中实质性程序，而关于账户余额的认定，则主要依赖期末实施的实质性程序。

6.针对剩余期间，能否通过实施实质性程序或将实质性程序与控制测试相结合，降低期末存在错报而未被发现的风险。如果能够做到这样，则可大量实施期中实质性程序。

（二）将期中实质性程序的结论延伸至期末的考虑

在将期中实施的实质性程序得出的结论合理延伸至期末时，审计人员有两种选择：(1) 针对剩余期间实施进一步的实质性程序；(2) 将实质性程序和控制测试结合使用。

如果拟将期中测试得出的结论延伸至期末，审计人员应当考虑针对剩余期间仅实施实质性程序是否足够。如果认为实施实质性程序本身不充分，审计人员还应测试剩余期间相关控制运行的有效性或针对期末实施实质性程序。

对于舞弊导致的重大错报风险（作为一类重要的特别风险），被审计单位存在故意错报或操纵的可能性，那么审计人员更应慎重考虑能否将期中测试得出的结论延伸至期末。因此，如果已识别出由于舞弊导致的重大错报风险，为将期中得出的结论延伸至期末而实施的审计程序通常是无效的，审计人员应当考虑在期末或者接近期末实施实质性程序。

（三）对以前审计获取的审计证据的考虑

在以前审计中实施实质性程序获取的审计证据，通常对本期只有很弱的证据效力或没有证据效力，不足以应对本期的重大错报风险。只有当以前获取的审计证据及其相关事项未发生重大变动时（例如，以前审计通过实质性程序测试过的某项诉讼在本期没有任何实质性进展），以前获取的审计证据才可能用做本期的有效审计证据。但是，如果拟利用以前审计中实施实质性程序获取的审计证据，审计人员应当在本期实施审计程序，以确定这些审计证据是否具有持续相关性。

四、实质性程序的范围

在确定实质性程序的范围时，审计人员应当考虑评估的认定层次重大错报风险和实施控制测试的结果。审计人员评估的认定层次的重大错报风险越高，需要实施实质性程序的范围越大。如果对控制测试结果不满意，审计人员应当考虑扩大实质性程序的范围。

在设计细节测试的范围时，审计人员除了从样本量的角度考虑测试范围外，还要考虑选样方法的有效性等因素。例如，从总体中选取大额或异常项目，而不是进行代表性抽样或分层抽样。

在设计实质性分析程序的范围时，审计人员要考虑两个问题：（1）对什么层次上的数据进行分析？审计人员可以选择在高度汇总的财务数据层次进行分析，也可以根据重大错报风险的性质和水平调整分析层次。例如，按照不同产品线、不同季节或月份、不同经营地点或存货存放地点等实施实质性分析程序。（2）需要对什么幅度或性质的偏差展开进一步调查？实施分析程序可能发现偏差，但并非所有的偏差都值得展开进一步调查。在设计实质性分析程序时，审计人员应当考虑各类交易、账户余额和披露及相关认定的重要性和计划的保证水平，确定已记录金额与预期值之间可接受的差异额。可容忍或可接受的偏差越大，实质性分析程序的进一步调查的范围就越小。

【复习思考题】

1. 简述针对财务报表层次重大错报风险的总体应对措施。
2. 在设计进一步审计程序时，审计人员应考虑哪些因素？
3. 进一步审计程序的性质是什么？在确定进一步审计程序的性质时应考虑哪些因素？
4. 控制测试的含义是什么？控制测试与风险评估中提及的“了解内部控制”的概念有什么不同？
5. 审计人员在哪些情形下应当实施控制测试？
6. 在确定控制测试的性质时，审计人员应考虑哪些因素？
7. 如果审计人员拟利用有关控制在期中运行有效性的审计证据，应当实施哪些审计程序？
8. 在确定控制测试范围时应考虑哪些因素？
9. 实质性程序的性质的含义是什么？
10. 审计人员在考虑是否在期中实施实质性程序时应当考虑哪些因素？

第九章　交易循环审计

本章按照循环法介绍财务报表项目的审计测试过程，主要内容包括销售与收款循环、采购与付款循环、生产与存货循环和货币资金的审计。针对每一个循环，按照风险导向审计模式，分别介绍该循环的特征、主要业务活动与内部控制、重大错报风险评估、进一步审计程序设计、控制测试以及该循环重要科目的实质性程序。

[学习目标]

1.掌握销售与收款循环的审计；

2.掌握采购与付款循环的审计；

3.掌握生产与存货循环的审计；

4.掌握货币资金的审计。

第一节　销售与收款循环的审计

销售与收款循环主要指公司接受销售订单，向顾客销售商品或提供劳务并取得货款或者劳务收入的过程。研究表明，财务报告的欺诈大部分涉及不恰当地确认收入，并且该循环同时涉及收入和资产项目，所以既影响利润表项目，又影响资产负债表项目。因此，销售与收款循环审计是财务报表审计中十分重要的内容。

一、销售与收款循环的特征

（一）不同行业类型的收入来源

企业的收入主要来自出售商品、提供服务等，由于所处行业不同，企业具体的收入来源有所不同。表9-1列示了一些常见的行业的主要收入来源。

表9-1　**不同行业类型的主要收入来源**

行业类型	收入来源
贸易业	作为零售商向普通大众（最终消费者）零售商品；作为批发商向零售商供应商品
一般制造业	通过采购原材料并将其用于生产流程制造产成品卖给客户取得收入
专业服务业	律师、会计师、商业咨询师等主要通过提供专业服务取得服务费收入；医疗服务机构通过提供医疗服务取得收入，包括给住院病人提供病房和医护设备，为病人提供精细护理、手术和药品等取得收入
金融服务业	向客户提供金融服务取得手续费；向客户发放贷款取得利息收入；通过协助客户对其资金进行投资取得相关理财费用
建筑业	通过提供建筑服务完成建筑合同取得收入

从表9-1可以看出，一个企业所处的行业和经营性质决定了该企业的收入来源，以及为获取收入而相应产生的各项费用支出。审计人员需要对被审计单位的相关行业活动和经营性质有比较全面的了解，才能因地制宜地执行被审计单位收入、支出的审计工作。本节以一般制造业企业为例进行介绍。

（二）销售与收款循环涉及的主要业务活动

1.接受客户订购单

客户提出订货要求是整个销售与收款循环的起点。客户的订购单只有在符合企业管理层的授权标准时才能被接受。很多企业在批准客户订购单后，下一步就编制一式多联的销售单。销售单是证明销售交易的“发生”认定的凭据之一，也是销售交易轨迹的起点之一。

2.批准赊销信用

信用管理部门根据管理层的赊销政策在每个客户的已授权的信用额度内进行赊销业务的批准。信用管理部门在收到销售单管理部门的销售单后，应将销售单与该客户已被授权的赊销信用额度以及至今尚欠的账款余额加以比较。信用管理部门通常应对每个新客户进行信用调查，包括获取信用评审机构对客户信用等级的评定报告。无论是否批准赊销，都要求被授权的信用管理部门人员在销售单上签署意见，然后再将已签署意见的销售单送回销售单管理部门。设计信用批准控制的目的是为了降低坏账风险，这些控制与应收账款账面余额的“计价与分摊”认定有关。

3.按销售单供货

管理层通常要求仓库只有在收到经过批准的销售单时才能供货。设立这项控制程序的目的是为了防止仓库在未经授权的情况下擅自发货。因此，已批准销售单的一联通常应送达仓库，作为仓库按销售单供货和发货给装运部门的授权依据。

4.按销售单装运货物

将按经批准的销售单供货与按销售单装运货物职责分离，有助于避免负责装运货物的职员在未经授权的情况下装运产品。装运部门在装运之前，还必须进行独立验证，以确定从仓库提取的商品都附有经批准的销售单，所提取商品的内容与销售单一致。

5.向客户开具账单

开具账单是指向客户开具事先连续编号的销售发票。为降低开具账单过程中出现遗漏、重复、错误计价或其他差错的风险，应设立以下控制程序：

（1）开具每张销售发票之前，应有人员独立检查是否存在装运凭证和相应的经批准的销售单。

（2）依据已授权批准的商品价目表开具销售发票。

（3）独立检查销售发票计价和计算的正确性。

（4）将装运凭证上的商品总数与相对应的销售发票上的商品总数进行比较。

上述控制程序有助于确保用于记录销售交易的销售发票的正确性，与销售交易的“发生”、“完整性”以及“准确性”认定有关。销售发票副联通常由开具账单部门保管。

6.记录销售

手工会计系统中，记录销售的过程包括区分赊销、现销，按销售发票编制转账凭证或库存现金、银行存款收款凭证，再据以登记销售明细账和应收账款明细账或库存现金、银行存款日记账。记录销售的控制程序包括以下内容：

（1）只依据附有有效装运凭证和销售单的销售发票记录销售。这些装运凭证和销售单应能证明销售交易的实际发生及发生的时间。

（2）控制所有事先连续编号的销售发票。

（3）独立检查已处理销售发票上的销售金额与会计记录金额的一致性。

（4）记录销售的职责应与处理销售交易的其他功能相分离。

（5）对记录过程中所涉及的有关记录的接触予以限制，以减小未经授权批准的记录发生的可能性。

（6）定期独立检查应收账款的明细账与总账的一致性。

（7）定期向客户寄送对账单，并要求客户将任何例外情况直接向指定的未执行或记录销售交易的会计主管报告。

以上控制与“发生”“完整性”“准确性”“计价与分摊”认定有关。

7.办理和记录现金、银行存款收入

处理货币资金收入时最重要的是要保证全部货币资金都必须如数、及时地记入库存现金、银行存款日记账或应收账款明细账，并如数、及时地将现金存入银行。

8.办理和记录销售退回、销售折扣与折让

销售退回、销售折扣与折让必须经授权批准，并应确保与办理此事有关的部门和职员各司其职，分别控制实物流和会计处理。在这方面，严格使用贷项通知单无疑会起到关键的作用。

9.注销坏账

销售企业若认为某项货款已无法收回，就必须注销货款。这通常发生于客户因经营不善、宣告破产、死亡等情形。对这些坏账，正确的处理方法应是获取货款无法收回的证据，经审批后及时作会计调整。

10.提取坏账准备

坏账准备提取的数额必须能够抵补企业以后无法收回的销货款。

（三）销售与收款循环的内部控制

1.销售交易的内部控制

（1）适当的职责分离。适当的职责分离有助于防止各种有意或无意的错误。企业有关销售与收款业务相关职责适当分离的基本要求通常包括：企业应当将办理销售、发货、收款三项业务的部门（或岗位）分别设立；企业在销售合同订立前，应指定专门人员就销售价格、信用政策、发货及收款方式等具体事项与客户进行谈判。谈判人员至少应有两人以上，并与订立合同的人员相分离；编制销售发票通知单的人员与开具销售发票的人员应相互分离；销售人员应当避免接触销货现款；企业应收票据的取得和贴现必须经由保管票据以外的主管人员书面批准。

（2）恰当的授权审批。审计人员应当关注以下四个关键点上的审批程序：在销售发生之前，赊销已经正确审批；非经正当审批，不得发出货物；销售价格、销售条件、运费、折扣等必须经过审批；审批人应当根据销售与收款授权批准制度的规定，在授权范围内进行审批，不得超越审批权限。对于超过企业既定销售政策和信用政策规定范围的特殊销售交易，企业应当进行集体决策。前两项控制的目的在于防止企业因向虚构的或者无力支付货款的客户发货而蒙受损失；价格审批控制的目的在于保证销售交易按照企业定价政策规定的价格开票收款；对授权审批范围设定权限的目的则在于防止因审批人决策失误而造成严重损失。

（3）充分的凭证和记录。每个企业交易的产生、处理和记录等制度都有其特点，因此，也许很难评价其各项控制是否足以发挥最大的作用。然而，只有具备充分的记录手续，才有可能实现其他各项控制目标。

（4）凭证的预先编号。对凭证预先进行编号，旨在防止销售以后遗漏向客户开具账单或登记入账，也可防止重复开具账单或重复记账。由收款员对每笔销售开具账单后，将发运凭证按顺序归档；而由另一位职员定期检查全部凭证的编号，并调查凭证缺号的原因，就是实施这项控制的一种方法。

（5）按月寄出对账单。由不负责现金出纳和销售及应收账款记账的人员按月向客户寄发对账单，能促使客户在发现应付账款余额不正确后及时反馈有关信息。为了使这项控制更加有效，最好将账户余额中出现的所有核对不符的账项，指定一位既不掌管货币资金也不记录主营业务收入和应收账款的主管人员处理，然后由独立人员按月编制对账情况汇总报告并交管理层审阅。

（6）内部核查程序。内部审计人员或其他独立人员核查销售交易的处理和记录，是实现内部控制目标不可缺少的一项控制措施。

2.收款交易的内部控制

每个企业的性质、所处行业、规模以及内部控制健全程度等不同，使得其与收款交易相关的内部控制内容有所不同，通常应当共同遵循以下与收款交易相关的内部控制内容：

（1）企业应当按照《现金管理暂行条例》《支付结算办法》等规定，及时办理销售收款业务。

（2）企业应将销售收入及时入账，不得账外设账，不得擅自坐支现金。销售人员应当避免接触销售现款。

（3）企业应当建立应收账款账龄分析制度和逾期应收账款催收制度。销售部门应当负责应收账款的催收，财会部门应当督促销售部门加紧催收。对催收无效的逾期应收账款可通过法律程序予以解决。

（4）企业应当按客户设置应收账款台账，及时登记每一客户应收账款余额增减变动情况和信用额度使用情况。对长期往来客户应当建立起完善的客户资料，并对客户资料实行动态管理，及时更新。

（5）企业对于可能成为坏账的应收账款应当报告有关决策机构，由其进行审查，确定是否确认为坏账。企业发生的各项坏账，应查明原因，明确责任，并在履行规定的审批程序后作出会计处理。

（6）企业注销的坏账应当进行备查登记，做到账销案存。已注销的坏账又收回时应当及时入账，防止形成账外资金。

（7）企业应收票据的取得和贴现必须经由保管票据以外的主管人员的书面批准。应有专人保管应收票据，对于即将到期的应收票据，应及时向付款人提示付款；已贴现票据应在备查簿中登记，以便日后追踪管理；并应制定逾期票据的冲销管理程序和逾期票据追踪监控制度。

(8) 企业应当定期与往来客户通过函证等方式核对应收账款、应收票据、预收款项等往来款项。如有不符，应查明原因，及时处理。

二、销售与收款循环的重大错报风险评估

审计人员根据对销售与收款循环中业务流程和相关控制的了解，考虑在销售与收款循环中发生错报的可能性以及潜在错报的重大程度是否足以导致重大错报，从而评估销售与收款循环的相关交易和余额存在的重大错报风险，以为设计和实施进一步的审计程序提供基础。

以一般制造业的赊销销售为例，相关交易和余额存在的重大错报风险通常包括：

(1) 收入确认存在的舞弊风险。收入是利润的来源，直接关系到企业的财务状况和经营成果。有些企业往往为了达到粉饰财务报表的目的而采用虚增（发生认定）或隐瞒收入（完整性认定）等方式实施舞弊。在财务报表舞弊案件中，涉及收入确认的舞弊占有很大比例，收入确认已成为审计的高风险领域。中国注册会计师审计准则要求审计人员基于收入确认存在舞弊风险的假定，评价哪些类型的收入、交易或认定导致舞弊风险。

(2) 收入的复杂性可能导致的错误。例如，被审计单位可能针对一些特定的产品或者服务提供一些特殊的交易安排（例如，特殊的退货约定、特殊的服务期限安排等），但管理层可能对这些不同安排下所涉及的交易风险的判断缺乏经验，收入确认上就容易发生错误。

(3) 发生的收入交易未能得到准确记录。

(4) 期末收入交易和收款交易可能未计入正确的期间，包括销售退回交易的截止错误。

(5) 收款未及时入账或记入不正确的账户，因而导致应收账款（或应收票据/银行存款）的错报。

(6) 应收账款坏账准备的计提不准确。

某些重大错报风险可能与财务报表整体广泛相关，进而影响多项认定，如舞弊风险；某些重大错报风险可能与特定的某类交易、账户余额和披露的认定相关，如收款交易的截止错误，或应收账款坏账准备的计提（计价）。在评估重大错报风险时，审计人员应当落实到该风险所涉及的相关认定，从而更有针对性地设计进一步的审计程序。

三、销售与收款循环的进一步审计程序设计

审计人员基于销售与收款循环的重大错报风险评估结果，制定实施进一步审计程序的总体方案（包括综合性方案和实质性方案）（见表9-2），继而实施控制测试和实质性程序，以应对识别出的认定层次的重大错报风险。审计人员通过控制测试和实质性程序获取的审计证据综合起来应足以应对识别出的认定层次的重大错报风险。

表9-2展示了审计人员基于特定情况所作出的对应的审计方案的评价结果，从而基于该结果确定控制测试和实质性程序的性质、时间安排和范围。其中，“拟从控制测试中获

表9-2 销售与收款循环的重大错报风险和进一步审计程序总体方案

重大错报风险描述	相关财务报表项目及认定	风险程度	是否信赖控制	进一步审计程序的总体方案	拟从控制测试中获取的保证程度	拟从实质性程序中获取的保证程度
销售收入可能未真实发生	收入：发生 应收账款：存在	特别	是	综合性方案	高	中
销售收入记录可能不完整	收入/应收账款：完整性	一般	否	实质性方案	无	低
期末收入交易可能未计入正确的期间	收入：截止 应收账款：存在/完整性	特别	否	实质性方案	无	高
发生的收入交易未能得到准确记录	收入：准确性 应收账款：计价与分摊	一般	是	综合性方案	部分	低
应收账款坏账准备的计提不准确	应收账款：计价与分摊	一般	否	实质性方案	无	中

取的保证程度”一列所列示的“高、部分和无”以及“拟从实质性程序中获取的保证程度”一列所列示的“高、中、低”的级别的确定属于审计人员的职业判断。针对不同的风险级别，其对应的拟获取的保证程度并非一定如表所示。并且，审计人员根据重大错报风险的评估结果初步确定实施进一步审计程序的具体审计计划并非一成不变的，可能需要在审计过程中进行调整。

然而，无论是采用综合性方案还是实质性方案，获取的审计证据都应当能够从认定层面应对所识别的重大错报风险，直至针对该风险所涉及的全部相关认定，都已获取了足够的保证程度。后续内容主要说明内部控制测试和实质性程序是如何通过“认定”与识别的重大错报风险相对应的。

四、销售与收款循环的控制测试

风险评估和风险应对是整个审计过程的核心，因此，审计人员通常以识别的重大错报风险为起点，选取拟测试的控制并实施控制测试。表9-3列示了通常情况下，审计人员对销售与收款循环实施的控制测试。

在上述控制测试中，如果人工控制在执行时，依赖信息系统生成的报告，那么审计人员还应当针对系统生成报告的准确性执行测试。例如，与坏账准备计提相关的管理层控制中使用了系统生成的应收账款账龄分析表，其准确性影响管理层控制的有效性，因此，审计人员需要同时测试应收账款账龄分析表的准确性。

表9-3 **销售与收款循环的风险、存在的控制及控制测试程序**

可能发生错报的环节	相关的财务报表项目及认定	存在的内部控制（自动）	存在的内部控制（人工）	内部控制测试程序
1.订单处理和赊销的信用控制				
可能向没有获得赊销授权或超出了其信用额度的客户赊销	收入：发生 应收账款：存在	订购单上的客户代码与应收账款主文档记录的代码一致，目前未偿付余额加上本次销售额在信用限额范围内。上述两项均满足才能生成销售单	对于不在主文档中的客户或是超过信用额度的客户订购单，需要经过适当授权批准，才可生成销售单	询问员工销售单的生成过程，检查是否所有生成的销售单均有对应的客户订购单为依据。检查系统中自动生成销售单的生成逻辑，是否确保满足了客户范围及其信用控制的要求。对于系统外授权审批的销售单，检查是否经过适当批准
2.发运商品				
可能在没有批准发货的情况下发出了商品	收入：发生 应收账款：存在	当客户销售单在系统中获得发货批准时，系统自动生成连续编号的发运凭证	保安人员只有收到附有经批准的销售单和发运凭证时才能放行	检查系统内发运凭证的生成逻辑以及发运凭证是否连续编号； 询问并观察发运时保安人员的放行检查
发运商品与客户销售单可能不一致	收入：准确性 应收账款：计价与分摊	计算机把发运凭证中所有准备发出的商品与销售单上的商品种类和数量进行比对。打印种类或数量不符的例外报告，并暂缓发货	管理层复核例外报告和暂缓发货的清单，并解决问题	检查例外报告和暂缓发货的清单
已发出商品可能与发运凭证上的商品种类和数量不符	收入：准确性 应收账款：计价与分摊		商品打包发运前，装运部门对商品和发运凭证内容进行独立核对，并在发运凭证上签字以示商品已与发运凭证核对且种类和数量相符。客户要在发运凭证上签字以作为收到商品且商品与订购单一致的证据	检查发运凭证上相关员工及客户的签名，作为发货一致的证据

续表

可能发生错报的环节	相关的财务报表项目及认定	存在的内部控制（自动）	存在的内部控制（人工）	内部控制测试程序
已销售商品可能未实际发运给客户	收入：发生 应收账款：存在		客户要在发运凭证上签字以作为收到商品且商品与订购单一致的证据	检查发运凭证上客户的签名，作为收货的证据
3.开具发票				
商品发运可能未开具销售发票或已开出发票没有发运凭证的支持	应收账款：存在、完整性、权利和义务 收入：发生、完整性	发货以后系统根据发运凭证及相关信息自动生成连续编号的销售发票；系统自动复核连续编号的发票和发运凭证的对应关系，并定期生成例外报告	复核例外报告并调查原因	检查系统生成发票的逻辑；检查例外报告及跟进情况
由于定价或产品摘要不正确，以及销售单、发运凭证或销售发票代码输入错误，可能导致销售价格不正确	收入：准确性 应收账款：计价与分摊	通过逻辑登录限制定价主文档的更改。只有得到授权的员工才能进行更改。系统通过使用和检查主文档版本序号，确定正确的定价主文档版本已经被上传。系统检查录入的产品代码的合理性	核对经授权的有效的价格更改清单与计算机获得的价格更改清单是否一致。如果发票由手工填写或没有定价主文档，则有必要对发票的价格进行独立核对	检查文件以确定价格更改是否经授权。 重新执行以确定打印出的更改后价格与授权价格是否一致。 通过检查IT的一般控制和收入交易的应用控制，确定正确的定价主文档版本是否已被用来生成发票。如果发票由手工填写，检查发票中价格复核人员的签名。通过核对经授权的价格清单与发票上的价格，重新执行该核对过程
发票上的金额可能出现计算错误	收入：准确性 应收账款：计价与分摊	每张发票的单价、计算、商品代码、商品摘要和客户账户代码均由计算机程序控制。如果由计算机控制的发票开具程序的更改是受监控的，在操作控制帮助下，可以确保使用的是正确的发票生成程序版本。系统代码有密码保护，只有经授权的员工才可以更改。定期打印所有系统上作出的更改	上述程序的所有更改由上级复核和审批。如果由手工开具发票，需独立复核发票上计算的增值税和总额的正确性	自动：询问发票生成程序更改的一般控制情况，确定是否经授权以及现有的版本下是否被使用。检查有关程序更改的复核审批程序。 手工：检查与发票计算金额正确性相关的人员的签名。 重新计算发票金额，证实其是否正确

续表

可能发生错报的环节	相关的财务报表项目及认定	存在的内部控制（自动）	存在的内部控制（人工）	内部控制测试程序
4.记录赊销				
销售发票入账的会计日期间可能不正确	收入：截止、发生 应收账款：存在、完整性、权利和义务	系统根据销售发票的信息自动汇总生成当期销售入账记录	定期执行人工销售截止检查程序。向客户发送月末对账单，调查并解决客户质询的差异	检查系统中销售记录生成的逻辑。 重新执行销售截止检查程序。 检查客户质询信件并确定问题是否已得到解决
销售发票入账金额可能不准确	收入：准确性 应收账款：计价与分摊	系统根据销售发票的信息自动汇总生成当期销售入账记录	复核明细账与总账间的调节。 向客户发送月末对账单，调查并解决客户质询的差异	检查系统销售入账记录的生成逻辑，对于手工调节项目进行检查，并调查原因是否合理。 检查客户质询信件并确定问题是否已得到解决
销售发票可能被记入不正确的应收账款明细账户	应收账款：计价与分摊	系统将客户代码、商品发送地址、发运凭证、发票与应收账款主文档中的相关信息进行比对	应收账款客户主文档中明细账的汇总金额应与应收账款总分类账核对。对于二者之间的调节项需要调查原因并解决。 向客户发送月末对账单，调查并解决客户质询的差异	检查应收账款客户主文档中明细余额汇总金额的调节结果与应收账款总分类账是否核对相符，以及负责该项工作的员工签名。 检查客户质询信件并确定问题是否已得到解决
5.记录应收账款的收款				
应收账款记录的收款与银行存款可能不一致	应收账款/货币资金：完整性、存在、权利和义务、计价与分摊	在每日编制电子版存款清单时，系统自动贷记应收账款	将每日收款汇总表、电子版收款清单和银行存款清单相比较。 定期取得银行对账单，独立编制银行存款余额调节表。 向客户发送月末对账单，对客户质询的差异应予以调查并解决	检查核对每日收款汇总表、电子版收款清单和银行存款清单的核对记录和核对人签名。 检查银行存款余额调节表和负责编制的员工的签名。 检查客户质询信件并确定问题是否已被解决

续表

可能发生错报的环节	相关的财务报表项目及认定	存在的内部控制（自动）	存在的内部控制（人工）	内部控制测试程序
收款可能被记入不正确的应收账款账户	应收账款：计价与分摊、存在	电子版的收款清单与应收账款明细账之间建立连接界面，根据对应的客户名称、代码、发票号等将收到的款项对应到相应的客户账户。对于无法对应的款项生成例外事项报告。 系统定期生成按客户细分的应收账款账龄分析表	将生成的例外事项报告的项目进行手工核对或调查产生的原因并解决。 向客户发送月末对账单，对客户质询的差异应予以调查并解决。 管理层每月复核按客户细分的应收账款账龄分析表，并调查长期余额或其他异常余额	检查系统中的对应关系审核设置是否合理。 检查对例外事项报告中的信息进行核对的记录以及无法核对事项的解决情况。 检查客户质询信件并确定问题是否已被解决。 检查管理层对应收账款账龄分析表的复核及跟进措施
6.坏账准备计提及坏账核销				
坏账准备的计提可能不充分	应收账款：计价与分摊	依据公司计提坏账的规则，自动生成应收账款账龄分析表	管理层对财务人员依据账龄分析表计算编制的坏账准备计提表进行复核。对于存在客观证据 表明将无法按应收款项的原有条款收回款项时，复核财务人员是否已经 获得该证据，并恰当计算了应计提的坏账准备金额。复核无误后需在坏账准备计提表上签字。管理层复核坏账核销的依据，并进行审批	检查财务系统计算账龄分析表的规则是否正确。 询问管理层如何复核坏账准备计提表的计算，检查是否有复核人员的签字。 检查坏账核销是否经过管理层的恰当审批
7.记录现金销售				

续表

可能发生错报的环节	相关的财务报表项目及认定	存在的内部控制（自动）	存在的内部控制（人工）	内部控制测试程序
登记入账的现金收入与企业已经实际收到的现金不符	收入：完整性、发生、截止、准确性 货币资金：完整性、存在	现金销售通过统一的收款台用收银机集中收款，并自动打印销售小票	销售小票应交予客户确认金额一致。 通过监视器监督收款台，每个收款台都打印每日现金销售汇总表。 盘点每个收款台收到的现金，并与相关销售汇总表调节相符。 独立检查所有收到的现金已存入银行。 将每日现金销售汇总表与银行存款单相比较。定期取得银行对账单，独立编制银行存款余额调节表	实地观察收银台、销售点的收款过程，并检查在这些地方是否有足够的物理监控。 检查收款台打印销售小票和现金销售汇总表的程序设置及修改权限设置。 检查盘点记录和结算记录上负责计算现金和与销售汇总表相调节工作的员工的签名。 检查银行存款单和销售汇总表上的签名，证明已实施复核。 检查银行存款余额调节表的编制和复核人员的审核记录

表9-3列示的为销售与收款循环中一些较为常见的内部控制和相应的控制测试程序，目的在于帮助审计人员根据具体情况设计能够应对已识别风险、实现审计目标的控制测试。该表既未包含销售和收款循环所有的内部控制和控制测试，也并不意味着审计实务应当按此执行。一方面，被审计单位所处行业不同、规模不一、内部控制制度的设计和执行方式不同，以前期间接受审计的情况也各不相同；另一方面，受审计时间、审计成本的限制，审计人员除了确保审计质量、审计效果外，还需要提高审计效率，尽可能地消除重复的测试程序，保证检查某一凭证时能够一次完成对该凭证的全部审计测试程序，并按最有效的顺序实施审计测试。因此，在审计实务工作中，审计人员需要从实际出发，设计适合被审计单位具体情况的实用高效的控制测试计划。

五、销售与收款循环的实质性程序

（一）销售与收款交易的实质性分析程序

通常，审计人员在对交易和余额实施细节测试前实施实质性分析程序，符合成本效益原则。具体到销售与收款交易和相关余额，其应用包括：

1.识别需要运用实质性分析程序的账户余额或交易

就销售与收款交易和相关余额而言，通常需要运用实质性分析程序的是销售交易、收款交易、营业收入项目和应收账款项目。

2.确定期望值

基于审计人员对被审计单位的相关预算情况、行业发展状况、市场份额、可比的行业信息、经济形势和发展历程的了解，与营业额、毛利率和应收账款等的预期相关。

3.确定可接受的差异额

在确定可接受的差异额时，审计人员首先应关注所涉及的重要性和计划的保证水平的影响。此外，根据拟进行实质性分析的具体指标的不同，可接受的差异额的确定有时与管理层使用的关键业绩指标相关，并需考虑这些指标的适当性和监督过程。

4.识别需要进一步调查的差异并调查异常数据关系

审计人员应当计算实际和期望值之间的差异，这涉及一些比率和比较，包括：

（1）观察月度（或每周）的销售记录趋势，与往年或预算或者同行业公司的销售情况相比较。任何异常波动都必须与管理层讨论，如果有必要的话还应作进一步的调查。

（2）将销售毛利率与以前年度或预算或者同行业公司的销售毛利率相比较。如果被审计单位各种产品的销售价格是不同的，那么就应当对每个产品或者相近毛利率的产品组进行分类比较。任何重大的差异都需要与管理层沟通。

（3）计算应收账款周转率和存货周转率，并与以前年度或预算或者同行业公司的相关指标相比较。未预期的差异可能由很多因素引起，包括未记录销售、虚构销售记录或截止问题。

（4）检查异常项目的销售，例如，对大额销售以及未从销售记录过入销售总账的销售应予以调查。对临近年末的异常销售记录更应加以特别关注。

5.调查重大差异并作出判断

审计人员在分析上述与预期相联系的指标后，如果认为存在未预期的重大差异，就可能需要对营业收入发生额和应收账款余额实施更加详细的细节测试。

6.评价分析程序的结果

审计人员应当就收集的审计证据是否能支持其试图证实的审计目标和认定形成结论。

（二）销售交易的细节测试

有些交易细节测试程序与环境条件关系不大，适用于各审计项目，有些则不然，要取决于被审计单位内部控制的健全程度和审计人员实施控制测试的结果。以下介绍销售交易常用的细节测试程序。需要指出是，这些细节测试程序并未包含销售交易全部的细节测试程序，同时，其中有些程序可以实现多项控制目标，而非仅能实现一项控制目标。

1.登记入账的销售交易是真实的

审计人员一般关心三类错误的可能性：一是未曾发货却已将销售交易登记入账；二是销售交易的重复入账；三是向虚构的客户发货，并作为销售交易登记入账。审计人员通常可以通过函证发觉无意的高估。由于作假者试图加以隐瞒，使得审计人员较难发现有意的高估，审计人员就有必要制定并实施适当的细节测试以发现这种有意的高估。

（1）针对未曾发货却已将销售交易登记入账这类错误的可能性，审计人员可以从主营业务收入明细账中抽取若干笔分录，追查有无发运凭证及其他佐证，借以查明有无事实上没有发货却已登记入账的销售交易。

（2）针对销售交易重复入账这类错误的可能性，审计人员可以通过检查企业的销售交易记录清单以确定是否存在重号、缺号。

(3) 针对向虚构的客户发货并作为销售交易登记入账这类错误发生的可能性，审计人员应当检查主营业务收入明细账中与销售分录相对应的销货单，以确定销售是否履行赊销审批手续和发货审批手续。

检查上述三类高估销售错误的可能性的另一有效的办法是追查应收账款明细账中贷方发生额的记录。通常只有在审计人员认为由于缺乏足够的内部控制而可能出现舞弊时，才有必要实施上述细节测试。

2.已发生的销售交易均已登记入账

销售交易的审计一般更多侧重于检查高估资产与收入的问题。如果内部控制不健全，就有必要对完整性目标实施交易的细节测试。

从发货部门的档案中选取部分发运凭证，并追查至有关的销售发票副本和主营业务收入明细账，是测试未入账的发货的一种有效程序。为使测试有效，审计人员必须能够确信全部发运凭证均已归档，这一般可以通过检查发运凭证的顺序编号来查明。

由原始凭证追查至明细账是用来测试遗漏的交易（“完整性”目标），从明细账追查至原始凭证是用来测试不真实的交易（“发生”目标）。

3.登记入账的销售交易均经正确计价

销售交易计价的准确性包括：按订货数量发货，按发货数量准确地出具账单，以及将账单上的数额准确地记入会计账簿。典型的细节测试程序包括复算会计记录中的数据。

4.登记入账的销售交易分类恰当

如果销售分为现销和赊销两种，应注意一般可与计价准确性测试一并进行销售分类恰当的测试。审计人员可以通过审核原始凭证确定具体交易业务的类别是否恰当，并以此与账簿的实际记录作比较。

5.销售交易的记录及时

实施计价准确性细节测试的同时，一般要将所选取的提货单或其他发运凭证的日期与相应的销售发票存根、主营业务收入明细账和应收账款明细账上的日期作比较。如有重大差异，被审计单位就可能存在销售截止期限上的错误。

6.销售交易已正确地记入明细账并正确地汇总

应收账款明细账的记录若不正确，将影响被审计单位收回应收账款，因此，将全部赊销业务正确地记入应收账款明细账极为重要。同理，为保证财务报表准确，主营业务收入明细账必须正确地加总并过入总账。

（三）收款交易的细节测试

与销售交易的细节测试一样，收款交易的细节测试范围在一定程度上取决于关键控制是否存在以及控制测试的结果。由于销售与收款交易同属一个循环，在经济活动中紧密相连，因此，收款交易的一部分测试可与销售交易的测试一并执行，但收款交易的特殊性又决定了其另一部分测试仍需单独实施。

六、营业收入的实质性程序

（一）营业收入的审计目标

营业收入项目核算企业在销售商品、提供劳务等主营业务活动中所产生的收入，以及企业确认的除主营业务活动以外的其他经营活动实现的收入。也就是说，营业收入包括主营业务收入和其他业务收入。营业收入的审计目标一般包括：确定利润表中记录的营业收入是否已发生，且与被审计单位有关（发生认定）；确定所有应当记录的营业收入是否均已记录（完整性认定）；确定与营业收入有关的金额及其他数据是否已恰当记录，包括对销售退回、销售折扣与折让的处理是否适当（准确性认定）；确定营业收入是否已记录于正确的会计期间（截止认定）；确定营业收入是否已按照企业会计准则的规定在财务报表中作出恰当的列报。

（二）主营业务收入的实质性程序

主营业务收入的实质性程序一般包括以下内容：

（1）获取或编制主营业务收入明细表。复核加计是否正确，并与总账数和明细账合计数核对是否相符，结合其他业务收入科目与报表数核对是否相符。

（2）必要时，实施以下实质性分析程序。

①针对已识别需要运用分析程序的有关项目，并基于对被审计单位及其环境的了解，通过进行以下比较，同时考虑有关数据间关系的影响，以建立有关数据的期望值：

a.将本期的主营业务收入与上期的主营业务收入、销售预算或预测数等进行比较，分析主营业务收入及其构成的变动是否异常，并分析异常变动的原因；b.计算本期重要产品的毛利率，与上期、预算或预测数据比较，检查是否存在异常，各期之间是否存在重大波动，查明原因；c.比较本期各月各类主营业务收入的波动情况，分析其变动趋势是否正常，是否符合被审计单位季节性、周期性的经营规律，查明异常现象和重大波动的原因；d.将本期重要产品的毛利率与同行业企业进行对比分析，检查是否存在异常；e.根据增值税发票中报表或普通发票，估算全年收入，与实际收入金额比较。

②确定可接受的差异额。

③将实际的情况与期望值相比较，识别需要进一步调查的差异。

④如果其差额超过可接受的差异额，调查并获取充分的解释和恰当的、佐证性质的审计证据（如通过检查相关的凭证等）。

⑤评估分析程序的测试结果。

（3）检查主营业务收入的确认条件、方法是否符合企业会计准则，前后期是否一致；关注周期性、偶然性的收入是否符合既定的收入确认原则、方法。

（4）获取产品价格目录，抽查售价是否符合价格政策，并注意销售给关联方或关系密切的重要客户的产品价格是否合理，有无以低价或高价结算的方法相互之间转移利润的现象。

（5）抽取本期一定数量的发运凭证，审查存货出库日期、品名、数量等是否与销售发票、销售合同、记账凭证等一致。

（6）抽取本期一定数量的记账凭证，审查入账日期、品名、数量、单价、金额等是否与销售发票、发运凭证、销售合同等一致。

（7）结合对应收账款实施的函证程序，选择主要客户函证本期销售额。

（8）对于出口销售，应当将销售记录与出口报关单、货运提单、销售发票等出口销售单据进行核对，必要时向海关函证。

（9）实施销售的截止测试。对销售实施截止测试，其目的主要在于确定被审计单位主营业务收入的会计记录归属期是否正确：应记入本期或下期的主营业务收入是否被推延至下期或提前至本期。

①选取资产负债表日前后若干天一定金额以上的发运凭证，与应收账款和收入明细账进行核对；同时，从应收账款和收入明细账选取在资产负债表日前后若干天一定金额以上的凭证，与发运凭证核对，以确定销售是否存在跨期现象。

②复核资产负债表日前后销售和发货水平，确定业务活动水平是否异常，并考虑是否有必要追加实施截止测试程序。

③取得资产负债表日后所有的销售退回记录，检查是否存在提前确认收入的情况。

④结合对资产负债表日应收账款的函证程序，检查有无未取得对方认可的大额销售。

⑤调整重大跨期销售。

审计人员在销售的截止测试中应该注意把握三个与主营业务收入确认有着密切关系的日期：一是发票开具日期；二是记账日期；三是发货日期（服务业则是提供劳务的日期）。围绕上述三个重要日期，审计人员可以考虑选择以账簿记录为起点、以销售发票为起点和以发运凭证为起点三条路径实施截止测试。审计人员应当凭借专业经验和所掌握的信息、资料作出正确判断，选择其中的一条或两条审计路径实施更有效的收入截止测试。

（10）存在销货退回的，检查相关手续是否符合规定，结合原始销售凭证检查其会计处理是否正确，结合存货项目审计关注其真实性。

（11）检查销售折扣与折让。获取或编制折扣与折让明细表，复核加计正确，并与明细账合计数核对相符；取得被审计单位有关折扣与折让的具体规定和其他文件资料，并抽查较大的折扣与折让发生额的授权批准情况，与实际执行情况进行核对，检查其是否经授权批准，是否合法、真实；销售折扣与折让是否及时足额提交对方，有无虚设中介、转移收入、私设账外“小金库”等情况；检查折扣与折让的会计处理是否正确。

（12）检查有无特殊的销售行为，如附有销售退回条件的商品销售、委托代销、售后回购、以旧换新、商品需要安装和检验的销售、分期收款销售、出口销售、售后租回等，选择恰当的审计程序进行审核。

（13）调查向关联方销售的情况，记录其交易品种、价格、数量、金额以及占主营业务收入总额的比例。对于合并范围内的销售活动，记录应予合并抵销的金额。

（14）调查集团内部销售的情况，记录其交易价格、数量和金额，并追查在编制合并财务报表时是否已予以抵销。

（15）确定主营业务收入的列报是否恰当。

（16）检查以非记账本位币结算的主营业务收入的折算汇率及折算是否正确。

（三）其他业务收入的实质性程序

其他业务收入的实质性程序一般包括以下内容：

（1）获取或编制其他业务收入明细表，复核加计是否正确，并与总账数和明细账合计数核对是否相符，结合“主营业务收入”科目与营业收入报表数核对是否相符。

（2）计算本期其他业务收入与其他业务成本的比率，并与上期该比率比较，检查是否有重大波动，如有，应查明原因。

（3）检查其他业务收入内容是否真实、合法，收入确认原则及会计处理是否符合规定，择要抽查原始凭证予以核实。

（4）对异常项目，应追查入账依据及有关法律文件是否充分。

（5）抽查资产负债表日前后一定数量的记账凭证，实施截止测试，追踪到销售发票、收据等，确定入账时间是否正确，对于重大跨期事项作必要的调整建议。

（6）确定其他业务收入在财务报表中的列报是否恰当。

七、应收账款的实质性程序

应收账款余额一般包括应收账款账面余额和相应的坏账准备两部分。应收账款指企业因销售商品、提供劳务而形成的债权，即由于企业销售商品、提供劳务等原因，应向购货客户或接受劳务的客户收取的款项或代垫的运杂费，是企业的债权性资产。应收账款是在销售交易或提供劳务过程中产生的，应收账款的审计应结合销售交易来进行。坏账是指企业无法收回或收回可能性极小的应收款项（包括应收票据、应收账款、预付款项、其他应收款和长期应收款等）。坏账准备通常是审计的重点领域。由于坏账准备与应收账款的联系非常紧密，所以对坏账准备的审计与对应收账款的审计合并阐述。

（一）应收账款的审计目标

应收账款的审计目标一般包括：确定资产负债表中记录的应收账款是否存在；确定所有应当记录的应收账款是否均已记录；确定记录的应收账款是否被审计单位拥有或控制；确定应收账款是否可收回，坏账准备的计提方法和比例是否恰当，计提是否充分；确定应收账款及其坏账准备期末余额是否正确；确定应收账款及其坏账准备是否已按照企业会计准则的规定在财务报表中作出恰当列报。

（二）应收账款的实质性程序

1.取得或编制应收账款明细表。

（1）复核加计正确，并与总账数和明细账合计数核对是否相符；结合坏账准备科目与报表数核对是否相符。

（2）分析有贷方余额的项目，查明原因，必要时，建议作重分类调整。

（3）结合其他应收款、预收款项等往来项目的明细余额，调查有无同一客户多处挂账、异常余额或与销售无关的其他款项。

（4）检查非记账本位币应收账款的折算汇率及折算是否正确。

2.分析与应收账款相关的财务指标。

（1）复核应收账款借方累计发生额与主营业务收入关系是否合理，并将当期应收账款借方发生额占销售收入净额的百分比与管理层考核指标比较和被审计单位相关赊销政策比较，如存在异常应查明原因。

（2）计算应收账款周转率、应收账款周转天数等指标，并与被审计单位相关赊销政策、被审计单位以前年度指标、同行业同期相关指标对比分析，检查是否存在重大异常。

3.检查应收账款账龄分析是否正确。

（1）获取或编制应收账款账龄分析表。审计人员可以通过获取或编制应收账款账龄分析表来分析应收账款的账龄，以便了解应收账款的可收回性。应收账款账龄分析表参考格式见表9-4。

表9-4　应收账款账龄分析表

年　月　日　　货币单位：

客户名称	期末余额	账龄			
		1年以内	1~2年	2~3年	3年以上
合计					

应收账款的账龄，通常是指资产负债表中的应收账款从销售实现、产生应收账款之日起，至资产负债表日止所经历的时间。编制应收账款账龄分析表时，可以考虑选择重要的客户及其余额列示，而将不重要的或余额较小的汇总列示。应收账款账龄分析表的合计数减去已计提的相应坏账准备后的净额，应该等于资产负债表中的应收账款项目余额。

（2）测试应收账款账龄分析表计算的准确性，并将应收账款账龄分析表中的合计数与应收账款总分类账余额相比较，并调查重大调节项目。

（3）检查原始凭证，如销售发票、运输记录等，测试账龄划分的准确性。

4.向债务人函证应收账款。

函证应收账款的目的在于证实应收账款账户余额的真实性、正确性，防止或发现被审计单位及有关人员在销售交易中发生的错误或舞弊行为。审计人员应当考虑被审计单位的经营环境、内部控制的有效性、应收账款账户的性质、被询证者处理询证函的习惯做法及回函的可能性等，以确定应收账款函证的范围、对象、方式和时间。

（1）函证的范围和对象。除非有充分证据表明应收账款对被审计单位财务报表而言是不重要的，或者函证很可能是无效的，否则，审计人员应当对应收账款进行函证。如果审计人员不对应收账款进行函证，应当在审计工作底稿中说明理由。如果认为函证很可能是无效的，审计人员应当实施替代审计程序，获取相关、可靠的审计证据。函证数量的多少、范围是由诸多因素决定的，主要有：

①应收账款在全部资产中的重要性。若应收账款在全部资产中所占的比重较大，则函证的范围应相应大一些。

②被审计单位内部控制的强弱。若内部控制制度较健全，则可以相应减少函证量；反之，则应相应扩大函证范围。

③以前期间的函证结果。若以前期间函证中发现过重大差异，或欠款纠纷较多，则函证范围应相应扩大一些。

一般情况下，审计人员应选择以下项目作为函证对象：大额或账龄较长的项目；与债务人发生纠纷的项目；重大关联方项目；主要客户（包括关系密切的客户）项目；交易频繁但期末余额较小甚至余额为零的项目；可能产生重大错报或舞弊的非正常的项目。

（2）函证的方式。审计人员可采用积极的或消极的函证方式实施函证，也可将两种方式结合使用。

（3）函证时间的选择。审计人员通常以资产负债表日为截止日，在资产负债表日后适当时间内实施函证。如果重大错报风险评估为低水平，审计人员可选择资产负债表日前适当日期为截止日实施函证，并对所函证项目自该截止日起至资产负债表日止发生的变动实施实质性程序。

（4）函证的控制。审计人员通常利用被审计单位提供的应收账款明细账户名称及客户地址等资料据以编制询证函，但审计人员应当对确定需要确认或填列的信息、选择适当的被询证者、设计询证函以及发出和跟进（包括收回）询证函保持控制。审计人员可通过函证结果汇总表的方式对询证函的收回情况加以控制。

（5）对不符事项的处理。对应收账款而言，登记入账的时间不同而产生的不符事项主要表现为：①询证函发出时，债务人已经付款，而被审计单位尚未收到货款；②询证函发出时，被审计单位的货物已经发出并已作销售记录，但货物仍在途中，债务人尚未收到货物；③债务人由于某种原因将货物退回，而被审计单位尚未收到；④债务人对收到的货物的数量、质量及价格等方面有异议而全部或部分拒付货款等。如果不符事项构成错报，审计人员应当评价该错报是否表明存在舞弊，并重新考虑所实施审计程序的性质、时间和范围。

（6）对函证结果的总结和评价。审计人员对函证结果可进行如下评价：

①重新考虑对内部控制的原有评价是否适当，控制测试的结果是否适当；分析程序的结果是否适当；相关的风险评价是否适当等。

②如果函证结果表明没有审计差异，则可以合理地推论，全部应收账款总体是正确的。

③如果函证结果表明存在审计差异，则应当估算应收账款总额中可能出现的累计差错是多少，估算未被选中进行函证的应收账款的累计差错是多少。为取得对应收账款累计差错更加准确的估计，也可以进一步扩大函证范围。

5.确定已收回的应收账款金额。

6.对未函证应收账款实施替代审计程序。对于未函证应收账款，审计人员应抽查有关原始凭据，如销售合同、销售订购单、销售发票副本、发运凭证及回款单据等，以验证与其相关的应收账款的真实性。

7.检查坏账的确认和处理。审计人员应检查坏账处理是否符合会计规定，以及坏账的处理是否经授权批准，有关会计处理是否正确。

8.抽查有无不属于结算业务的债权。审计人员应抽查应收账款明细账，并追查有关原始凭证，查证被审计单位有无不属于结算业务的债权。如有，应建议被审计单位作适当调整。

9.检查应收账款的贴现、质押或出售。检查银行存款和银行借款等询证函的回函、会议纪要、借款协议和其他文件，确定应收账款是否已被贴现、质押或出售，应收账款贴现业务是否满足金融资产转移终止确认条件，其会计处理是否正确。

10.对应收账款实施关联方及其交易审计程序。

标明应收关联方（包括持股5%以上（含5%）的股东）的款项，实施关联方及其交易审计程序，并注明合并财务报表时应予抵销的金额；对关联企业、有密切关系的主要客户的交易事项作专门核查。

（1）了解交易事项目的、价格和条件，作比较分析；

（2）检查销售合同、销售发票、发运凭证等相关文件资料；

（3）检查收款凭证等货款结算单据；

(4) 向关联方或有密切关系的主要客户函询，以确认交易的真实性、合理性。

11.确定应收账款的列报是否恰当。

如果被审计单位为上市公司，则其财务报表附注通常应披露期初、期末余额的账龄分析，期末欠款金额较大单位的账款，以及持有5%以上（含5%）股份的股东单位账款等情况。

（三）坏账准备的实质性程序

企业会计准则规定，企业应当在期末对应收款项进行检查，并合理预计可能产生的坏账损失。应收款项包括应收票据、应收账款、预付款项、其他应收款和长期应收款等，下面以应收账款相关的坏账准备为例，阐述坏账准备审计常用的实质性程序。

1.取得或编制坏账准备明细表，复核加计是否正确，与坏账准备总账数、明细账合计数核对是否相符。

2.将应收账款坏账准备本期计提数与资产减值损失相应明细项目的发生额核对是否相符。

3.检查应收账款坏账准备计提和核销的批准程序，取得书面报告等证明文件，评价计提坏账准备所依据的资料、假设及方法。

4.实际发生坏账损失的，检查转销依据是否符合有关规定，会计处理是否正确。

5.已经确认并转销的坏账重新收回的，检查其会计处理是否正确。

6.检查函证结果。对债务人回函中反映的例外事项及存在争议的余额，审计人员应查明原因并作记录。必要时，应建议被审计单位作相应的调整。

7.实施分析程序。通过比较前期坏账准备计提数和实际发生数，以及检查期后事项，评价应收账款坏账准备计提的合理性。

8.确定应收账款坏账准备的披露是否恰当。企业应当在财务报表附注中清晰地说明坏账的确认标准、坏账准备的计提方法和计提比例。上市公司还应在财务报表附注中分项披露：

(1) 本期全额计提坏账准备，或计提坏账准备的比例较大的（计提比例一般超过40%及以上的，下同），应说明计提的比例以及理由；

(2) 以前期间已全额计提坏账准备，或计提坏账准备的比例较大但在本期又全额或部分收回的，或通过重组等其他方式收回的，应说明其原因、原估计计提比例的理由以及原估计计提比例的合理性；

(3) 本期实际冲销的应收款项及理由，其中，实际冲销的关联交易产生的应收账款应单独披露。

第二节 采购与付款循环的审计

一、采购与付款循环的特征

（一）不同行业类型的采购和费用支出

企业的采购与付款循环包括购买商品和劳务，以及企业在经营活动中为获取收入而发生的直接或间接的支出。采购业务是企业生产经营活动的起点，企业的支出从性质、数量和发生的频率上看是多种多样的。本章主要关注与购买货物和劳务、应付账款的支付有关的控制活动以及重大交易。固定资产的采购和管理通常由单独的资产管理部分负责，其风险考虑和相关控制与普通的原材料等商品采购有较大不同，因此，在审计实务中一般单独考虑，下文也未将其包含在本循环内进行描述。

不同的企业性质决定企业除了有一些共性的费用支出外，还会发生一些不同类型的支出。表9-5列示了不同企业通常会发生的一些支出情况，这些支出未包括经营用房产支出和人工费用支出在内。

表9-5 **不同行业类型的采购和费用**

行业类型	典型的采购和费用支出
贸易业	产品的选择和购买、产品的存储和运输、广告促销费用、售后服务费用
一般制造业	生产过程所需的原材料、易耗品、配件的购买与存储支出，市场经济费用，把产成品运达顾客或零售商发生的运输费用，管理费用
专业服务业	律师、会计师、财务顾问的费用支出包括印刷、通信、差旅费、书籍资料和研究设施的费用
金融服务业	给付储户的存款利息，支付其他银行的资金拆借利息、手续费、现金存放、现金运送和网络银行设施的安全维护费用，客户关系维护费用
建筑业	建材支出，建筑设备和器材的租金或购置费用，支付给分包商的费用；保险支出和安保成本；建筑保证金和许可审批方面的支出；交通费、通讯费等。当在外地施工时还会发生建筑工人的食宿费用

（二）采购与付款循环涉及的主要业务活动

以采购商品为例，采购与付款循环所涉及的主要业务活动及适当的控制程序和相关的认定如下：

1.请购商品和劳务

仓库负责对需要购买的已列入存货清单的项目填写请购单，其他部门也可以对所需要购买的未列入存货清单的项目编制请购单。请购单可由手工或计算机编制。由于企业内不少部门都可以填列请购单，可能不便事先编号，为加强控制，每张请购单必须经过对这类支出预算负责的主管人员签字批准。

请购单是证明有关采购交易的“发生”认定的凭据之一，也是采购交易轨迹的起点。

2.编制订购单

采购部门在收到请购单后，只能对经过批准的请购单发出订购单。对每张订购单，采购部门应确定最佳的供应来源。对一些大额、重要的采购项目，应采取竞价方式来确定供应商，以保证供货的质量、及时性和成本的低廉。

订购单应正确填写所需要的商品品名、数量、价格、厂商名称和地址等，预先予以顺序编号并经过被授权的采购人员签名。其正联应送交供应商，副联则送至企业内部的验收部门、应付凭单部门和编制请购单的部门。

3.验收商品

验收部门首先应比较所收商品与订购单上的要求是否相符，如商品的品名、摘要、数量、到货时间等，然后再盘点商品并检查商品有无损坏。验收后，验收部门应对已收货的每张订购单编制一式多联、预先按顺序编号的验收单，作为验收和检验商品的依据。验收单是支持资产或费用以及与采购有关的负债的“存在或发生”认定的重要凭证。定期独立检查验收单的顺序以确定每笔采购交易都已编制凭单，则与采购交易的“完整性”认定有关。

4.储存已验收的商品

将已验收商品的保管与采购的其他职责相分离，可减少未经授权的采购和盗用商品的风险。存放商品的仓储区应相对独立，限制无关人员接近。这些控制与商品的“存在”认定有关。

5.编制付款凭单

记录采购交易之前，应付凭单部门应编制付款凭单。这项功能的控制包括：

（1）确定供应商发票的内容与相关的验收单、订购单的一致性。

（2）确定供应商发票计算的正确性。

（3）编制有预先顺序编号的付款凭单，并附上支持性凭证（如订购单、验收单和供应商发票等）。这些支持性凭证的种类，因交易对象的不同而不同。

（4）独立检查付款凭单计算的正确性。

（5）在付款凭单上填入应借记的资产或费用账户名称。

（6）由被授权人员在凭单上签字，以示批准照此凭单要求付款。所有未付凭单的副联应保存在未付凭单档案中，以待日后付款。经适当批准和有预先编号的凭单为记录采购交易提供了依据，因此，这些控制与“存在”、“发生”、“完整性”、“权利和义务”和“计价与分摊”等认定有关。

6.确认与记录负债

正确确认已验收货物和已接受劳务的债务，要求准确、及时地记录负债。应付账款确认与记录的一项重要控制是要求记录现金支出的人员不得经手现金、有价证券和其他资产。

在手工系统下，应将已批准的未付款凭单送达会计部门，据以编制有关记账凭证和登记有关账簿。会计主管应监督为采购交易而编制的记账凭证中账户分类的适当性；通过定期核对编制记账凭证的日期与凭单副联的日期，监督入账的及时性。而独立检查会计人员则应核对所记录的凭单总数与应付凭单部门送来的每日凭单汇总表是否一致，并定期独立检查应付账款总账余额与应付凭单部门未付款凭单档案中的总金额是否一致。

7.付款

通常是由应付凭单部门负责确定未付凭单在到期日付款。企业有多种款项结算方式，以支票结算方式为例，编制和签署支票的有关控制包括：

（1）独立检查已签发支票的总额与所处理的付款凭单的总额的一致性。

（2）应由被授权的财务部门的人员负责签署支票。

（3）被授权签署支票的人员应确定每张支票都附有一张已经适当批准的未付款凭单，并确定支票收款人姓名和金额与凭单内容一致。

（4）支票一经签署就应在其凭单和支持性凭证上用加盖印戳或打洞等方式将其注销，

以免重复付款。

(5) 支票签署人不应签发无记名甚至空白的支票。

(6) 支票应预先顺序编号，保证支出支票存根的完整性和作废支票处理的恰当性。

(7) 应确保只有被授权的人员才能接近未经使用的空白支票。

8.记录现金、银行存款支出

以支票结算方式为例，在手工系统下，会计部门应根据已签发的支票编制付款记账凭证，并据以登记银行存款日记账及其他相关账簿。以记录银行存款支出为例，有关控制包括：

(1) 会计主管应独立检查记入银行存款日记账和应付账款明细账的金额的一致性，以及与支票汇总记录的一致性。

(2) 通过定期比较银行存款日记账记录的日期与支票副本的日期，独立检查入账的及时性。

(3) 独立编制银行存款余额调节表。

(三) 采购与付款循环的内部控制

应付账款，固定资产等财务报表项目均属采购与付款循环。如果被审计单位具有健全并且运行良好的相关内部控制，审计人员把审计重点放在控制测试和交易的实质性程序上，则既可以降低审计风险，又可大大减少报表项目实质性程序的工作量，提高审计效率。采购与付款循环的交易测试包括采购交易测试和付款交易测试两个部分。采购交易测试与请购商品、劳务，编制订购单，验收商品，储存已验收的商品，编制付款凭单，确认与记录债务等主要业务活动有关。付款交易测试则关系到付款，记录现金、银行存款支出两项业务活动。

1.采购交易的内部控制

由于采购交易与销售交易无论在控制目标还是在关键内部控制方面，就原理而言大同小异，以下仅就采购交易内部控制的特殊之处予以说明。

(1) 适当的职责分离。企业应当建立采购与付款交易的岗位责任制，明确相关部门和岗位的职责、权限，确保办理采购与付款交易的不相容岗位相互分离、制约和监督。采购与付款交易不相容岗位至少包括：请购与审批；询价与确定供应商；采购合同的订立与审批；采购与验收；采购、验收与相关会计记录；付款审批与付款执行。这些都是对企业提出的、有关采购与付款交易相关职责适当分离的基本要求，以确保办理采购与付款交易的不相容岗位相互分离、制约和监督。

(2) 恰当的授权审批。付款需要由经授权的人员审批，审批人员在审批前需检查相关支持文件，并对其发现的例外事项进行跟进处理。

(3) 凭证的预先编号及对例外报告的跟进处理。通过对入库单的预先编号以及对例外情况的汇总处理，被审计单位可以应对存货和负债记录方面的完整性风险。如果该控制是人工执行的，被审计单位可以安排入库单编制人员以外的独立复核人员定期检查已经进行会计处理的入库单记录，确认是否存在遗漏或重复记录的入库单，并对例外情况予以跟进。如果在IT环境下，则系统可以定期生成列明跳号或重号的入库单统计例外报告，由经授权的人员对例外报告进行复核和跟进，可以确认所有入库单都进行了处理，且没有重复处理。

2.付款交易的内部控制

对于每个企业而言，由于性质、所处行业、规模以及内部控制健全程度等不同，而使得与付款交易相关的内部控制内容时能有所不同，但以下与付款交易相关的内部控制内容是通常应当共同遵循的：

（1）企业应当按照《现金管理暂行条例》《支付结算办法》等有关货币资金内部会计控制的规定办理采购付款交易。

（2）企业财会部门在办理付款交易时，应当对采购发票、结算凭证、验收证明等相关凭证的真实性、完整性、合法性及合规性进行严格审核。

（3）企业应当建立预付账款和定金的授权批准制度，加强预付账款和定金的管理。

（4）企业应当加强应付账款和应付票据的管理，由专人按照约定的付款日期、折扣条件等管理应付款项。已到期的应付款项需经有关授权人员审批后方可办理结算与支付。

（5）企业应当建立退货管理制度，对退货条件、退货手续、货物出库、退货货款回收等作出明确规定，及时收回退货款。

（6）企业应当定期与供应商核对应付账款、应付票据、预付款项等往来款项。如有不符，应查明原因，及时处理。

3.固定资产的内部控制

固定资产与一般的商品在内部控制和控制测试问题上固然有许多共性的地方，但固定资产还具有不少特殊性，有必要对其单独加以说明。许多从事制造业的被审计单位的固定资产在其资产总额中占有很大的比重，固定资产的购建会影响其现金流量，而固定资产的折旧、维修等费用则是影响其损益的重要因素。固定资产管理失控，所造成的损失远远超过一般的商品存货等流动资产。因此，为了确保固定资产的真实、完整、安全和有效利用，被审计单位应当建立和健全固定资产的内部控制。

（1）固定资产的预算制度。预算制度是固定资产内部控制中最重要的部分。通常，大中型企业应编制旨在预测与控制固定资产增减和合理运用资金的年度预算；小规模企业即使没有正规的预算，对固定资产的购建也要事先加以计划。

（2）授权批准制度。完善的授权批准制度包括：企业的资本性预算只有经过董事会等高层管理机构批准方可生效；所有固定资产的取得和处置均需经企业管理层书面认可。

（3）账簿记录制度。除固定资产总账外，被审计单位还需设置固定资产明细分类账和固定资产登记卡，按固定资产类别、使用部门和每项固定资产进行明细分类核算。固定资产的增减变化均应有充分的原始凭证。

（4）职责分工制度。对固定资产的取得、记录、保管、使用、维修、处置等，均应明确划分责任，由专门部门和专人负责。

（5）资本性支出和收益性支出的区分制度。企业应制定区分资本性支出和收益性支出的书面标准。通常需明确资本性支出的范围和最低金额，凡不属于资本性支出的范围、金额低于下限的任何支出，均应列作费用并抵减当期收益。

（6）固定资产的处置制度。固定资产的处置，包括投资转出、报废、出售等，均要有一定的申请报批程序。

（7）固定资产的定期盘点制度。对固定资产的定期盘点，是验证账面各项固定资产是否真实存在、了解固定资产放置地点和使用状况以及发现是否存在未入账固定资产的必要手段。

(8) 固定资产的维护保养制度。固定资产应有严密的维护保养制度，以防止其因各种自然和人为的因素而遭受损失，并应建立日常维护和定期检修制度，以延长其使用寿命。

严格地讲，固定资产的保险不属于企业固定资产的内部控制范围，但它作为一项针对企业重要资产的特别保障，往往对企业非常重要。

作为与固定资产密切相关的一个项目，在建工程项目有其特殊性。在建工程的内部控制通常包括岗位分工与授权批准、项目决策控制、概预算控制、价款支付控制、竣工决算控制和监督检查。

二、采购与付款循环的重大错报风险评估

审计人员基于在了解被审计单位及其环境的整个过程中所识别的相关风险，结合对采购与付款循环中拟测试控制的了解，考虑在采购与付款循环中发生错报的可能性以及潜在错报的重大程度是否足以导致重大错报，从而评估采购与付款循环的相关交易和余额存在的重大错报风险，以为设计和实施进一步审计程序提供基础。

影响采购与付款交易和余额的重大错报风险可能包括以下几方面。

1.低估负债或相关准备

在承受反映较高盈利水平和营运资本的压力下，被审计单位管理层可能试图低估应付账款等负债或资产相关准备，包括低估对存货应计提的跌价准备。重大错报风险常常集中体现在以下方面：

(1) 遗漏交易，例如，不计提已收取货物但尚未收到发票的采购相关的负债或不计提尚未付款的已经购买的服务支出等；

(2) 采用不正确的费用支出截止期，例如，将本期的支出延迟到下期确认；

(3) 将应当及时确认损益的费用性支出资本化，然后通过资产的逐步摊销予以消化等。这些将对完整性、截止、发生、存在、准确性和分类认定产生影响。

2.管理层错报负债费用支出的偏好和动因

被审计单位管理层可能为了完成预算，满足业绩考核要求，保证从银行获得资金，吸引潜在投资者，误导股东，影响公司股价等动机，通过操纵负债和费用的确认控制损益，例如：

(1) 平滑利润。通过多计准备或少计负债和准备，把损益控制在被审计单位管理层希望的程度。

(2) 利用特殊目的实体把负债从资产负债表中剥离，或利用关联方间的费用定价优势制造虚假的收益增长趋势。

(3) 被审计单位管理层把私人费用计入企业费用，把企业资金当作私人资金运作。

3.费用支出的复杂性

例如，被审计单位以复杂的交易安排购买一定期间的多种服务，管理层对于涉及的服务受益与付款安排所涉及的复杂性缺乏足够的了解。这可能导致费用支出分配或计提的错误。

4.不正确地记录外币交易

当被审计单位进口用于出售的商品时，可能由于采用不恰当的外币汇率而导致该项采购的记录出现差错。此外，还存在未能将诸如运费、保险费和关税等与存货相关的进口费用进行正确分摊的风险。

5.舞弊和盗窃的固有风险

如果被审计单位经营大型零售业务，由于所采购商品和固定资产的数量及支付的款项庞大，交易复杂，容易造成商品发运错误，员工和客户发生舞弊和盗窃的风险较高。如果那些负责付款的会计人员有权接触应付账款主文档，并能够通过在应付账款主文档中擅自添加新的账户来虚构采购交易，风险也会增加。

6.存在未记录的权利和义务

这可能导致资产负债表分类错误以及财务报表附注不正确或披露不充分。

如前所述，为评估重大错报风险，审计人员应详细了解有关交易或付款的内部控制，这些控制主要是为预防、检查和纠正前面所认定的重大错报的固有风险而设置的。审计人员可以通过审阅以前年度审计工作底稿、观察内部控制执行情况、询问管理层和员工、检查相关的文件和资料等方法加以了解。对相关文件和资料的检查可以提供审计证据，例如，通过检查供应商对账表和银行对账单，能够发现差错并加以纠正。

在评估重大错报风险时，审计人员之所以需要充分了解被审计单位对采购与付款交易的控制活动，目的在于使得计划实施的审计程序更加有效。也就是说，审计人员必须对被审计单位的重大错报风险有一定认识，在此基础上设计并实施进一步审计程序，才能有效应对重大错报风险。

三、采购与付款循环的进一步审计程序设计

针对评估的财务报表层次重大错报风险，审计人员应计划进一步审计程序的总体方案，包括确定针对相关认定计划采用综合性方案还是实质性方案，以及考虑审计程序的性质、时间安排和范围。当存在下列情形之一时，审计人员应当设计和实施控制测试：

（1）在评估认定层次重大错报风险时，预期控制的运行是有效的（即在确定实质性程序的性质、时间安排和范围时，审计人员拟信赖控制运行的有效性）。

（2）仅实施实质性程序并不能够提供认定层次充分、适当的审计证据。

综合控制测试及实质性程序，审计人员需要评价获取的审计证据是否足以应对识别出的认定层次重大错报风险。

表9-6为假定评估应付账款为重要账户，且相关认定包括存在/发生、完整性、准确性及截止的前提下，审计人员计划的进一步审计程序总体方案示例。

需要说明的是，上面的计划示例是根据审计人员对重大错报风险的初步评估安排的，如果在审计过程中审计人员了解的情况或获取的证据导致其更新相关风险的评估，则审计人员需要执行的进一步审计程序也需要相应更新。例如，如果审计人员通过控制测试发现被审计单位针对计价认定的相关控制存在缺陷，导致其需要提高对相关控制风险的评估，则审计人员可能需要提高相关重大错报风险的评价，并进一步修改实质性审计程序的性质、时间安排和范围。

表9-6 采购及付款循环的重大错报风险及进一步审计程序总体审计方案

重大错报风险描述	相关财务报表的项目及认定	风险程度	是否信赖控制	进一步的审计程序的总体方案	拟从控制测试中获取的保证程度	拟从实质性程序中获取的保证程度
确认的负债及费用并未实际发生	应付账款/其他应付款：存在 销售费用/管理费用：发生	一般	是	综合性方案	高	低
不计提采购相关的负债或不计提尚未付款的已经购买的服务支出	应付账款/其他应付款：完整性 销售费用/管理费用：完整性	特别	是	综合性方案	高	中
采用不正确的费用支出截止期，例如，将本期的支出延迟到下期确认	应付账款/其他应付款：存在、完整性 销售费用/管理费用：截止	一般	否	实质性方案	无	高
发生的采购未能以正确的金额记录	应付账款/其他应付款：准确性 销售费用/管理费用：计价与分摊	一般	是	综合性方案	高	低

四、采购与付款循环的控制测试

表9-7以一般制造业企业为例，列示了其采购及付款循环的风险、存在的控制及控制测试程序。审计人员在实际工作中，并不需要对该流程的所有控制点进行测试，而是应该针对识别的可能发生错报环节，选择足以应对评估的重大错报风险的关键控制进行控制测试。

控制测试的具体方法则需要根据具体控制的性质确定。例如，对于验收单连续编号的控制，如果该控制是人工控制，审计人员可以根据样本量选取几个月经复核人复核的入库单清单。检查入库单的编号是否完整。若入库单编号跳号，与复核人跟进并通过询问确认跳号的原因。如需要，进行佐证并考虑是否对审计存在影响；如果该控制是系统设置的，则注册会计师可以选取系统生成的例外/删改情况报告，检查每一份报告并确定是否存在管理层复核的证据以及复核是否在合理的时间内完成；与复核人讨论其复核和跟进过程，如适当，需确定复核人采取的行动以及这些行动在此环境下是否恰当。确认是否发现了任何调整，调整如何得以解决以及采取的行动是否恰当。同时，由专门的信息系统测试人员测试系统的相关控制以确认例外/删改报告的完整性和准确性。

表 9-7 **采购及付款循环的风险、存在的控制及控制测试程序**

可能发生错报的环节	相关的财务报表项目及认定	对应的内部控制示例（自动）	对应的内部控制示例（人工）	内部控制测试程序
采购计划未经适当审批	存货：存在 其他费用：发生 应付账款：存在		生产、仓储等部门根据生产计划制订需求计划，采购部门汇总需求，按采购类型制订采购计划，经复核人复核后执行	询问复核人复核采购计划的过程，检查采购计划是否经复核人恰当复核
新增供应商或供应商信息变更未经恰当的认证	存货：存在 其他费用：发生 应付账款：存在	采购订单上的供应商代码必须在系统供应商清单中存在匹配的代码，才能生效并发送供应商	复核人复核并批准每一对供应商数据的变更请求，包括供应商地址或银行账户的变更以及新增供应商等。复核时，评估拟进行的供应商数据变更是否得到合适文件的支持，诸如由供应商提供的新地址或银行账户明细或经批准新供应商的授权表格。当复核完成且复核人提出的问题/要求的修改已经得到满意的解决后，复核人在系统中确认复核完成	询问复核人复核供应商数据变更请求的过程，抽样检查变更需求是否有相关文件支持及有复核人的复核确认。 检查系统中采购订单的生成逻辑，确认是否存在供应商代码匹配的要求
录入系统的供应商数据可能未经恰当复核	存货：存在 其他费用：发生 应付账款/其他应付款：存在	系统定期生成对供应商信息所有新增变更的报告（包括新增供应商、更改银行账户等）	复核人员定期复核系统生成报告中的项目是否均经恰当授权，当复核工作完成或要求的修改得到满意解决后签字确认复核工作完成	检查系统报告的生成逻辑及完整性。 询问复核人对报告的检查过程，确认其是否签署
采购订单与有效的请购单不符	存货：存在、准确性 其他费用：发生、准确性 应付账款/其他应付款：存在、准确性		复核人复核并批准每一个采购订单，包括复核采购订单是否有经适当权限人员签署的请购单支持。复核人也确认采购订单的价格与供应商协商一致且该供应商已通过审批。当复核完成且复核人提出的问题/要求的修改已经得到满意的解决后，签署确认复核完成	询问复核人复核采购订单的过程，包括复核人提出的问题及跟进记录。 抽样检查采购订单是否有对应的请购单及复核人签署确认

续表

可能发生错报的环节	相关的财务报表项目及认定	对应的内部控制示例（自动）	对应的内部控制示例（人工）	内部控制测试程序
订单未被录入系统或在系统中重复录入	存货：存在性、完整性 其他费用：发生、完整性 应付账款/其他应付款：存在、完整性	系统每月末生成列明跳码或重码的采购订单的例外报告	复核人定期复核列明重码或跳码的采购订单编号的例外报告，以确定是否有遗漏、重复的记录。该复核确定所有采购订单是否都输入系统，且仅输入了一次	检查系统例外报告的生成逻辑。 询问复核人对例外报告的检查过程，确认发现的问题是否及时得到了跟进处理
接收了缺乏有效采购订单或未经验收的商品	应付账款：存在性、完整性 存货：存在性、完整性 其他费用：发生、完整性	入库确认后，系统生成连续编号的入库单	收货人员只有完成以下程序后才能在系统中确认商品入库：①检查是否存在有效的采购订单；②检查是否存在有效的验收单；③检查收到的货物的数量是否与发货单一致	检查系统入库单编号的连续性。 询问收货人员的收货过程，抽样检查入库单是否有对应一致的采购订单及验收单
临近会计期末的采购未被记录在正确的会计期间	应付账款：完整性 存货/其他费用：完整性	系统每月末生成列明跳码或重码的入库单的例外报告	复核人复核系统生成的例外报告，检查是否有遗漏、重复的入库单。当复核完成且复核人提出的问题/要求的修改已经得到满意的解决后，签署确认复核已经完成	检查系统例外报告的生成逻辑。 询问复核人对例外报告的检查过程，确认发现的问题是否及时得到了跟进处理
	应付账款：存在性、完整性 存货：存在性、完整性 其他费用：发生、完整性	系统每月末生成包含所有已收货但相关发票未录入系统货物信息的例外报告	复核人复核该例外报告中的项目，确定采购是否被记录在正确的期间以及负债计提是否有效。当复核完成且复核人提出的问题/要求的修改已经得到满意的解决后，签署确认复核已经完成	检查系统例外报告的生成逻辑。 询问复核人对报告的复核过程，核对报告中的采购是否计提了相应负债，检查复核人的签署确认
发票未被正确编码，导致在成本或费用之间的错误分类	存货：准确性、完整性 其他费用：准确性、完整性 应付账款：存在性、完整性	系统自动将相关的发票归集入对应的总分类账费用科目	每张发票开具前均经复核人复核并批准，复核人评估正确的总分类账代码是否被应用到该项目	询问复核人对发票编号/总分类代码的复核过程，抽样检查相关发票是否被恰当分类到了相关费用

续表

可能发生错报的环节	相关的财务报表项目及认定	对应的内部控制示例（自动）	对应的内部控制示例（人工）	内部控制测试程序
发票未被正确编码，导致在成本或费用之间的错误分类	费用/成本：完整性、计价与分摊 应付账款：完整性、计价与分摊		定期编制所选定关键绩效指标（例如，分成本中心/部门的费用、费用占收入的比例等）与管理层预期（包括以前期间或预算等信息）相比较的报告，复核人识别关键绩效指标与预期之间差异的相关问题（例如，波动、例外或异常调整），并与相关人员跟进。所有问题会被合理应对，复核人通过签署关键绩效指标报告以证明完成复核	根据样本量要求选取关键绩效报告，确定是否经管理层复核；复核是否在合理的时间内完成；检查关键绩效指标的计算是否准确，是否与账面记录核对一致；评估用于调查重大差异的界限是否适当。 向复核人询问其复核方法，对于其提出的问题，检查是否经恰当处理。 评价使用数据的完整性和准确性
批准付款的发票上存在价格/数量错误或劳务尚未提供的情形	应付账款：完整性、计价与分摊存货/成本：完整性、计价与分摊	当入库单录入系统后，系统将其与采购订单进行核对。当发票录入系统后，系统将其详细信息与采购订单及入库单进行核对。如信息相符或差异不超过可接受差异，系统将自动批准发票可以付款。如信息不符，发票将被列示于例外报告中，由人工跟进	负责应付账款且无职责冲突的人员负责跟进例外报告中的所有项目。仅当不符信息从例外报告中消除后发票才可以付款	检查系统报告的生成逻辑，确认例外报告的完整性及准确性。 与复核人讨论其复核过程，抽样选取例外/删改情况报告。检查每一份报告并确定： ①是否存在管理层复核的证据； ②复核是否在合理的时间范围内完成； ③复核人提出问题的跟进是否适当、是否能使交易恰当记录于会计系统。抽样选取采购发票，检查是否与入库单和采购订单所记载的价格、供应商、日期、描述及数量一致

续表

可能发生错报的环节	相关的财务报表项目及认定	对应的内部控制示例（自动）	对应的内部控制示例（人工）	内部控制测试程序
现金支付未记录、未记录在正确的供应商账户（串户）或记录金额不正确	应付账款：准确性、存在性 存货：准确性 其他费用：准确性		独立于负责现金交易处理的会计人员每月末编制银行存款余额调节表。所有重大差异由调节表编制人跟进，并根据具体情形进行跟进处理。经授权的管理人员复核所编制的银行余额调节表，当复核工作完成或复核人提出的问题/要求的修改已得到满意的解决后，签署确认复核工作已完成	询问复核人对银行存款余额调节表的复核过程。 抽样检查银行存款余额调节表，检查其是否及时得到复核、复核的问题是否得到了恰当跟进处理、复核人是否签署确认
	应付账款：存在性、完整性、准确性 存货：存在性、完整性、计价与分摊 其他费用：发生、完整性、计价与分摊		应付账款会计人员将供应商提供的对账单与应付账款明细表进行核对，并对差异进行跟进处理。 复核人定期复核供应商对账结果，该对账通过从应付账款明细账中抽取的一定数量的应付供应商余额与供应商提供的对账单进行核对。当复核工作完成或复核人提出的问题/要求的修改已得到满意的解决后，签署确认复核工作已完成	询问复核人对供应商对账结果的复核过程，抽样选取供应商对账单，检查其是否与应付账款明细账进行了正确的核对，差异是否得到了恰当的跟进处理。检查复核人的相关签署确认
员工具有不适当的访问权力，使其能够实施违规交易或隐瞒错误	应付账款：存在性、完整性、准确性 存货：存在性、完整性、计价与分摊 其他费用：发生、完整性、计价与分摊	采购系统根据管理层的授权进行权限设置，以支持采购职能所要求的上述职责分离	管理层分离以下活动：①供应商主信息维护；②请购授权；③输入采购订单；④开具供应商发票；⑤按照订单收取货物；⑥存货盘点调整等	检查系统中相关人员的访问权限。复核管理层的授权职责分配表，对不相容职位（申请与审批等）是否设置了恰当的职责分离
总账与明细账中的记录不一致	应付账款：完整性、准确性 其他费用：完整性、准确性	应付账款/费用明细账的总余额与总账账户间的调节表会在每个期间末及时执行	任何差异都会被调查，如恰当，将进行调整。 复核人会复核调节表及相关支持文档，任何差异和/或调整都会被批准	核对总账与明细账的一致性，检查复核人的复核及差异跟进记录

另外，审计人员在对被审计单位的固定资产实施控制测试时还应注意：

(1) 对于固定资产的预算制度，审计人员应选取固定资产投资预算和投资可行性项目论证报告，检查是否编制预算并进行论证，以及是否经适当层次审批；对实际支出与预算之间的差异以及未列入预算的特殊事项，应检查其是否履行特别的审批手续。如果固定资产增减均能处于良好的经批准的预算控制之内，审计人员即可适当减少针对固定资产增加、减少实施的实质性程序的样本量。

(2) 对于固定资产的授权批准制度，审计人员不仅应检查被审计单位固定资产授权批准制度本身是否完善，还应选取固定资产请购单及相关采购合同，检查是否得到适当审批和签署，关注授权批准制度是否得到切实执行。

(3) 对于固定资产的账簿记录制度，审计人员应当认识到，一套设置完善的固定资产明细分类账和登记卡，将为分析固定资产的取得和处置、复核折旧费用和修理支出的列支带来帮助。

(4) 对于固定资产的职责分工制度，审计人员应当认识到，明确的职责分工制度，有利于防止舞弊，降低审计风险。

(5) 对于资本性支出和收益性支出的区分制度，审计人员应当检查该制度是否遵循企业会计准则的要求，是否适应被审计单位的行业特点和经营规模，并抽查实际发生与固定资产相关的支出时是否按照该制度进行恰当的会计处理。

(6) 对于固定资产的处置制度，审计人员应当关注被审计单位是否建立了有关固定资产处置的分级申请报批程序；抽取固定资产盘点明细表，检查账实之间的差异是否经审批后及时处理；抽取固定资产报废单，检查报废是否经适当批准和处理；抽取固定资产内部调拨单，检查调入、调出是否已进行适当处理；抽取固定资产增减变动情况分析报告，检查是否经复核。

(7) 对于固定资产的定期盘点制度，审计人员应了解和评价企业固定资产盘点制度，并应注意查询盘盈、盘亏固定资产的处理情况。

(8) 对于固定资产的保险情况，审计人员应抽取固定资产保险单盘点表，检查是否已办理商业保险。

如果被审计单位的在建工程项目比较重要，占其资产总额的比重较大，则对在建工程项目的内部控制测试，审计人员应注意把握以下几点：对工程项目业务相关岗位及人员的设置情况，应重点检查是否存在不相容职务混岗的现象；对工程项目业务授权批准制度的执行情况，应重点检查重要业务的授权批准手续是否健全，是否存在越权审批行为；对工程项目决策责任制的建立及执行情况，应重点检查责任制度是否健全，奖惩措施是否落实到位；对概预算控制制度的执行情况，应重点检查概预算编制的依据是否真实，是否按规定对概预算进行审核；对各类款项支付制度的执行情况，应重点检查工程款、材料设备款及其他费用的支付是否符合相关法规、制度和合同的要求；对竣工决算制度的执行情况，应重点检查是否按规定办理竣工决算、实施决算审计。

五、采购与付款交易的实质性程序

采购与付款交易的主要重大错报风险通常是低估费用和应付账款，从而高估利润、粉饰财务状况。因此，实施实质性程序，如对收到的商品和付款实施截止测试，以获取交易是否已被计入正确的会计期间的证据就显得非常重要；该交易循环中的另一项重大错报风险是采购的商品、资产被错误分类，即对本应资本化的予以费用化，或对本应费用化的予以资本化。这都将影响利润和资产或负债。此外，对于付款交易，还应关注被审计单位是否存在未经授权或无效的付款，是否将应计入费用的付款有意无意地冲销了不相关的应付账款。

针对上述重大错报风险实施实质性审计程序的目标在于获取关于发生、完整性、准确性、截止、存在、权利和义务、计价与分摊、分类等多项认定的审计证据。

为实现上述审计目标，审计人员应当通过识别管理层用于监控费用和应付账款的关键业绩指标，来识别重要类别的采购交易和应付账款余额；将有关资产或负债项目的期初余额与以前年度工作底稿核对相符；复核管理层对主要费用和负债项目（如采购支出、资产的修理和维护支出、应付账款项目）出现的异常情况采取的措施；并将期末余额或本期发生额与总分类账核对相符。在此基础上，对采购与付款交易实施的实质性程序通常包括以下两个方面。

（一）实质性分析程序

（1）根据对被审计单位的经营活动、供应商的发展历程、贸易条件和行业惯例的了解，确定应付账款和费用支出的期望值。

（2）根据本期应付账款余额组成与以前期间交易水平和预算的比较，定义采购和应付账款可接受的重大差异额。

（3）识别需要进一步调查的差异并调查异常数据关系，如与周期趋势不符的费用支出。这类程序通常包括：

①观察月度（或每周）已记录采购总额趋势，与往年或预算相比较。任何异常波动都必须与管理层讨论，如果有必要的话还应作进一步的调查。

②将实际毛利与以前年度和预算相比较。如果被审计单位以不同的加价销售产品，就需要将相似利润水平的产品分组进行比较。任何重大的差异都需要进行调查。因为毛利可能由于销售额、销售成本的错误被歪曲，而销售成本的错误则又可能是受采购记录的错误所影响。

③计算记录在应付账款上的赊购天数，并将其与以前年度相比较。超出预期的变化可能由多种因素造成，包括未记录采购、虚构采购记录或截止问题。

④检查常规账户和付款。例如，租金、电话费和电费。这些费用是日常发生的，通常按月支付。通过检查可以确定已记录的所有费用及月度变动情况。

⑤检查异常项目的采购。例如，大额采购，从不经常发生交易的供应商处采购，以及未通过采购账户而是通过其他途径计入存货和费用项目的采购。

⑥无效付款或金额不正确的付款，可以通过检查付款记录和付款趋势得以发现。例如，审计人员通过查找金额偏大的异常项目并深入调查，可能发现重复付款或记入不恰当应付账款账户的付款。

（4）通过询问管理层和员工，调查重大差异额是否表明存在重大错报风险，是否需要设计恰当的细节测试程序以识别和应对重大错报风险。

（5）形成结论，即实质性分析程序是否能够提供充分、适当的审计证据，或需要对交易和余额实施细节测试以获取进一步的审计证据。

（二）采购与付款交易和相关余额的细节测试

当出现下列情形时，审计人员通常应考虑对采购与付款交易和相关余额实施细节测试：(1) 重大错报风险评估为高，例如，存在非正常的交易，包括在期末发生对账户的非正常调整和缺乏支持性文件的关联方交易等；(2) 实质性分析程序显示出未预期的趋势；(3) 需要在财务报表中单独披露的金额或很可能存在错报的金额，例如，差旅费、修理和维护费、广告费、税费、咨询费等；(4) 对需要在纳税申报表中单独披露的事项进行分析。(5) 需要为有些项目单独出具审计报告，例如，被审计单位如果要向国外的特许权授予方支付特许权使用费，就可能存在这种需要。

1.交易的细节测试

(1) 审计人员应从被审计单位业务流程层面的主要交易流中选取样本，检查其支持性证据。例如，从采购和付款记录中选取样本。

①检查支持性的订购单、商品验收单、发运凭证和发票，追踪至相关费用或资产账户以及应付账款账户；

②必要时，检查其他支持性文件，如交易合同条款；

③检查已用于付款的支票存根或电子货币转账付款证明以及相关的汇款通知。如果付款与发票对应，则检查相关供应商发票，并追踪付款至相关的应付账款或费用账户。

(2) 对主要交易实施截止测试。

采购交易的截止测试包括：

①选择已记录采购的样本，检查相关的商品验收单，保证交易已计入正确的会计期间。

②确定期末最后一份验收单的顺序号码并审查代码报告，以检测记录在本会计期间的验收单是否存在更大的顺序号码，或因采购交易被漏记或错计入下一会计期间而在本期遗漏的顺序号码。

付款交易的截止测试包括：

①确定期末最后签署的支票的号码，确保其后的支票支付未被当作本期的交易予以记录。

②追踪付款至期后的银行对账单，确定其在期后的合理期间内被支付。

③询问期末已签署但尚未寄出的支票，考虑该项支付是否应在本期冲回，计入下一会计期间。

寻找未记录的负债的截止测试主要包括：

①确定被审计单位期末用于识别未记录负债的程序，获取相关交易已计入应付账款的证据。

②复核供应商付款通知和供应商对账单；获取发票被遗失或未计入正确的会计期间的证据；询问并确定在资产负债表日是否应增加一项应计负债。

③调查关于订购单、商品验收单和发票不符的例外报告，识别遗漏的交易或计入不恰当会计期间的交易。

④复核截至审计外勤结束日记录在期后的付款，查找其是否在年底前发生的证据。

⑤询问审计外勤结束时仍未支付的应付账款。

⑥对于在建工程，检查承建方的证明或质量监督报告，以获取存在未记录负债的

证据。

⑦复核资本预算和董事会会议纪要，获取是否存在承诺和或有负债的证据。

2.余额的细节测试

（1）复核供应商的付款通知，与供应商对账，获取发票遗漏、未计入正确的会计期间的证据。询问并检查对收费存在争议的往来信函，确定在资产负债表日是否应增加一项应计负债。

（2）在特殊情况下，审计人员需要决定是否应通过供应商来证实被审计单位期末的应付余额。这种情况通常在被审计单位对采购与付款交易的控制出现严重缺失，记录被毁损时才会发生，或者在怀疑存在舞弊或会计记录在火灾或水灾中遗失时才会发生。

六、应付账款的实质性程序

应付账款是企业在正常经营过程中，因购买材料、商品和接受劳务供应等经营活动而应付给供应商的款项。审计人员应结合赊购交易进行应付账款的审计。

（一）应付账款的审计目标

应付账款的审计目标一般包括：确定资产负债表中记录的应付账款是否存在；确定所有应当记录的应付账款是否均已记录；确定资产负债表中记录的应付账款是否为被审计单位应当履行的现时义务；确定应付账款是否以恰当的金额包括在财务报表中，与之相关的计价调整是否已恰当记录；确定应付账款是否已按照企业会计准则的规定在财务报表中作出恰当的列报。

（二）应付账款的实质性程序

1.获取或编制应付账款明细表。

（1）复核加计是否正确，并与报表数、总账数和明细账合计数核对是否相符。

（2）检查非记账本位币应付账款的折算汇率及折算是否正确。

（3）分析出现借方余额的项目，查明原因，必要时，建议作重分类调整。

（4）结合预付账款、其他应付款等往来项目的明细余额，调查有无针对同一交易在应付账款和预付账款同时记账的情况、异常余额或与购货无关的其他款项（如关联方账户或雇员账户），如有，应作出记录，必要时建议作调整。

2.根据被审计单位实际情况，选择以下方法对应付账款执行实质性分析程序。

（1）将期末应付账款余额与期初余额进行比较，分析波动原因。

（2）分析长期挂账的应付账款，要求被审计单位作出解释，判断被审计单位是否缺乏偿债能力或利用应付账款隐瞒利润，并注意其是否可能无须支付。对确实无须支付的应付账款的会计处理是否正确，依据是否充分；关注账龄超过3年的大额应付账款在资产负债表日后是否偿付，检查偿付记录、单据及披露情况。

（3）计算应付账款与存货的比率，应付账款与流动负债的比率，并与以前年度相关比率对比分析，评价应付账款整体的合理性。

（4）分析存货和营业成本等项目的增减变动，判断应付账款增减变动的合理性。

3.函证应付账款。一般情况下，并非必须函证应付账款，这是因为函证不能保证查出未记录的应付账款，况且审计人员能够取得采购发票等外部凭证来证实应付账款的余额。但如果控制风险较高，某应付账款明细账户金额较大，则应考虑进行应付账款的函证。

进行函证时，审计人员应选择较大金额的债权人，以及那些在资产负债表日金额不大，甚至为零，但为被审计单位重要供应商的债权人，作为函证对象。函证最好采用积极函证方式，并具体说明应付金额。与应收账款的函证一样，审计人员必须对函证的过程进行控制，要求债权人直接回函，并根据回函情况编制与分析函证结果汇总表，对未回函的，应考虑是否再次函证。

如果存在未回函的重大项目，审计人员应采用替代审计程序。比如，可以检查决算日后应付账款明细账及库存现金和银行存款日记账，核实其是否已支付，同时检查该笔债务的相关凭证资料，如合同、发票、验收单，核实应付账款的真实性。

4.检查应付账款是否计入了正确的会计期间，是否存在未入账的应付账款。

（1）检查债务形成的相关原始凭证，如供应商发票、验收报告或入库单等，查找有无未及时入账的应付账款，确认应付账款期末余额的完整性。

（2）检查资产负债表日后应付账款明细账贷方发生额的相应凭证，关注其购货发票的日期，确认其入账时间是否合理。

（3）获取被审计单位与其供应商之间的对账单，并将对账单和被审计单位财务记录之间的差异进行调节（如在途款项、在途商品、付款折扣、未记录的负债等），查找有无未入账的应付账款，确定应付账款金额的准确性。

（4）针对资产负债表日后付款项目，检查银行对账单及有关付款凭证（如银行汇款通知、供应商收据等），询问被审计单位内部或外部的知情人员，查找有无未及时入账的应付账款。

（5）结合存货监盘程序，检查被审计单位在资产负债日前后的存货入库资料（验收报告或入库单），检查是否有大额货到单未到的情况，确认相关负债是否计入了正确的会计期间。

如果审计人员通过这些审计程序发现某些未入账的应付账款，应将有关情况详细记入审计工作底稿，并根据其重要性确定是否需建议被审计单位进行相应的调整。

5.针对已偿付的应付账款，追查至银行对账单、银行付款单据和其他原始凭证，检查其是否在资产负债表日前真实偿付。

6.针对异常或大额交易及重大调整事项（如大额的购货折扣或退回，会计处理异常的交易，未经授权的交易，或缺乏支持性凭证的交易等），检查相关原始凭证和会计记录，以分析交易的真实性、合理性。

7.被审计单位与债权人进行债务重组的，检查不同债务重组方式下的会计处理是否正确。

8.标明应付关联方（包括持5%以上（含5%）表决权股份的股东）的款项，执行关联方及其交易审计程序，并注明合并报表时应予抵销的金额。

9.检查应付账款是否已按照企业会计准则的规定在财务报表中作出恰当列报。一般来说，“应付账款”项目应根据“应付账款”和“预付账款”科目所属明细科目的期末贷方余额的合计数填列。

如果被审计单位为上市公司，则通常在其财务报表附注中应说明有无欠持有5%以上（含5%）表决权股份的股东账款；说明账龄超过3年的大额应付账款未偿还的原因，并在期后事项中反映资产负债表日后是否偿还。

七、固定资产的实质性程序

固定资产是为生产商品、提供劳务、出租或经营管理而持有的使用寿命超过一个会计年度的有形资产。固定资产只有同时满足下列两个条件才能予以确认：(1) 与该固定资产有关的经济利益很可能流入企业。(2) 该固定资产的成本能够可靠地计量。固定资产在企业资产总额中一般都占有较大的比例，固定资产的安全、完整对企业的生产经营影响极大，审计人员应对固定资产的审计给予高度重视。

(一) 固定资产的审计目标

固定资产的审计目标一般包括：确定资产负债表中记录的固定资产是否存在；确定所有应记录的固定资产是否均已记录；确定记录的固定资产是否由被审计单位拥有或控制；确定固定资产以恰当的金额包括在财务报表中，与之相关的计价或分摊已恰当记录；确定固定资产原价、累计折旧和固定资产减值准备是否已按照企业会计准则的规定在财务报表中作出恰当列报。

(二) 固定资产——账面余额的实质性程序

1.获取或编制固定资产和累计折旧分类汇总表，检查固定资产的分类是否正确并与总账数和明细账合计数核对是否相符，结合累计折旧、减值准备科目金额与报表数核对是否相符。固定资产折旧是指在固定资产的使用寿命内，按照确定的方法对应计折旧额进行系统分摊。

2.对固定资产实施实质性分析程序。

(1) 基于对被审计单位及其环境的了解，通过进行以下比较，并考虑有关数据间关系的影响，建立有关数据的期望值：

①分类计算本期计提折旧额与固定资产原值的比率，并与上期比较；

②计算固定资产修理及维护费用占固定资产原值的比例，并进行本期各月、本期与以前各期的比较。

(2) 确定可接受的差异额。

(3) 将实际情况与期望值相比较，识别需要进一步调查的差异。

(4) 如果其差额超过可接受的差异额，调查并获取充分的解释和恰当的佐证审计证据，如检查相关的凭证。

(5) 评估实质性分析程序的测试结果。

3.实地检查重要固定资产，确定其是否存在，关注是否存在已报废但仍未核销的固定资产。审计人员可以固定资产明细分类账为起点，进行实地追查，以证明会计记录中所列固定资产确实存在，并了解其目前的使用状况；也应考虑以实地为起点，追查至固定资产明细分类账，以获取实际存在的固定资产均已入账的证据。

4.检查固定资产的所有权或控制权。对各类固定资产，审计人员应获取、收集不同的证据以确定其是否确归被审计单位所有：对外购的机器设备等固定资产，通常经审核采购发票、采购合同等予以确定；对于房地产类固定资产，需查阅有关的合同、产权证明、财产税单、抵押借款的还款凭据、保险单等书面文件；对融资租入的固定资产，应验证有关融资租赁合同，证实其并非经营租赁；对汽车等运输设备，应验证有关运营证件等；对受留置权限制的固定资产，通常还应审核被审计单位的有关负债项目等予以证实。

5.检查本期固定资产的增加。审计固定资产的增加，是固定资产实质性程序中的重要内容。固定资产的增加有多种途径，审计中应注意以下问题：

（1）询问管理层当年固定资产的增加情况，并与获取或编制的固定资产明细表进行核对。

（2）检查本年度增加固定资产的计价是否正确，手续是否齐备，会计处理是否正确。

①对于外购固定资产，通过核对采购合同、发票、保险单、发运凭证等资料，抽查测试其入账价值是否正确，授权批准手续是否齐备，会计处理是否正确；如果购买的是房屋建筑物，还应检查契税的会计处理是否正确；检查分期付款购买固定资产的入账价值及会计处理是否正确。

②对于在建工程转入的固定资产，应检查在建工程转入固定资产的时点是否符合会计准则的规定，入账价值与在建工程的相关记录是否核对相符，是否与竣工决算、验收和移交报告等一致；对已经达到预定可使用状态，但尚未办理竣工决算手续的固定资产，检查其是否已按估计价值入账，相关估价是否合理，并按规定计提折旧。

③对于投资者投入的固定资产，检查投资者投入的固定资产是否按投资各方确认的价值入账，并检查确认价值是否公允，交接手续是否齐全；涉及国有资产的，是否有评估报告并经国有资产管理部门评审备案或核准确认。

④对于更新改造增加的固定资产，检查通过更新改造而增加的固定资产，增加的原值是否符合资本化条件，是否真实，会计处理是否正确，重新确定的剩余折旧年限是否恰当。

⑤对于融资租赁增加的固定资产，获取融资租入固定资产的相关证明文件，检查融资租赁合同的主要内容，并结合长期应付款、未确认融资费用科目检查相关的会计处理是否正确。

⑥对于企业合并、债务重组和非货币性资产交换增加的固定资产，检查产权过户手续是否齐备，检查固定资产入账价值及确认的损益和负债是否符合规定。

⑦如果被审计单位为外商投资企业，检查其采购国产设备退还增值税的会计处理是否正确。

⑧对于通过其他途径增加的固定资产，应检查增加固定资产的原始凭证，核对其计价及会计处理是否正确，法律手续是否齐全。

（3）检查固定资产是否存在弃置费用，如果存在弃置费用，检查弃置费用的估计方法和弃置费用现值的计算是否合理，会计处理是否正确。

6.检查本期固定资产的减少。

固定资产的减少主要包括出售、向其他单位投资转出、向债权人抵债转出、报废、毁损、盘亏等。审计固定资产减少的主要目的就在于查明业已减少的固定资产是否已作适当的会计处理。其审计要点如下：

（1）结合固定资产清理科目，抽查固定资产账面转销额是否正确。

（2）检查出售、盘亏、转让、报废或毁损的固定资产是否经授权批准，会计处理是否正确。

（3）检查因修理，更新改造而停止使用的固定资产的会计处理是否正确。

（4）检查投资转出固定资产的会计处理是否正确。

（5）检查债务重组或非货币性资产交换转出固定资产的会计处理是否正确。

（6）检查转出的投资性房地产账面价值及会计处理是否正确。

（7）检查其他减少固定资产的会计处理是否正确。

7.检查固定资产的后续支出，确定固定资产有关的后续支出是否满足资产确认条件；如不满足，该支出是否在该后续支出发生时计入当期损益。

8.检查固定资产的租赁。固定资产租赁一般分为经营租赁和融资租赁两种。企业对以经营性租赁方式租入的固定资产，不在“固定资产”账户内核算，而是另设备查簿进行登记。而租出固定资产的企业，仍继续提取折旧，同时取得租金收入。检查经营性租赁时，应查明：

（1）固定资产的租赁是否签订了合同、租约，手续是否完备，合同内容是否符合国家规定，是否经相关管理部门审批。

（2）租入的固定资产是否确属企业必需，或出租的固定资产是否确属企业多余、闲置不用的，双方是否认真履行合同，是否存在不正当交易。

（3）租金收取是否签有合同，有无多收、少收现象。

（4）租入固定资产有无久占不用、浪费损坏的现象；租出的固定资产有无长期不收租金、无人过问，是否有变相馈送、转让等情况。

（5）租入固定资产是否已登入备查簿。

（6）必要时，向出租人函证租赁合同及执行情况。

（7）租入固定资产改良支出的核算是否符合规定。

审计融资租赁固定资产时，除可参照经营租赁固定资产检查要点以外，还应补充实施以下审计程序：

（1）复核租赁的折现率是否合理；

（2）检查租赁相关税费、保险费、维修费等费用的会计处理是否符合企业会计准则的规定；

（3）检查融资租入固定资产的折旧方法是否合理；

（4）检查租赁付款情况；

（5）检查租入固定资产的成新程度；

（6）检查融资租入固定资产发生的固定资产后续支出，其会计处理是否遵循自有固定资产发生的后续支出的处理原则。

9.获取暂时闲置固定资产的相关证明文件，并观察其实际状况，检查是否已按规定计提折旧，相关的会计处理是否正确。

10.获取已提足折旧仍继续使用固定资产的相关证明文件，并作相应记录。

11.获取持有待售固定资产的相关证明文件，并作相应记录，检查对其预计净残值调整是否正确、会计处理是否正确。

12.检查固定资产保险情况，复核保险范围是否足够。

13.检查有无与关联方的固定资产购售活动，是否经适当授权，交易价格是否公允。对于合并范围内的购售活动，记录应予合并抵销的金额。

14.对应计入固定资产的借款费用，应根据企业会计准则的规定，结合长短期借款、应付债券或长期应付款的审计，检查借款费用（借款利息、折溢价摊销、汇兑差额、辅助费用）资本化的计算方法和资本化金额，以及会计处理是否正确。

15.检查购置固定资产时是否存在与资本性支出有关的财务承诺。

16.检查固定资产的抵押、担保情况。结合对银行借款等的检查，了解固定资产是否存在重大的抵押、担保情况。如存在，应取证，并作相应的记录，同时提请被审计单位作恰当披露。

17.确定固定资产是否已按照企业会计准则的规定在财务报表中作出恰当列报。

（三）固定资产——累计折旧的实质性程序

影响固定资产折旧的因素有折旧的基数（一般指固定资产的账面原价）、固定资产的残余价值和使用寿命三个方面。在考虑固定资产减值准备的前提下，影响折旧的因素则包括折旧的基数、累计折旧、固定资产减值准备、固定资产预计净残值和固定资产尚可使用年限五个方面。计算折旧时，固定资产的使用寿命、固定资产的残余价值和清理费用只能人为估计；同样，对固定资产减值准备的计提也带有估计的成分。

累计折旧的实质性程序通常包括：

1.获取或编制累计折旧分类汇总表，复核加计是否正确，并与总账数和明细账合计数核对是否相符。

2.检查被审计单位制定的折旧政策和方法是否符合相关会计准则的规定，确定其所采用的折旧方法能否在固定资产预计使用寿命内合理分摊其成本，前后期是否一致，预计使用寿命和预计净残值是否合理。

3.复核本期折旧费用的计提和分配。

（1）了解被审计单位的折旧政策是否符合规定，计提折旧的范围是否正确，确定的使用寿命、预计净残值和折旧方法是否合理；如采用加速折旧法，是否取得批准文件。

（2）检查被审计单位折旧政策前后期是否一致。如果折旧政策或者相关会计估计（例如，使用寿命、预计净残值）有变更，变更理由是否合理；如果没有变更，是否存在需要提请被审计单位关注的对折旧政策或者会计估计产生重大影响的事项（例如，重大技术更新或者设备使用环境的恶化等）。

（3）复核本期折旧费用的计提是否正确。

①已计提部分减值准备的固定资产，计提的折旧是否正确。按照《企业会计准则第4号——固定资产》的规定，已计提减值准备的固定资产的应计折旧额应当扣除已计提的固定资产减值准备累计金额，按照该固定资产的账面价值以及尚可使用寿命重新计算确定折旧率和折旧额。

②已全额计提减值准备的固定资产，是否已停止计提折旧。

③因更新改造而停止使用的固定资产是否已停止计提折旧，因大修理而停止使用的固定资产是否照提折旧。

④对按规定予以资本化的固定资产装修费用是否在两次装修期间与固定资产尚可使用年限两者中较短的期间内，采用合理的方法单独计提折旧，并在下次装修时将该项固定资产装修余额一次全部计入了当期营业外支出。

⑤对融资租入固定资产发生的、按规定可予以资本化的固定资产装修费用，是否在两次装修期间、剩余租赁期与固定资产尚可使用年限三者中较短的期间内，采用合理的方法单独计提折旧。

⑥对采用经营租赁方式租入的固定资产发生的改良支出，是否在剩余租赁期与租赁资产尚可使用年限两者中较短的期间内，采用合理的方法单独计提折旧。

⑦未使用、不需用和暂时闲置的固定资产是否按规定计提折旧。

⑧持有待售的固定资产折旧计提是否符合规定。

（4）检查折旧费用的分配方法是否合理，是否与上期一致；分配计入各项目的金额占本期全部折旧计提额的比例与上期比较是否有重大差异。

（5）注意固定资产增减变动时，有关折旧的会计处理是否符合规定，查明通过更新改造、接受捐赠或融资租入而增加的固定资产的折旧费用计算是否正确。

4.将“累计折旧”账户贷方的本期计提折旧额与相应的成本费用中的折旧费用明细账户的借方相比较，以查明所计提折旧金额是否已全部摊入本期产品成本或费用。若存在差异，应追查原因，并考虑是否应建议作适当调整。

5.检查累计折旧的减少是否合理、会计处理是否正确。

6.确定累计折旧的披露是否恰当。

如果被审计单位是上市公司，通常应在其财务报表附注中按固定资产类别分项列示累计折旧期初余额、本期计提额、本期减少额及期末余额。

（四）固定资产——固定资产减值准备的实质性程序

固定资产的可收回金额低于其账面价值称为固定资产减值。可收回金额应当根据固定资产的公允价值减去处置费用后的净额与资产预计未来现金流量的现值两者之间的较高者确定。处置费用包括与固定资产处置有关的法律费用、相关税费、搬运费以及为使固定资产达到可销售状态所发生的直接费用等。

企业应当在资产负债表日判断固定资产是否存在可能发生减值的迹象。如存在下列迹象，表明固定资产可能发生了减值：

（1）固定资产的市价当期大幅度下跌，其跌幅明显高于因时间的推移或正常使用而预计的下跌。

（2）企业经营所处的经济技术或者法律等环境以及固定资产所处的市场在当期或者将在近期发生重大变化，从而对企业产生不利影响。

（3）市场利率或者其他市场投资回报率在当期已经提高，从而影响企业计算固定资产预计未来现金流量现值的折现率，导致固定资产可收回金额大幅度降低。

（4）有证据表明固定资产陈旧过时或者其实体已经损坏。

（5）固定资产已经或者将被闲置、终止使用或者计划提前处置。

（6）企业内部报告的证据表明固定资产的经济绩效已经低于或者将低于预期，如固定资产所创造的净现金流量或者实现的营业利润（或者损失）远远低于（或者高于）预计金额等。

（7）其他表明固定资产可能已经发生减值的迹象。

如果由于该固定资产存在上述迹象，导致其可收回金额低于账面价值的，应当将固定资产的账面金额减记至可收回金额，将减记的金额确认为固定资产减值损失，计入当期损益，同时计提相应的固定资产减值准备。

固定资产减值准备的实质性程序一般包括：

（1）获取或编制固定资产减值准备明细表，复核加计是否正确，并与总账数和明细账合计数核对是否相符。

（2）检查被审计单位计提固定资产减值准备的依据是否充分，会计处理是否正确。

（3）获取闲置固定资产的清单，并观察其实际状况，识别是否存在减值迹象。

（4）检查资产组的认定是否恰当，计提固定资产减值准备的依据是否充分，会计处理是否正确。

（5）计算本期末固定资产减值准备占期末固定资产原值的比率，并与期初该比率比较，分析固定资产的质量状况。

（6）检查被审计单位处置固定资产时原计提的减值准备是否同时结转，会计处理是否正确。

（7）检查是否存在转回固定资产减值准备的情况。按照企业会计准则的规定，固定资产减值损失一经确认，在以后会计期间不得转回。

（8）确定固定资产减值准备的披露是否恰当。

第三节　生产与存货循环的审计

一、生产与存货循环的特征

（一）不同行业类型的存货性质

存货的性质由于被审计单位业务的不同而有很大的差别，表9-8列示了不同行业类型的经营主体的存货性质。

表9-8　　不同行业类型的存货性质

行业类型	存货性质
一般制造商	采购的原材料、低值易耗品和配件等，生产的半成品和产成品
贸易业	从厂商、批发商或其他零售商处采购的商品
餐饮业	用于加工食品的食材、饮料等
建筑业	建筑材料、在建项目成本（一般包括建造活动发生的直接材料、直接人工成本和间接费用，以及支付给分包商的建造成本等）

存货是企业的重要资产，存货的采购、使用和销售与企业的经营活动紧密相关，对企业的财务状况和经营成果具有重大而广泛的影响。审计人员应当确认在财务报表中列示的存货金额是否正确（准确性认定），是否归被审计单位所有（存在、完整性、权利和义务认定），期末计价是否准确（计价与分摊认定），存货的购入和发出交易是否计入正确的会计期间（截止认定）。

原材料的采购入库在采购与付款循环中涉及，产成品的出库销售在销售与收款循环中涉及，本节侧重于原材料入库之后至产成品发出之间的业务活动。

（二）生产与存货循环涉及的主要业务活动

以制造业为例，生产与存货循环所涉及的主要业务活动包括：

1.计划和安排生产

生产计划部门的职责是根据客户订购单或者对销售预测和产品需求的分析来决定生产

授权。如决定授权生产，即签发预先顺序编号的生产通知单。通常该部门还需要编制一份材料需求报告，列示所需要的材料和零件及其库存。

2.发出原材料

仓库部门的责任是根据领料单发出原材料。领料单上必须列示所需的材料数量和种类，以及领料部门的名称。领料单通常需一式三联。仓库发料后，一联连同材料交给领料部门，一联留在仓库登记材料明细账，一联交会计部门进行材料收发核算和成本核算。

3.生产产品

生产部门在收到生产通知单及领取原材料后，执行生产任务。生产任务完成后，完工产品由检验员验收并办理入库手续。

4.核算产品成本

企业建立健全成本会计制度，将生产控制和成本核算有机结合在一起。

会计部门设置相应的会计账户，汇集生产过程中的各种记录、生产通知单、领料单、计工单、入库单等文件资料，了解和控制生产过程中存货的实物流转，会同有关部门对生产过程中的成本进行核算和控制。

5.储存产成品

产成品入库，须由仓库部门先行点验和检查，然后签收，将实际入库数量通知会计部门。仓库部门还应根据产成品的品质特征分类存放，并填制标签。

6.发出产成品

产成品的发出须由独立的发运部门进行。装运产成品时须持有经核准的发运通知单，并编制出库单。出库单一般一式四联，分别交仓库部门、发运部门留存、送交顾客、作为给顾客开发票的依据。

7.存货盘点

管理人员编制盘点指令，安排适当人员对存货实物（包括原材料、在产品和产成品等所有存货类别）进行定期盘点，将盘点结果与存货账面数量进行核对，调查差异并进行适当调整。

8.计提存货跌价准备

财务部门根据存货货龄分析表信息及相关部门提供的有关存货状况的信息，结合存货盘点过程中对存货状况的检查结果，对出现损毁、滞销、跌价等降低存货价值的情况进行分析计算，计提存货跌价准备。

（三）生产与存货循环的内部控制

以下对上述八个业务活动中可能存在的内部控制举例说明。

1.对于计划和安排生产这项主要业务活动，有些被审计单位的内部控制要求，根据经审批的月度生产计划书，由生产计划经理签发预先按顺序编号的生产通知单。

2.对于发出原材料这项主要业务活动，有些被审计单位的内部控制要求：

（1）领料单应当经生产主管批准，仓库管理员凭经批准的领料单发料；领料单一式三联，分别作为生产部门存根联、仓库联和财务联。

（2）仓库管理员应把领料单编号、领用数量、规格等信息输入计算机系统，经仓储经理复核并以电子签名方式确认后，系统自动更新材料明细台账。

3.对于生产产品和核算产品成本这两项主要业务活动，有些被审计单位的内部控制要求：

（1）生产成本记账员应根据原材料领料单财务联，编制原材料领用日报表，与计算机系统自动生成的生产记录日报表核对材料耗用和流转信息；由会计主管审核无误后，生成记账凭证并过账至生产成本及原材料明细账和总分类账。

（2）生产部门记录生产各环节所耗用工时数，包括人工工时数和机器工时数，并将工时信息输入生产记录日报表。

（3）每月末，由生产车间与仓库核对原材料和产成品的转出和转入记录，如有差异，仓库管理员应编制差异分析报告，经仓储经理和生产经理签字确认后交会计部门进行调整。

（4）每月末，由计算机系统对生产成本中各项组成部分进行归集，按照预设的分摊公式和方法，自动将当月发生的生产成本在完工产品和在产品之间按比例分配；同时，将完工产品成本在各不同产品类别之间分配，由此生成产品成本计算表和生产成本分配表；由生产成本记账员编制成生产成本结转凭证，经会计主管审核批准后进行账务处理。

4.对于产成品入库和储存这项主要业务活动，有些被审计单位的内部控制要求：

（1）产成品入库时，质量检验员应检查并签发预先按顺序编号的产成品验收单，由生产小组将产成品送交仓库，仓库管理员应检查产成品验收单，并清点产成品数量，填写预先顺序编号的产成品入库单经质检经理、生产经理和仓储经理签字确认后，由仓库管理员将产成品入库单信息输入计算机系统，计算机系统自动更新产成品明细台账并与采购订购单编号核对。

（2）存货存放在安全的环境（如上锁、使用监控设备）中，只有经过授权的工作人员可以接触及处理存货。

5.对于发出产成品这项主要业务活动，在销售与收款流程循环中涉及了产成品出库这一环节，此外还有后续的结转销售成本环节。有些被审计单位可能设计以下内部控制要求：

（1）产成品出库时，由仓库管理员填写预先顺序编号的出库单，并将产成品出库单信息输入计算机系统，经仓储经理复核并以电子签名方式确认后，计算机系统自动更新产成品明细台账并与发运通知单编号核对。

（2）产成品装运发出前，由运输经理独立检查出库单、销售订购单和发运通知单，确定从仓库提取的商品附有经批准的销售订购单，并且，所提取商品的内容与销售订购单一致。

（3）每月末，生产成本记账员根据计算机系统内状态为“已处理”的订购单数量，编制销售成本结转凭证，结转相应的销售成本，经会计主管审核批准后进行账务处理。

6.对于盘点存货这项业务活动，有些被审计单位的内部控制要求：

（1）生产部门和仓储部门在盘点日前对所有存货进行清理和归整，便于盘点顺利进行。

（2）每一组盘点人员中应包括仓储部门以外的其他部门人员，即不能由负责保管存货的人员单独负责盘点存货；安排不同的工作人员分别负责初盘和复盘。

（3）盘点表和盘点标签事先连续编号，发放给盘点人员时登记领用人员；盘点结束后回收并清点所有已使用和未使用的盘点表和盘点标签。

（4）为防止存货被遗漏或重复盘点，所有盘点过的存货贴盘点标签，注明存货品名、数量和盘点人员，完成盘点前检查现场确认所有存货均已贴上盘点标签。

（5）将不属于本单位的代其他方保管的存货单独堆放并作标识；将盘点期间需要领用的原材料或出库的产成品分开堆放并作标识。

（6）汇总盘点结果，与存货账面数量进行比较，调查分析差异原因，并对认定的盘盈和盘亏提出账务调整，经仓储经理、生产经理、财务经理和总经理复核批准后入账。

7.对于计提存货跌价准备这项业务活动，有些被审计单位的内部控制要求：

（1）定期编制存货货龄分析表，管理人员复核该分析表，确定是否有必要对滞销存货计提存货跌价准备，并计算存货可变现净值，据此计提存货跌价准备。

（2）生产部门和仓储部门每月上报残次冷背存货明细，采购部门和销售部门每月上报原材料和产成品最新价格信息，财务部门据此分析存货跌价风险并计提跌价准备，由财务经理和总经理复核批准并入账。

二、生产与存货循环的重大错报风险评估

以一般制造类企业为例，影响生产与存货循环交易和余额的风险因素可能包括：

1.交易的数量和复杂性。制造类企业交易的数量庞大，业务复杂，这就增加了错误和舞弊的风险。

2.成本核算的复杂性。制造类企业的成本核算比较复杂。虽然原材料和直接人工等直接成本的归集和分配比较简单，但间接费用的分配就可能较为复杂，并且，同一行业中的不同企业也可能采用不同的认定和计量基础。

3.产品的多元化。这可能要求聘请专家来验证其质量、状况或价值。另外，计算库存存货数量的方法也可能是不同的。例如，计量煤堆、筒仓里的谷物或糖、黄金或贵重宝石、化工品和药剂产品的存储量的方法都可能不一样。这并不是要求审计人员每次清点存货都需要专家配合，如果存货容易辨认，存货数量容易清点，就无需专家帮助。

4.某些存货项目的可变现净值难以确定。例如，价格受全球经济供求关系影响的存货，由于其可变现净值难以确定，会影响存货采购价格和销售价格的确定，并将影响审计人员对和存货计价与分摊认定有关的风险进行的评估。

5.将存货存放在很多地点。大型企业可能将存货存放在很多地点，并且可以在不同的地点之间配送存货，这将增加商品途中毁损或遗失的风险，或者导致存货在两个地点被重复列示，也可能产生转移定价的错误或舞弊。

6.寄存的存货。有时候存货虽然还存放在企业，但可能已经不归企业所有。反之，企业的存货也可能被寄存在其他企业。

由于存货与企业各项经营活动的紧密联系，存货的重大错报风险往往与财务报表其他项目的重大错报风险紧密相关。例如，收入确认的错报风险往往与存货的错报风险共存；采购交易的错报风险与存货的错报风险共存，存货成本核算的错报风险与营业成本的错报风险共存等。

综上所述，一般制造型企业的存货的重大错报风险通常包括：

（1）存货实物可能不存在（存在认定）；

（2）属于被审计单位的存货可能未在账面反映（完整性认定）；

（3）存货的所有权可能不属于被审计单位（权利和义务认定）；

（4）存货的单位成本可能存在计算错误（计价与分摊认定/准确性认定）；

（5）存货的账面价值可能无法实现，即跌价损失准备的计提可能不充分（计价与分摊认定）。

三、生产与存货循环的进一步审计程序设计

审计人员基于生产与存货循环的重大错报风险评估结果，制定实施进一步审计程序的总体方案（见表9-9），继而实施控制测试和实质性程序，以应对识别出的认定层次的重大错报风险。审计人员通过控制测试和实质性程序获取的审计证据综合起来应足以应对识别出的认定层次的重大错报风险。

表9-9　生产和存货循环的重大错报风险和进一步审计程序总体方案

重大错报风险描述	相关财务报表项目及认定	风险程度	是否信赖控制	进一步审计程序的总体方案	拟从控制测试中获取的保证程度	拟从实质性程序中获取的保证程度
存货实物可能不存在	存货：存在	特别	是	综合性	中	高
存货的单位成本可能存在计算错误	存货：计价与分摊 营业成本：准确性	一般	是	综合性	中	低
已销售产品的成本可能没有准确结转至营业成本	存货：计价与分摊 营业成本：准确性	一般	是	综合性	中	低
存货的账面价值可能无法实现	存货：计价与分摊	特别	否	实质性	无	高

四、生产与存货循环的控制测试

总体上看，生产与存货循环的内部控制主要包括存货数量的内部控制和存货单价的内部控制两方面。由于生产与存货循环与其他业务循环的紧密联系，生产与存货循环中某些审计程序，特别是对存货余额的审计程序，与其他相关业务循环的审计程序同时进行将更为有效。例如，原材料的采购和记录是作为采购与付款循环的一部分进行测试的，人工成本（包括自接人工成本和制造费用中的人工费用）是作为工薪循环的一部分进行测试的。因此，在对生产与存货循环的内部控制实施测试时，要考虑其他业务循环的控制测试是否与本循环相关，避免重复测试。

风险评估和风险应对是整个审计过程的核心，因此，审计人员通常以识别的重大错报风险为起点，选取拟测试的控制并实施控制测试。表9-10列示了通常情况下审计人员对生产和存货循环实施的控制测试。

表9-10 生产与存货循环的风险、存在的控制及控制测试程序

可能发生错报的环节	相关财务报表项目及认定	存在的内部控制（自动）	存在的内部控制（人工）	内部控制测试程序
1.发出原材料				
原材料的发出可能未经授权	生产成本：发生		所有领料单由生产主管签字批准，仓库管理员凭经批准的领料单发出原材料	选取领料单，检查是否有生产主管的签字授权
发出的原材料可能未正确计入相应产品的生产成本中	生产成本：准确性	领料单信息输入系统时须输入对应的生产任务单编号和所生产的产品代码，每月末系统自动归集生成材料成本明细表	生产主管每月末将其生产任务单及相关领料单存根联与材料成本明细表进行核对，调查差异并处理	检查生产主管核对材料成本明细表的记录，并询问其核对过程及结果
2.记录人工成本				
生产工人的人工成本可能未得到准确反映	生产成本：准确性	所有员工有专属员工代码和部门代码，员工的考勤记录记入相应员工代码	人事部每月编制工薪费用分配表，按员工所属部门将工薪费用分配至生产成本、制造费用、管理费用和销售费用，经财务经理复核后入账	检查系统中员工的部门代码设置是否与其实际职责相符。询问并检查财务经理复核工薪费用分配表的过程和记录
3.记录制造费用				
发生的制造费用可能没有得到完整归集	制造费用：完整性	系统根据输入的成本和费用代码自动识别制造费用并进行归集	成本会计每月复核系统生成的制造费用明细表并调查异常波动。必要时由财务经理批准进行调整	检查系统的自动归集设置是否符合有关成本和费用的性质，是否合理。询问并检查成本会计复核制造费用明细表的过程和记录，检查财务经理对调整制造费用的分录的批准记录
4.计算产品成本				
生产成本和制造费用在不同产品之间、在产品和产成品之间的分配可能不正确	存货：计价与分摊 营业成本：准确性		成本会计执行产品成本核算，财务经理每月末审核产品成本计算表及相关资料（原材料成本核算表、工薪费用分配表、制造费用分配表等），并调查异常项目	询问财务经理如何执行复核及调查。选取产品成本计算表及相关资料，检查财务经理的复核记录

续表

可能发生错报的环节	相关财务报表项目及认定	存在的内部控制（自动）	存在的内部控制（人工）	内部控制测试程序
5.产成品入库				
已完工产品的生产成本可能没有转移到产成品中	存货：计价与分摊	系统根据当月输入的产成品入库单和出库单信息自动生成产成品收（入库）发（出库）存（余额）报表	成本会计将产成品收发存报表中的产品入库数量与当月成本计算表中结转的产成品成本对应的数量进行核对	询问和检查成本会计将产成品收发存报表与成本计算表进行核对的过程和记录
6.发出产成品				
销售发出的产成品的成本可能没有准确转入营业成本	存货：计价与分摊 营业成本：准确性	系统根据确认的营业收入所对应的售出产品自动结转营业成本	财务经理和总经理每月对毛利率进行比较分析，对异常波动进行调查和处理	检查系统设置的自动结转功能是否正常运行，成本结转方式是否符合公司成本核算政策。询问和检查财务经理和总经理进行毛利率分析的过程和记录，并对异常波动的调查和处理结果进行核实
7.盘点存货				
存货可能被盗或因材料领用/产品销售未入账而出现账实不符	存货：存在		仓库保管员每月末盘点存货并与仓库台账核对并调节一致；成本会计监督其盘点与核对，并抽查部分存货进行复盘。 每年末盘点所有存货，并根据盘点结果分析盘盈盘亏，进行账面调整	
8.计提存货跌价准备				
可能存在残次冷背的存货，影响存货的价值	存货：计价与分摊 资产减值损失：完整性	系统根据存货入库日期自动统计货龄，每月末生成存货货龄分析表	财务部根据系统生成的存货货龄分析表，结合生产和仓储部门上报的存货损毁情况及存货盘点中对存货状况的检查结果，计提存货减值准备，报总经理审核批准后入账	询问财务经理识别减值风险并确定减值准备的过程，检查总经理的复核批准记录

在上述控制测试中，如果人工控制在执行时依赖于信息系统生成的报告，审计人员还

应当针对系统生成报告的准确性执行测试，例如，与计提存货跌价准备相关的管理层控制中使用了系统生成的存货货龄分析表，其准确性影响管理层控制的有效性，因此，审计人员需要同时测试存货货龄分析表的准确性。

有些被审计单位采用信息系统执行全程自动化成本核算。在这种情况下，审计人员通常需要对信息系统中的成本核算流程和参数设置进行了解和测试（可能需要利用信息技术专家的工作），并测试相关信息系统一般控制的运行有效性。

需要说明的是，表9-10列示的是生产与存货循环一些较为常见的内部控制和相应的控制测试程序，目的在于帮助审计人员根据具体情况设计能够实现审计目标的控制测试。该表既未包含生产与存货循环所有的内部控制和控制测试，也并不意味着审计实务应当按此执行。一方面，被审计单位所处行业不同、规模不一、内部控制制度的设计和执行方式不同，以前期间接受审计的情况也各不相同；另一方面，受审计时间、审计成本的限制，审计人员除了确保审计质量、审计效果外，还需要提高审计效率，尽可能地消除重复的测试程序，保证检查某一凭证时能够一次完成对该凭证的全部审计测试程序，并按最有效的顺序实施审计测试。因此，在审计实务工作中，审计人员需要从实际出发，设计适合被审计单位具体情况的实用高效的控制测试计划。

五、生产与存货交易的实质性程序

生产与存货交易的实质性程序区分为实质性分析程序、生产与存货交易和相关余额的细节测试两个方面。

（一）实质性分析程序

实施实质性分析程序的目的在于获取支持相关审计目标的证据。

1.根据对被审计单位的经营活动、供应商的发展历程、贸易条件、行业惯例和行业现状的了解，确定营业收入、营业成本、毛利以及存货周转和费用支出项目的期望值。

2.根据本期存货余额组成、存货采购、生产水平与以前期间和预算的比较，定义营业收入、营业成本和存货可接受的重大差异额。

3.比较存货余额和预期周转率。

4.计算实际数和预计数之间的差异，并同管理层使用的关键业绩指标进行比较。

5.通过询问管理层和员工，调查实质性分析程序得出的重大差异额是否表明存在重大错报风险，是否需要设计恰当的细节测试程序以识别和应对重大错报风险。

6.形成结论，即实质性分析程序能够提供充分、适当的审计证据，或需要对交易和余额实施细节测试以获取进一步的审计证据。

审计人员在具体实施上述分析程序时还应当注意以下几个方面：

（1）使用计算机辅助审计方法下载被审计单位存货主文档和总分类账户以便计算财务指标和经营指标，并将计算结果与期望值进行比较。

（2）按区域分析被审计单位各月存货变动情况，并考虑存货变动情况是否与季节性变动和经济因素变动一致。

（3）对周转缓慢或者长时间没有周转（如超过半年）以及出现负余额的存货项目单独摘录并列表。

（4）由于可能隐含着重要的潜在趋势，审计人员应当注意不要过分依赖计算的平均值。各个存货项目的潜在重大错报风险可能并不一致，实质性分析程序应该用来查明单项存货或分类别存货的一些指标关系。

（二）生产与存货交易和相关余额的细节测试

1.交易的细节测试。

（1）审计人员应从被审计单位存货业务流程层面的主要交易流中选取一个样本，检查其支持性证据。例如，从存货采购，完工产品的转移，销售和销售退回记录中选取一个样本。

①检查支持性的供应商文件、生产成本分配表、完工产品报告、销售和销售退回文件。

②从供应商文件、生产成本分配表、完工产品报告、销售和销售退回文件中选取一个样本，追踪至存货总分类账户的相关分录。

③重新计算样本所涉及的金额，检查交易经授权批准而发生的证据。

（2）对期末前后发生的诸如采购、销售退回、销售、产品存货转移等主要交易流，实施截止测试。

确认本期末存货收发记录的最后一个顺序号码，并详细检查随后的记录，以检测在本会计期间的存货收发记录中是否存在更大的顺序号码，或因存货收发交易被漏计或错计入下一会计期间而在本期遗漏的顺序号码。

2.存货余额的细节测试。

存货余额的细节测试内容很多，比如：观察被审计单位存货的实地盘存；通过询问确定现有存货是否存在寄存情形，或者被审计单位存货在盘点日是否被寄存在他人处；获取最终的存货盘点表，并对存货的完整性、存在和计量进行测试；检查、计算、询问和函证存货价格；检查存货的抵押合同和寄存合同；检查、计算、询问和函证存货的可变现净值等。这些将在下面单独讨论。

六、存货的实质性程序

（一）存货的审计目标

存货是指企业在日常活动中持有以备出售的产成品或商品、处在生产过程中的在产品、在生产过程或提供劳务过程中耗用的材料和物料等。在通常情况下，存货对企业经营特点的反映能力强于其他资产项目，存货的重大错报对于财务状况和经营成果都会产生直接的影响。审计中许多复杂和重大的问题都与存货有关。存货审计，尤其是对年末存货余额的测试，通常是审计中最复杂也最费时的部分。

存货的审计目标一般包括：（1）账面存货余额对应的实物是否真实存在；（2）属于被审计单位的存货是否均已入账；（3）存货是否属于被审计单位；（4）存货单位成本的计量是否准确；（5）存货的账面价值是否可以实现。

（二）存货的一般审计程序

1.获取年末存货余额明细表，并执行以下工作：

（1）复核单项存货金额的计算（单位成本×数量）和明细表的加总计算是否准确。

（2）将本年末存货余额与上年末存货余额进行比较，总体分析变动原因。

2.实施实质性分析程序。

存货的实质性分析程序中较常见的是对存货周转天数的实质性分析程序，过程如下：

（1）根据对被审计单位的经营活动、供应商、贸易条件、行业惯例和行业现状的了解，确定存货周转天数的预期值。

（2）根据对本期存货余额组成、实际经营情况、市场情况、存货采购情况等的了解，确定可接受的重大差异额。

（3）计算实际存货周转天数和预期周转天数之间的差异。

（4）通过询问管理层和相关员工，调查存在重大差异的原因，并评估差异是否表明存在重大错报风险，是否需要设计恰当的细节测试程序以识别和应对重大错报风险。

（三）存货监盘

如果存货对财务报表是重要的，审计人员应当实施在存货盘点现场实施监盘（除非不可）以及对期末存货记录实施审计程序，以确定其是否准确反映实际的存货盘点结果，对存货的存在和状况获取充分、适当的审计证据。具体来说，存货监盘涉及：

（1）检查存货以确定其是否存在，评价存货状况，并对存货盘点结果进行测试；

（2）观察管理层指令的遵守情况，以及用于记录和控制存货盘点结果的程序的实施情况；

（3）获取有关管理层存货盘点程序可靠性的审计证据。

存货监盘针对的主要是存货的存在认定、完整性认定以及权利和义务认定，审计人员监盘存货的目的在于获取有关存货数量和状况的审计证据，以证明被审计单位记录的所有存货确实存在，已经反映了被审计单位拥有的全部存货，并属于被审计单位的合法财产。存货监盘作为存货审计的一项核心审计程序，通常可同时实现上述多项审计目标。

1.存货监盘的计划。

（1）制订存货监盘计划的基本要求。审计人员应当针对被审计单位存货的特点、盘存制度和存货内部控制的有效性等情况，在评价被审计单位管理层制定的存货盘点程序的基础上，编制存货监盘计划，对存货监盘作出合理安排。

有效的存货监盘需要制订周密、细致的计划。为了避免误解并有助于有效地实施存货监盘，审计人员通常需要与被审计单位就存货监盘等问题达成一致意见。因此，审计人员首先应当充分了解被审计单位存货的特点、盘存制度和存货内部控制的有效性等情况，并考虑获取、审阅和评价被审计单位预定的盘点程序。存货存在与完整性的认定具有较高的重大错报风险，而且审计人员通常只有一次机会通过存货的实地监盘对有关认定作出评价。根据计划过程所搜集到的信息，有助于审计人员合理确定参与监盘的地点以及存货监盘的程序。

（2）制订存货监盘计划应考虑的相关事项。在编制存货监盘计划时，审计人员需要考虑以下事项。

①与存货相关的重大错报风险。存货通常具有较高水平的重大错报风险，影响重大错报风险的因素具体包括：存货的数量和种类、成本归集的难易程度、陈旧过时的速度或易损坏程度、遭受失窃的难易程度。由于制造过程和成本归集制度的差异，制造企业的存货与其他企业（如批发企业）的存货相比往往具有更高的重大错报风险，对于审计工作而言则更具复杂性。外部因素也会对重大错报风险产生影响。例如，技术进步可能导致某些产品过时，从而导致存货价值更容易发生高估。

②与存货相关的内部控制的性质。与存货相关的内部控制涉及被审计单位供、产、销各个环节，包括采购、验收、仓储、领用、加工、装运出库等方面。需要说明的是，与存

货内部控制相关的措施有很多，其有效程度也存在差异。

③对存货盘点是否制定了适当的程序，并下达了正确的指令。审计人员一般需要复核或与管理层讨论其存货盘点程序。在复核或与管理层讨论其存货盘点程序时，审计人员应当考虑下列主要因素，以评价其能否合理地确定存货的数量和状况：盘点的时间安排；存货盘点范围和场所的确定；盘点人员的分工及胜任能力；盘点前的会议及任务布置；存货的整理和排列，对毁损、陈旧、过时、残次及所有权不属于被审计单位的存货的区分；存货的计量工具和计量方法；在产品完工程度的确定方法；存放在外单位的存货的盘点安排；存货收发截止的控制；盘点期间存货移动的控制；盘点表单的设计、使用与控制；盘点结果的汇总以及盘盈或盘亏的分析、调查与处理。如果认为被审计单位的存货盘点程序存在缺陷，审计人员应当提请被审计单位调整。

④存货盘点的时间安排。如果存货盘点在财务报表日以外的其他日期进行，注册会计师还应当实施其他审计程序，以确定存货盘点日与财务报表日之间的存货变动是否已得到恰当的记录。

⑤被审计单位是否一贯采用永续盘存制。如果被审计单位通过实地盘存制确定数量，则审计人员要参加此种盘点。如果被审计单位采用永续盘存制，审计人员应在年度中一次或多次参加盘点。

⑥存货的存放地点（包括不同存放地点的存货的重要性和重大错报风险），以确定适当的监盘地点。对一些无法在存货盘点现场实施存货监盘的存货存放地点，审计人员应当实施替代审计程序，以获取有关存货的存在和状况的充分、适当的审计证据。

⑦是否需要专家协助。审计人员可能不具备其他专业领域专长与技能。在确定资产数量或资产实物状况（如矿石堆），或在收集特殊类别存货（如艺术品、稀有玉石、房地产、电子器件、工程设计等）的审计证据时，审计人员可以考虑利用专家的工作。

（3）存货监盘计划的主要内容。

存货监盘计划应当包括以下主要内容：

①存货监盘的目标、范围及时间安排。

②存货监盘的要点及关注事项。

③参加存货监盘人员的分工。

④检查存货的范围。

2.存货监盘程序。

在存货盘点现场实施监盘时，审计人员应当实施下列审计程序。

（1）评价管理层用以记录和控制存货盘点结果的指令和程序。审计人员需要考虑这些指令和程序是否包括下列方面：

①适当控制活动的运用，例如，收集已使用的存货盘点记录，清点未使用的存货盘点表单，实施盘点和复盘程序；

②准确认定在产品的完工程度，流动缓慢（呆滞）、过时或毁损的存货项目，以及第三方拥有的存货（如寄存货物）；

③在适用的情况下用于估计存货数量的方法，如可能需要估计煤堆的重量；

④对存货在不同存放地点之间的移动以及截止日前后期间出入库的控制。

（2）观察管理层制定的盘点程序（如对盘点时及其前后的存货移动的控制程序）的执

行情况。如果在盘点过程中被审计单位的生产经营仍将持续进行，审计人员应通过实施必要的检查程序，确定被审计单位是否已经对此设置了相应的控制程序，确保在适当的期间内对存货作出了准确记录。

此外，审计人员一般应当获取盘点日前后存货收发及移动的凭证，检查库存记录与会计记录期末截止是否正确。

（3）检查存货。检查存货，虽然不一定能确定存货的所有权，但有助于确定存货的存在，以及识别过时、毁损或陈旧的存货。

（4）执行抽盘。在对存货盘点结果进行测试时，审计人员可以从存货盘点记录中选取项目追查至存货实物，以及从存货实物中选取项目追查至盘点记录，以获取有关盘点记录准确性和完整性的审计证据。

如果审计人员在实施抽盘程序时发现差异，一方面，审计人员应查明原因，并及时提请被审计单位更正，另一方面，审计人员应当考虑错误的潜在范围和重大程度，在可能的情况下，扩大检查范围以减少错误的发生。审计人员还可要求被审计单位重新盘点。

（5）需要特别关注的情况。

①存货盘点范围。在被审计单位盘点存货前，审计人员应当观察盘点现场，确定应纳入盘点范围的存货是否已经适当整理和排列，并附有盘点标识，防止遗漏或重复盘点。对未纳入盘点范围的存货，审计人员应当查明未纳入的原因。

对所有权不属于被审计单位的存货，审计人员应当取得其规格、数量等有关资料，确定是否已单独存放、标明，且未被纳入盘点范围。在存货监盘过程中，审计人员应当根据取得的所有权不属于被审计单位的存货的有关资料，观察这些存货的实际存放情况，确保其未被纳入盘点范围。即使在被审计单位声明不存在受托代存存货的情形下，审计人员在存货监盘时也应当关注是否存在某些存货不属于被审计单位的迹象，以避免盘点范围不当。

②对特殊类型存货的监盘。对某些特殊类型的存货而言，被审计单位通常使用的盘点方法和控制程序并不完全适用。这些存货通常或者没有标签，或者其数量难以估计，或者其质量难以确定，或者盘点人员无法对其移动实施控制。在这些情况下，审计人员需要运用职业判断，根据存货的实际情况，设计恰当的审计程序，对存货的数量和状况获取审计证据。

（6）存货监盘结束时的工作。在被审计单位存货盘点结束前，审计人员应当确定所有应纳入盘点范围的存货是否均已盘点。同时，取得并检查已填用、作废及未使用盘点表单的号码记录，确定其是否连续编号，查明已发放的表单是否均已收回，并与存货盘点的汇总记录进行核对。审计人员应当根据自己在存货监盘过程中获取的信息对被审计单位最终的存货盘点结果汇总记录进行复核，并评估其是否正确地反映了实际盘点结果。

3.特殊情况的处理。

（1）在存货盘点现场实施存货监盘不可行。在某些情况下，由存货性质和存放地点等因素造成实施存货监盘可能不可行，此时，审计人员应当实施替代审计程序（如检查盘点日后出售、盘点日之前取得或购买的特定存货的文件记录），以获取有关存货的存在和状况的充分、适当的审计证据。如果不能实施替代审计程序，或者实施替代审计程序可能无法获取有关存货的存在和状况的充分、适当的审计证据，审计人员需要按照《中国注册会计师审计准则第1502号——在审计报告中发表非无保留意见》的规定发表非无保留意见。

(2) 因不可预见的情况导致无法在存货盘点现场实施监盘。如审计人员无法亲临现场或恶劣的天气导致无法实施存货监盘程序，审计人员应当另择日期实施监盘，并对间隔期内发生的交易实施审计程序。

(3) 由第三方保管或控制的存货。如果由第三方保管或控制的存货对财务报表是重要的，审计人员应当实施向持有被审计单位存货的第三方函证存货的数量和状况或实施检查或其他适合具体情况的审计程序，以获取有关该存货存在和状况的充分、适当的审计证据。

(四) 存货计价测试

存货监盘程序主要是对存货的数量进行测试。为验证财务报表上存货余额的真实性，还应当对存货的计价进行审计。存货计价测试包括两个方面，一是被审计单位所使用的存货单位成本是否正确，二是是否恰当计提了存货跌价损失准备。

在对存货的计价实施细节测试之前，审计人员通常先要了解被审计单位本年度的存货计价方法与以前年度是否保持一致。如发生变化，变化的理由是否合理，是否经过适当的审批。

1.存货单位成本测试

针对原材料的单位成本，审计人员通常基于企业的原材料计价方法（如先进先出法，加权平均法等），结合原材料的历史购买成本，测试其账面成本是否准确，测试程序包括核对原材料采购的相关凭证（主要是与价格相关的凭证，如合同、采购订单、发票等）以及验证原材料计价方法的运用是否正确。

针对产成品和在产品的单位成本，审计人员需要对成本核算过程实施测试，包括直接材料成本测试、直接人工成本测试、制造费用测试和生产成本在当期完工产品与在产品之间分配的测试四项内容。

2.存货跌价损失准备的测试

(1) 识别需要计提跌价损失准备的存货项目。

审计人员可以通过询问管理层和相关部门（生产、仓储、财务、销售等）员工，了解被审计单位如何收集有关滞销、过时、陈旧、毁损、残次存货的信息并为之计提必要的跌价损失准备。如被审计单位编制存货账龄分析表，则可以通过审阅分析表识别滞销或陈旧的存货。此外，审计人员还要结合存货监盘过程中检查存货状况而获取的信息，以判断被审计单位的存货跌价损失准备计算表是否有遗漏。

(2) 检查可变现净值的计量是否合理。

在存货计价审计中，由于被审计单位对期末存货采用成本与可变现净值孰低的方法计价，所以审计人员应充分关注其对存货可变现净值的确定及存货跌价准备的计提。

可变现净值是指企业在日常活动中，存货的估计售价减去至完工时估计将要发生的成本、估计的销售费用以及相关税费后的金额。企业确定存货的可变现净值，应当以取得的确凿证据为基础，并且考虑持有存货的目的以及资产负债表日后事项的影响等因素。

第四节 货币资金的审计

货币资金是企业流动性最强的资产，大部分的经济业务都需要通过货币资金的收付来实现货币。货币资金业务出错的可能性较大，容易被贪污、挪用、盗窃，对货币资金的审计十分重要。

一、货币资金与业务循环

企业资金营运过程，从资金流入企业形成货币资金开始，到通过销售收回货币资金、成本补偿确定利润、部分资金流出企业为止。企业资金的不断循环，构成企业的资金周转。货币资金与各业务循环均直接相关，如图9-1所示。需要说明的是，图9-1仅选取各业务循环中具有代表性的会计科目或财务报表项目予以列示，并未包括各业务循环中与货币资金有关的全部会计科目或财务报表项目。

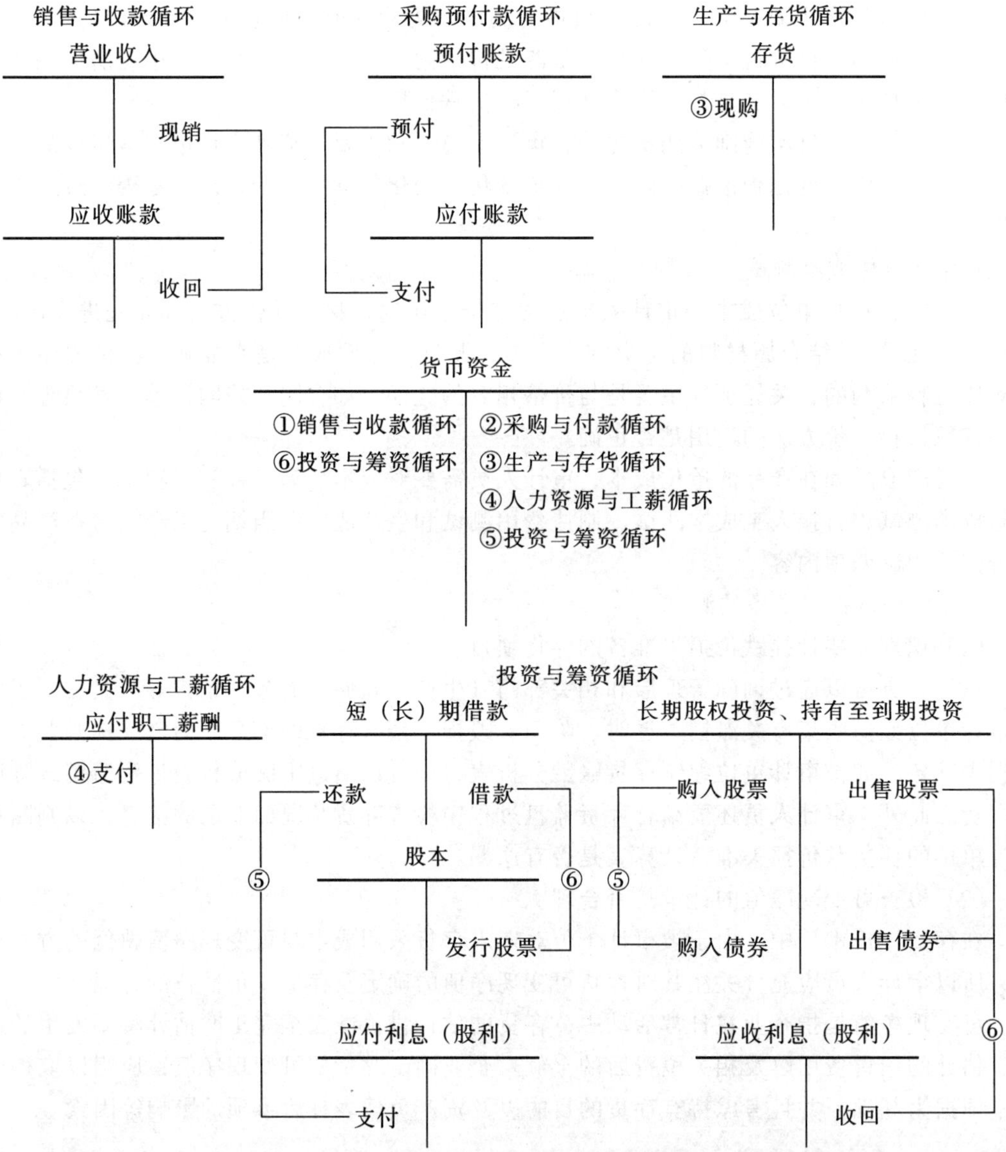

图9-1　货币资金与业务循环的关系

二、货币资金内部控制概述

货币资金是企业流动性最强的资产，企业必须加强对货币资金的管理，建立良好的货币资金内部控制，以确保全部应收取的货币资金均能收取，并及时正确地予以记录；确保全部货币资金支出是按照经批准的用途进行的，并及时正确地予以记录；确保库存现金、银行存款报告正确，并得以恰当保管；确保正确预测企业正常经营所需的货币资金收支额，确保企业有充足又不过剩的货币资金余额。

尽管由于每个企业的性质、所处行业、规模以及内部控制健全程度等不同，使得其与货币资金相关的内部控制内容有所不同，但以下要求是通常应当共同遵循的：

1.岗位分工及授权批准

（1）企业应当建立货币资金业务的岗位责任制，明确相关部门和岗位的职责权限，确保办理货币资金业务的不相容岗位相互分离、制约和监督。出纳人员不得兼任稽核、会计档案保管和收入、支出、费用、债权债务账目的登记工作。企业不得由一人办理货币资金业务的全过程。

（2）企业应当对货币资金业务建立严格的授权批准制度，明确审批人对货币资金业务的授权批准方式、权限、程序、责任和相关控制措施，规定经办人办理货币资金业务的职责范围和工作要求。审批人应当根据货币资金授权批准制度的规定，在授权范围内进行审批，不得超越审批权限。

（3）企业应当按照规定的程序办理货币资金支付业务。

①支付申请。企业有关部门或个人用款时，应当提前向审批人提交货币资金支付申请，注明款项的用途、金额、预算、支付方式等内容，并附有效经济合同或相关证明。

②支付审批。审批人根据其职责、权限和相应程序对支付申请进行审批。对不符合规定的货币资金支付申请，审批人应当拒绝批准。

③支付复核。复核人应当对批准后的货币资金支付申请进行复核，复核货币资金支付申请的批准范围、权限、程序是否正确，手续及相关单证是否齐备，金额计算是否准确，支付方式、支付企业是否妥当等。复核无误后，交由出纳人员办理支付手续。

④办理支付。出纳人员应当根据复核无误的支付申请，按规定办理货币资金支付手续，及时登记库存现金和银行存款日记账。

（4）企业对于重要货币资金支付业务，应当实行集体决策和审批，并建立责任追究制度，防范贪污、侵占、挪用货币资金等行为。

（5）严禁未经授权的机构或人员办理货币资金业务或直接接触货币资金。

2.现金和银行存款的管理

（1）企业应当加强现金库存限额的管理，超过库存限额的现金应及时存入银行。

（2）企业必须根据《现金管理暂行条例》的规定，结合本企业的实际情况，确定本企业现金的开支范围。不属于现金开支范围的业务应当通过银行办理转账结算。

（3）企业现金收入应当及时存入银行，不得用于直接支付企业自身的支出。因特殊情况需坐支现金的，应事先报经开户银行审查批准。

（4）企业取得的货币资金收入必须及时入账，不得私设“小金库”，不得账外设账，严禁收款不入账。企业借出款项必须执行严格的授权批准程序，严禁擅自挪用、借出货币资金。

（5）企业应当严格按照《支付结算办法》等国家有关规定，加强银行账户的管理，严格按照规定开立账户，办理存款、取款和结算。企业应当定期检查、清理银行账户的开立及使用情况，发现问题，及时处理。企业应当加强对银行结算凭证的填制、传递及保管等环节的管理与控制。

（6）企业应当严格遵守银行结算纪律，不准签发没有资金保证的票据或远期支票，套取银行信用；不准签发、取得和转让没有真实交易和债权债务的票据，套取银行和他人资金；不准无理拒绝付款，任意占用他人资金；不准违反规定开立和使用银行账户。

（7）企业应当指定专人定期核对银行账户（每月至少核对一次），编制银行存款余额调节表，使银行存款账面余额与银行对账单调节相符。如调节不符，应查明原因，及时处理。

（8）企业应当定期和不定期地进行现金盘点，确保现金账面余额与实际库存相符。发现不符，及时查明原因，作出处理。

3.票据及有关印章的管理

（1）企业应当加强与货币资金相关的票据的管理，明确各种票据的购买、保管、领用、背书转让、注销等环节的职责权限和程序，并专设登记簿进行记录，防止空白票据的遗失和被盗用。

（2）企业应当加强银行预留印鉴的管理。财务专用章应由专人保管，个人名章必须由本人或其授权人员保管。严禁一人保管支付款项所需的全部印章。

4.监督检查

企业应当建立对货币资金业务的监督检查制度，明确监督检查机构或人员的职责权限，定期和不定期地进行检查。

货币资金监督检查的内容主要包括：①货币资金业务相关岗位及人员的设置情况。重点检查是否存在货币资金业务不相容职务混岗的现象。②货币资金授权批准制度的执行情况。重点检查货币资金支出的授权批准手续是否健全，是否存在越权审批行为。③支付款项印章的保管情况。重点检查是否存在办理付款业务所需的全部印章交由一人保管的现象。④票据的保管情况。重点检查票据的购买、领用、保管手续是否健全，票据保管是否存在漏洞。对监督检查过程中发现的货币资金内部控制中的薄弱环节，应当及时采取措施，加以纠正和完善。

三、与货币资金相关的重大错报风险

在评价货币资金业务的交易、账户余额和列报的认定层次的重大错报风险时，审计人员通常运用职业判断，依据因货币资金业务的交易、账户余额和列报的具体特征而导致重大错报风险的可能性（即固有风险），以及风险评估是否考虑了相关控制（即控制风险），形成对与货币资金相关的重大错报风险的评估，进而影响进一步审计程序。

货币资金业务交易、账户余额和列报的认定层次的重大错报风险可能包括：

（1）被审计单位存在虚假的货币资金余额或交易，因而导致银行存款余额的存在性或交易的发生存在重大错报风险。

（2）被审计单位存在大额的外币交易和余额，可能存在外币交易或余额未被准确记录的风险。例如，对于有外币现金或外币银行存款的被审计单位，企业有关外币交易的增减变动或年底余额可能因未采用正确的折算汇率而导致计价错误（计价与分摊/准确性）。

(3) 银行存款的期末收支存在大额的截止性错误（截止）。例如，被审计单位期末存在金额重大且异常的银行已付企业未付，企业已收银行未收事项。

(4) 被审计单位可能存在未能按照企业会计准则的规定对货币资金作出恰当披露的风险。例如，被审计单位期末持有使用受限制的大额银行存款，但在编制财务报表时未在财务报表附注中对其进行披露。

在实施货币资金审计的过程中，如果被审计单位存在以下事项或情形，审计人员需要保持警觉：

(1) 被审计单位的现金交易比例较高，并与其所在的行业常用的结算模式不同；

(2) 库存现金规模明显超过业务周转所需资金；

(3) 银行账户开立数量与企业实际的业务规模不匹配；

(4) 在没有经营业务的地区开立银行账户；

(5) 企业资金存放于管理层或员工个人账户；

(6) 货币资金收支金额与现金流量表不匹配；

(7) 不能提供银行对账单或银行存款余额调节表；

(8) 存在长期或大量银行未达账项；

(9) 银行存款明细账存在非正常转账的“一借一贷”；

(10) 违反货币资金存放和使用规定（如上市公司未经批准开立账户转移募集资金、未经许可将募集资金转作其他用途等)；

(11) 存在大额外币收付记录，而被审计单位并不涉足外贸业务；

(12) 被审计单位以各种理由不配合审计人员实施银行函证。

除上述与货币资金项目直接相关的事项或情形外，审计人员在审计其他财务报表项目时，还可能关注到其他一些也需保持警觉的事项或情形。例如：

(1) 存在没有具体业务支持或与交易不相匹配的大额资金往来；

(2) 长期挂账的大额预付款项；

(3) 存在大额自有资金的同时，向银行高额举债；

(4) 付款方账户名称与销售客户名称不一致、收款方账户名称与供应商名称不一致；

(5) 开具的银行承兑汇票没有银行承兑协议支持；

(6) 银行承兑票据保证金余额与应付票据余额比例不合理。

当被审计单位存在以上事项或情形时，可能表明存在舞弊风险。

审计人员基于以上识别的重大错报风险评估结果，制定实施进一步审计程序的总体方案（包括综合性方案和实质性方案)，继而实施控制测试和实质性审计程序，以应对识别出的重大错报风险。审计人员通过综合性方案或实质性方案获取的审计证据应足以应对识别出的认定层次的重大错报风险。

四、货币资金的控制测试

(一) 库存现金内部控制的测试

现金是企业流动性最强的资产，加强现金管理对于保护企业资产安全完整、维护社会经济秩序具有重要意义。良好的现金内部控制下，企业的现金收支记录应及时、准确、完整；全部现金支出均按经批准的用途进行，现金得以安全保管。一般而言，良好的现金内部控制应该达到：现金收支与记账岗位分离；现金收支有合理、合法凭据；全部收入及时准确入账，全部支出有核准手续；控制现金坐支，当日收入现金及时送存银行；按月盘点现金；加强对现金收支业务的内部审计。

1.了解现金内部控制。通常通过现金内部控制流程图来了解现金内部控制。编制现金内部控制流程图是现金控制测试的重要步骤。审计人员在编制之前应通过询问、观察等调查手段收集必要的资料，然后根据所了解的情况编制流程图。对中小企业，也可采用编写现金内部控制说明的方法。

若以前年度审计时已经编制了现金内部控制流程图，审计人员可根据调查结果加以修正，以供本年度审计之用。一般地，了解现金内部控制时，审计人员应当注意检查库存现金内部控制的建立和执行情况，重点包括：

（1）库存现金的收支是否按规定的程序和权限办理；

（2）是否存在与被审计单位经营无关的款项收支情况；

（3）出纳与会计的职责是否严格分离；

（4）库存现金是否妥善保管，是否定期盘点、核对等。

2.抽取并检查收款凭证。现金收款内部控制不强，可能会发生贪污舞弊或挪用等情况。为测试现金收款的内部控制，审计人员应按现金的收款凭证分类，选取适当的样本量，作如下检查：（1）核对库存现金日记账的收入金额是否正确。（2）核对现金收款凭证与应收账款明细账的有关记录是否相符。（3）核对实收金额与销货发票是否一致等。

3.抽取并检查付款凭证。为测试现金付款内部控制，审计人员应按照现金付款凭证分类，选取适当的样本量，作如下检查：（1）检查付款的授权批准手续是否符合规定。（2）核对库存现金日记账的付出金额是否正确。（3）核对现金付款凭证与应付账款明细账的记录是否一致。（4）核对实付金额与购货发票是否相符等。

4.抽取一定期间的库存现金日记账与总账核对。审计人员应抽取一定期间的库存现金日记账，检查其加总是否正确无误，库存现金日记账是否与总分类账核对相符。

5.检查外币现金的折算方法是否符合有关规定，是否与上年度一致。

6.评价库存现金的内部控制。审计人员在完成上述程序之后，即可对库存现金的内部控制进行评价。评价时，审计人员应首先确定库存现金内部控制可信赖的程度以及存在的薄弱环节和缺点，然后据以确定在库存现金实质性程序中对哪些环节可以适当减少审计程序，对哪些环节应增加审计程序并作重点检查，以减少审计风险。

（二）银行存款的控制测试

一般而言，良好的银行存款的内部控制应达到：银行存款收支与记账的岗位分离。银行存款收支要有合理、合法的凭据。全部收支及时准确入账，全部支出要有核准手续。按月编制银行存款余额调节表，以做到账实相符。加强对银行存款收支业务的内部审计。同时，企业应建立相应的支票申领制度，明确申领范围、申领批准及支票签发、支票报销等。对于支票报销和现金报销，应建立报销制度。

1.了解银行存款的内部控制。审计人员对银行存款内部控制的了解一般与了解现金的内部控制同时进行。审计人员应当注意：（1）银行存款的收支是否按规定的程序和权限办理。（2）银行账户是否存在与本单位经营无关的款项收支情况。（3）是否存在出租、出借银行账户的情况。（4）出纳与会计的职责是否严格分离。（5）是否定期取得银行对账单并编制银行存款余额调节表等。

2.抽取并检查银行存款收款凭证。审计人员应选取适当的样本量：(1) 核对银行存款收款凭证与存入银行账户的日期和金额是否相符。(2) 核对银行存款日记账的收入金额是否正确。(3) 核对银行存款收款凭证与银行对账单是否相符。(4) 核对银行存款收款凭证与应收账款明细账的有关记录是否相符。(5) 核对实收金额与销货发票是否一致等。

3.抽取并检查银行存款付款凭证。为测试银行存款付款内部控制，审计人员应选取适当的样本量：(1) 检查付款的授权批准手续是否符合规定。(2) 核对银行存款日记账的付出金额是否正确。(3) 核对银行存款付款凭证与银行对账单是否相符。(4) 核对银行存款付款凭证与应付账款明细账的记录是否一致。(5) 核对实付金额与购货发票是否相符等。

4.抽取一定期间的银行存款日记账与总账核对。

5.抽取一定期间银行存款余额调节表，查验其是否按月正确编制并经复核。

6.检查外币银行存款的折算方法是否符合有关规定，是否与上年度一致。

7.评价银行存款的内部控制。审计人员在完成上述程序之后，即可对银行存款的内部控制进行评价。评价时，审计人员首先确定银行存款内部控制可信赖的程序以及存在的薄弱环节和缺点，然后据以确定在银行存款实质性程序中对哪些环节可以适当减少审计程序，对哪些环节应增加审计程序并作重点检查，以减少审计风险。

五、库存现金的实质性程序

（一）库存现金的审计目标

库存现金包括企业的人民币现金和外币现金。现金是企业流动性最强的资产，尽管其在企业资产总额中的比重不大，但企业发生的舞弊事件大都与现金有关，因此，审计人员应该重视库存现金的审计。

库存现金的审计目标一般应包括（括号内的为相应的财务报表认定）：

1.确定被审计单位资产负债表的货币资金项目中的库存现金在资产负债表日是否确实存在。(存在)

2.确定被审计单位所有应当记录的现金收支业务是否均已记录完毕，有无遗漏。(完整性)

3.确定记录的库存现金是否为被审计单位所拥有或控制。(权利和义务)

4.确定库存现金以恰当的金额包括在财务报表的货币资金项目中，与之相关的计价调整已恰当记录。(计价与分摊)

5.确定库存现金是否已按照企业会计准则的规定在财务报表中作出恰当列报。(列报)

（二）库存现金的实质性程序

1.核对库存现金日记账与总账的金额是否相符，检查非记账本位币库存现金的折算汇率及折算金额是否正确。核对库存现金日记账与总账的金额是否相符是现金余额测试的起点，如果不相符，应查明原因，必要时应建议作出适当调整。

2.监盘库存现金。监盘库存现金是库存现金是否存在审计的一项重要审计程序。

企业盘点库存现金，通常包括对已收到但未存入银行的现金、零用金、找换金等的盘点。盘点库存现金的时间和人员应视被审计单位的具体情况而定，但现金出纳员和被审计单位会计主管人员必须参加，并由审计人员进行监盘。盘点和监盘库存现金的步骤与方法主要有：

(1) 制订监盘计划，确定监盘时间。对库存现金的监盘最好实施突击性的检查，时间最好选择在上午上班前或下午下班时，盘点的范围一般包括被审计单位各部门经管的现金。在进行现金盘点前，应由出纳员将现金集中起来存入保险柜。必要时可加以封存，然后由出纳员把已办妥现金收付手续的收付款凭证登入库存现金日记账。如被审计单位库存现金存放部门有两处或两处以上的，应同时进行盘点。

（2）审阅库存现金日记账并同时与现金收付凭证相核对。一方面检查库存现金日记账的记录与凭证的内容和金额是否相符；另一方面了解凭证日期与库存现金日记账日期是否相符或接近。

（3）由出纳员根据库存现金日记账加计累计数额，结出现金结余额。

（4）盘点保险柜内的现金实存数，同时由审计人员编制“库存现金监盘表”（见表9-11）。

（5）将盘点金额与库存现金日记账余额进行核对，如有差异，应要求被审计单位查明原因，必要时应提请被审计单位作出调整；如无法查明原因，应要求被审计单位按管理权限批准后作出调整。

（6）若有冲抵库存现金的借条、未提现支票、未作报销的原始凭证，应在“库存现金监盘表”中注明，必要时应提请被审计单位作出调整。

（7）在非资产负债表日进行盘点和监盘时，应调整至资产负债表日的金额。

3.分析被审计单位日常库存现金余额是否合理，关注是否存在大额未缴存的现金。

4.抽查大额库存现金收支。检查大额现金收支的原始凭证是否齐全、原始凭证内容是否完整、有无授权批准、记账凭证与原始凭证是否相符、账务处理是否正确、是否记录于恰当的会计期间等项内容。

5.抽查资产负债表日前后若干天的、一定金额以上的现金收支凭证实施截止测试。验证现金收支的截止日期，以确定是否存在跨期事项、是否应考虑提出调整建议。

6.检查库存现金是否在财务报表中作出恰当列报和披露。

六、银行存款的实质性程序

（一）银行存款的审计目标

银行存款的审计目标一般包括：确定被审计单位资产负债表的货币资金项目中的银行存款在资产负债表日是否确实存在；确定被审计单位所有应当记录的银行存款收支业务是否均已记录完毕，有无遗漏；确定记录的银行存款是否为被审计单位所拥有或控制；确定银行存款以恰当的金额包括在财务报表的货币资金项目中，与之相关的计价调整已恰当记录；确定银行存款是否已按照企业会计准则的规定在财务报表中作出恰当列报。

（二）银行存款的实质性程序

银行存款的实质性程序一般包括：

1.获取或编制银行存款余额明细表，复核加计是否正确，并与总账数和日记账合计数核对是否相符；检查非记账本位币银行存款的折算汇率及折算金额是否正确。银行存款余额测试的起点是核对银行存款日记账与总账的余额是否相符。如果不相符，应查明原因，必要时应建议作出适当调整。

2.实施实质性分析程序。计算银行存款累计余额应收利息收入，分析比较被审计单位银行存款应收利息收入与实际利息收入的差异是否恰当，评估利息收入的合理性，检查是否存在高息资金拆借，确认银行存款余额是否存在，利息收入是否已经完整记录。

表9-11　　　　**库存现金监盘表**

被审计单位：＿＿＿＿＿＿＿＿　索引号：＿＿＿＿＿＿＿＿

项目：＿＿＿＿＿＿＿＿　财务报表截止日/期间：＿＿＿＿＿＿＿＿

编制：＿＿＿＿＿＿＿＿　复核：＿＿＿＿＿＿＿＿

日期：＿＿＿＿＿＿＿＿　日期：＿＿＿＿＿＿＿＿

检查盘点记录						实有库存现金盘点记录						
项目		项次	人民币	美元	某外币	面额	人民币		美元		某外币	
上一日账面库存余额		①				1 000元	张	金额	张	金额	张	金额
盘点日未记账传票收入金额		②				500元						
盘点日未记账传票支出金额		③										
盘点日账面应有金额		④=①+②-③				100元						
盘点实有库存现金数额		⑤				50元						
盘点日应有与实有差异		⑥=④-⑤				10元						
差异原因分析	白条抵库（张）					5元						
						2元						
						1元						
						0.5元						
						0.2元						
						0.1元						
						合计						
追溯调整	报表日至审计日库存现金付出总额											
	报表日至审计日库存现金收入总额											
	报表日库存现金应有余额											
	报表日账面汇率											
	报表日余额折合本位币金额											
本位币合计												

出纳员：　　　会计主管人员：　　　监盘人：　　　检查日期：

审计说明：

3.检查银行存单。编制银行存单检查表，检查是否与账面记录金额一致，是否被质押或限制使用，存单是否为被审计单位所拥有。

（1）对已质押的定期存款，应检查定期存单，并与相应的质押合同核对，同时关注定期存单对应的质押借款有无入账；

（2）对未质押的定期存款，应检查开户证实书原件；

（3）对审计外勤工作结束日前已提取的定期存款，应核对相应的兑付凭证、银行对账单和定期存款复印件。

4.取得并检查银行存款余额对账单和银行存款余额调节表。取得并检查银行存款余额对账单和银行存款余额调节表是证实资产负债表中所列银行存款是否存在的重要程序。银行存款余额调节表通常应由被审计单位根据不同的银行账户及货币种类分别编制，其格式见表9-12。具体测试程序通常包括：（1）将被审计单位资产负债表日的银行存款余额对账单与银行询证函回函核对，确认是否一致，核对账面记录的存款金额是否与对账单记录一致。（2）获取资产负债表日的银行存款余额调节表，检查调节表中加计数是否正确，调节后银行存款日记账余额与银行对账单余额是否一致。（3）检查调节事项的性质和范围是否合理。主要是检查是否存在跨期收支和跨行转账的调节事项以及检查大额在途存款和未付票据。

表9-12　　**银行存款余额调节表**

年　月　日

编制人：　日期：　索引号：

复核人：　日期：　页　次：

户别：　　币　别：

项　目
银行对账单余额（　年　月　日）
加：企业已收，银行尚未入账金额
其中：1. ______元
2. ______元
减：企业已付，银行尚未入账金额
其中：1. ______元
2. ______元
调整后银行对账单金额
企业银行存款日记账金额（　年　月　日）
加：银行已收，企业尚未入账金额
其中：1. ______元
2. ______元
减：银行已付，企业尚未入账金额
其中：1. ______元
2. ______元
调整后企业银行存款日记账金额
经办会计人员：（签字）　会计主管：（签字）

检查在途存款的日期，查明发生在途存款的具体原因，追查期后银行对账单存款记录日期，确定被审计单位与银行记账时间差异是否合理，确定在资产负债表日是否需提请被审计单位进行适当调整。

检查被审计单位的未付票据明细清单，查明被审计单位未及时入账的原因，确定账簿记录时间晚于银行对账单的日期是否合理。

检查被审计单位未付票据明细清单中有记录但截至资产负债表日银行对账单无记录且金额较大的未付票据，获取票据领取人的书面说明，确认资产负债表日是否需要进行调整。

检查资产负债表日后银行对账单是否记录了调节事项中银行未付票据金额。

（4）检查是否存在未入账的利息收入和利息支出。

（5）检查是否存在其他跨期收支事项，检查相应的原始交易单据或者银行收付款单据。

（6）当未经授权或授权不清支付货币资金的现象比较突出时，检查银行存款余额调节表中支付异常的领款（包括没有载明收款人）、签字不全、收款地址不清、金额较大票据的调整事项，确认是否存在舞弊。

5.函证银行存款余额，编制银行函证结果汇总表，检查银行回函，确定被审计单位账面余额与银行函证结果的差异，对不符事项作出适当处理。函证银行存款余额是证实资产负债表所列银行存款是否存在的重要程序。银行存款函证是指审计人员在执行审计业务的过程中，以被审计单位的名义向有关单位发函询证，以验证被审计单位的银行存款是否真实、合法、完整。通过函证，审计人员不仅可以了解企业资产的存在，还可了解企业账面反映所欠银行债务的情况，并有助于发现企业未入账的银行借款和未披露的或有负债。函证银行存款余额应向包括零余额账户和在本期内注销账户的被审计单位在本期存过款的银行发函，除非有充分的证据表明某一银行存款及与金融机构往来的其他重要信息对财务报表不重要且与之相关的重大风险很低。

6.检查银行存款账户存款人是否为被审计单位，若存款人非被审计单位，应获取该账户户主和被审计单位的书面声明，确认资产负债表日是否需要提请被审计单位进行调整。

7.关注是否存在质押、冻结等对变现有限制或存在境外的款项。如果存在，是否已提请被审计单位作必要的调整和披露。

8.对不符合现金及现金等价物条件的银行存款在审计工作底稿中予以列明，以考虑对现金流量表的影响。

9.抽查大额银行存款收支的原始凭证，检查原始凭证是否齐全、记账凭证与原始凭证是否相符、账务处理是否正确、是否记录于恰当的会计期间等项内容。

10.检查银行存款收支的截止是否正确。选取资产负债表日前后若干张、一定金额以上的凭证实施截止测试，关注业务内容及对应项目，如有跨期收支事项，应考虑是否提请被审计单位进行调整。

11.检查银行存款是否在财务报表中作出恰当列报和披露。

【复习思考题】

1.简述销售与收款循环涉及的主要业务活动。

2.通常被审计单位对销售交易应设计哪些内部控制？

3.在一般制造业企业的赊销销售业务中，相关交易和余额存在的重大错报风险可能有哪些？

4.针对销售与收款交易，审计人员应如何实施实质性分析程序？

5.简述如何实施销售业务的截止测试。

6.如何确定应收账款函证的范围和对象?

7.针对应收账款函证不符的事项，审计人员应如何处理?

8.简述采购与付款循环涉及的主要业务活动。

9.采购与付款交易和余额的重大错报风险可能有哪些?

10.审计应付账款时，审计人员应执行哪些实质性分析程序?

11.请比较应收账款与应付账款函证程序有何不同。

12.如何检查被审计单位是否存在未入账的应付账款?

13.简述生产与存货循环涉及的主要业务活动。

14.针对一般制造类企业，生产与存货循环交易和余额的风险因素可能有哪些?

15.如何实施生产与存货交易的实质性分析程序?

16.简述存货监盘程序的基本要求和执行步骤。

17.在编制存货监盘计划时，审计人员需要考虑的事项有哪些?

18.货币资金的内部控制主要有哪些?

19.货币资金业务交易、账户余额和列报的认定层次的重大错报风险可能有哪些?

20.简述监盘库存现金的主要步骤与方法。

21.银行存款的实质性程序一般包括哪些?

第十章　终结审计与审计报告

终结审计工作与撰写审计报告是审计最后一个阶段的主要工作。本章主要内容包括期初余额、期后事项、持续经营假设等特殊项目的审计，获取管理层声明书、汇总审计差异、复核审计工作底稿和财务报表等审计终结阶段工作，以及在以上工作的基础上确定审计意见类型和措辞，编制并报送审计报告。

[学习目标]

1.熟悉期初余额审计、期后事项审计和考虑持续经营假设；

2.了解获取管理层声明书、汇总审计差异、复核审计工作底稿和财务报表；

3.熟悉审计报告的含义与分类；

4.掌握审计报告的基本内容；

5.掌握在审计报告中沟通关键审计事项；

6.掌握非无保留意见审计报告；

7.掌握在审计报告增加强调事项段；

8.了解在审计报告增加其他事项段。

第一节　终结审计工作

一、期初余额审计

（一）期初余额的含义

期初余额是指期初已存在的账户余额。也就是说，期初余额是指审计人员首次接受委托时，所审计的财务报表在期初已经存在的余额。期初余额以上期期末余额为基础，反映了以前期间的交易和上期采用的会计政策的结果。

期初余额与审计人员首次审计业务相联系，因为期初余额是本期财务报表的基础，往往会对本期财务报表产生重要的影响，当被审单位上期财务报表未经审计或上期财务报表由前任注册会计师审计时，即审计人员首次接受委托，必然要对财务报表的期初余额进行审计

（二）期初余额的审计目标

根据《中国注册会计师审计准则第1331号——首次审计业务涉及的期初余额》的要求，在执行首次审计业务时，注册会计师针对期初余额的目标是，获取充分、适当的审计证据以确定：（1）期初余额是否含有对本期财务报表产生重大影响的错报；（2）期初余额反映的恰当的会计政策是否在本期财务报表中得到一贯运用，或会计政策的变更是否已按

照适用的财务报告编制基础作出恰当的会计处理和充分的列报与披露。

（三）期初余额的审计程序

1.确定上期期末余额是否已正确结转至本期，或在适当的情况下已作出重新表述。

2.确定期初余额是否反映对恰当会计政策的运用。

3.实施一项或多项审计程序。

审计人员应当根据期初余额有关账户的不同性质，实施以下一项或多项审计程序：

（1）如果上期财务报表已经审计，查阅前任注册会计师的审计工作底稿，以获取有关期初余额的审计证据；

（2）评价本期实施的审计程序是否提供了有关期初余额的审计证据；

（3）实施其他专门的审计程序，以获取有关期初余额的审计证据。例如，对流动资产和流动负债，注册会计师通常可以通过本期实施的审计程序获取部分审计证据。对非流动资产和非流动负债，注册会计师通常检查形成期初余额的会计记录和其他信息。在某些情况下，注册会计师可向第三方函证期初余额，或实施追加的审计程序。

（四）期初余额审计对审计报告的影响

在对期初余额实施审计程序后，注册会计师应当分析已获取的审计证据，区分不同情况形成对被审计单位期初余额的审计结论，在此基础上确定其对本期财务报表出具审计报告的影响。

1.如果实施相关审计程序后无法获取有关期初余额的充分、适当的审计证据，注册会计师应当出具保留意见或无法表示意见的审计报告。

2.如果期初余额存在对本期财务报表产生重大影响的错报，注册会计师应当告知管理层；如果上期财务报表由前任注册会计师审计，注册会计师还应当考虑提请管理层告知前任注册会计师。如果错报的影响未能得到正确的会计处理和恰当的列报，注册会计师应当出具保留意见或否定意见的审计报告。

3.如果与期初余额相关的会计政策未能在本期得到一贯运用，并且会计政策的变更未能得到正确的会计处理和恰当列报，注册会计师应当出具保留意见或否定意见审计报告。

4.如果前任注册会计师对上期财务报表出具了非标准审计报告，注册会计师应当考虑该审计报告对本期财务报表的影响。如果导致出具非标准审计报告的事项对本期财务报表仍然相关和重大，注册会计师应当对本期财务报表出具非标准审计报告。

二、期后事项审计

（一）期后事项的含义和种类

期后事项，是指财务报表日至审计报告日之间发生的事项，以及注册会计师在审计报告日后知悉的事实。根据期后事项的定义，期后事项可以分为三个时段（见图10–1）：第一个时段是财务报表日后至审计报告日；第二时段是审计报告日后至财务报表报出日；第三个时段是财务报表报出日后。在图10–1中，财务报表日是指财务报表涵盖的最近期间的截止日期；财务报表批准日是指构成整套财务报表的所有报表（包括相关附注）已编制完成，并且被审计单位的董事会、管理层或类似机构已经认可其对财务报表负责的日期；财务报表报出日是指审计报告和已审计财务报表提供给第三方的日期。按照《中国注册会计师审计准则第1501号——对财务报表形成审计意见和出具审计报告》的规定，审计报告日不应早于注册会计师获取充分、适当的审计证据（包括管理层认可对财务报表的责任且已批准财务报表的证据），并在此基础上对财务报表形成审计意见的日期。因此，在实务中审计报告日与财务报表批准日通常是相同的日期。

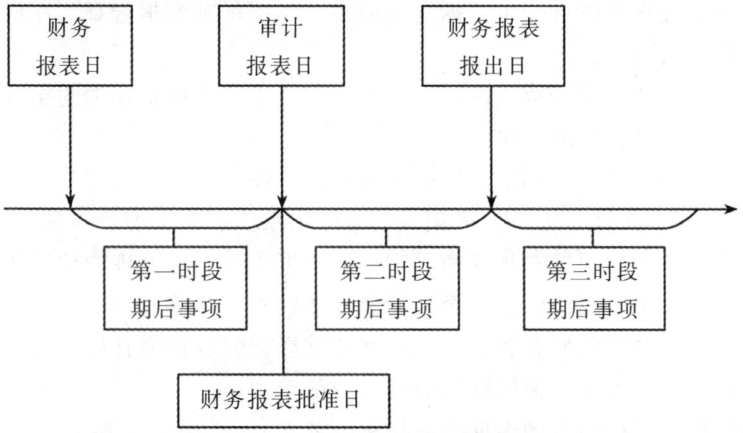

图10-1　期后事项分段示意图

注册会计师应当考虑期后事项对被审计单位财务报表公允性的影响和对审计报告的影响。影响被审计单位财务报表和审计报告的期后事项有两类：一是财务报表日后调整事项，即对财务报表日已经存在的情况提供了新的或进一步证据的事项；二是财务报表日后非调整事项，即表明财务报表日后发生的情况的事项。

1.财务报表日后调整事项

这类事项既能为被审计单位管理层确定财务报表日账户余额提供信息，也能为注册会计师核实这些余额提供补充证据。如果这类期后事项的金额重大，应提请被审计单位对本年度财务报表及相关账户的余额进行调整。常见的这类事项有：(1) 财务报表日后诉讼案件结案，法院判决证实了企业在财务报表日已经存在现时义务，需要调整原先确认的与该诉讼案件相关的预计负债，或确认一项新负债；(2) 财务报表日后取得确凿证据，表明某项资产在财务报表日发生了减值或者需要调整该项资产原先确认的减值金额；(3) 财务报表日后进一步确定了财务报表日前购入资产的成本或售出资产的收入；(4) 财务报表日后发现了财务报表舞弊或差错。

2.财务报表日后非调整事项

这类事项因不影响财务报表日财务状况，而不需要调整被审计单位的本期财务报表。但如果被审计单位的财务报表因此可能受到误解，就应在财务报表附注中予以适当披露。在财务报表日后发生的，需要在财务报表上披露而非调整的事项通常有：财务报表日后发生重大诉讼、仲裁、承诺；财务报表日后资产价格、税收政策、外汇汇率发生重大变化；财务报表日后因自然灾害导致资产发生重大损失；财务报表日后发行股票和债券以及其他巨额举债；财务报表日后资本公积转增资本；财务报表日后发生巨额亏损；财务报表日后发生企业合并或处置子公司；财务报表日后企业利润分配方案中拟分配的以及经审议批准宣告发放的股利或利润。

（二）财务报表日至审计报告日之间发生的事项

注册会计师应当按照审计准则的规定实施审计程序，以使审计程序能够涵盖财务报表日至审计报告日（或尽可能接近审计报告日）之间的期间。

通常情况下，针对期后事项的专门审计程序，其实施时间越接近审计报告日越好。越接近审计报告日，也就意味着离财务报表日越远，被审计单位这段时间内累积的对财务报表日已经存在的情况提供的进一步证据也就越多；越接近审计报告日，注册会计师遗漏期后事项的可能性也就越小。

在确定审计程序的性质和范围时，注册会计师应当考虑风险评估的结果。用以识别第一时段期后事项的审计程序通常包括：

（1）了解管理层为确保识别期后事项而建立的程序。

（2）询问管理层和治理层（如适用），确定是否已发生可能影响财务报表的期后事项。注册会计师可以询问根据初步或尚无定论的数据作出会计处理的项目的现状，以及是否已发生新的承诺、借款或担保，是否计划出售或购置资产等。

（3）查阅被审计单位的所有者、管理层和治理层在财务报表日后举行会议的纪要，在不能获取会议纪要的情况下，询问此类会议讨论的事项。

（4）查阅被审计单位最近的中期财务报表（如有）。

除这些审计程序外，注册会计师可能认为实施下列一项或多项审计程序是必要和适当的：

（1）查阅被审计单位在财务报表日后最近期间内的预算、现金流量预测和其他相关的管理报告。

（2）就诉讼和索赔事项询问被审计单位的法律顾问，或扩大之前口头或书面查询的范围。

（3）考虑是否有必要获取涵盖特定期后事项的书面声明以支持其他审计证据，从而获取充分、适当的审计证据。

在实施了上述用以识别期后事项的审计程序后，如果知悉对财务报表有重大影响的期后事项，注册会计师应当考虑这些事项在财务报表中是否得到恰当的会计处理或予以充分披露。如果所知悉的期后事项属于调整事项，注册会计师应当考虑被审计单位是否已对财务报表作出适当的调整。如果所知悉的期后事项属于非调整事项，注册会计师应当考虑被审计单位是否在财务报表附注中予以充分披露。

（三）审计报告日后至财务报表报出日前知悉的事实

在审计报告日后，注册会计师没有责任针对财务报表实施审计程序或进行专门查询，但是，在审计报告日至财务报表报出日期间，被审计单位的财务报表并未报出，其管理层有责任告知注册会计师可能影响财务报表的事实。当然，注册会计师还可能从媒体报道、举报信或者证券监管部门告知等途径获悉影响财务报表的期后事项。

在审计报告日后至财务报表报出日前，如果知悉了某事实，且若在审计报告日知悉可能导致修改审计报告，注册会计师应当与管理层和治理层（如适用）讨论该事项；确定财务报表是否需要修改；如果需要修改，询问管理层将如何在财务报表中处理该事项。

1.管理层修改财务报表时的处理

如果管理层修改财务报表，注册会计师应当根据具体情况对有关修改实施必要的审计程序；同时，除非下文述及的特殊情况适用，注册会计师应当将用以识别期后事项的上述审计程序延伸至新的审计报告日，并针对修改后的财务报表出具新的审计报告。新的审计报告日不应早于修改后的财务报表被批准的日期。

此时，注册会计师需要获取充分、适当的审计证据，以验证管理层根据期后事项所作出的财务报表调整或披露是否符合适用的财务报告编制基础的规定。

特殊情况是，在有关法律法规或适用的财务报告编制基础未禁止的情况下，如果管理层对财务报表的修改仅限于反映导致修改的期后事项的影响，被审计单位的董事会、管理层或类似机构也仅对有关修改进行批准，注册会计师可以仅针对有关修改将用以识别期后事项的上述审计程序延伸至新的审计报告日。在这种情况下，注册会计师应当选用下列处理方式之一：

（1）修改审计报告，针对财务报表修改部分增加补充报告日期，从而表明注册会计师对期后事项实施的审计程序仅限于财务报表相关附注所述的修改。

（2）出具新的或修改的审计报告，在强调事项段或其他事项段中说明注册会计师对期后事项实施的审计程序仅限于财务报表相关附注所述的修改。

2.管理层不修改财务报表且审计报告未提交时的处理

如果认为管理层应当修改财务报表而没有修改，并且审计报告尚未提交给被审计单位，注册会计师应当按照《中国注册会计师审计准则第1502号——在审计报告中发表非无保留意见》的规定发表非无保留意见，然后再提交审计报告。

3.管理层不修改财务报表且审计报告已提交时的处理

如果认为管理层应当修改财务报表而没有修改，并且审计报告已经提交给被审计单位，注册会计师应当通知管理层和治理层（除非治理层全部成员参与管理被审计单位）在财务报表作出必要修改前不要向第三方报出。如果财务报表在未经必要修改的情况下仍被报出，注册会计师应当采取适当措施，以设法防止财务报表使用者信赖该审计报告。例如，针对上市公司，注册会计师可以利用证券传媒等刊登必要的声明，防止使用者依赖审计报告。注册会计师采取的措施取决于自身的权利和义务以及所征询的法律意见。

（四）财务报表报出日后知悉的事实

在财务报表报出后，注册会计师没有义务针对财务报表作出查询。但是，并不排除注册会计师通过媒体等其他途径获悉对财务报表产生重大影响的期后事项的可能性。

在财务报表报出后，如果知悉在审计报告日已存在的、可能导致修改审计报告的事实，注册会计师应当考虑是否需要修改财务报表，并与管理层进行讨论。同时，注册会计师还需要根据管理层是否修改财务报表、是否采取必要措施确保所有收到原财务报表和审计报告的人士了解这一情况、是否临近公布下一期财务报表等具体情况采取适当措施。

三、考虑持续经营假设

持续经营假设是指被审计单位在编制财务报表时，假定其经营活动在可预见的将来会继续下去，不拟也不必终止经营或破产清算，可以在正常的经营过程中变现资产、清偿债务。持续经营假设通常是会计确认和计量的基本假定之一，对财务报表的编制和审计关系重大。是否以持续经营假设为基础编制财务报表，对会计确认、计量和列报将产生很大影响。

（一）管理层的责任和注册会计师的责任

管理层应当根据企业会计准则的规定，对持续经营能力作出评估，考虑运用持续经营假设编制财务报表的合理性。如果认为以持续经营假设为基础编制财务报表不再合理，管理层应当采用其他基础编制，如清算基础。

在执行财务报表审计业务时，注册会计师的责任是考虑管理层运用持续经营假设的适当性和披露的充分性。注册会计师应当按照审计准则的要求，实施必要的审计程序，获取充分、适当的审计证据，确定可能导致对持续经营能力产生重大疑虑的事项或情况是否存在重大不确定性，并考虑对审计报告的影响。此外，注册会计师在执行财务报表审计业务时，不得对被审计单位是否具有持续经营能力和管理层作出的应对计划的可实现程度作出保证。

（二）评价管理层对持续经营能力作出的评估

注册会计师应当确定管理层评估持续经营能力涵盖的期间是否符合适用的会计准则和相关会计制度的规定。如果管理层评估持续经营能力涵盖的期间少于自财务报表日起的十二个月，注册会计师应当提请管理层将其延伸至自财务报表日起的十二个月。

在评价管理层作出的评估时，注册会计师应当考虑管理层作出评估的过程、依据的假设以及应对计划。如果管理层没有对持续经营能力作出初步评估，注册会计师应当与管理层讨论运用持续经营假设的理由，询问是否存在导致对持续经营能力产生重大疑虑的事项或情况，并提请管理层对持续经营能力作出评估。

当然，如果被审计单位具有良好的盈利记录并很容易获得外部资金支持，管理层可能无须详细分析就能对持续经营能力作出评估。在此情况下，注册会计师通常无须实施详细的审计程序，就可对管理层作出评估的适当性得出结论。

（三）实施追加审计程序

当识别出可能导致对持续经营能力产生重大疑虑的事项或情况时，注册会计师应当通过实施追加的审计程序（包括考虑缓解因素）获取充分、适当的审计证据，以确定是否存在重大不确定性。这些程序应当包括：

（1）如果管理层尚未对被审计单位持续经营能力作出评估，提请其进行评估。

（2）评价管理层与经营能力评估相关的未来应对计划，这些计划的结果是否可能改善目前的状况，以及管理层的计划对于具体情况是否可行。

（3）如果被审计单位已编制现金流量预测，且对预测的分析是评价管理层未来应对计划时所考虑的事项或情况的未来结果的重要因素，评价用于编制预测的基础数据的可靠性，并确定预测所基于的假设是否具有充分的支持。

（4）考虑自管理层作出评估后是否存在其他可获得的事实或信息。

（5）要求管理层和治理层（如适用）提供有关未来应对计划及其可行性的书面声明。

（四）审计结论与报告

1.被审计单位运用持续经营假设适当但存在重大不确定性

如果认为运用持续经营假设适合具体情况，但存在重大不确定性，注册会计师应当确定：

（1）财务报表是否已充分描述可能导致对持续经营能力产生重大疑虑的主要事项或情况，以及管理层针对这些事项或情况的应对计划；

（2）财务报表是否已清楚披露可能导致对持续经营能力产生重大疑虑的事项或情况存在重大不确定性，并由此导致被审计单位可能无法在正常的经营过程中变现资产和清偿债务。

如果财务报表已作出充分披露，注册会计师应当发表无保留意见，并在审计报告中增加强调事项段，强调可能导致对持续经营能力产生重大疑虑的事项或情况存在重大不确定性的事实，提醒财务报表使用者关注财务报表附注中对有关事项的披露。在极少数情况下，当存在多项对财务报表整体具有重要影响的重大不确定性时，注册会计师可能认为发表无法表示意见而非增加强调事项段是适当的。

如果财务报表未能作出充分披露，注册会计师应当出具保留意见或否定意见的审计报告。审计报告应当具体提及可能导致对持续经营能力产生重大疑虑的事项或情况存在重大不确定性的事实，并指明财务报表未对该事实作出披露。

2.运用持续经营假设不适当

如果判断被审计单位将不能持续经营，但财务报表仍然按照持续经营假设编制，注册会计师应当出具否定意见的审计报告。

如果在具体情况下运用持续经营假设是不适当的，但管理层被要求或自愿选择编制财务报表，则可以采用替代基础（如清算基础）编制财务报表。注册会计师可以对财务报表进行审计，前提是注册会计师确定替代基础在具体情况下是可接受的编制基础。如果财务报表对此作出了充分披露，注册会计师可以发表无保留意见，但也可能认为在审计报告中增加强调事项段是适当或必要的，以提醒财务报表使用者注意替代基础及其使用理由。

四、获取管理层声明书

（一）管理层声明书的作用

管理层声明书是指管理层向注册会计师提供的书面陈述，用以确认某些事项或支持其他审计证据。

管理层声明具有以下两方面作用：一是引起客户管理层的注意，财务报表真实公允表达的责任在于管理层。在有些情形下，客户管理层知道一些重要事项，如或有事项，但并未意识到在财务报表中揭示这些事项的重要性，说明书使客户注意到这些事项，避免发生误导。二是将询问结果用正式书面形式表达，使审计程序规范化。被审计单位管理层声明书把管理层对注册会计师的询问所做的答复以书面方式予以记录，可作为书面证据。

书面声明书是一种非独立来源证据，注册会计师不能将其当作可靠证据，并不能使注册会计师免于对所报告的项目收集足够的证据。管理层的声明书是对其他审计程序的补充，但不能取代其他审计程序。

（二）管理层声明书的形式

管理层声明书应当以书面的形式致送注册会计师。实践中，该文书通常由注册会计师准备好，要求客户用自己的信纸打印，由管理层签字认可。参考格式10-1列示了一种管理层声明书的范例。审计人员可以根据实际需要对本参考格式列示的内容予以调整。

参考格式10-1：管理层声明书

（致注册会计师）：

本声明书是针对你们审计ABC公司截至20×1年12月31日的年度财务报表而提供的。审计的目的是对财务报表发表意见，以确定财务报表是否在所有重大方面已按照企业会计准则的规定编制，并实现公允反映。

尽我们所知，并在作出了必要的查询和了解后，我们确认：

一、财务报表

1.我们已履行［插入日期］签署的审计业务约定书中提及的责任，即根据企业会计准则的规定编制财务报表，并对财务报表进行公允反映；

2.在作出会计估计时使用的重大假设（包括与公允价值计量相关的假设）是合理的；

3.已按照企业会计准则的规定对关联方关系及其交易作出了恰当的会计处理和披露；

4.根据企业会计准则的规定，所有需要调整或披露的资产负债表日后事项都已得到调整或披露；

5.未更正错报，无论是单独还是汇总起来，对财务报表整体的影响均不重大。未更正错报汇总表附在本声明书后；

6.［插入注册会计师可能认为适当的其他任何事项］。

二、提供的信息

7.我们已向你们提供下列工作条件：

（1）允许接触我们注意到的、与财务报表编制相关的所有信息（如记录、文件和其他事项）。

（2）提供你们基于审计目的要求我们提供的其他信息。

（3）允许在获取审计证据时不受限制地接触你们认为必要的本公司内部人员和其他相关人员。

8.所有交易均已记录并反映在财务报表中。

9.我们已向你们披露了由于舞弊可能导致的财务报表重大错报风险的评估结果。

10.我们已向你们披露了我们注意到的、可能影响本公司的与舞弊或舞弊嫌疑相关的所有信息，这些信息涉及本公司的：

（1）管理层；

（2）在内部控制中承担重要职责的员工；

（3）其他人员（在舞弊行为导致财务报表重大错报的情况下）。

11.我们已向你们披露了从现任和前任员工、分析师、监管机构等方面获知的、影响财务报表的舞弊指控或舞弊嫌疑的所有信息。

12.我们已向你们披露了所有已知的、在编制财务报表时应当考虑其影响的违反或涉嫌违反法律法规的行为。

13.我们已向你们披露了我们注意到的关联方的名称和特征、所有关联方关系及其交易。

14.［插入注册会计师可能认为必要的其他任何事项］。

附：未更正错报汇总表

ABC公司　　　　ABC公司管理层

（盖章）　　　　（签名并盖章）

中国××市　　　　二〇×二年×月×日

（三）对书面声明可靠性的疑虑

如果对管理层的胜任能力、诚信、道德价值观或勤勉尽责存在疑虑，或者对管理层在这些方面的承诺或贯彻执行存在疑虑，注册会计师应当确定这些疑虑对书面或口头声明和审计证据总体的可靠性可能产生的影响。注册会计师可能认为，管理层在财务报表中作出不实陈述的风险很大，以至于审计工作无法进行。在这种情况下，除非治理层采取适当的纠正措施，否则注册会计师可能需要考虑解除业务约定（如果法律法规允许）。很多时候，治理层采取的纠正措施可能并不足以使注册会计师发表无保留意见。

如果书面声明与其他审计证据不一致，注册会计师应当实施审计程序以设法解决这些问题。如果认为书面声明不可靠，注册会计师应当采取适当措施，包括确定其对审计意见可能产生的影响。

（四）管理层不提供要求的书面声明

如果管理层不提供要求的一项或多项书面声明，注册会计师应当：

1.与管理层讨论该事项；

2.重新评价管理层的诚信，并评价该事项对书面或口头声明和审计证据总体的可靠性可能产生的影响；

3.采取适当措施，包括确定该事项对审计意见可能产生的影响。

如果存在下列情形之一，注册会计师应当对财务报表发表无法表示意见。

（1）注册会计师对管理层的诚信产生重大疑虑，以至于认为其作出的书面声明不可靠。

（2）管理层不提供下列书面声明。

①针对财务报表的编制，管理层确认其根据审计业务约定条款，履行了按照适用的财务报告编制基础编制财务报表并使其实现公允反映（如适用）的责任。

②针对提供的信息和交易的完整性，管理层就下列事项提供书面声明：

（a）按照审计业务约定条款，已向注册会计师提供所有相关信息，并允许注册会计师不受限制地接触所有相关信息以及被审计单位内部人员和其他人员。

（b）所有交易均已记录并反映在财务报表中。

五、汇总审计差异

在完成按交易循环进行的控制测试、交易与财务报表项目的实质性程序和特殊项目的审计后，对在审计中发现的被审计单位会计处理方法与企业会计准则不一致的审计差异内容，审计项目经理应根据审计重要性原则予以初步确定和汇总，并建议被审计单位进行审计调整。对审计差异内容的“初步确定并汇总”直至形成“经审计的财务报表”的过程，主要是通过编制审计差异调整表和试算平衡表得以完成的。

（一）编制审计差异调整表

审计差异内容按是否需要调整账户记录可分为核算错误和重分类错误。核算错误是因被审计单位对经济业务进行了不正确的会计核算而引起的错误。用审计重要性原则来衡量每一项核算错误，又可将它们区分为建议调整的不符事项和不建议调整的不符事项（即未调整不符事项）。重分类错误是因被审计单位未按企业会计准则的要求列报财务报表而引起的错误。

为便于审计项目的各级负责人综合判断、分析和决定，也为了便于有效编制试算平衡表和代编经审计的财务报表，通常需要将这些错误分别汇总在“账项调整分录汇总表”、“未更正错报汇总表”与“重分类调整分录汇总表”等三张汇总表中。

注册会计师确定了建议调整的不符事项和重分类错误后，应以书面方式及时征求被审计单位对需要调整财务报表事项的意见。若被审计单位予以采纳，应取得被审计单位同意调整的书面确认；若被审计单位不予采纳，应分析原因，并根据未调整不符事项的性质和重要程度，确定是否在审计报告中予以反映，以及如何反映。

（二）编制试算平衡表

试算平衡表是注册会计师在被审计单位提供未审财务报表的基础上，考虑调整分录、重分类分录等内容以确定已审数与报表披露数的表式。

六、复核审计工作底稿和财务报表

（一）对财务报表总体合理性实施分析程序

在审计结束或临近结束时，注册会计师运用分析程序进行总体复核，如果识别出以前未识别的重大错报风险，注册会计师应当重新考虑对全部或部分各类交易、账户余额、列报评估的风险是否恰当，并在此基础上重新评价之前计划的审计程序是否充分，是否有必要追加审计程序。

（二）评价审计结果

注册会计师评价审计结果，主要为了确定将要发表的审计意见的类型以及在整个审计工作中是否遵循了审计准则。为此，注册会计师必须完成以下两项工作。

1.对重要性和审计风险进行最终的评价

对重要性和审计风险进行最终评价，是注册会计师决定发表何种类型审计意见的必要过程。该过程可通过以下两个步骤来完成：

（1）确定可能的错报金额。这里的可能错报总额一般是指各财务报表项目可能的错报金额的汇总数，但也可能包括上一期间的任何未更正可能错报对本期财务报表的影响。上一期间的未更正可能错报与本期未更正可能错报累计起来，可能会导致本期财务报表产生重大错报。

（2）根据财务报表层次重要性水平，确定可能的错报金额的汇总数（即可能错报总额）对整个财务报表的影响程度。这里的“财务报表层次的重要性水平”是指审计计划阶段确定的重要性水平，如果该重要性水平在审计过程中已作过修正，则应当按修正后的财务报表层次重要性水平进行比较。

通过比较分析，如果注册会计师得出审计风险处在一个可接受的水平这一结论，则可以直接提出审计结果所支持的意见；如果注册会计师认为审计风险不能接受，则应追加审计测试或者说服被审计单位作必要调整，以便将重要错报的风险降低到可接受的水平。否则，注册会计师应慎重考虑该审计风险对审计报告的影响。

2.对被审计单位已审计财务报表形成审计意见并草拟审计报告

在审计过程中实施的各种测试通常是由参与本次审计工作的审计项目组成员来执行的，而每个成员所执行的测试可能只限于某几个领域或账项。所以在完成审计工作阶段，为了对财务报表整体发表适当的意见，必须将这些分散的审计结果加以汇总和评价，综合考虑在审计过程中所收集到的全部证据。

在对审计意见形成最后决定之前，会计师事务所通常要与被审计单位召开沟通会，会上注册会计师可口头报告本次审计所发现的问题，并说明建议被审计单位作必要调整或表外披露的理由。被审计单位管理层也可以在会上申辩其立场。最后，通常会对需要被审计单位作出的改变达成协议。如达成了协议，注册会计师一般即可签发标准审计报告，否则，注册会计师则可能不得不发表其他类型的审计意见。

（三）复核审计工作底稿

会计师事务所应当建立完善的审计工作底稿分级复核制度。通常对审计工作底稿的复核可分为两个层次：项目组内部复核和独立的项目质量控制复核。

1.项目组内部复核

项目组内部复核又分为两个层次：（1）审计项目经理的现场复核。审计项目经理对审计工作底稿的全面复核通常在审计现场完成，以便及时发现和解决问题，争取审计工作的主动。（2）项目合伙人的复核。项目负责合伙人对审计工作底稿实施复核是项目组内部最高级别的复核。项目合伙人复核的内容包括：对关键领域所作的判断，尤其是执行业务过程中识别出的疑难问题或争议事项；特别风险；项目合伙人认为重要的其他领域。项目合伙人无须复核所有审计工作底稿。

2.项目质量控制复核

项目质量控制复核是指在出具报告前，对项目组作出的重大判断和在准备报告时形成的结论作出客观评价的过程。项目质量控制复核也称独立复核。独立复核有三层意义：（1）实施对审计工作结果的最后质量控制。（2）确认审计工作已达到会计师事务所的工作标准。（3）消除妨碍注册会计师判断的偏见。

第二节 审计报告概述

一、审计报告的含义

审计报告是指审计人员根据审计准则的规定，在执行审计工作的基础上，对财务报表发表审计意见的书面文件。审计报告是审计人员在完成审计工作后向委托人提交的最终产品，具有法定证明效力。

审计报告是注册会计师对财务报表是否在所有重大方面按照财务报告编制基础编制并实现公允反映发表审计意见的书面文件，因此，注册会计师应当将已审计的财务报表附于审计报告之后，以便于财务报表使用者正确理解和使用审计报告，并防止被审计单位替换、更改已审计的财务报表。

二、审计报告的分类

按照不同的标准，可以将审计报告划分为不同种类。

（一）按审计报告使用的目的，可分为公布目的审计报告和非公布目的审计报告

（1）公布目的审计报告，一般用于对企业股东、投资者、债权人等非特定利益关系者公布财务报表时所附送的审计报告。

（2）非公布目的审计报告，一般用于经营管理、合并或业务转让、融通资金等特定目的而实施审计的审计报告。这类审计报告是分发给特定使用者的，如经营者、合并或业务转让的关系人、提供信用的金融机构等。

（二）按审计报告的详略程度，可分为简式审计报告和详式审计报告

（1）简式审计报告，又称短式审计报告，一般用于注册会计师对应公布财务报表所出

具的简明扼要的审计报告，其反映的内容是非特定多数的利害关系人共同认为的必要审计事项，且为法令或审计准则所规定的，具有标准格式。它一般适用于公布目的，具有标准审计报告的特点。

（2）详式审计报告，又称长式审计报告，一般是指对审计对象所有重要经济业务和情况都要作详细说明和分析的审计报告。它主要用于指出企业经营管理存在的问题和帮助企业改善经营管理，其内容丰富、详细，一般适用于非公布目的，具有非标准审计报告的特点。

（三）按格式和措辞的规范性，可分为标准审计报告和非标准审计报告

（1）标准审计报告，是指格式和措辞基本统一的审计报告。标准审计报告是为了便于审计报告使用者准确理解审计意见，而采用的统一审计报告的格式和措辞的方式。标准审计报告一般适用于对外公布。

（2）非标准审计报告，是指格式和措辞不统一，可以根据具体审计项目的情况来决定的审计报告。非标准审计报告一般不对外公布。

应当注意的是，由于注册会计师出具的年度财务报表审计报告有规范的格式和措辞，均属于标准审计报告。但人们也习惯于将注册会计师出具的不含有说明段、强调事项段、其他事项段或其他任何修饰性用语的无保留意见的审计报告称为“标准审计报告”或“标准审计意见”；标准审计报告以外的其他审计报告统称为“非标准审计报告”或“非标准审计意见”，具体包括带强调事项段或其他事项段的无保留意见审计报告、保留意见审计报告、否定意见审计报告和无法表示意见审计报告。

（四）按审计报告的意见类型，可以分为无保留意见审计报告、保留意见审计报告、否定意见审计报告和无法表示意见审计报告

（1）无保留意见审计报告，是指当审计人员认为财务报表在所有重大方面按照适用的财务报告编制基础编制并实现公允反映时发表的审计意见。

（2）保留意见审计报告，是指审计人员对已审计的财务报表发表的意见是有所保留的，是对财务报表的公允性所作出的一种附带条件的肯定。

（3）否定意见审计报告，是指审计人员提出财务报表没有公允反映被审计单位财务状况、经营成果和现金流动状况的审计意见。

（4）无法表示意见审计报告，是指审计范围受到限制可能产生的影响非常重大和广泛，不能获取充分、适当的审计证据，以至于审计人员无法对财务报表发表审计意见。

三、审计报告的基本内容

《中国注册会计师审计准则第1501号——对财务报表形成审计意见和出具审计报告》对我国注册会计师的财务报表审计报告的基本内容与格式进行了规范。根据规定，标准无保留意见审计报告应当包括下列要素：

（一）标题

审计报告应当具有标题，统一规范为“审计报告”。

（二）收件人

审计报告的收件人是指注册会计师按照业务约定书的要求致送审计报告的对象，一般是指审计业务的委托人。针对整套通用目的财务报表出具的审计报告，审计报告的致送对

象通常为被审计单位的股东或治理层。审计报告应当按照审计业务的约定载明收件人的全称，如“××股份有限公司全体股东”“××有限公司董事会”等。

（三）审计意见

审计意见部分由两部分构成。

1.指出已审计财务报表。具体内容应当包括：（1）指出被审计单位的名称；（2）说明财务报表已经审计；（3）指出构成整套财务报表的每一财务报表的名称；（4）提及财务报表附注；（5）指明构成整套财务报表的每一财务报表的日期或涵盖的期间。

2.说明注册会计师发表的审计意见。审计意见段应当说明，财务报表是否在所有重大方面按照适用的财务报告编制基础编制，是否公允反映了被审计单位的财务状况、经营成果和现金流量。如果对财务报表发表无保留意见，除非法律法规另有规定，审计意见应当使用“我们认为，财务报表在所有重大方面按照［适用的财务报告编制基础（如企业会计准则等）］编制，公允反映了［……］”的措辞。

（四）形成审计意见的基础

审计报告应当包含标题为“形成审计意见的基础”的部分。该部分提供关于审计意见的重要背景，应当紧接在审计意见部分之后，并包括下列方面：（1）说明注册会计师按照审计准则的规定执行了审计工作。（2）提及审计报告中用于描述审计准则规定的注册会计师责任的部分。（3）声明注册会计师按照与审计相关的职业道德要求对被审计单位保持了独立性，并履行了职业道德方面的其他责任。声明中应当指明适用的职业道德要求，如中国注册会计师职业道德守则。（4）说明注册会计师是否相信获取的审计证据是充分、适当的，为发表审计意见提供了基础。

（五）管理层对财务报表的责任

审计报告应当包含标题为“管理层对财务报表的责任”的部分，其中应当说明管理层负责下列方面：（1）按照适用的财务报告编制基础编制财务报表，使其实现公允反映，并设计、执行和维护必要的内部控制，以使财务报表不存在由于舞弊或错误导致的重大错报；（2）评估被审计单位的持续经营能力和使用持续经营假设是否适当，并披露与持续经营相关的事项（如适用）。对管理层评估责任的说明应当包括描述在何种情况下使用持续经营假设是适当的。

（六）注册会计师对财务报表审计的责任

审计报告应当包含标题为“注册会计师对财务报表审计的责任”的部分，其中应当包括下列内容：

（1）说明注册会计师的目标是对财务报表整体是否不存在由于舞弊或错误导致的重大错报获取合理保证，并出具包含审计意见的审计报告；

（2）说明合理保证是高水平的保证，但按照审计准则执行的审计并不能保证一定会发现存在的重大错报；

（3）说明错报可能由于舞弊或错误导致；

（4）说明在按照审计准则执行审计工作的过程中，注册会计师运用职业判断，并保持职业怀疑；

（5）通过说明注册会计师的责任，对审计工作进行描述；

（6）说明注册会计师与治理层就计划的审计范围、时间安排和重大审计发现等事项进行沟通，包括沟通注册会计师在审计中识别的值得关注的内部控制缺陷；

（7）对于上市实体财务报表审计，指出注册会计师就已遵守与独立性相关的职业道德要求向治理层提供声明，并与治理层沟通可能被合理认为影响注册会计师独立性的所有关系和其他事项，以及相关的防范措施（如适用）；

（8）对于上市实体财务报表审计，以及决定按照《中国注册会计师审计准则第1504号——在审计报告中沟通关键审计事项》的规定沟通关键审计事项的其他情况，说明注册会计师从已与治理层沟通的事项中确定哪些事项对本期财务报表审计最为重要，因而构成关键审计事项。

（七）按照相关法律法规的要求报告的事项（如适用）

除审计准则规定的注册会计师对财务报表出具审计报告的责任外，相关法律法规可能对注册会计师设定了其他报告责任。例如，如果注册会计师在财务报表审计中注意到某些事项，可能被要求对这些事项予以报告。此外，注册会计师可能被要求实施额外规定的程序并予以报告，或对特定事项（如会计账簿和记录的适当性）发表意见。如果注册会计师在对财务报表出具的审计报告中履行其他报告责任，应当在审计报告中将其单独作为一部分，并以“按照相关法律法规的要求报告的事项”为标题。此时，审计报告应当区分为“对财务报表出具的审计报告”和“按照相关法律法规的要求报告的事项”两部分，以便将其同注册会计师的财务报表报告责任明确区分。在另外一些情况下，相关法律法规可能要求或允许注册会计师在单独出具的报告中进行报告。

（八）注册会计师的签名和盖章

审计报告应当由项目合伙人和另一名负责该项目的注册会计师签名和盖章。在审计报告中指明项目合伙人有助于进一步增强对审计报告使用者的透明度，有利于增强项目合伙人的个人责任感。因此，对上市实体整套通用目的财务报表出具的审计报告应当注明项目合伙人。

（九）会计师事务所的名称、地址和盖章

审计报告应当载明会计师事务所的名称和地址，并加盖会计师事务所公章。在实务中，审计报告通常载于会计师事务所统一印刷的、标有该所详细通讯地址的信笺上。因此，无须在审计报告中注明会计师事务所的详细地址，而只需标明会计师事务所注册地城市名。

（十）报告日期

审计报告应当注明报告日期。审计报告日不应早于注册会计师获取充分、适当的审计证据（包括管理层认可对财务报表的责任且已批准财务报表的证据），并在此基础上对财务报表形成审计意见的日期。在确定审计报告日时，注册会计师应当确信已获取下列两方面的审计证据：（1）构成整套财务报表的所有报表（包括相关附注）已编制完成；（2）被审计单位的董事会、管理层或类似机构已经认可其对财务报表负责。

审计报告的日期的确定非常重要。注册会计师对不同时段的期后事项有着不同的责任，而审计报告的日期是划分时段的关键时点。在实务中，注册会计师签署审计报告的日期通常与管理层签署已审计财务报表的日期为同一天，或晚于管理层签署已审计财务报表的日期。

参考格式10-2是对上市实体财务报表出具的无保留意见的审计报告示例。其背景信息如下：(1) 对上市实体整套财务报表进行审计。该审计不属于集团审计；(2) 管理层按照企业会计准则编制财务报表；(3) 审计业务约定条款体现了《中国注册会计师审计准则第1111号——就审计业务约定条款达成一致意见》关于管理层对财务报表责任的描述；(4) 基于获取的审计证据，注册会计师认为发表无保留意见是恰当的；(5) 适用的相关职业道德要求为中国注册会计师职业道德守则；(6) 基于获取的审计证据，根据《中国注册会计师审计准则第1324号——持续经营》，注册会计师认为可能导致对被审计单位持续经营能力产生重大疑虑的相关事项或情况不存在重大不确定性；(7) 已按照《中国注册会计师审计准则第1504号——在审计报告中沟通关键审计事项》的规定沟通了关键审计事项；(8) 负责监督财务报表的人员与负责编制财务报表的人员不同；(9) 除财务报表审计外，按照法律法规的要求，注册会计师负有其他报告责任，且注册会计师决定在审计报告中履行其他报告责任。

参考格式10-2：对上市实体财务报表出具的审计报告

审计报告

ABC股份有限公司全体股东：

一、对财务报表出具的审计报告

(一) 审计意见

我们审计了ABC股份有限公司（以下简称“ABC公司”）财务报表，包括20x1年12月31日的资产负债表，20x1年度的利润表、现金流量表、股东权益变动表以及相关财务报表附注。

我们认为，后附的财务报表在所有重大方面按照企业会计准则的规定编制，公允反映了ABC公司20x1年12月31日的财务状况以及20x1年度的经营成果和现金流量。

(二) 形成审计意见的基础

我们按照中国注册会计师审计准则的规定执行了审计工作。审计报告的“注册会计师对财务报表审计的责任”部分进一步阐述了我们在这些准则下的责任。按照中国注册会计师职业道德守则，我们独立于ABC公司，并履行了职业道德方面的其他责任。我们相信，我们获取的审计证据是充分、适当的，为发表审计意见提供了基础。

(三) 关键审计事项

关键审计事项是根据我们的职业判断，认为对本期财务报表审计最为重要的事项。这些事项是在对财务报表整体进行审计并形成意见的背景下进行处理的，我们不对这些事项提供单独的意见。

[按照《中国注册会计师审计准则第1504号——在审计报告中沟通关键审计事项》的规定描述每一关键审计事项。]

(四) 管理层和治理层对财务报表的责任

管理层负责按照企业会计准则的规定编制财务报表，使其实现公允反映，并设计、执行和维护必要的内部控制，以使财务报表不存在由于舞弊或错误导致的重大错报。

在编制财务报表时，管理层负责评估ABC公司的持续经营能力，披露与持续经营相关的事项（如适用），并运用持续经营假设，除非计划清算ABC公司、停止营运或别无其他现实的选择。

治理层负责监督ABC公司的财务报告过程。

（五）注册会计师对财务报表审计的责任

我们的目标是对财务报表整体是否不存在由于舞弊或错误导致的重大错报获取合理保证，并出具包含审计意见的审计报告。合理保证是高水平的保证，但并不能保证按照审计准则执行的审计在某一重大错报存在时总能发现。错报可能由于舞弊或错误导致，如果合理预期错报单独或汇总起来可能影响财务报表使用者依据财务报表作出的经济决策，则通常认为错报是重大的。

在按照审计准则执行审计的过程中，我们运用了职业判断，保持了职业怀疑。我们同时：

（1）识别和评估由于舞弊或错误导致的财务报表重大错报风险；对这些风险有针对性地设计和实施审计程序；获取充分、适当的审计证据，作为发表审计意见的基础。由于舞弊可能涉及串通、伪造、故意遗漏、虚假陈述或凌驾于内部控制之上，未能发现由于舞弊导致的重大错报的风险高于未能发现由于错误导致的重大错报的风险。

（2）了解与审计相关的内部控制，以设计恰当的审计程序，但目的并非对内部控制的有效性发表意见。

（3）评价管理层选用会计政策的恰当性和作出会计估计及相关披露的合理性。

（4）对管理层使用持续经营假设的恰当性得出结论。同时，根据获取的审计证据，就可能导致对ABC公司持续经营能力产生重大疑虑的事项或情况是否存在重大不确定性得出结论。如果我们得出结论认为存在重大不确定性，审计准则要求我们在审计报告中提请报表使用者注意财务报表中的相关披露；如果披露不充分，我们应当发表非无保留意见。我们的结论基于审计报告日可获得的信息。然而，未来的事项或情况可能导致ABC公司不能持续经营。

（5）评价财务报表的总体列报、结构和内容（包括披露），并评价财务报表是否公允反映相关交易和事项。

我们与治理层就计划的审计范围、时间安排和重大审计发现（包括我们在审计中识别的值得关注的内部控制缺陷）等事项进行沟通。

我们还就遵守关于独立性的相关职业道德要求向治理层提供声明，并就可能被合理认为影响我们独立性的所有关系和其他事项，以及相关的防范措施（如适用）与治理层进行沟通。

从与治理层沟通的事项中，我们确定哪些事项对本期财务报表审计最为重要，因而构成关键审计事项。我们在审计报告中描述这些事项，除非法律法规禁止公开披露这些事项，或在极其罕见的情形下，如果合理预期在审计报告中沟通某事项造成的负面后果超过在公众利益方面产生的益处，我们确定不应在审计报告中沟通该事项。

二、按照相关法律法规的要求报告的事项

[本部分的格式和内容，取决于法律法规对其他报告责任的性质的规定。法律法规规范的事项（其他报告责任）应当在本部分处理，除非其他报告责任与审计准则所要求的报告责任涉及相同的主题。如果涉及相同的主题，其他报告责任可以在审计准则所要求的同一报告要素部分中列示。当其他报告责任和审计准则规定的报告责任涉及同一主题，并且审计报告中的措辞能够将其他报告责任与审计准则规定的责任予以清楚地区分（如差异存在）时，允许将两者合并列示（即包含在“对财务报表出具的审计报告”部分中，并使用

适当的副标题)。]

××会计师事务所　　　　　　　　中国注册会计师：×××（项目合伙人）
（盖章）　　　　　　　　　　　　　　　　（签名并盖章）
　　　　　　　　　　　　　　　　　　中国注册会计师：×××
　　　　　　　　　　　　　　　　　　　　（签名并盖章）
中国××市　　　　　　　　　　　　　　　　二〇×二年×月×日

第三节　在审计报告中沟通关键审计事项

2015年，国际审计与鉴证准则委员会（IAASB）修订发布了新的国际审计报告准则，在改进审计报告模式、增加审计报告要素、丰富审计报告内容等方面作出了重大改进。2016年12月23日，中国财政部也印发《在审计报告中沟通关键审计事项》等12项中国注册会计师审计准则。该轮次审计报告准则改革的核心是，要求在审计报告中增设关键审计事项，披露审计工作中的重点难点等审计项目的个性化信息。

一、关键审计事项的含义与作用

关键审计事项，是指注册会计师根据职业判断认为对当期财务报表审计最为重要的事项。关键审计事项可能涉及注册会计师评估的重大错报风险较高的领域或识别出的特别风险、财务报表中涉及管理层重大判断（包括被认为具有高度不确定性的会计估计）的领域、当期重大交易或事项对审计的影响。关键审计事项应从注册会计师与治理层沟通过的事项中选取。

在审计报告中沟通关键审计事项的作用为：

（1）提高已执行审计工作的透明度，从而提高审计报告的决策相关性和有用性。

（2）为财务报表使用者提供额外的信息，以帮助其了解被审计单位、已审计财务报表中涉及重大管理层判断的领域，以及注册会计师根据职业判断认为对当期财务报表审计最为重要的事项。

（3）为财务报表预期使用者就与被审计单位、已审计财务报表或已执行审计工作相关的事项进一步与管理层和治理层沟通提供基础。

根据《中国注册会计师审计准则第1504号——在审计报告中沟通关键审计事项》要求，注册会计师在上市实体整套通用目的财务报表审计报告中增加关键审计事项部分，用于沟通关键审计事项。

二、确定关键审计事项的决策框架

根据关键审计事项的定义，注册会计师在确定关键审计事项时，需要遵循图10-2所示决策框架，即从“与治理层沟通过的事项”中选出“在执行审计工作时重点关注过的事项”，然后，从中再次选出“最为重要的事项”，作为关键审计事项。

（一）以“与治理层沟通过的事项”为起点选择关键审计事项

注册会计师与被审计单位治理层沟通的事项包括：注册会计师对被审计单位的重要会计政策、会计估计和财务报表披露等会计实务的看法，审计过程中遇到的重大困难，已与治理层讨论或需要书面沟通的重大事项等。对财务报表和审计报告使用者信息需求的调查

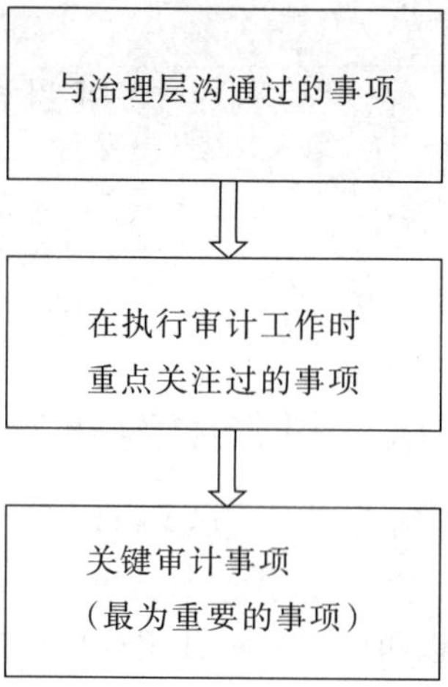

图10-2 关键审计事项的决策框架

结果表明，他们对这些事项感兴趣，并且呼吁增加这些沟通的透明度。因此，应从与治理层沟通事项中选取关键审计事项。

（二）从“与治理层沟通过的事项”中选出“在执行审计工作时重点关注过的事项”

注册会计师在确定“在执行审计工作时重点关注过的事项”时，需要特别考虑：(1) 评估的重大错报风险较高的领域或识别出的特别风险；(2) 与财务报表中涉及重大管理层判断（包括被认为具有高度估计不确定性的会计估计）的领域相关的重大审计判断；(3) 当期重大交易或事项对审计的影响。

（三）从“在执行审计工作时重点关注过的事项”中选出“最为重要的事项”，从而构成关键审计事项

“最为重要的事项”并不意味着只有一项，其数量受被审计单位规模和复杂程度、业务和经营环境的性质，以及审计业务具体事实和情况的影响。注册会计师需要以被审计单位和审计工作为背景，综合考虑就相关事项与治理层沟通的性质和程度、该事项对预期使用者理解财务报表整体的重要程度、与该事项相关的会计政策的复杂程度或主观程度、与该事项相关的错报的性质和重要程度、为应对该事项需要付出的审计努力的性质和程度（包括利用专家的工作、向项目组以外的成员咨询等）、执业人员遇到的困难的性质和严重程度、与该事项相关的控制缺陷的严重程度、该事项是否涉及多项相联系的审计考虑等因素，确定这些事项的相对重要程度，以确定多少以及哪些事项是“最为重要的事项”。

三、在审计报告中沟通关键审计事项

注册会计师应当在审计报告中单设一部分，以“关键审计事项”为标题，并在该部分使用恰当的子标题逐项描述关键审计事项。关键审计事项部分包括引言和对关键审计事项的逐项描述。

（一）关键审计事项部分的引言

关键审计事项部分的引言应当同时说明下列事项：(1) 关键审计事项是注册会计师根据职业判断，认为对本期财务报表审计最为重要的事项；(2) 关键审计事项的应对以对财务报表整体进行审计并形成审计意见为背景，注册会计师对财务报表整体形成审计意见，

而不对关键审计事项单独发表意见。

（二）描述单一关键审计事项

在审计报告的关键审计事项部分逐项描述关键审计事项时，注册会计师应当分别索引至财务报表的相关披露（如有），并同时说明下列内容：

（1）该事项被认定为审计中最为重要的事项之一，因而被确定为关键审计事项的原因。

（2）该事项在审计中是如何应对的，可以包括审计应对措施或审计方法中与该事项最为相关或对评估的重大错报风险最有针对性的方面、对已实施审计程序的简要概述；指出实施审计程序的结果、对该事项作出的主要评论等。

注册会计师在描述关键审计事项时对审计程序的结果的说明，需注意避免被认为是就某个关键审计事项单独发表意见，并避免引起对财务报表整体审计意见的质疑。另外，在审计报告中沟通关键审计事项不能代替管理层按照适用的财务报告编制基础在财务报表中作出的披露。

参考格式10-3以识别出的商誉减值测试为关键审计事项，举例说明如何在审计报告中沟通关键审计事项。

参考格式10-3：关键审计事项——商誉的减值测试

相关信息披露详见财务报表附注——××。

（一）事项描述

截至201×年12月31日，集团因收购YYY公司而确认了×××万元的商誉。贵公司管理层于每年年末对商誉进行减值测试。本年度，YYY公司产生了经营损失，该商誉出现减值迹象。

报告期末，集团管理层对YYY公司的商誉进行了减值测试，以评价该项商誉是否存在减值。管理层采用现金流预测模型来计算商誉的可收回金额，并将其与商誉的账面价值相比较。该模型所使用的折现率、预计现金流，特别是未来收入增长率等关键指标需要作出重大的管理层判断。通过测试，管理层得出商誉没有减值的结论。

（二）实施的审计程序

我们针对管理层减值测试所实施的审计程序包括：

1.对管理层的估值方法予以了评估；

2.基于我们对相关行业的了解，我们质疑了管理层假设的合理性，如收入增长率、折现率等；

3.检查录入数据与支持证据的一致性，例如，已批准的预算以及考虑这些预算的合理性。

（三）实施审计程序的结果

我们认为，基于目前所获取的信息，管理层在对商誉减值测试所使用的假设是合理的，相关信息在财务报表附注——××中所作出的披露是适当的。

四、不在审计报告中沟通关键审计事项的情形

在某些特殊情况下，不在审计报告中沟通关键审计事项，例如：

（1）法律法规禁止公开披露某事项；

（2）在极少数情形下，如果合理预期在审计报告中沟通某事项造成的负面后果超过在公众利益方面产生的益处，如果被审计单位已公开披露与该事项有关的信息，则本情形不适用。

如果确定不在审计报告中沟通某项关键审计事项，注册会计师应当考虑取得有关法律建议，并考虑从管理层获取关于公开披露该事项为何不适当的书面声明，包括管理层对这种沟通可能带来的负面后果的严重程度的看法。

五、关键审计事项与审计报告其他要素之间的关系

1.导致发表非无保留意见的事项和与持续经营相关的重大不确定性优先于关键审计事项

在审计报告中沟通关键审计事项不能代替：（1）注册会计师发表的非无保留意见；（2）当可能导致对被审计单位持续经营能力产生重大疑虑的事项或情况存在重大不确定性时，注册会计师按照审计准则的规定进行的报告。

以上两种情况，就其性质而言都属于关键审计事项。但是，这些事项不得在审计报告的关键审计事项部分进行描述，而应当分别在形成保留（否定）意见的基础部分或与持续经营相关的重大不确定性部分进行描述，并在关键审计事项部分提及形成保留（否定）意见的基础部分或与持续经营相关的重大不确定性部分。

2.关键审计事项优先于强调事项和其他事项

注册会计师在审计报告中增加强调事项段和其他事项段的前提条件是：该事项未被确定为在审计报告中沟通的关键审计事项。如果某事项构成关键审计事项，除上述导致发表非无保留意见的事项和与持续经营相关的重大不确定性之外，应在关键审计事项部分描述，而不得在强调事项段或其他事项段描述。

第四节 非无保留意见审计报告

非无保留意见审计报告包括保留意见审计报告、否定意见审计报告和无法表示意见审计报告。按照《中国注册会计师审计准则第1502号——在审计报告中发表非无保留意见》的规定，当存在下列情形之一时，注册会计师应当在审计报告中发表非无保留意见：（1）根据获取的审计证据，得出财务报表整体存在重大错报的结论；（2）无法获取充分、适当的审计证据，不能得出财务报表整体不存在重大错报的结论。

一、确定非无保留意见的类型

注册会计师确定恰当的非无保留意见类型，取决于下列事项：（1）导致非无保留意见的事项的性质，是财务报表存在重大错报，还是在无法获取充分、适当的审计证据的情况下，财务报表可能存在重大错报；（2）注册会计师就导致非无保留意见的事项对财务报表产生或可能产生影响的广泛性作出的判断。

广泛性是描述错报影响的术语，用以说明错报对财务报表的影响，或者由于无法获取充分、适当的审计证据而未发现的错报（如存在）对财务报表可能产生的影响。根据注册会计师的判断，对财务报表的影响具有广泛性的情形包括：（1）不限于对财务报表的特定要素、账户或项目产生影响；（2）虽然仅对财务报表的特定要素、账户或项目产生影响，

但这些要素、账户或项目是或可能是财务报表的主要组成部分；（3）当与披露相关时，产生的影响对财务报表使用者理解财务报表至关重要。

表10-1列示了注册会计师对导致发生非无保留意见的事项的性质和这些事项对财务报表产生或可能产生影响的广泛性作出的判断，以及注册会计师的判断对审计意见类型的影响。

表10-1 **确定非无保留意见的类型**

导致发表非无保留意见的事项的性质	这些事项对财务报表产生或可能产生影响的广泛性	
	重大但不具有广泛性	重大且具有广泛性
财务报表存在重大错报	保留意见	否定意见
无法获取充分、适当的审计证据	保留意见	无法表示意见

1.发表保留意见的情况

当存在下列情形之一时，注册会计师应当发表保留意见：（1）在获取充分、适当的审计证据后，注册会计师认为错报单独或汇总起来对财务报表影响重大，但不具有广泛性；（2）注册会计师无法获取充分、适当的审计证据以作为形成审计意见的基础，但认为未发现的错报（如存在）对财务报表可能产生的影响重大，但不具有广泛性。

2.发表否定意见的情况

在获取充分、适当的审计证据后，如果认为错报单独或汇总起来对财务报表的影响重大且具有广泛性，注册会计师应当发表否定意见。

3.发表无法表示意见的情况

如果无法获取充分、适当的审计证据以作为形成审计意见的基础，但认为未发现的错报（如存在）对财务报表可能产生的影响重大且具有广泛性，注册会计师应当发表无法表示意见。在极其特殊的情况下，可能存在多个不确定事项，即使注册会计师对每个单独的不确定事项获取了充分、适当的审计证据，但由于不确定事项之间可能存在相互影响，以及可能对财务报表产生累积影响，注册会计师不可能对财务报表形成审计意见。在这种情况下，注册会计师应当发表无法表示意见。

在确定非无保留意见的类型时还需注意以下两点：

1.在承接审计业务后，如果注意到管理层对审计范围施加了限制，且认为这些限制可能导致对财务报表发表保留意见或无法表示意见，注册会计师应当要求管理层消除这些限制。如果管理层拒绝消除限制，除非治理层全部成员参与管理被审计单位，注册会计师应当就此事项与治理层沟通，并确定能否实施替代程序以获取充分、适当的审计证据。如果无法获取充分、适当的审计证据，注册会计师应当通过下列方式确定其影响：（1）如果未发现的错报（如存在）可能对财务报表产生的影响重大，但不具有广泛性，应当发表保留意见；（2）如果未发现的错报（如存在）可能对财务报表产生的影响重大且具有广泛性，以至于发表保留意见不足以反映情况的严重性，应当在可行时解除业务约定（除非法律法规禁止）。当然，注册会计师应当在解除业务约定前，与治理层沟通在审计过程中发现的、将会导致发表非无保留意见的所有错报事项；如果在出具审计报告之前解除业务约定被禁止或不可行，应当发表无法表示意见。

在某些情况下，如果法律法规要求注册会计师继续执行审计业务，则注册会计师可能无法解除审计业务约定。这种情况可能包括：（1）注册会计师接受委托审计公共部门实体的财务报表；（2）注册会计师接受委托审计涵盖特定期间的财务报表，或若接受一定期间的委托，在完成财务报表审计前或在受托期间结束前，不允许解除审计业务约定，在这些情况下，注册会计师可能认为需要在审计报告中增加其他事项段。

2.如果认为有必要对财务报表整体发表否定意见或无法表示意见，注册会计师不应在同一审计报告中对按照相同财务报告编制基础编制的单一财务报表或者财务报表特定要素、账户或项目发表无保留意见。在同一审计报告中包含无保留意见，将会与对财务报表整体发表的否定意见或无法表示意见相矛盾。

当然，对经营成果、现金流量（如相关）发表无法表示意见，而对财务状况发表无保留意见，这种情况可能是被允许的。因为在这种情况下，注册会计师并没有对财务报表整体发表无法表示意见。

二、非无保留意见的审计报告的格式和内容

1.导致非无保留意见的事项段

（1）审计报告格式和内容的一致性。如果对财务报表发表非无保留意见，除在审计报告中包含《中国注册会计师审计准则第1501号——对财务报表形成审计意见和出具审计报告》规定的审计报告要素外，注册会计师还应当直接在审计意见段之前增加一个部分，并使用恰当的标题，如“形成保留意见的基础”、“形成否定意见的基础”或“形成无法表示意见的基础”，说明导致发表非无保留意见的事项。审计报告格式和内容的一致性有助于提高使用者的理解和识别存在的异常情况。因此，尽管不可能统一非无保留意见的措辞和对导致非无保留意见的事项的说明，但仍有必要保持审计报告格式和内容的一致性。

（2）量化财务影响。如果财务报表中存在与具体金额（包括定量披露）相关的重大错报，注册会计师应当在导致非无保留意见的事项段中说明并量化该错报的财务影响。举例来说，如果存货被高估，注册会计师就可以在审计报告的导致非无保留意见的事项段中说明该重大错报的财务影响，即量化其对所得税、税前利润、净利润和股东权益的影响。如果无法量化财务影响，注册会计师应当在形成非无保留意见的基础部分说明这一情况。

（3）存在与叙述性披露相关的重大错报。如果财务报表中存在与叙述性披露相关的重大错报，注册会计师应当在导致非无保留意见的事项段中解释该错报错在何处。

（4）存在与应披露而未披露信息相关的重大错报。如果财务报表中存在与应披露而未披露信息相关的重大错报，注册会计师应当：①与治理层讨论未披露信息的情况；②在形成非无保留意见的基础部分描述未披露信息的性质；③如果可行并且已针对未披露信息获取了充分、适当的审计证据，在形成非无保留意见的基础部分包含对未披露信息的披露，除非法律法规禁止。

如果存在下列情形之一，则在形成非无保留意见的基础部分披露遗漏的信息是不可行的：①管理层还没有作出这些披露，或管理层已作出但注册会计师不易获取这些披露；②根据注册会计师的判断，在审计报告中披露该事项过于庞杂。

（5）无法获取充分、适当的审计证据。如果因无法获取充分、适当的审计证据而导致发表非无保留意见，注册会计师应当在形成非无保留意见的基础部分说明无法获取审计证据的原因。

（6）披露其他事项。即使发表了否定意见或无法表示意见，注册会计师也应当在导致非无保留意见的基础部分说明注意到的、将导致发表非无保留意见的所有其他事项及其影响。这是因为，对注册会计师注意到的其他事项的披露可能与财务报表使用者的信息需求相关。

2.审计意见段

（1）标题。在发表非无保留意见时，注册会计师应当对审计意见段使用恰当的标题，如“保留意见”、“否定意见”或“无法表示意见”。审计意见段的标题能够使财务报表使用者清楚注册会计师发表了非无保留意见，并能够表明非无保留意见的类型。

（2）发表保留意见。当由于财务报表存在重大错报而发表保留意见时，注册会计师应当根据适用的财务报告编制基础在审计意见段中说明：注册会计师认为，除了形成保留意见的基础部分所述事项产生的影响外，财务报表在所有重大方面按照适用的财务报告编制基础编制，并实现公允反映。

当无法获取充分、适当的审计证据而导致发表保留意见时，注册会计师应当在审计意见段中使用“除……可能产生的影响外”等措辞。

当注册会计师发表保留意见时，在审计意见段中使用“由于上述解释”或“受……影响”等措辞是不恰当的，因为这些措辞不够清晰或没有足够的说服力。

（3）发表否定意见。当发表否定意见时，注册会计师应当根据适用的财务报告编制基础在审计意见段中说明：注册会计师认为，由于形成否定意见的基础部分所述事项的重要性，财务报表没有在所有重大方面按照适用的财务报告编制基础编制，未能实现公允反映。

（4）发表无法表示意见。当由于无法获取充分、适当的审计证据而发表无法表示意见时，注册会计师应当在审计意见段中说明：由于形成无法表示意见的基础部分所述事项的重要性，注册会计师无法获取充分、适当的审计证据以为发表审计意见提供基础，因此，注册会计师不对这些财务报表发表审计意见。

3.非无保留意见对审计报告要素内容的修改

当发表保留意见或否定意见时，注册会计师应当修改形成无保留意见的基础部分的描述，以说明：注册会计师相信，注册会计师已获取的审计证据是充分、适当的，为发表非无保留意见提供了基础。

当由于无法获取充分、适当的审计证据而发表无法表示意见时，注册会计师应当修改审计报告的意见段，说明：注册会计师接受委托审计财务报表；注册会计师不对后附的财务报表发表审计意见；由于形成无法表示意见的基础部分所述事项的重要性，注册会计师无法获取充分、适当的审计证据以作为对财务报表发表审计意见的基础。

当注册会计师对财务报表发表无法表示意见时，注册会计师应当修改无保留意见审计报告中形成审计意见的基础部分，不应提及审计报告中用于描述注册会计师责任的部分，也不应说明注册会计师是否已获取充分、适当的审计证据以作为形成审计意见的基础。

当注册会计师对财务报表发表无法表示意见时，注册会计师应当修改无保留意见审计报告中注册会计师对财务报表审计的责任部分，使之仅包含下列内容：（1）注册会计师的责任是按照中国注册会计师审计准则的规定，对被审计单位财务报表执行审计工作，以出具审计报告；(2) 但由于形成无法表示意见的基础部分所述的事项，注册会计师无法获取充分、适当的审计证据以作为发表审计意见的基础；(3) 声明注册会计师在独立性和职业道德方面的其他责任。

三、非无保留意见的审计报告的参考格式

(一) 保留意见的审计报告

参考格式10-4为由于财务报表存在重大错报而发表保留意见的审计报告，其背景信息为：(1) 对上市实体整套财务报表进行审计。该审计不属于集团审计（即不适用《中国注册会计师审计准则第1401号——对集团财务报表审计的特殊考虑》）；(2) 管理层按照企业会计准则编制财务报表；(3) 审计业务约定条款体现了《中国注册会计师审计准则第1111号——就审计业务约定条款达成一致意见》关于管理层对财务报表责任的描述；(4) 存货存在错报，该错报对财务报表影响重大但不具有广泛性（即保留意见是恰当的）；(5) 适用的相关职业道德要求为中国注册会计师职业道德守则；(6) 基于获取的审计证据，根据《中国注册会计师审计准则第1324号——持续经营》，注册会计师认为可能导致对被审计单位持续经营能力产生重大疑虑的相关事项或情况不存在重大不确定性；(7) 已按照《中国注册会计师审计准则第1504号——在审计报告中沟通关键审计事项》的规定沟通了关键审计事项；(8) 负责监督财务报表的人员与负责编制财务报表的人员不同；(9) 除财务报表审计外，按照法律法规的要求，注册会计师还承担法律法规要求的其他报告责任，且注册会计师决定在审计报告中履行其他报告责任。

参考格式10-4：由于财务报表存在重大错报而发表保留意见的审计报告

审计报告

ABC股份有限公司全体股东：

一、对财务报表出具的审计报告

(一) 保留意见

我们审计了ABC股份有限公司（以下简称“ABC公司”）财务报表，包括20×1年12月31日的资产负债表，20×1年度的利润表、现金流量表、股东权益变动表以及相关财务报表附注。

我们认为，除“形成保留意见的基础”部分所述事项产生的影响外，后附的财务报表在所有重大方面按照企业会计准则的规定编制，公允反映了ABC公司20×1年12月31日的财务状况以及20×1年度的经营成果和现金流量。

(二) 形成保留意见的基础

ABC公司20×1年12月31日资产负债表中存货的列示金额为×元。管理层根据成本对存货进行计量，而没有根据成本与可变现净值孰低的原则进行计量，这不符合企业会计准则的规定。ABC公司的会计记录显示，如果管理层以成本与可变现净值孰低来计量存货，存货列示金额将减少×元。相应地，资产减值损失将增加×元，所得税、净利润和股东权益将分别减少×元、×元和×元。

我们按照中国注册会计师审计准则的规定执行了审计工作。审计报告的“注册会计师对财务报表审计的责任”部分进一步阐述了我们在这些准则下的责任。按照中国注册会计师职业道德守则，我们独立于ABC公司，并履行了职业道德方面的其他责任。我们相

信，我们获取的审计证据是充分、适当的，为发表保留意见提供了基础。

（三）关键审计事项

关键审计事项是根据我们的职业判断，认为对本期财务报表审计最为重要的事项。这些事项是在对财务报表整体进行审计并形成意见的背景下进行处理的，我们不对这些事项提供单独的意见。除“形成保留意见的基础”部分所述事项外，我们确定下列事项是需要在审计报告中沟通的关键审计事项。

[按照《中国注册会计师审计准则第1504号——在审计报告中沟通关键审计事项》的规定描述每一关键审计事项。]

（四）管理层和治理层对财务报表的责任

[按照《中国注册会计师审计准则第1501号——对财务报表形成审计意见和出具审计报告》的规定报告，参见参考格式10-2。]

（五）注册会计师对财务报表审计的责任

[按照《中国注册会计师审计准则第1501号——对财务报表形成审计意见和出具审计报告》的规定报告，参见参考格式10-2。]

二、按照相关法律法规的要求报告的事项

[按照《中国注册会计师审计准则第1501号——对财务报表形成审计意见和出具审计报告》的规定报告，参见参考格式10-2。]

××会计师事务所　　中国注册会计师：×××（项目合伙人）

（盖章）　　（签名并盖章）

中国注册会计师：×××

（签名并盖章）

中国××市　　二〇×二年×月×日

（二）否定意见的审计报告

参考格式10-5为由于合并财务报表存在重大错报而发表否定意见的审计报告，其背景信息为：（1）对上市实体整套合并财务报表进行审计。该审计属于集团审计，被审计单位拥有多个子公司（即适用《中国注册会计师审计准则第1401号——对集团财务报表审计的特殊考虑》）；（2）管理层按照××财务报告编制基础编制合并财务报表，该编制基础允许被审计单位只列报合并财务报表；（3）审计业务约定条款体现了《中国注册会计师审计准则第1111号——就审计业务约定条款达成一致意见》中关于管理层对合并财务报表责任的描述；（4）合并财务报表因未合并某一子公司而存在重大错报，该错报对合并财务报表影响重大且具有广泛性（即否定意见是恰当的），但量化该错报对合并财务报表的影响是不切实际的；（5）适用的相关职业道德要求为中国注册会计师职业道德守则；（6）基于获取的审计证据，根据《中国注册会计师审计准则第1324号——持续经营》，注册会计师认为可能导致对被审计单位持续经营能力产生重大疑虑的事项或情况不存在重大不确定性；（7）适用《中国注册会计师审计准则第1504号——在审计报告中沟通关键审计事项》。然而，注册会计师认为，除形成否定意见的基础部分所述事项外，无其他关键审计事项；（8）负责监督合并财务报表的人员与负责编制合并财务报表的人员不同；（9）除合并财务报表审计外，注册会计师还承担法律法规要求的其他报告责任，且注册会计师决定在审计报告中履行其他报告责任。

参考格式10-5：由于合并财务报表存在重大错报而发表否定意见的审计报告

审计报告

ABC股份有限公司全体股东：

一、对合并财务报表出具的审计报告

（一）否定意见

我们审计了ABC股份有限公司及其子公司（以下简称ABC集团）的合并财务报表，包括20×1年12月31日的合并资产负债表，20×1年度的合并利润表、合并现金流量表、合并股东权益变动表以及相关合并财务报表附注。

我们认为，由于“形成否定意见的基础”部分所述事项的重要性，后附的合并财务报表没有在所有重大方面按照××财务报告编制基础的规定编制，未能公允反映ABC集团20×1年12月31日的合并财务状况以及20×1年度的合并经营成果和合并现金流量。

（二）形成否定意见的基础

如财务报表附注×所述，20×1年ABC集团通过非同一控制下的企业合并获得对XYZ公司的控制权，因未能取得购买日XYZ公司某些重要资产和负债的公允价值，故未将XYZ公司纳入合并财务报表的范围。按照××财务报告编制基础的规定，该集团应将这一子公司纳入合并范围，并以暂估金额为基础核算该项收购。如果将XYZ公司纳入合并财务报表的范围，后附的ABC集团合并财务报表的多个报表项目将受到重大影响。但我们无法确定未将XYZ公司纳入合并范围对合并财务报表产生的影响。

我们按照中国注册会计师审计准则的规定执行了审计工作。审计报告的“注册会计师对合并财务报表审计的责任”部分进一步阐述了我们在这些准则下的责任。按照中国注册会计师职业道德守则，我们独立于ABC集团，并履行了职业道德方面的其他责任。我们相信，我们获取的审计证据是充分、适当的，为发表否定意见提供了基础。

（三）关键审计事项

除“形成否定意见的基础”部分所述事项外，我们认为，没有其他需要在我们的报告中沟通的关键审计事项。

（四）管理层和治理层对合并财务报表的责任

[按照《中国注册会计师审计准则第1501号——对财务报表形成审计意见和出具审计报告》的规定报告，参见参考格式10-2。]

（五）注册会计师对合并财务报表审计的责任

[按照《中国注册会计师审计准则第1501号——对财务报表形成审计意见和出具审计报告》的规定报告，参见参考格式10-2。]

二、按照相关法律法规的要求报告的事项

[按照《中国注册会计师审计准则第1501号——对财务报表形成审计意见和出具审计报告》的规定报告，参见参考格式10-2。]

××会计师事务所　　　　中国注册会计师：×××（项目合伙人）

（盖章）　　　　（签名并盖章）

中国注册会计师：×××（项目合伙人）

（签名并盖章）

中国××市　　　　二〇×二年×月×日

（三）无法表示意见的审计报告

参考格式10-6列示了由于注册会计师无法针对财务报表多个要素获取充分、适当的审计证据而发表无法表示意见的审计报告，其背景信息为：（1）对非上市实体整套财务报表进行审计。该审计不属于集团审计（即不适用《中国注册会计师审计准则第1401号——对集团财务报表审计的特殊考虑》）；（2）管理层按照企业会计准则编制财务报表；（3）审计业务约定条款体现了《中国注册会计师审计准则第1111号——就审计业务约定条款达成一致意见》关于管理层对财务报表责任的描述；（4）对财务报表的多个要素，注册会计师无法获取充分、适当的审计证据。例如，对被审计单位的存货和应收账款，注册会计师无法获取审计证据，这一事项对财务报表可能产生的影响重大且具有广泛性；（5）适用的相关职业道德要求为中国注册会计师职业道德守则；（6）负责监督财务报表的人员与负责编制财务报表的人员不同；（7）按照审计准则要求在注册会计师的责任部分作出更有限的表述；（8）除财务报表审计外，按照法律法规的要求，注册会计师负有其他报告责任，且注册会计师决定在审计报告中履行其他报告责任。

参考格式10-6：由于注册会计师无法针对财务报表多个要素获取充分、适当的审计证据而发表无法表示意见的审计报告

审计报告

ABC股份有限公司全体股东：

一、对财务报表出具的审计报告

（一）无法表示意见

我们接受委托，审计ABC股份有限公司（以下简称“ABC公司”）财务报表，包括20×1年12月31日的资产负债表，20×1年度的利润表、现金流量表、股东权益变动表以及相关财务报表附注。

我们不对后附的ABC公司财务报表发表审计意见。由于“形成无法表示意见的基础”部分所述事项的重要性，我们无法获取充分、适当的审计证据以作为财务报表发表审计意见的基础。

（二）形成无法表示意见的基础

我们于20×2年1月接受ABC公司的审计委托，因而未能对ABC公司20×1年初金额为×元的存货和年末金额为×元的存货实施监盘程序。此外，我们也无法实施替代审计程序获取充分、适当的审计证据。并且，ABC公司于20×1年9月采用新的应收账款电算化系统，由于存在系统缺陷导致应收账款出现大量错误。截至报告日，管理层仍在纠正系统缺陷并更正错误，我们也无法实施替代审计程序，以对截至20×1年12月31日的应收账款总额×元获取充分、适当的审计证据。因此，我们无法确定是否有必要对存货、应收账款以及财务报表其他项目作出调整，也无法确定应调整的金额。

（三）管理层和治理层对财务报表的责任

[按照《中国注册会计师审计准则第1501号——对财务报表形成审计意见和出具审计报告》的规定报告，参见参考格式10-2。]

（四）注册会计师对财务报表审计的责任

我们的责任是按照中国注册会计师审计准则的规定，对ABC公司的财务报表执行审计工作，以出具审计报告。但由于“形成无法表示意见的基础”部分所述的事项，我们无法获取充分、适当的审计证据以作为发表审计意见的基础。

按照中国注册会计师职业道德守则，我们独立于ABC公司，并履行了职业道德方面的其他责任。

二、对其他法律和监管要求的报告

[按照《中国注册会计师审计准则第1501号——对财务报表形成审计意见和出具审计报告》的规定报告，参见参考格式10-2。]

××会计师事务所 中国注册会计师：×××（项目合伙人）

（盖章） （签名并盖章）

中国注册会计师：×××

（签名并盖章）

中国××市 二〇×二年×月×日

第五节 在审计报告中增加强调事项段和其他事项段

一、强调事项段

（一）强调事项段的含义

审计报告的强调事项段是指审计报告中含有的一个段落，该段落提及已在财务报表中恰当列报或披露的事项，根据注册会计师的职业判断，该事项对财务报表使用者理解财务报表至关重要。

（二）增加强调事项段的情形

如果认为有必要提醒财务报表使用者关注已在财务报表中列报或披露，且根据职业判断认为对财务报表使用者理解财务报表至关重要的事项，在同时满足下列条件时，注册会计师应当在审计报告中增加强调事项段：

（1）按照《中国注册会计师审计准则第1502号——在审计报告中发表非无保留意见》的规定，该事项不会导致注册会计师发表非无保留意见；

（2）当《中国注册会计师审计准则第1504号——在审计报告中沟通关键审计事项》适用时，该事项未被确定为在审计报告中沟通的关键审计事项。

注册会计师可能认为需要增加强调事项段的情形举例如下：（1）异常诉讼或监管行动的未来结果存在不确定性；（2）提前应用（在允许的情况下）对财务报表有广泛影响的新会计准则；（3）存在已经或持续对被审计单位财务状况产生重大影响的特大灾难。

另外，某些审计准则对特定情况下在审计报告中增加强调事项段提出具体要求。这些情形包括：（1）法律法规规定的财务报告编制基础不可接受，但其是由法律或法规作出的规定；（2）提醒财务报表使用者注意财务报表按照特殊目的编制基础编制；（3）注册会计师在审计报告日后知悉了某些事实（即期后事项），并且出具了新的审计报告或修改了审计报告。

强调事项段的过多使用会降低注册会计师沟通所强调事项的有效性。此外，与财务报表中的列报或披露相比，在强调事项段中包括过多的信息，可能隐含着这些事项未被恰当列报或披露。因此，强调事项段应当仅提及已在财务报表中列报或披露的信息。

（三）在审计报告中增加强调事项段时注册会计师采取的措施

如果在审计报告中增加强调事项段，注册会计师应当采取下列措施：

1.将强调事项段作为单独的一部分置于审计报告中，并使用包含“强调事项”这一术语的适当标题。强调事项段在审计报告中的位置取决于拟沟通信息的性质，以及与审计报告的其他要素相比较，注册会计师针对该信息对财务报表预期使用者的相对重要程度的判断。例如：

（1）当强调事项段与适用的财务报告编制基础相关时，包括当注册会计师确定法律法规规定的财务报告编制基础不可接受时，注册会计师可能认为有必要将强调事项段紧接在“形成审计意见的基础”部分之后，以为审计意见提供合适的背景信息。

（2）当审计报告中包含关键审计事项部分时，基于注册会计师对强调事项段中信息的相对重要程度的判断，强调事项段可以紧接在关键审计事项部分之前或之后。注册会计师可以在“强调事项”标题中增加进一步的背景信息，例如，“强调事项——期后事项”，以将强调事项段和关键审计事项部分描述的每个事项予以区分。

2.明确提及被强调事项以及相关披露的位置，以便能够在财务报表中找到对该事项的详细描述。强调事项段应当仅提及已在财务报表中列报或披露的信息。

3.指出审计意见没有因该强调事项而改变

在审计报告中包含强调事项段不影响审计意见。包含强调事项段不能代替下列情形：

（1）根据审计业务的具体情况，按照《中国注册会计师审计准则第1502号——在审计报告中发表非无保留意见》的规定发表非无保留意见；

（2）适用的财务报告编制基础要求管理层在财务报表中作出的披露，或为实现公允列报所需的其他披露；

（3）按照《中国注册会计师审计准则第1324号——持续经营》的规定，当可能导致对被审计单位持续经营能力产生重大疑虑的事项或情况存在重大不确定性时作出的报告。

参考格式10-7列示了由于偏离适用的财务报告编制基础的规定导致的带强调事项段的保留意见审计报告。其背景信息为：（1）对非上市实体整套财务报表进行审计。该审计不属于集团审计（即不适用《中国注册会计师审计准则第1401号——对集团财务报表审计的特殊考虑》）；（2）管理层按照企业会计准则编制财务报表；（3）审计业务约定条款体现了《中国注册会计师审计准则第1111号——就审计业务约定条款达成一致意见》关于管理层对财务报表责任的描述；（4）由于偏离企业会计准则的规定导致发表保留意见；（5）适用的相关职业道德要求为中国注册会计师职业道德守则；（6）基于获取的审计证据，根据《中国注册会计师审计准则第1324号——持续经营》，注册会计师认为可能导致对被审计单位持续经营能力产生重大疑虑的相关事项或情况不存在重大不确定性；（7）在财务报表日至审计报告日之间，被审计单位的生产设备发生了火灾，被审计单位已将其作为期后事项披露。根据注册会计师的判断，该事项对财务报表使用者理解财务报表至关重要，但在本期财务报表审计中不是重点关注过的事项；（8）注册会计师未被要求，并且也决定不沟通关键审计事项；（9）负责监督财务报表的人员与负责编制财务报表的人员不同；（10）除财务报表审计外，按照法律法规的要求，注册会计师负有其他报告责任，且注册会计师决定在审计报告中履行其他报告责任。

参考格式10-7：由于偏离适用的财务报告编制基础的规定导致的带强调事项段的保留意见审计报告

审计报告

ABC股份有限公司全体股东：

一、对财务报表出具的审计报告

（一）保留意见

我们审计了ABC股份有限公司（以下简称“ABC公司”）财务报表，包括20×1年12月31日的资产负债表，20×1年度的利润表、现金流量表、股东权益变动表以及相关财务报表附注。

我们认为，除“形成保留意见的基础”部分所述事项产生的影响外，后附的财务报表在所有重大方面按照企业会计准则的规定编制，公允反映了ABC公司20×1年12月31日的财务状况以及20×1年度的经营成果和现金流量。

（二）形成保留意见的基础

ABC公司20×1年12月31日资产负债表中列示的以公允价值计量且其变动计入当期损益的金融资产为×元，管理层对这些金融资产未按照公允价值进行后续计量，而是按照历史成本进行计量，这不符合企业会计准则的规定。如果按照公允价值进行后续计量，ABC公司20×1年度利润表中公允价值变动损益将减少×元，20×1年12月31日资产负债表中以公允价值计量且其变动计入当期损益的金融资产将减少×元。相应地，所得税、净利润和股东权益将分别减少×元和×元。

我们按照中国注册会计师审计准则的规定执行了审计工作。审计报告的“注册会计师对财务报表审计的责任”部分进一步阐述了我们在这些准则下的责任。按照中国注册会计师职业道德守则，我们独立于ABC公司，并履行了职业道德方面的其他责任。我们相信，我们获取的审计证据是充分、适当的，为发表保留意见提供了基础。

（三）强调事项——火灾的影响

我们提醒财务报表使用者关注，财务报表附注×描述了火灾对ABC公司的生产设备造成的影响。本段内容不影响已发表的审计意见。

（四）管理层和治理层对财务报表的责任

[按照《中国注册会计师审计准则第1501号——对财务报表形成审计意见和出具审计报告》的规定报告，参见参考格式10-2。]

（五）注册会计师对财务报表审计的责任

[按照《中国注册会计师审计准则第1501号——对财务报表形成审计意见和出具审计报告》的规定报告，参见参考格式10-2。]

二、按照相关法律法规的要求报告的事项

[按照《中国注册会计师审计准则第1501号——对财务报表形成审计意见和出具审计报告》的规定报告，参见参考格式10-2。]

××会计师事务所　　　　中国注册会计师：×××（项目合伙人）

（盖章）　　　　（签名并盖章）

中国注册会计师：×××

（签名并盖章）

中国××市　　　　二O×二年×月×日

二、其他事项段

（一）其他事项段的含义

其他事项段是指审计报告中含有的一个段落，该段落提及未在财务报表中列报或披露的事项，根据注册会计师的职业判断，该事项与财务报表使用者理解审计工作、注册会计师的责任或审计报告相关。

（二）需要增加其他事项段的情形

如果认为有必要沟通虽然未在财务报表中列报或披露，但根据职业判断认为与财务报表使用者理解审计工作、注册会计师的责任或审计报告相关的事项，在同时满足下列条件时，注册会计师应当在审计报告中增加其他事项段：（1）未被法律法规禁止；（2）当《中国注册会计师审计准则第1504号——在审计报告中沟通关键审计事项》适用时，该事项未被确定为在审计报告中沟通的关键审计事项。

具体讲，需要在审计报告中增加其他事项段的情形包括：

1.与使用者理解审计工作相关的情形

《中国注册会计师审计准则第1151号——与治理层的沟通》要求注册会计师就计划的审计范围和时间安排与治理层进行沟通，包括注册会计师识别的特别风险。尽管与特别风险相关的事项可能被确定为关键审计事项，根据《中国注册会计师审计准则第1504号——在审计报告中沟通关键审计事项》对关键审计事项的定义，其他与计划及范围相关的事项（比如计划的审计范围或审计时对重要性的运用）不太可能成为关键审计事项。然而，法律法规可能要求注册会计师在审计报告中沟通与计划及范围相关的事项，或者注册会计师可能认为有必要在其他事项段中沟通这些事项。

在极其特殊的情况下，即使由于管理层对审计范围施加的限制导致无法获取充分、适当的审计证据可能产生的影响具有广泛性，注册会计师也不能解除业务约定。在这种情况下，注册会计师可能认为有必要在审计报告中增加其他事项段，解释为何不能解除业务约定。

2.与使用者理解注册会计师的责任或审计报告相关的情形

法律法规或得到广泛认可的惯例可能要求或允许注册会计师详细说明某些事项，以进一步解释注册会计师在财务报表审计中的责任或审计报告。在这种情况下，注册会计师可以使用一个或多个子标题来描述其他事项段的内容。

但增加其他事项段不涉及以下两种情形：（1）除根据审计准则的规定有责任对财务报表出具审计报告外，注册会计师还有其他报告责任；（2）注册会计师可能被要求实施额外的规定的程序并予以报告，或对特定事项发表意见。

3.对两套以上财务报表出具审计报告的情形

被审计单位可能按照通用目的编制基础（如×国财务报告编制基础）编制一套财务报表，且按照另一个通用目的编制基础（如国际财务报告准则）编制另一套财务报表，并委托注册会计师同时对两套财务报表出具审计报告。如果注册会计师已确定两个财务报告编制基础在各自情形下是可接受的，可以在审计报告中增加其他事项段，说明该被审计单位根据另一个通用目的编制基础（如国际财务报告准则）编制了另一套财务报表以及注册会计师对这些财务报表出具了审计报告。

4.限制审计报告分发和使用的情形

为特定目的编制的财务报表可能按照通用目的编制基础编制，因为财务报表预期使用者已确定这种通用目的财务报表能够满足他们对财务信息的需求。由于审计报告旨在提供给特定使用者，注册会计师可能认为在这种情况下需要增加其他事项段，说明审计报告只是提供给财务报表预期使用者，不应被分发给其他机构或人员或者被其他机构或人员使用。

需要注意的是，其他事项段的内容明确反映了未被要求在财务报表中列报或披露的其他事项。其他事项段不包括法律法规或其他职业准则（如中国注册会计师职业道德守则中与信息保密相关的规定）禁止注册会计师提供的信息。其他事项段也不包括要求管理层提供的信息。

（三）在审计报告中增加其他事项段时注册会计师采取的措施

如果在审计报告中包含其他事项段，注册会计师应当将该段落作为单独的一部分，并使用“其他事项”或其他适当标题。

其他事项段在审计报告中的位置取决于拟沟通信息的性质，以及与审计报告的其他要素相比较，注册会计师针对该信息对财务报表预期使用者的相对重要程度的判断。例如：

（1）当审计报告中包含关键审计事项部分，且其他事项段也被认为必要时，注册会计师可以在“其他事项”标题中增加进一步的背景信息，例如，“其他事项——审计范围”，以将其他事项段和关键审计事项部分描述的每个事项予以区分；

（2）当增加其他事项段旨在提醒使用者关注与审计报告中提及的其他报告责任相关的事项时，该段落可以置于“按照相关法律法规的要求报告的事项”部分内；

（3）当其他事项段与注册会计师的责任或使用者理解审计报告相关时，可以单独作为一部分，置于“对财务报表出具的审计报告”和“按照相关法律法规的要求报告的事项”之后。

【复习思考题】

1.期初余额审计对审计报告的影响是什么？

2.期后事项可分为哪几段？对各个阶段期后事项的审计责任是什么？

3.如何考虑持续经营假设对审计报告的影响？

4.如何复核审计工作底稿？

5.审计报告的基本内容包括什么？

6.确定关键审计事项的决策框架是什么？

7.如何在审计报告中沟通关键审计事项？

8.关键审计事项与审计报告其他要素之间的关系有哪些？

9.如何确定非无保留意见的类型？

10.非无保留意见的审计报告的格式和内容是什么？

11.强调事项段的含义是什么？增加强调事项段的情形有哪些？

第三篇

各种非财务审计基本框架

第十一章　合规审计基本框架

合规审计关注的是行为是否合规，也称行为合规审计。合规审计需要从众多的行为中找出缺陷行为并采取一些相应的后续行动。在我国的审计实践中，行为是否合规合理是非常重要的审计主题。这类审计，本质上就是合规审计。本章聚焦合规审计基本框架，包括：合规审计需求、合规审计本质、合规审计目标、合规审计客体、合规审计内容、合规审计主体、合规审计方法、合规审计环境。

[学习目标]

1. 了解合规审计需求；
2. 了解合规审计本质；
3. 了解合规审计目标；
4. 了解合规审计客体；
5. 了解合规审计内容；
6. 了解合规审计主体；
7. 了解合规审计方法；
8. 了解合规审计环境。

第一节　合规审计需求、合规审计本质和合规审计目标

本节关注合规审计的三个基本问题，一是为什么会有合规审计？二是什么是从合规审计？三是人们希望通过合规审计得到什么结果？对上述基本问题的阐释分别形成合规审计需求理论、合规审计本质理论和合规审计目标理论。

一、合规审计需求

一般来说，合规审计离不开委托代理关系，其主要目的是鉴证代理人履行经管责任时是否存在缺陷行为。代理人的缺陷行为为什么会产生？不同的缺陷行为，其产生原因不同。一般来说，缺陷行为分为违规行为和瑕疵行为。违规行为主要源于两方面的原因：一是人性自利，二是多目标委托代理关系。瑕疵行为主要是源于人的有限理性。当然，有限理性也可能产生违规行为，而自利也可能产生瑕疵行为，但是，这不是主要情形。缺陷行为产生的原因大致如图 11-1 所示。实线表示主要原因，虚线表示次要原因。下面，我们分别来分析。

（一）违规行为的产生原因

违规行为是指行为人违背法律法规及合约。从理论上来说，违规也可能不是故意的，

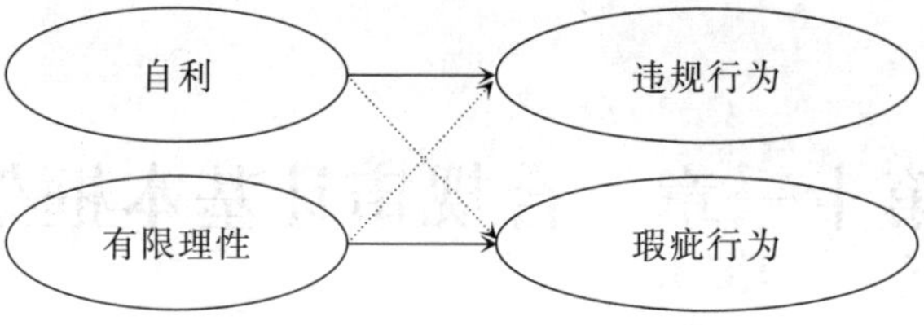

图11-1 缺陷行为的产生原因

而是不知道或忘记相关的法律法规及合约。但是，在绝大多数情形下，违规行为应该是故意而为，而这种故意而为主要有两个原因：一是代理人自利，二是代理人在多目标中的理性选择。

1.代理人自利与违规行为

代理人在履行其经管责任时，具有相当的自主权，同时，还有三个现象同时存在：第一，代理人和委托人之间存在信息不对称，代理人掌握的信息数量和质量都强于委托人，并且，这种信息不对称不可能消除。如果要消除这种信息不对称，委托人势必对所有事项都详细了解，此时，委托代理关系已经没有实际意义，所以，委托人给代理人授权，就意味着一定会有信息不对称。第二，激励不相容，也就是代理人目标和委托人目标存在差异，尽管委托人可以设计一些激励机制来降低激励不相容程度，但是，永远无法消除激励不相容。第三，环境不确定性，代理人的努力和环境的作用共同决定代理人掌管的组织之产出，并且，环境具有变动性、复杂性，无法在组织的产出中分离出代理人努力之贡献和环境变动之影响，所以，委托人无法通过产出来判断代理人的努力程度。

在委托代理关系中，委托人会给代理人一些资源和权力，同时，也会有一些希望或要求。这些期望或要求，有的是明晰的，可以称为显性合约，有的是隐含的或理所当然的，这种性质的合约称为隐性合约。无论是通过隐性合约还是显性合约，委托人都期望或要求代理人遵守相关的法律法规和合约。委托人为什么会有这种期望或要求呢？主要有两方面的原因：一方面，有些法律法规和合约本身就是委托人制定的，当然期望或要求代理人遵守；另一方面，即使这些法律法规和合约不是委托人制定的，如果违反这些法律法规和合约，可能会直接或间接地给委托人带来负面影响，那么委托人为了避免这种负面影响，会要求代理人遵守这些法律法规和合约。所以，总体来说，委托人正是由于保护其自身利益，而要求代理人遵守相关的法律法规和合约。

然而，代理人是否会按委托人的期望或要求去做呢？一般来说，由于委托人与代理人之间存在的激励不相容、信息不对称和环境不确定性，代理人有可能背离委托人的利益或不忠实委托人意图而采取机会主义行为，例如，卸责、偷懒、大手大脚、弄虚作假等，违规行为也可能是其机会主义行为的一种。就相关的法律法规和合约的遵守来说，委托人与代理人之间存在激励不相容和信息不对称，从而代理人可能出现机会主义行为。首先，是否遵守相关法律法规和合约对于委托人和代理人来说，可能存在激励不相容。也就是说，在某些情形下，对于代理人来说，不遵守相关的法律法规和合约的利益可能大于其遵守相关的法律法规和合约的利益，所以，代理人有不遵守相关的法律法规和合约的冲动。其次，就相关法律法规和合约的遵守相关信息来说，代理人有信息优势，代理人掌握的信息数量和质量都高于委托人。正是由于激励不相容和信息不对称的存在，代理人可能出现违背委托人的期望、不遵守相关法律法规和合约的机会主义行为。最后，由于环境具有不确定性，如果违规行为被发现，代理人可以将其违规的原因解释为由环境因素导致，而不是其自利的结果。

在合规审计的许多情形下，被审计单位领导是为了谋取单位利益而采取违规行为的，这种违规对于被审计单位领导及相关责任人来说，是否属于自利呢？我们认为，被审计单位领导及相关责任人出于谋取单位利益而采取的违规行为，也属于他们本人的自利行为。其原因有二：第一，既然是为单位获取利益，这些人本身也是单位的成员，他们本人当然也会受益；第二，即使被审计单位领导及相关责任人不能直接获得利益，但是，谋取单位利益的违规行为是其职务行为，而每个人都从职务履行中获得相应的报酬，包括有形报酬和无形报酬，例如，岗位绩效好了，可能得到升迁，或者得到下属或同事的赞同等。

2.多目标委托代理关系与违规行为

无论代理人代理的是多目标还是单一目标，代理人出于自利都可能会产生违规行为。然而，在一些情形下，多目标更可能引发代理人的违规行为。多目标委托代理关系与单一目标委托代理关系有较大的不同。例如，当代理人的任务有多项时，委托人往往对不同工作的监督能力是不同的，有一些工作可能比另一些工作更加难以监督。正是由于对不同工作的监督具有不同的难易程度，对易于监督的工作的过度激励会诱使代理人将过多的努力花在这些方面而忽视其他方面。

就违规行为来说，遵守相关法律法规和合约可能是委托人对代理人的要求之一，从而也就成为代理人的一个维度的目标。然而，如果代理人面临多目标，代理人会如何看待遵纪守法这个目标呢？代理人需要协调多个维度目标的履行，当这些目标之间存在矛盾时，可能会选择一定的方式在各目标之间进行选择，偏重一些目标，淡化一些目标，甚至舍弃一些目标。例如，委托人一方面希望代理人完成责任目标，另一方面，可能还希望代理人遵守相关法律法规和规章。当二者存在矛盾时，代理人会权衡这两个目标的重要性，可能会选择以违规的方式来完成责任目标。例如，有的领导就表示，现在许多制度不合理，如果不违规，则难以干成任何事情。在一些情形下，为了做成某些事项，可能会选择违规。

当然，代理人是否真的会选择以违规方式来完成责任目标，是基于其自己的利弊得失之考量的（从这个意义上来说，在多目标情形下，违规也是代理人的一种由于自利的行为选择）。如果委托人对责任目标的激励程度高于遵纪守法，当二者不能同时得兼时，代理人如果放弃遵纪守法而完成了责任目标，则得到的激励会多些。此时，代理人会选择以违规方式来完成责任目标。相反，如果委托人对遵纪守法的激励程度高于责任目标，那么代理人可能会选择遵纪守法，而在一定程度上放弃责任目标。从委托人角度来看，一般来说，代理人是否完成了责任目标是易于监督的，而代理人是否遵纪守法则监督难度大些。代理人当然也会预期到这一点。所以，一般来说，当责任目标与遵纪守法不能兼得时，代理人通常会将责任目标置于优先地位，那么违规行为可能会发生。

当前，我国的国家治理尚未现代化，许多法律法规和制度不甚合理，要完成一定的责任目标可能会受到不合理的约束。在这种情形下，一些单位可能会选择违反这些不合理的法律法规和制度，从而出现违规行为。对于这种情形，合规审计仍然要判定这些行为是违规行为，并且还要有后续的处理处罚，与此同时，还要向主管部门提出建议，优化这些不合理的法律法规和制度，以避免这些行为继续发生。

（二）瑕疵行为的产生原因

传统的经济学理论一直以经济人假设为前提，并且认为经济人是完全理性的，能够通过成本/收益或趋利避害原则来对其所面临的一切机会、目标及实现目标的手段进行最优选择。事实上，现实生活中的人并不完全理性，并不能作出最优选择。西蒙认为，现实生活中的人是介于完全理性与完全非理性之间的有限理性的人。决策者无法寻找到全部备选方案，决策者也无法完全预测全部备选方案的后果，决策者还不具有一套明确的、完全一致的偏好体系，以使它能在多种多样的决策环境中选择最优的决策方案。有限理性人只寻找满意决策。

人的行为是有意识的理性，但这种理性又是有限的。也就是说，人并不能在任何情形下都作出最优选择。其原因主要有三个方面：一是环境是复杂的，人们面临的是具有不确定性的世界，因此，信息是不完全的、有限的；二是人对环境的计算能力和认识能力是有限的，人不可能无所不知，因此，人的信息能力是有限的；三是人会受到情境的影响，在一些情形下，会作出情绪化的选择，理性在这里的作用是有限的。基于以上原因，人是有限理性的。

既然人是有限理性的，就可能产生一些对经管责任履行不利的行为，而这些行为本来可以用更合宜的方案来完成，从而出现瑕疵行为。瑕疵行为不是代理人的故意行为，完全是由于代理人的有限理性，而没有作出当时环境条件下的适宜选择。也就是说，即使是在当时的环境条件下，如果不是有限理性限制，代理人可能做得更好。非故意性是自利行为和有限理性行为的主要区别。某种行为对经管责任之履行带来了不利影响，如果是故意的，则是代理人的自利行为；如果不是故意的，则是代理人的有限理性行为。当然，在一些情形下，可能无法区别自利行为和有限理性行为。例如，严重的管理混乱，究竟是代理人故意不作为，还是代理人不知道该怎么管理呢？严重的违规行为，究竟是代理人故意违规，还是代理人不知道相关的法律法规呢？所以，在合规审计看来，对于一些较严重的缺陷行为，即使是有限理性导致的，也应该“推定”为自利行为。

以上从有限理性角度分析了瑕疵行为的产生。事实上，在有些情形下，瑕疵行为也可能源于自利。例如，由于卸责、偷懒等而产生不作为或作为不到位，正是这些不作为或作为不到位导致了瑕疵行为的产生。

到此为止，本节从自利和有限理性两方面分析了缺陷行为的产生原因。事实上，还有许多的权变因素对缺陷行为的产生有影响。例如，文化价值观、社会环境、财政/财务状况、人的道德品质、人的性格，甚至攀比、模仿都可能会导致缺陷行为的发生。由于这些因素具有权变性，在不同的情景下，具体因素不同。本节不做深入分析。

（三）缺陷行为的应对机制与合规审计需求

如前所述，在经管责任履行中，由于代理人的自利和有限理性，可能产生缺陷行为，包括违规行为和瑕疵行为。作为理性人（不一定要求是完全理性），委托人当然会预期到代理人的这些行为，并且会建立一些应对机制来应对代理人的缺陷行为。

与图1-1相类似，缺陷行为抑制过程如图11-2所示。一般来说，在应对缺陷行为的构造中，首先是内部-经常性机制发挥作用（称为第一道防线），将缺陷行为抑制在萌芽之中。内部-经常性机制包括制衡机制、激励机制和道德机制。这些机制具有两个特征：一是这些机制能够植入行为人的行为过程之中，所以具有内部性；二是这些机制能持续经常地发挥作用，不具有选择性或弹性，只要这个机制存在，行为都不遗漏，所以具有经常性。内部-经常性机制发挥作用之后，可能还存在一些缺陷行为，称为剩余缺陷行为。对于这类缺陷行为，由外部-非经常性机制来应对（称为第二道防线）。通过外部-非经常性机制对缺陷行为的再次抑制，使缺陷行为降低到可容忍的程度。外部-非经常性机制包括监督机制和公开透明机制。这些机制具有两个特征：第一，这些机制都是行为人行为过程之外的因素，并未植入行为人的行为过程之中，因此，具有外部性。当然，外部性可能会影响这种机制对缺陷行为的抑制，但是也正是这种外部性，不会影响行为人的行为过程，从而不会影响行为人的正常行为之效率。第二，这些机制对缺陷行为的抑制具有选择性或弹性，也就是说，并不一定会对所有的行为都进行“过滤”，而是可以选择对特定的行为进行“过滤”，所以，具有非经常性或选择性。当然，这种非经常性可能会影响这些机制对缺陷行为的抑制，但是，也正是选择性使得这些机制可以灵活应用。

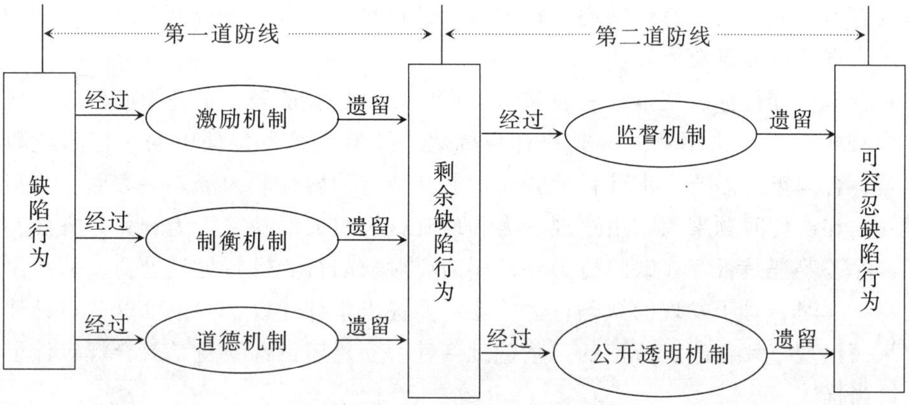

图 11-2 缺陷行为抑制过程

在图 11-2 所示的缺陷行为抑制过程中，合规审计在何处呢？合规审计是监督机制的组成部分，当缺陷行为发生时，首先由处于第一道防线的制衡机制、激励机制和道德机制来应对。出于成本效益的考虑，这些机制难以将缺陷行为抑制到可容忍的水平，从而产生剩余缺陷行为。对于这些缺陷行为，监督机制和公开透明机制来共同应对。在监督机制中，合规审计是其重要构成要素，一般来说，还有其他监督机制，合规审计是应对缺陷行为的机制之一，需要与其他应对机制协调配合，从而达到抑制缺陷行为之目标。

根据图 11-2，缺陷合规审计需求程度有三个重要的影响因素：第一，缺陷行为本身的严重程度。这是由代理人的自利、有限理性、多目标任务及权变因素所决定的。缺陷行为越是严重，合规审计需求越是强烈。第二，内部-经常性机制的有效性。如果内部-经常性机制对缺陷行为的抑制很有效，则剩余缺陷行为就不严重，此时，需要外部-非经常性机制来应对的缺陷行为也就不严重。此时，合规审计的需求就不强烈。相反，如果内部-经常性机制不健全，则需要外部-非经常性机制来应对的缺陷行为也就较严重。此时，合规审计需求就强烈。第三，公开透明机制及其他监督机制的有效性。在应对剩余缺陷行为的外部-非经常性机制中，如果公开透明机制及其他监督机制是有效的，则合规审计需求就相对较弱；相反，如果公开透明机制及其他监督机制不健全，则合规审计需求就相对较强。不同单位应对缺陷行为的治理构造可能会有不同的选择，从而，内部-经常性机制、外部-非经常性机制及其内部构造可能不同，从而对合规审计的需求程度也不同。

二、合规审计本质

对于合规审计的本质，我们有如下认识：合规审计是以系统方法从行为角度独立鉴证经管责任中的缺陷行为并将结果传达给利益相关者的制度安排。对于这个概念，我们可以从以下几方面进行解析：

（1）合规审计内容。就审计一般来说，其审计内容是经管责任中的代理问题和次优问题。对于合规审计来说，其审计内容当然离不开经管责任中的代理问题和次优问题，但是，其审计内容应该扩展合规审计特有的属性和内涵。根据这个原则，合规审计内容集聚在经管责任中的缺陷行为，包括违规行为和瑕疵行为。违规行为是指明确违反了委托人意愿或相关法律法规的行为，而瑕疵行为是指由于有限理性和自利所导致的次优问题和代理问题，也就是没有采用最合宜方案的行为或不作为。不作为是指本来可以促进经管责任履行但是没有实施的行为。总体来说，缺陷行为是存在改进潜力的行为。这些行为如果得到改善，经管责任的履行会更好。

（2）合规审计目标。就审计一般来说，审计目标是鉴证经管责任中的代理问题和次优问题。合规审计当然也不例外，其审计目标离不开鉴证经管责任中的代理问题和次优问题。但是，合规审计需要在审计目标方面扩展其特有的属性和内涵。一方面，将需要鉴证的代理问题和次优问题聚焦在由违规行为和瑕疵行为组成的缺陷行为；另一方面，在很多情形下，除了鉴证是否存在缺陷行为外，还需要对缺陷行为进行处理处罚，从而出现审计处理处罚；同时，对于发现的缺陷行为，还需要提出审计建议，并推动这些审计建议得到实施，从而出现审计整改。所谓的“坚持批判性，立足建设性”就是对合规审计上述目标扩展的恰当描述。

（3）合规审计主题。就审计一般来说，审计主题包括行为和信息两大类，而合规审计当然属于行为主题。但是，合规审计需要在审计主题方面扩展其特有的属性和内涵。行为主题又分为特定行为和约束特定行为的制度，很显然，合规审计注意的只是特定行为，约束特定行为的制度是制度审计的主题。合规审计的核心内容就是从众多的特定行为中，找出缺陷行为。

（4）合规审计方法。就审计一般来说，审计是有系统方法的制度安排。合规审计当然也有系统方法，但是，合规审计的系统方法有其特有的属性和内涵。主要体现在以下几个方面：第一，合规审计标准需要达成共识。当判断行为是否合规时，需要就适用的法律法规达成共识；当判断行为是否合理时，需要就合理行为的标准达成共识，而在许多情形下，合理行为的标准具有较大的主观性，所以，相关各方要就判断标准达成共识，可能较为困难。第二，合规审计取证具有更多的职业判断，由于大多数的行为并不存在系统的支撑载体，所以，审计取证主要适用事实发现型，一般只能就已经发现的事实发表意见。第三，合规审计一般还需要对违规行为进行处理处罚，对缺陷行为要提出审计意见，所以，合规审计需要有审计处理处罚和审计整改，而信息审计并不一定需要这些审计环节。

（5）合规审计独立性。就审计一般来说，要求具有独立性。合规审计当然不会例外。一般认为，独立性是一个非常宽泛的概念，它在实质上包含了正直性、专业水准和客观性。由于合规审计具有更多的职业判断，审计人的主观因素在合规审计过程上更为重要，所以，审计人的伦理道德对正直性、客观性会产生更多的影响。所以，合规审计更需要强调审计独立性，从而也需要采取更多的预防性和惩罚性措施来保障独立性。

三、合规审计目标

(一) 合规审计目标体系：总体框架

合规审计目标作为人们期望通过合规审计实践活动得到的结果，有两个层次：第一个层次是合规审计实践活动的直接结果，通常是以审计报告、审计决定、审计建议的方式出现。然而，审计作为一种制度安排，不是为审计而审计，委托人及利益相关者是要使用合规审计结果以达到其某种目标的。这些委托人及利益相关者使用审计结果之后，又会有一些结果，这也正是合规审计的终极价值（第二个层次）所在。从这个意义上来说，委托人及利益相关者使用审计结果之后的结果，是合规审计的终极目标。所以，合规审计目标区分为直接目标和终极目标。合规审计目标当然会受到行为主题的影响，此外，还会受到一起权变因素的影响。总体来说，合规审计目标应该是以行为主题为起点的一个体系，其基本框架如图 11-3所示。下面，我们详细分析这个目标体系。

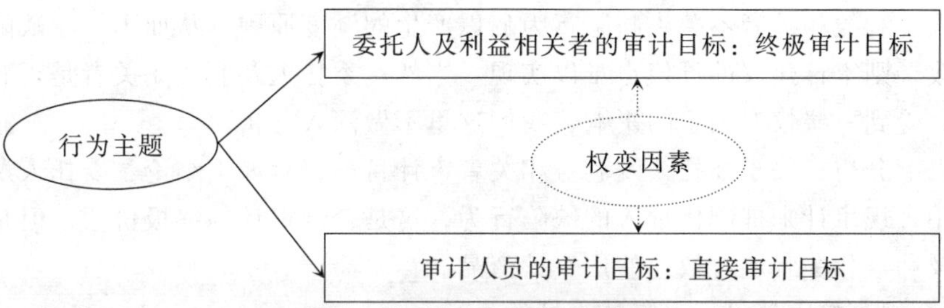

图 11-3　合规审计目标体系框架

(二) 合规审计终极目标：委托人及利益相关者的目标

委托人及利益相关者为什么愿意花费资源建立自己的审计机构或从市场上聘请审计机构呢？其原因是，代理人在经管责任的履行过程中，由于其自利和有限理性，可能产生代理问题和次优问题，而这些问题对委托人及利益相关者有害，通过审计，搞清楚代理人是否存在代理问题和次优问题，是委托人及利益相关者直接采取后续行动或授权他人采取后续行动的基础。合规审计是从行为的角度，搞清楚代理人是否存在代理问题和次优问题，也就是搞清楚代理人是否存在缺陷行为。这里的缺陷行为包括违规行为的瑕疵行为。

搞清楚代理人是否存在缺陷行为，对委托人及利益相关者有什么价值呢？一般来说，有三方面的价值：第一，如果发现代理人存在缺陷行为，可以纠正这些缺陷行为，对于较为严重的缺陷行为，还可以对责任人进行处理处罚，从而在较大程度上消除了缺陷行为对经管责任履行的负面影响。第二，对于发现的缺陷行为，跟踪其制度原因，对这些制度进行完善，可以避免类似的缺陷行为在今后重复发生。第三，由于合规审计制度的存在，代理人要保持高度警觉。如果他策划什么对经管责任之履行不利的行为，要考虑被审计发现之后的后果，所以，在一定程度上，合规审计通过威胁功能发挥了对缺陷行为的抑制作用。总体来说，上述三方面的价值问题抑制代理人缺陷行为。

合规审计对委托人及利益相关者的上述价值并不会自行产生。一方面，需要审计人员完成其直接审计目标，提供高质量的审计产品。没有高质量的审计产品，委托人及利益相关者使用审计产品之后，并不一定能抑制代理人缺陷行为。另一方面，即使有高质量的审计产品，如果委托人及利益相关者不能有效地使用这些审计产品，则这些审计产品的价值也难以实现。上述第一方面的问题，将于本节的后续内容中再做进一步的分析。下面，就第二方面的内容做较为详细的分析。

在审计产品质量有保证的前提下，委托人及利益相关者对审计产品的使用是审计终极价值的关键。如果审计产品不能使用，就好像一个产品生产出来后，没有消费者，这个产品的价值当然就难以实现了。一般来说，委托人及利益相关者可以使用的审计产品包括审计报告、审计决定、审计建议。审计报告的主要信息包括代理人是否存在缺陷行为、存在何种缺陷行为、缺陷行为的原因、缺陷行为的责任人。这些信息对于委托人及利益相关者评价代理人在履行经管责任的勤勉尽责方面有较大的价值。如果委托人及利益相关者在评价代理人经管责任履行情况时不考虑这些因素，审计报告当然也就没有价值。审计决定主要是缺陷行为责任单位和责任人的处理处罚决定，委托人及利益相关者如果不支持缺陷行为责任单位和责任人的处理处罚，则责任单位和责任人可能不执行审计处理处罚决定，审计处理处罚的价值当然难以实现。审计建议是缺陷行为赖以产生的制度进行优化的建议。如果委托人及利益相关者不关注缺陷行为赖以产生的制度原因，从而不关注缺陷行为相关制度的整改，则审计建议的价值也难以实现。当然，委托人及利益相关者是否有效地使用审计产品，受到一些权变因素的影响，我们这里不做深入分析。

根据以上分析，关于委托人及利益相关者审计目标，有如下结论：委托人及利益相关者可以利用合规审计来抑制代理人的缺陷行为，这是合规审计的终极价值，但是，其前提是委托人及利益相关者能有效地使用审计产品。

（三）合规直接审计目标：审计人员的目标

合规直接审计目标是审计人员的目标，也就是生产让委托人及利益相关者满意的审计产品。我们从两个层面来分析这个问题：一是审计人员能生产些什么审计产品，二是什么样的审计产品是让委托人及利益相关者满意的。

1.审计人员能生产些什么审计产品

一般来说，审计人员能生产的合规审计产品是一个系列，从审计产品的内容来说，有合规性产品和合理性产品；从审计产品定位来说，有批判性产品和建设性产品；从审计产品种类来说，有审计报告、审计决定、审计建议、审计整改报告。这些审计产品的组合及它们之间的关系见表11-1。

表11-1 **合规审计产品系列**

<table>
<tr><th colspan="2" rowspan="2">产品定位</th><th rowspan="2">产品种类</th><th colspan="2">产品内容</th></tr>
<tr><th>合规性</th><th>合理性</th></tr>
<tr><td rowspan="4">建设性审计</td><td rowspan="2">批判性审计</td><td>审计报告</td><td>★</td><td>★</td></tr>
<tr><td>审计决定</td><td>★</td><td>★</td></tr>
<tr><td colspan="2">审计建议</td><td>★</td><td>★</td></tr>
<tr><td colspan="2">审计整改报告</td><td>★</td><td>★</td></tr>
<tr><td colspan="5">★表示可以有这种情形</td></tr>
</table>

下面，我们对表11-1列示的合规审计产品系列做进一步的阐述。

（1）合规审计产品内容。合规审计对于缺陷行为可以从两个角度进行审计，一是合规性，二是合理性。合规性关注是否存在违规行为，也就是审计客体是否存在违背法律法规、制度、合约等行为。如果不存在，则没有违规行为。当然，一般来说，由于现实生活的复杂性，对于违规行为会有一定的容忍度，只有超过容忍度的才会确定为违规行为。合理性关注是否存在瑕疵行为，也就是说审计客体是否充分利用了现有条件。如果在现有条件下，特定行为还可以做得更好，则该特定行为就是瑕疵行为。当然，在许多情形下，瑕疵行为的判定标准具有一定的主观性，并且，不同的人可能认识不同，从而使得瑕疵行为的判定具有一定的模糊性。从理论上来说，每个合规审计项目既可以选择合规性审计，也可以选择合理性审计，还可以同时选择二者。然而，一般来说，合规性是基础，所以，合规性审计是其底线，而合理性审计是更高的要求。无论作出何种选择，所选择的审计产品内容可以体现在审计报告、审计决定、审计建议和审计整改报告中。

（2）合规审计产品定位。合规审计产品定位有两种选择：一是批判性审计，二是建设性审计。批判性审计定位下，审计主要关注三个问题：一是揭示缺陷行为，也就是通过系统的方法，对审计客体是否存在缺陷行为作出鉴证；二是在此基础上，对缺陷行为进行纠正；三是根据缺陷行为的责任程度，对一些责任人进行处理处罚。上述三个问题解决之后，缺陷行为得到了纠正，相关责任人得到了处理处罚。这对于抑制审计客体的缺陷行为当然能产生一定的作用。但是，缺陷行为产生的原因可能没有消除，因此，类似的缺陷行为今后还可能继续发生。为此，建设性审计就产生了。建设性审计就是在批判性审计的基础上，再做进一步的工作。第一，找出缺陷行为产生的原因，并以此为基础，提出审计建议；第二，推动对缺陷行为产生的原因进行整改，采纳审计建议是其主要内容；第三，跟踪整改结果，彻底了解整改情况，确保缺陷行为产生的原因得到整改，并在此基础上提出整改报告。从理论上来说，合规审计产品定位可以选择批判性定位或建设性定位，但是，一般来说，为了实现合规审计的终极价值，需要审计人员选择建设性定位。当然，在一些特殊的情形下，委托人及利益相关者可能选择自己来完成缺陷行为原因分析及其整改，此时，审计人员要做的工作就是批判性定位了。

（3）合规审计产品种类。从种类来说，合规审计产品包括审计报告、审计决定、审计建议和审计整改报告。审计报告的主要信息包括代理人是否存在缺陷行为、存在何种缺陷行为、缺陷行为的原因、缺陷行为的责任人。审计决定主要是缺陷行为责任单位和责任人的处理处罚决定。审计建议是缺陷行为赖以产生的制度进行优化的建议。审计整改报告是对缺陷行为原因整改情况的报告。上述不同的合规审计产品具有不同的功能，能满足委托人及利益相关者的不同需求，当然，也产生了合规审计的不同阶段。合规审计产品种类与合规审计产品定位有密切的关系。如果产品定位是批判性审计，则审计产品种类就只有审计报告和审计决定；只有选择建设性审计定位，才会增加审计建议和审计整改报告这两种审计产品。同时，审计产品种类与审计产品内容无特定关联。审计报告、审计决定、审计建议和审计整改报告，既可以选择只有合规性审计，也可以选择只有合理性审计，也可以同时选择合规性审计和合理性审计。

根据以上分析，关于合规审计产品系列，有如下结论：①从审计产品的内容来说，有合规性产品和合理性产品，合规性审计是其底线，而合理性审计是更高的要求。②从审计产品定位来说，有批判性产品和建设性产品。一般来说，需要选择建设性定位。③从审计产品种类来说，有审计报告、审计决定、审计建议、审计整改报告。在批判性审计定位下，只需要生产审计报告和审计决定，而在建设性定位下，需要生产上述全部产品。这些产品中可以包括合规性审计和合理性审计。

2.什么是让委托人及利益相关者满意的合规审计产品

让委托人及利益相关者满意的合规审计产品包括两方面的特征：一是品种满意，二是质量满意。二者要同时具备，即使品种满意，但是，质量不高，则消费者还是不满意；当然，即使质量高，但是，不是消费者需要的品种，则消费者也难以满意。如果消费者对审计产品不满意，就产生审计期望差。根据合规审计产品系列，委托人及利益相关者的审计期望差可包括四个方面：审计产品内容期望差、审计产品定位期望差、审计产品种类期望差、审计产品质量期望差。审计人员让委托人及利益相关者满意的路径，就是控制上述四种审计期望差。

（1）合规审计产品内容期望差的控制。合规审计产品内容是指合规性审计和合理性审计的选择。审计产品内容期望差是在产品内容方面，委托人及利益相关者的需求与审计人员的供给存在差异，其基本情况见表11-2。

表11-2 **合规审计产品内容期望差**

项目		审计供给		
		合规性审计	合理性审计	二者同时存在
审计需求	合规性审计	√	×	×
	合理性审计	×	√	×
	二者同时存在	×	×	√

√表示审计需求与审计供给一致，不存在期望差，×表示审计需求与审计供给不一致，存在期望差

表11-2显示，从合规审计产品内容来说，审计需求与审计供给存在9种组合，而其中正确的组合只有3种，所以，较容易产生审计内容期望差。为了控制行为产品内容期望差，可能有两方面的路径：一是委托人及利益相关者明确表达其审计需求；另一方面，要求审计人员在制订合规审计方案时，搞清楚委托人及利益相关者的诉求，而不是凭自己的主观猜测来确定审计内容。

（2）合规审计产品定位期望差的控制。合规审计产品定位是指批判性审计和建设性审计的选择。审计产品定位期望差是指在合规审计定位方面，委托人及利益相关者的期望与审计人员的选择之间的差异。当二者不相符时，就存在期望差，其基本情况见表11-3。

表11-3 **合规审计产品定位期望差**

项目		审计人员的选择	
		批判性审计	建设性审计
委托人及利益相关者的期望	批判性审计	√	×
	建设性审计	×	√

√表示审计需求与审计供给一致，不存在期望差，×表示审计需求与审计供给不一致，存在期望差

表11-3显示，从理论上来说，合规审计产品定位正确和错误的概率各是50%。但是，根据本节前面的理论分析，一般来说，合规审计要选择建设性审计定位。所以，审计产品定位期望差主要体现在委托人及利益相关者期望的是建设性审计，而审计人员提供的是批判性审计。所以，控制审计产品定位期望差的主要路径是审计人员构建建设性审计的专业胜任能力。

（3）合规审计产品种类期望差的控制。合规审计产品包括审计报告、审计决定、审计建议、审计整改报告。合规审计产品种类期望差是指委托人及利益相关者期望的审计产品与审计人员提供的审计产品之间存在差别。一般来说，当审计产品内容和审计产品定位确定之后，审计产品种类也就确定了。在批判性审计定位下，审计产品包括审计报告和审计决定。在建设性审计定位下，还要增加审计建议和审计整改报告。无论何种审计，合规性、合理性的内容都可以体现在审计产品中。所以，审计产品种类期望差无须单独控制，而是通过审计产品内容和审计产品定位来控制。

（4）审计产品质量期望差的控制。以上分析了审计产品内容期望差、审计产品定位期望差、审计产品种类期望差。这些期望差的控制，可以使得委托人及利益相关者满意对合规审计产品的品种满意。但是，如果审计产品的质量不高，则即使品种满意，委托人及利益相关者最终还是对审计产品不会满意。在审计产品品种确定之后，控制每种审计产品质量是一个系统工程，具有专业胜任能力的审计团队、适宜的质量控制过程是其中的关键因素。基于本节的主题，这里对审计产品质量控制不展开讨论。

上述审计人员能生产些什么审计产品、什么样的审计产品是让委托人及利益相关者满意的，这两方面都可能受到一些权变因素的影响。基于本节的主题，这里对这些因素不做深入讨论。

根据以上分析，关于什么是让委托人及利益相关者满意的合规审计产品，有如下结论：让委托人及利益相关者满意的合规审计产品包括两方面的特征，一是品种满意，二是质量满意。为此，审计人员需要控制审计产品内容期望差、审计产品定位期望差、审计产品种类期望差、审计产品质量期望差。

以上从一般意义上分析了合规审计目标，在现实生活中，合规审计主要关注特定行为的合规性。这是合规审计的总目标。这一总目标还需要分解，得出具体审计目标。这种具体审计目标是从总目标分解出来的。如果将总目标作为需要证明的总命题，则具体审计目标也就是分解的具体命题。这种具体命题或具体审计目标，一般可以分解为以下几个方面：发生性，完整性，准确性，截止，分类，范围，标准。发生性是审计载体中已经记录的行为是真实的；完整性是审计客体所发生的所有该类行为都已经确实在审计载体中记录了；准确性是指审计载体中对该行为相关数据特别是金额的记录是正确的；截止是指审计载体所记录的特定行为记录于恰当的期间；分类是指在审计载体中对特定行为确实属于该类特定行为；范围是指导致该类行为发生的交易或事项确实属于该类行为的范围或不存在范围扩大或缩小；标准是指导致该类行为发生的交易或事项以规定的数量标准或质量标准发生或不存在提高或降低标准。命题论证型合规审计，就是通过证明上述具体命题来证明总命题，而事实发现型合规审计，就是根据上述命题来寻找和报告偏差行为。

第二节 合规审计客体、合规审计内容和合规审计主体

本节关注合规审计的三个基本问题，一是合规审计究竟审计谁？二是合规审计究竟审计什么？三是合规审计由谁来审计？对上述三个问题的阐释分别形成合规审计客体理论、合规审计内容理论和合规审计主体理论。

一、合规审计客体

（一）合规审计客体组合

一般来说，审计客体就是对谁审计的问题。合规审计客体选择涉及两方面的问题：一是从空间范围来说，审计客体如何选择，从而出现组织单位客体和个人客体；二是从时间范围来说，审计客体如何选择，也就是对于审计客体的审计时点是否具有可选择性。有两种情形：一是对于某类审计客体，必须在特定的时点进行审计，从而出现法定审计客体；二是对于某类审计客体并不要求在特定的时点进行审计，从而出现选择性审计客体。上述两个方面的问题密切相关，组合起来形成合规审计客体的多种情形，见表11-4。下面，我们对上述两个方面的审计客体选择做详细分析。

表11-4 **合规审计客体组合**

项目		空间范围	
		组织单位	个人
时间范围	法定审计	★	★
	选择性审计	★	★

★表示有这种情形

（二）合规审计客体的空间范围：组织单位和个人

一般来说，只是在少数情形下，财务信息和业务信息与特定个人关联。一般情形下，它们难以与特定个人关联，所以，信息审计的客体以组织单位为主。但是，合规审计不同，合规审计以行为作为审计内容，而行为一定是有行为者或行为主体的，所以，行为者或行为主体就是合规审计的审计客体。

1.组织单位和个人是两个行为主体

从空间范围来说，合规审计客体究竟是作为行为主体的组织单位还是作为行为主体的个人。有一种观点认为，特定个人在组织单位的行为都是职务行为，个人执行的是组织单位意志，个人是代表组织单位在行为，所以，合规审计客体应该是组织单位而不是个人。这种观点似是而非。我们认为，作为行为主体的组织单位和个人应该同时作为合规审计客体。其原因如下：

第一，就个人代表组织单位意思的行为来说，组织单位和个人具有双重人格。个人在组织单位意志支配下，为组织单位利益而实施的行为当然属于组织单位行为的组成部分，应该界定为组织单位行为。但是，个人在为组织单位利益而行为时，仍然具有自己的独立人格和意志。所以，组织单位与个人都应属于行为主体，应该同时承担行为责任。

第二，在一些情形下，个人的行为可能并不代表组织单位意志，只是其个人意思。这

些行为可能是为组织单位谋取利益，也可能只是为行为者本人谋取利益。在为组织单位谋取利益时，虽然组织单位本身并不知情，但是，个人能够实施某些行为，可能是组织单位管理存在薄弱环节，组织单位也应该为此承担责任，所以，此类行为应该由组织单位和个人同时承担责任。如果只是为个人谋取利益，虽然组织单位并不能由此获利，有时甚至还会有损失，但是，谋取个人利益的行为之所以能实施，也正是源于组织单位管理漏洞的存在，所以，组织单位也应该为此承担责任。综合起来，即使是不代表组织单位意思的个人行为，组织单位和个人都应该同时承担责任，这就需要将个人和组织单位作为审计客体。

第三，合规审计不只是鉴证某行为是否存在缺陷，在多数情形下，对于违规行为或严重的瑕疵行为还要进行处理处罚，这时的处理处罚就涉及责任人。所以，对于鉴证确定的缺陷行为，一般要求确定到具体的责任人。所以，即使是代表组织单位意思的行为，也需要确定责任人。不代表组织单位意思的行为，更是需要将责任人作为处理处罚对象。所以，合规审计对于所有的缺陷行为，都要确定具体的责任人，这就需要将个人作为审计客体。

根据上述分析，关于合规审计客体，得出如下结论：组织单位和个人都是审计客体，当组织单位作为审计客体时，必须同时也将个人作为审计客体。

2.组织单位作为审计客体的两种选择：特定组织单位与同类组织单位

虽然组织单位和个人要同时作为合规审计客体，但是，对于组织单位和个人还具有不同的选择。我们先来看组织单位的选择。

一般来说，某一审计机构负责审计的被组织单位应该有多个（对于政府审计来说，就是审计管辖范围；对于内部审计来说，就是全部下属组织单位）。在这种情形下，作为审计客体的组织单位就存在两种选择：一是只选择特定组织单位进行审计；二是选择同类组织单位进行审计。究竟如何选择呢？

一般来说，在多数情形下，合规审计以项目审计的方式开展。在这种情形下，合规审计会选择特定组织单位作为审计客体。然而，合规审计也可以采用联合审计和专项审计调查的方式来开展，此时，审计客体就不是特定组织单位，而是同类组织单位。

就联合审计来说，虽然对联合审计的认识不同，但是，根据《中华人民共和国国家审计准则》，联合审计是指审计机关统一组织多个审计小组共同实施一个审计项目或者分别实施同一类审计项目。在这种情形下，审计机关业务部门应当编制审计工作方案。很显然，这时的审计客体就不是一个组织单位，而是多个组织单位，甚至是具有某一特性的全部组织单位。例如，国家审计署统一组织的全国审计机关共同参与的社会保障资金审计、土地出让金审计，就是对所有的社会保障资金管理机构、土地出让金管理机构都进行了审计。这是典型的联合审计。然而，什么情形下会选择联合审计呢？一般来说，如果某类特定行为引起了审计人员的高度重视，或者成为相关利益者关注的重点问题，那么，为了彻底搞清楚该问题，就可能将所有涉及该问题的组织单位纳入审计范围，作为审计客体。通过对这些组织单位的审计，能够从整体上搞清楚该问题的状况，为相关后续行为奠定基础。

对专项审计调查，也存在不同认识。但是，根据《中华人民共和国国家审计准则》，凡是与被调查事项有关的组织单位或个人都属于专项审计调查的范围。所以，专项审计调查会涉及某类组织单位，审计客体不是特定组织单位，而是某类组织单位。然而，什么情形下会选择专项审计调查呢？《中华人民共和国国家审计准则》规定，符合下列情形的，可以进行专项审计调查：涉及宏观性、普遍性、政策性或者体制、机制问题的；事项跨行业、跨地区、跨组织单位的；事项涉及大量非财务数据的；其他适宜进行专项审计调查的。上述规定表明，从政府审计来说，纳入专项审计调查的问题一般具有普遍性的特征。也就是说，当某问题在很多组织单位都存在，具有一定的普遍性时，就可以将存在该问题的所有组织单位都纳入审计范围。作为审计客体，通过对这些组织单位的审计调查，能够从整体上搞清楚该问题的状况，为相关后续行为奠定基础。这与联合审计具有异曲同工之妙。

根据上述分析，关于组织单位作为审计客体，有如下结论：一般来说，以特定组织单位为审计客体，当某类组织单位在某些行为上具有普遍性时，该类组织单位可能成为联合审计或专项审计调查的客体。

3.个人作为审计客体的两种选择：特定个人与同类个人

上述分析表明，组织单位作为一个客体必须与个人客体同时存在，而组织单位客体本身有多种选择。然而，个人能否作为独立的审计客体？个人作为审计客体是否又有多种选择呢？

首先，关于个人能否作为独立的审计客体。经管责任履行中的个人，肯定有一定的行为，所以，从审计技术上来说，以个人作为审计客体并不存在困难。这里的关键是，是否有必要将个人作为审计客体。在一些情形下，如果将个人作为审计客体已经成为必要，则个人可以单独作为审计客体。此时，个人的行为，既可以归为组织单位利益而实施的行为，也可以归为个人利益而实施的行为。既可以是其全部行为，也可以是其某些特定行为。那么，在什么情形下，个人成为审计客体具有必要性呢？一般来说，应该具备以下条件：一是个人对于经管责任的履行具有重要的作用，抑制其缺陷行为，对经管责任的履行具有较大的意义；二是针对该个人的相关治理不健全，该个人出现缺陷行为的机会较多，所以，为了形成抑制该个人缺陷行为的治理构造，可以将合规审计作为其中的要素之一；三是委托人及利益相关者对该个人的关注程度较高，如果该个人缺陷行为较多，则影响较大。具备上述这些条件时，个人的行为可能成为审计内容，从而个人成为审计客体。

其次，关于个人作为审计客体时的选择。一般来说，在多数情形下，以个人为客体的合规审计是以项目审计的方式开展的，所以，会选择特定个人作为审计客体。然而，以个人作为客体的合规审计也可以采用联合审计或专项审计调查的方式来开展。此时，审计客体就不是特定个人，而是同类个人。在这种情形下，就不只是关注某一特定的个人之行为，而是关注某类个人的行为。这里的行为，在多数情形下是某些特定行为。一般来说，某类人具有共同的行为，并且这些共同的行为引起委托人及利益相关者的高度关注，同时，该类行为的相关治理还不健全，从而这类行为方面的问题具有一定的普遍性。此时，该类个人的该类行为就可能成为联合审计或专项审计调查的内容，该类人就成为审计客体。

根据上述分析，关于个人作为审计客体，有如下结论：个人可以独立作为审计客体。在多数情形下，以特定个人作为审计客体，当某类个人在某些行为上具有普遍性时，该类个人可能成为联合审计或专项审计调查的客体。

（三）合规审计客体的时间范围：法定审计和选择性审计

一般来说，审计客体的选择是根据若干维度对审计范围的组织单位进行评估，在此基础上，根据评估的结果来选择一定时期的审计客体。也就是说，在什么时点审计某客体，主要是基于对该客体的评估而确定的，审计客体的审计时点具有选择性。

然而，现实生活中还存在另外一类方法来确定审计时点，就是在特定时点必须实施的、具有强制性的审计。这种审计称为法定审计。为什么会出现法定审计呢？一般来说，有如下三种情形：

第一，某类行为具有特别的重要性。某类行为在社会或某组织中具有特别的重要性，关注该类行为的利益相关者较多，从而需要对该特定行为进行定期审计。例如，《中华人民共和国国家审计准则》规定从多个方面对初选审计项目进行评估，以确定备选审计项目及其优先顺序。第一个方面就是项目重要程度，要求评估在国家经济和社会发展中的重要性、政府行政首长和相关领导机关及公众关注程度、资金和资产规模等。

第二，某类行为相关治理不健全，缺陷行为较多。缺陷行为是由一个整体的治理构造来应对的。如果治理构造中的其他要素较粗糙，抑制缺陷行为的效果较差，致使缺陷行为较多，对行为的需求就较强烈，从而需要对该特定行为进行定期审计。例如，《中华人民共和国国家审计准则》规定从多个方面对初选审计项目进行评估，以确定备选审计项目及其优先顺序。第二个方面就是评估项目风险水平。风险水平越高，越是要优先列入年度计划。这里实际上强调的是相关的治理越不健全，其风险水平越高，从而越需要优先进行审计。

第三，如果某类行为具有特别的重要性，并且相关治理不健全，缺陷行为较多，则更加需要对该类行为予以特别关注，从而对其审计时点作出强制性规定。

根据以上分析，关于合规审计客体的时间范围有如下结论：一般来说，对于审计客体实施选择性审计，根据对审计客体的评估确定审计时点；当某类行为具有特别的重要性，或者某类行为相关治理不健全从而缺陷行为较多，或者二者同时具备时，对该类行为可能实施法定审计。

二、合规审计内容

合规审计就是对行为发表意见，从技术上来说，就是从众多的行为中找出缺陷行为。所以，如何理解行为，是合规审计的基础。从基础理论层面来说，对于行为的理解，涉及三个问题：行为的概念、行为的范围、行为的分类。

（一）合规审计的行为概念

综观法学中的各种行为理论，其关键分歧在于两个方面：一是是否考虑人的主观意志或目的，二是是否考虑社会影响。这两点，对于合规审计来说，都是非常重要的。第一，法学中的行为主体主要是自然人。自然人可能存在非意志活动，但是，合规审计中的行为主体可能是自然人，更可能是一个组织。个人当然可能存在非意志行为，而一个组织同样存在非意志行为，例如，由于有限理性，未能意识到某些管理行为的落后，这并不意味这些行为不落后。所以，合规审计中的行为，一般不要求具有意志性。第二，就社会影响来说，如果行为不对组织或社会造成负面影响，根据成本效益原则，则合规审计一般不予以关注，所以，合规审计主要关注那些造成社会负面影响（主要是对经管责任有危害或负面影响）的行为。总体来说，合规审计对行为的理解，可以借鉴社会行为论。

借鉴社会行为论，本节将合规审计中的行为界定如下：行为是特定的自然人或组织对其经管责任履行具有重要影响的作为或不作为，一般称为特定行为。

这个概念所界定的特定行为具有以下四个特征：第一，行为的主体包括特定的自然人和组织。这里的自然人主要是作为审计客体的领导或其他人员。例如，经济责任审计以领导作为审计客体，其中包括领导本人的一些行为。这里的组织，是作为审计客体的法人或法人内部单位。例如，预算执行审计，一个部门或一个单位的预算相关行为都成为审计内容，从而整个部门或单位也就成为行为主体。第二，行为主体的行为不一定是有意志的，也就是说，行为主体的无意志行为也应该作为合规审计的内容。法学中的一些典型的非意志行为，在合规审计中并不存在。例如，精神病、梦游等，这些非意志行为在合规审计中都不会存在。但是，如果就此将非意志行为排除在合规审计之外，则就将一些需要纠正的缺陷行为排除了。例如，由于不知道某项法律法规而违反了该法规，由于不知道有先进的管理方法而采用了落后的管理方法等。也就是说，缺陷行为并不一定是有意志而为之，在许多情形下，缺陷行为是无意志而发生的。第三，行为的重要影响。这里的重要影响强调对经管责任的影响，既包括对组织内部的利益相关者之影响，也包括对组织外部的利益相关者之影响。如果行为主体的行为对内部和外部利益相关者都没有影响，则这种行为也不应该是合规审计所关注的。同时，行为的影响要达到一定的程度，具有一定的重要性。如果不具有重要性，则这种行为也不应该成为合规审计关注的内容。当然，重要性的确定是具有职业判断的，并无一个放之四海而皆准的办法。第四，这种行为是在经管责任履行中发生的，与经管责任履行无关的行为不是合规审计关注的内容。这时的经管责任，就是在委托代理关系下，代理人向委托人承担的显性和隐性责任。所以，这种行为是有特定范围的，称为特定行为。

（二）合规审计的行为范围

合规审计应当有一个适合的考察范围，不可能也没必要去考察所有的人类举动形式，因而在进行审计评价之前，要排除掉在审计意义上完全不重要的人类举动形式，通过把一定的作为或不作为确认为行为，而把一些对于经管责任不重要的作为或不作为视为不是行为，这就为合规审计确立了一个合适的考察范围，表现出限定功能。

从合规审计视角出发，本节将行为界定为特定自然人或组织对其经管责任履行具有重要影响的作为或不作为。也就是说，只有与特定自然人或组织经管责任履行有关的作为或不作为，才是合规审计中的特定行为；否则，就不是合规审计意义上的特定行为。

无论是自然人还是组织，都具有很多各种行为，是否所有的活动都要纳入合规审计范围呢？回答是否定的。凡是与经管责任之履行没有关联的行为都不应该纳入行为的范围。例如，自然人吃饭、睡觉及其家庭生活或私生活等，组织层面的一些与工作无关的活动（例如，工会组织钓鱼、徒步），这些与经管责任之履行没有关联的行为加上与经管责任履行有关的特定行为，作为一个整体，形成一个一般意义上的行为概念，我们称之为一般行为。这是合规审计中的特定行为的上位概念。

合规审计的核心内容是从众多的特定行为中找出缺陷行为，所以，缺陷行为是特定行为的下位概念。它是特定行为的一个子集。这里的“众多的特定行为”，除了缺陷行为这个子集外，还包括正常行为，也就是缺陷行为之外的其他特定行为。这里的缺陷行为是指不能有效地履行经管责任的行为，包括违规行为和瑕疵行为。违规行为是指明确违反了委托人意愿或相关法律法规的行为，而瑕疵行为是指由于有限理性和自利所导致的次优问题和代理问题，也就是没有采用最合宜方案的行为或不作为。不作为是指本来可以促进经管责任履行但是没有实施的行为。总体来说，缺陷行为是存在改进潜力的行为。这些行为如果得到改善，经管责任的履行会更好。这里的正常行为是与缺陷行为相对应的。这些行为的实施对经管责任的履行产生了正面的效果。

合规审计是以经管责任为前提的，其核心内容是从众多的特定行为中找出缺陷行为，所以，它的范围不是一般行为，而是特定行为，或者说，是与经管责任履行有关的行为，即通过采用系统的方法获取审计证据。其中，特定行为可以分为正常行为和缺陷行为。

正常行为和缺陷行为，从行为的内容、属性来看，可能无差别，只是对经管责任履行产生不同的后果。缺陷行为在改进前对经管责任履行未能有效地发挥作用，改进之后才能有效地发挥作用。例如，同样是差旅费用报销，违规报销和合规报销的内容和属性是一样的。从内容来说，都是交通费用、住宿费用、餐费等；从属性来说，都是财务支出。但是，二者的区别是：一个是合规，未违反相关的法规或制度；一个是违规，违反了相关的制度或法规。通常这两种行为是在一个审计载体中，合规审计的核心内容就是从这个载体中找出违规之处，从而确认违规行为。当然，现实生活很复杂，在一些特定情形下，违规行为可能形成一个单独的载体，“小金库”就是这种情形。

总体来说，不同阶位的行为概念，归纳如图11-4所示。

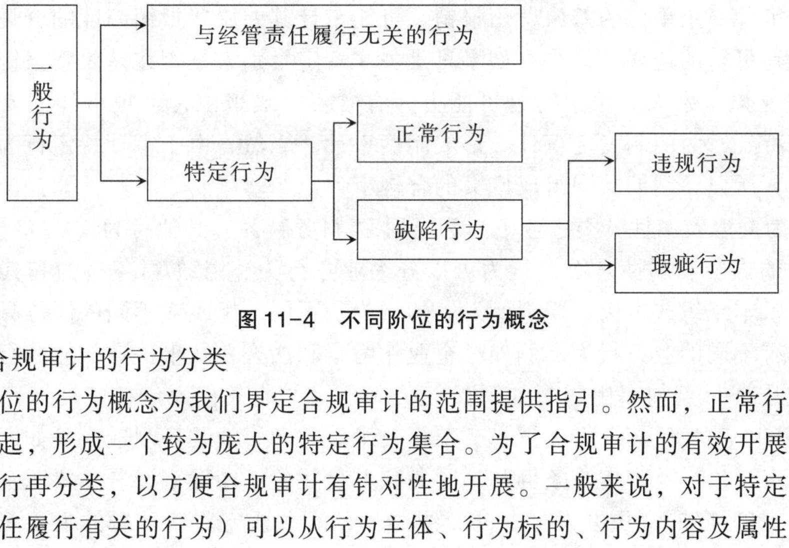

图11-4 不同阶位的行为概念

（三）合规审计的行为分类

不同阶位的行为概念为我们界定合规审计的范围提供指引。然而，正常行为和缺陷通常混合在一起，形成一个较为庞大的特定行为集合。为了合规审计的有效开展，还需要对特定行为进行再分类，以方便合规审计有针对性地开展。一般来说，对于特定行为（也就是与经管责任履行有关的行为）可以从行为主体、行为标的、行为内容及属性三个维度进行分类。

1.按行为主体分类：组织行为、自然人行为

合规审计的行为主体包括特定的自然人和组织，所以，特定行为区分为组织行为和自然人行为。组织行为是特定组织在履行其经管责任中具有重要影响的作为或不作为。不同的组织具有不同的经管责任，所以，其作为或不作为不同。例如，对于一个政府行政机构来说，其行政行为就是特定行为的主要内容，行政行为本身也有许多区分方法。抽象行政行为、具体行政行为、合议制行政主体实施的行政行为和首长负责制行政主体实施的行政行为、羁束行政行为和裁量行政行为、依职权行政行为和应申请行政行为、附款行政行为和无附款行政行为、授益行政行为和负担行政行为、要式行政行为和非要式行政行为、作

为行政行为和不作为行政行为、独立的行政行为和需补充的行政行为、内部行政行为和外部行政行为、单方行政行为和双方行政行为、行政立法行为、行政执法行为和行政司法行为、自为的行政行为、授权的行政行为和委托的行政行为等，都是对行政行为的再分类。

自然人行为是特定的自然人在履行其经管责任中具有重要影响的作为或不作为。不同的自然人在履行经管责任中的具体职责不同，从而具有不同的作为或不作为。例如，在经济责任审计中，领导人对于不同事项的介入程度不同，所以，需要将其责任区分为直接责任、主管责任和领导责任。同时，不同组织的领导人，由于其所领导的组织承担不同的经管责任，所以，党委书记和行政领导的责任内容不同，不同层级的领导人的责任内容不同，不同类型的组织的领导承担的责任内容不同，从而需要分类确定经济责任审计内容和评价标准。

2.按行为标的分类：特定行为、约束特定行为的制度

合规审计的标的有两种情形：一是直接审计特定行为，二是审计约束行为的制度。从本质上来说，审计特定行为和审计制度具有一致性。因为，如果约束特定行为的制度是合规、合理的，并且得到有效的执行，则在这些制度约束下的特定行为也就不存在缺陷。所以，寻找制度缺陷和寻找特定行为缺陷具有同等意义。当然，在一些情形下，如果只是关注特定个别人的特定行为，如果存在合适的审计载体，则审计特定行为可能更加简捷。例如，如果要审计一个单位的差旅费用报销，可能审计其差旅费报销制度的合规性、合理性及其执行性是可行的选择。但是，如果只是关注特定个别人是否在差旅费报销中有贪污行为，则只关注该个别人的报销行为可能更为有效。一般来说，合规审计主要关注特定行为，对约束特定行为的制度之审计，形成制度审计。当然，由于审计特定行为和审计制度具有一致性，所以，它们共同组成广义的合规审计。

3.按行为内容及属性分类：业务行为、财政/财务行为、其他行为

从行为的内容和属性来看，行为可以分为业务行为、财政/财务行为和其他行为。业务行为是从事本组织或本岗位职责所发生的行为。不同的组织或不同的岗位具有不同的职责，从而具有不同的业务行为。例如，企业作为营利法人要从事一定的业务行为，提供一定的产品或服务。例如，中国石油天然气集团公司的业务行为包括气勘探开发、炼油化工、油品销售、油气储运、石油贸易、工程技术服务和石油装备制造。又如，根据《中华人民共和国审计法》及其实施条例和《国务院办公厅关于印发审计署主要职责内设机构和人员编制规定的通知》（国办发〔2008〕84号）的相关规定，审计署的主要职责是：主管全国审计工作；起草审计法律法规草案，拟订审计政策，制定审计规章、审计准则和指南并监督执行；向国务院总理提出年度中央预算执行和其他财政收支情况的审计结果报告；直接审计规定事项，出具审计报告，在法定职权范围内作出审计决定或向有关主管机关提出处理处罚的建议。履行上述职责所从事的活动都是业务行为。同时，不同岗位也存在不同的职责，履行其岗位职责的行为就是本岗位的业务行为。不同岗位具有不同的岗位职责，从而具有不同的业务行为，中国石油天然气集团公司董事长和国家审计署审计长的岗位职责不同，其业务活动也不同。

财政/财务行为是与资金相关的各项行为。不同的组织或不同的岗位，资金来源及使用不同，与资金相关的职责不同，从而具有不同的财政/财务行为。对于企业单位来说，资金筹集、资金使用和利润分配是主要的财政/财务行为。对于行政事业单位来说，财政/

财务行为主要包括预算管理、收入管理、支出管理、采购管理、资产管理、往来资金结算管理、现金及银行存款管理。同样，不同的岗位承担的财务相关职责不同，其财政/财务行为的具体作为或不作为也不同。财务总监和总经理具有不同的财政/财务行为，采购员和生产线上的员工也具有不同的财政/财务行为。但是，一般来说，每个组织或每个岗位都有一定的财政/财务行为。

其他行为是业务行为和财政/财务行为之外但与经管责任履行相关的其他各项行为，不同的组织或岗位在其他领域的职责不同，从而具有不同的其他作为或不作为。例如，对于企业来说，人力资源管理、环境管理、公益事业等都是与经管责任履行相关的行为。对于行政事业单位来说，人力资源招聘、政府采购、物业管理、公务接待等都是与经管责任履行相关的行为。同时，不同岗位也会有不同的其他行为。例如，财务部经理和人力资源部经理相比，在人力资源方面就具有很不同的职责，从而具有很不同的行为。

上述这些行为，业务行为是中心，财政/财务行为和其他行为是为业务行为服务的。然而，如果财政/财务行为和其他行为出现问题，则业务行为也会受到制约。

那么，上述三类行为为什么都可能成为合规审计的内容呢？一般来说，财政/财务行为作为合规审计内容是大家公认的。问题是，业务行为和其他行为能否作为合规审计内容呢？就业务行为来说，各类业务行为基本上都是提供某产品或服务的，一般都有相关的法律法规或规章制度，行为主体在业务行为中遵守这些法律法规或规章制度是其业务行为的内在要求，所以，客观上需要对业务行为进行合规审计。就其他行为来说，同样需要遵守相关法律法规或规章制度，所以，同样需要进行合规审计。即使没有相关的法律法规或规章制度，为了判断业务行为或其他行为是否合理，是否存在改进的潜力，也可以开展合规审计。

以上从三个不同的角度对特定行为进行了分类。事实上，这三种分类可以结合起来，因为行为一定是有主体的，而主体的行为一定是有内容的，同时，进行合规审计时，是一定要选择一定标的的。所以，三种分类可以结合起来，形成一个综合分类，大致情形见表11-5。

表 11-5 **特定行为的综合分类**

行为内容和属性	行为主体			
	组织单位		自然人	
	特定行为	约束特定行为的制度	特定行为	约束特定行为的制度
业务行为	★	★	★	★
财政/财务行为	★	★	★	★
其他行为	★	★	★	★

★表示有这种情形

三、合规审计主体

合规审计是应对代理人经管责任履行过程中缺陷行为的重要制度安排，在这种制度安排中，审计主体作为审计活动的从事者，是最重要的要素之一。在现实生活中，合规审计主要由专门建立且独立于代理人的审计机构来实施，少数情形下出现合规审计业务外包。影响合规审计主体选择的基本原因有两个方面：一是如何保持审计独立性，二是如何控制审计成本。理想的审计主体就是能独立且低成本地实施合规审计的主体。

（一）总体框架

从人性来说，一般的正常人都可能存在自利和有限理性。由于这种人性的存在，在经管责任履行中，由于自利和有限理性，代理人可能产生代理问题和次优问题。为此，需要审计人对代理人是否存在代理问题和次优问题进行鉴证。委托人、代理人和审计人三者形成了一种审计关系。委托人和审计人的这种关系，从本质上来说，是一种交易，可以称之为审计交易，其内容就是委托人给审计人提供资源或支付一定的对价，委托人授权或委托审计人对代理人的代理问题和次优问题进行鉴证。

委托人在这种审计交易中面临两个基本问题：一是得到真实的鉴证结果，二是以最低成本得到鉴证结果。委托人如何解决上述两个基本问题呢？委托人解决鉴证结果真实性的办法是保证审计的独立性。这种独立性的考量进而影响审计主体的选择；解决鉴证成本的办法是选择审计交易的治理结构，通过适宜的审计交易治理结构来降低审计交易成本。而审计交易特征会决定审计交易治理结构的选择。合规审计这种交易本身具有自己的特征。这些特征，一方面会影响审计独立性，另一方面会影响交易治理结构。所以，从根源上来说，是审计主题影响了审计交易的治理构造和审计主体的独立性，进而影响了审计主体的构造。以上所述的思路如图 11-5 所示。

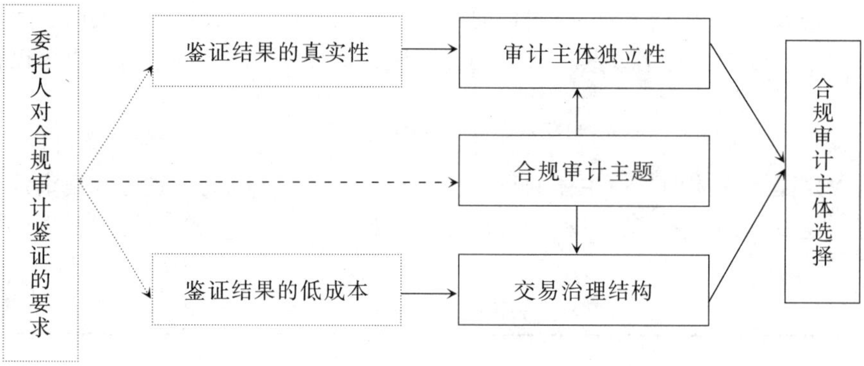

图 11-5 独立性、合规审计主题和合规审计主体选择

（二）合规审计主题、审计主体独立性与合规审计主体选择

合规审计主题由于其自身的特征会影响审计主体独立性，而这种独立性方面的考量进而会影响合规审计主体选择，其路径如图 11-6 所示。

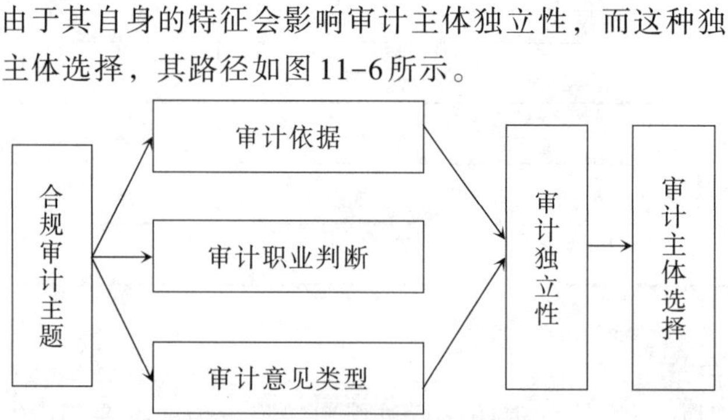

图 11-6 合规审计主题和审计独立性

1.合规审计主题、审计依据和审计独立性

审计依据是审计中的既定标准。当审计依据清晰时，审计主体不需要与审计客体商量审计依据，而当审计依据不清晰时，审计人需要与审计客体商量审计依据，此时，选择何种依据可能会受到审计主体的伦理道德之影响，更可能受到审计客体的影响。正是因为此原因，审计主体的独立性可能受到影响。所以，审计主题的审计依据清晰程度，会显著影响审计主体的独立性。从合规审计来说，审计依据是判断代理人行为是否适宜的既定标准，是关于审计客体应该如何行为的具体规定。对于某些合规审计来说，可能存在明确的审计依据，然而，对于许多特定行为来说，什么是“既定标准”可能难以达成共识，这种审计依据的不清晰可能对合规审计的独立性形成负面影响。

2.合规审计主题、审计职业判断和审计独立性

无论何种审计都存在职业判断。但是，合规审计中的职业判断比信息审计更多且更困难。审计职业判断是审计主体能否保持独立性的主要领域。如果不需要职业判断，则审计不独立也难以发生。审计职业判断越多，考量审计独立性的情形也就越多。审计职业判断越多，发生审计不独立的概率也就越高。由于合规审计需要更多的职业判断，对审计主体的独立性会形成显著的负面影响。

3.合规审计主题、审计意见类型和审计独立性

审计结论是审计人对特定审计主题给出的专业意见。事实上，也就是审计人就特定信息或行为与既定标准之间的符合程度发表的鉴证意见。

对于许多合规审计来说，由于审计命题具有多样性、非穷尽性，同时，合规审计的程序还在发展之中，也未形成有效的合规审计模式，所以，一般采用有限保证的方式发表审计意见。审计意见类型不同，意味着审计主体承担的责任不同。在有限保证方式下，审计主体承担的法律责任不容易界定，审计主体的责任意识不强，从而，保持审计独立性的主观动力也不强。这会对合规审计的独立性形成负面影响。

4.审计独立与合规审计主体选择

以上分析可知，合规审计主题本身的特征会对其审计独立性形成负面影响。为了抑制这些负面影响，委托人将如何选择合规审计主体呢？委托人的选择是，审计主体必须独立于代理人，不能内置于代理人所领导的组织。具体来说，委托人有两种选择：一是推动建立独立于代理人的审计机构。这个机构可以由委托人来领导，如果有更合适的体制，委托人也可以不直接领导该机构，但是，不能由作为审计客体的代理人来领导该审计机构。二是从外部聘请专业审计机构对代理人进行审计。这时要注意两个问题：其一，不能由代理人操纵外部审计机构的选择，否则，外部审计的独立性难以保证；其二，给外部审计机构支付的费用不能由代理人来操纵，否则，外部审计机构也难以保持独立性。

（三）合规审计主题、审计交易治理结构和合规审计主体选择

交易特征影响交易治理结构选择，而交易治理结构影响交易成本，所以，根据交易特征来选择适宜的交易治理结构，就会控制交易成本。一般来说，交易特征包括资产专用性原则、外部性原则和科层分解原则。上述三项原则中，科层分解原则实际上是对科层组织能降低交易成本的解释，不是交易治理结构选择的主要原则。

下面，我们根据资产专用性原则和外部性原则来分析合规审计交易的治理结构之选择。

（1）资产专用性原则与合规审计交易的治理结构选择。随着资产专用性程度增加，市场运行形式的交易成本增加，所以，资产专用性程度决定着交易是由市场还是由科层组织来运行，当资产没有专用性时，经典的市场合约是有效的；当资产半专用时，混合组织就会出现；当资产专用性程度较高时，科层组织将会取代市场。

合规审计交易当然存在资产专用性问题。在审计过程中，审计师所使用的知识包括三类：一是通用知识，即适用于所有审计客体的知识；二是行业特定知识，即可适用于特定行业所有审计客体的知识；三是客户特定知识，即只适用于特定客体的知识。应该说，所有的审计都是针对特定代理人所领导的科层组织，都有一定的资产专用性。但是，合规审计作为一种审计主题，与特定组织的黏性较高，所以，这种审计交易的资产专用性程度较高。但是，不同类型的行为，其黏性程度不同。有些行为存在于所有的组织同类组织，并且具有一定的共同性，例如，同一类型组织的财务收支行为就是这种类型；有些行为存在于特定组织，或者虽然存在于不同的组织，但是，各组织的同类行为还具有显著的差异。所以，总体来说，合规审计交易的资产专用性可以区分为较高、高和很高这些不同的程度。合规审计的这种资产专用性对审计主体选择有重要影响。一般来说，委托人需要自己建立审计机构来开展合规审计，从而出现委托人意义上的内部审计；当资产专用性不是高和很高时，如果市场上有在该方面具有特长的审计机构，也可以考虑业务外包，从而出现长期合同的外部审计。

（2）外部性原则与审计交易的治理结构选择。这里的外部性是指交易一方的非合约行为给对方造成的影响。这种影响可能是正面的，也可能是负面的。随着交易外部性的增加，可能采用科层组织形式。

审计交易当然存在外部性，最主要体现在审计质量方面。审计人提供的审计产品如果是低质量的，而委托人及其他利益相关者还难以确认审计质量，这势必给委托人和其他利益相关者带来影响。当然，不同的审计交易其外部性程度也不同。就合规审计来说，在多数情形下，采用事实发现型取证模式，发表有限合理审计意见，无法确定其法律责任，审计质量难以保证，外部性较高；只有在少数情形下，有系统的审计载体，可以采用命题论证型取证模式，发表合理保证审计意见，审计质量可以衡量，外部性不高。合规审计交易的不同外部性程度，影响审计交易治理结构的选择。在多数情形下，发表有限合理审计意见，委托人要建立自己的审计机构，从而出现委托人意义上的内部审计；少数情形下，发表合理保证审计意见，外部性不高，委托人可能会从市场上寻找能提供这种审计服务的机构。

（四）合规审计主体选择：审计独立性和审计交易治理结构结合分析

以上分别从审计独立性和审计交易治理结构两个维度分析了合规审计主体选择，归纳起来，分析结论见表11-6。

然而，现实生活中二者同时存在，所以，需要将二者结合起来分析合规审计主体的选择。第一，从合规审计主题本身的审计独立性较弱出发，委托人有两种选择，一是建立独立于代理人的审计机构，二是从外部聘请专业审计机构，但要防止代理人操纵这种聘请和费用支付。第二，从合规审计的资产专有性出发，多数情形下，需要建立独立于代理人的审计机构，少数情形下，对于资产专用性不强的合规审计，可以考虑业务外包。第三，从合规审计的外部性出发，多数情形下，发表有限合理审计意见，需要建立独立于代理人的审计机构，少数情形下，发表合理保证审计意见，可以考虑业务外包。

表11-6　　审计独立性和审计交易治理结构各自对审计主体选择的影响

项目	维度	特征	对审计主体选择的影响
合规审计交易	独立性	合规审计主题本身的审计独立性较弱	审计主体必须独立于代理人，不能内置于代理人所领导的组织。一是推动建立独立于代理人的审计机构；二是从外部聘请专业审计机构对代理人进行审计，但是，要防止代理人操纵外部审计机构的聘请和报酬支持
	资产专用性	合规审计交易的资产专用性可以区分为较高、高和很高这些不同的程度	委托人需要建立审计机构来开展合规审计，从而出现委托人意义上的内部审计；当资产专用性不是高和很高时，如果市场上有在该方面具有特长的审计机构，也可以考虑业务外包，从而出现长期合同的外部审计
	外部性	在多数情形下，外部性较高；只有在少数情形下，外部性不高	在多数情形下，发表有限合理审计意见，委托人要建立审计机构，从而出现委托人意义上的内部审计；少数情形下，发表合理保证审计意见，外部性不高，委托人可能会从市场上寻找能提供这种审计服务的机构

综合上述独立性、资产专用性和外部性，关于合规审计主体，有如下结论：一般来说，需要建立独立于代理人的审计机构来实施合规审计；少数情形下，如果存在系统的审计载体，并且市场上有具有该方面特长的专业审计机构，可以考虑业务外包。

第三节　合规审计方法和合规审计环境

本节关注合规审计的两个基本问题，一是合规审计究竟怎么审计？二是审计环境与合规审计是什么关系？对上述问题的阐释分别形成合规审计方法理论和合规审计环境理论。

一、合规审计方法

合规审计方法涉及的内容很多，包括合规审计取证模式，也包括合规审计风险模型、合规审计重要性、合规审计意见类型等，还包括数据分析模型和数据分析技术。由于这些内容在随后的章节中都会详细介绍，为避免重复，这里暂不介绍，相关内容将在随后的章节中阐述。本节介绍合规审计实施框架的四个要素。

审计实施框架是审计内容、审计方法、审计标准和审计意见的有机组合，特别强调它们之间的相互关联。从某种意义上来说，审计实施框架就是审计内容、审计方法、审计标准及审计意见相互关联的一个逻辑体系，它相互关联地解决了审计的两个基本问题：一是审计什么，二是怎么审计。前者就是审计内容，后者包括审计方法、审计标准和审计意见三个要素。这四个要素相互关联，形成一个有机的整体，并受审计环境的影响。

就审计内容来说，特定行为是纳入审计的具体行为，一般可以分为财政财务收支行为和业务行为等。前者指货币资金收支行为，后者指被审计单位从事其业务活动或履行其单位职能所产生的业务行为。对于特定行为这种审计主题，其审计总目标是合规性，也就是这些特定行为是否符合相关的法律法规及规章制度。问题的关键是，如何确定特定行为的审计标的和审计具体目标？就审计标的来说，特定行为的审计标的就是导致该类行为发生的交易或事项；就审计具体目标来说，就是将审计总目标落实到审计标的，一般包括发生性、完整性、准确性、截止、分类、范围、标准。发生性是导致该类行为发生的交易或事项是真实的或不存在虚构；完整性是所有导致该类行为发生的交易或事项不存在遗漏或低估；准确性是指对导致该类行为发生的交易或事项的相关数据是正确的；截止是指导致该类行为发生的交易或事项已经记录于恰当的期间或不存在不同时期的张冠李戴；分类是指对导致该类行为发生的交易或事项分类正确或不存在不同类型行为之间的张冠李戴；范围是指导致该类行为发生的交易或事项确实属于该类行为的范围或不存在范围扩大或缩小；标准是指导致该类行为发生的交易或事项以规定的数量标准或质量标准发生或不存在提高或降低标准。

就审计标准来说，特定行为审计的判断标准是规范该特定行为的法律法规及规章制度，特定行为审计的总目标就是判断这些特定行为的发生是否符合这些法律法规及规章制度。

就审计取证模式来说，可以选择命题论证型取证模式，也可以选择事实发现型取证模式。不同的选择受到两个因素的制约：一是审计意见类型要求——如果要求发表合理保证审计意见，则需要采用命题论证型取证模式，而如果只要求发表有限保证审计意见，则可以采取事实发现型取证模式；二是审计载体情况——如果存在完整的审计载体信息链，则可以采用命题论证型取证模式，否则只能采取事实发现型取证模式。

就审计意见来说，需要根据审计取证模式来决定。当采取事实发现型取证模式时，只能发表有限保证审计意见，但是，对于哪些发现的事实要予以报告，则需要考虑审计重要性，不能无论数额大小，一律在审计报告中予以披露；当采取命题论证型取证模式时，如何根据样本的审计结果来推断总体的合规性，需要考虑合规重要性，这种考虑类似于财务信息审计中的重要性，但是，可能更加严厉，对于定性方面的考虑可能更多。有一种观点认为，对于行为合规要采取零容忍，就无疑是排除了重要性。本文认为，不区分具体情形，一味强调零容忍，可能导致规则悖反，影响行为审计的效率效果。

二、合规审计环境

（一）审计环境对合规审计的影响：总体框架

根据系统论理论，环境是与系统相对应的概念，是系统之外并且对系统有影响的因素。这里的系统之外是指环境不是系统的构成要素，而不是指物理位置在系统之外。由于选择的系统不同，环境也就不同，一个子系统的环境会成为高层级系统的要素，系统与环境是相对的。所以，要探究审计环境如何影响合规审计，首先要界定合规审计系统及其环境。

合规审计作为一个系统可以有不同的层级或选择。例如，整个审计行业可以作为一个系统，某审计机关也可以作为一个系统，甚至某审计项目也可以作为一个系统。本节从一般意义上来界定合规审计系统：一个是合规审计理念系统，另一个是合规审计实务系统。合规审计环境一方面影响合规审计理念系统，另一方面则影响合规审计实务系统。当然，合规审计理念和合规审计实务之间也存在相互影响。限于本节主题，我们不探究这个问题。

所谓审计环境，是指能够影响审计系统产生、存在和发展的一切外部因素的总和。这里的外部因素，是指这些因素不是审计系统的构成要素，而不是指物理位置。合规审计环境既是指影响合规审计产生、存在和发展的外部因素（不是物理位置意义上的外部，而是指不是审计系统的构成要素），一般可以分为政治环境、经济环境、法律环境、社会文化环境和科学技术环境。政治环境指影响合规审计的政治制度，包括国体、政体、政治体制、政治传统、政治文明等。经济环境指影响合规审计的经济体制特征及经济发展水平，包括基本的经济制度、经济结构、经济发展水平、财政环境等。法律环境指影响合规审计的法律因素，包括法律完善程度、执法力度和社会的法律意识等。社会文化环境指影响合规审计的社会文化因素，主要包括社会传统文化、公民道德素质和信仰。科学技术环境指影响合规审计的科学技术因素，主要涉及与审计相关的科学、技术、教育等发展水平。

上述各类合规审计环境还可以再细分，从而呈现复杂、多样性。这些审计环境因素作为合规审计系统之外的因素，对合规审计理念、合规审计实务发生直接或间接影响，从而使得合规审计理念、合规审计实务呈现多样化，其大致情况如图11-7所示。

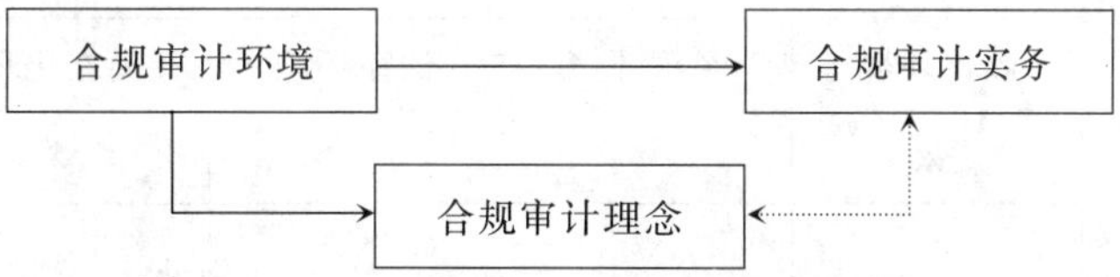

图11-7　审计环境对合规审计的影响

（二）审计环境对合规审计理念的影响

合规审计理念是人们对合规审计的认识，其本身组成一个理念系统。政治环境、经济环境、法律环境、社会文化环境和科学技术环境作为系统之外对系统有影响的因素，会影响人们对合规审计的认识。这种影响有两个路径：一是直接影响人们对合规审计的认识，例如，在我国的政治制度中，将经济责任审计作为干部管理的一个制度安排，使得人们认为，合规审计是权力制约和监督的制度；二是间接影响，主要是审计环境通过影响合规审计实务，从而呈现不同的合规审计现象，这些不同的合规审计现象，会影响人们对合规审计的认识。例如，由于我国的治理尚未实现现代化，所以，违规行为仍然是合规审计关注的主要主题。由于这些审计现象的影响，人们对合规审计的认识更多地具有合规审计的特征，例如，强调审计监督，不重视审计鉴证。

审计环境会影响合规审计的哪些理念？对于合规审计理念系统的内容有不同的认识。一般来说，合规审计基本理论要素应该是合规审计理念系统的主要内容。这些基本理论要素包括：合规审计需求、合规审计本质、合规审计目标、合规审计客体、合规审计内容、合规审计主体、合规审计方法论。合规审计环境通过直接影响和间接影响两个路径，会影响人们对合规审计基本理论要素的认识。例如，就合规审计内容而言，行为合规性和合理性审计是我国的主要审计业务，而我国合规审计为什么以行为为主要的审计主题呢？最根本的原因是在我们的社会经济生活中，各种违规及不合理行为还较多。为什么违规和不合理行为会较多呢？主要的原因是我国的治理还未能实现现代化。所以，正是审计环境影响了审计主题的选择（郑石桥，2015）。同时，这种审计主题的选择也决定了我国的合规审计取证以事实发现型取证模式为主流模式。

哪些审计环境会影响合规审计理念？审计环境对合规审计理念的影响具有一定的随机性或权变性，并不存在一一对应的因果关系。一定的审计环境并不一定与特定的合规审计理念相对应，所以，审计环境对合规审计理念的影响具有非线性的特征，具有多元多轨性，在一些情形下，可能呈现相关关系。例如，就合规审计基本理论要素组成的合规审计理念系统而言，政治环境、经济环境对合规审计需求、合规审计目标可能有较大的影响，而科学技术环境、社会文化环境对合规审计方法论可能有较大的影响，但是，这些影响并不是一一对应关系，科学技术环境也可能通过影响合规审计实务，进而影响人们对合规审计本质的看法，而政治环境、经济环境也可能通过影响合规审计目标，进而通过合规审计目标来影响合规审计方法论。

总体来说，合规审计环境和审计理念各要素间并不存在一一对应的因果关系，而是通过直接影响和间接影响两个路径，呈现复杂的非线性关系或相关关系，大致情形见表11-7。

表11-7 **审计环境对合规审计理念的影响**

合规审计基本要素	审计环境				
	政治环境	经济环境	法律环境	社会文化环境	科学技术环境
合规审计需求	√	√	√	√	√
合规审计本质	√	√	√	√	√
合规审计目标	√	√	√	√	√
合规审计客体	√	√	√	√	√
合规审计内容	√	√	√	√	√
合规审计主体	√	√	√	√	√
合规审计方法论	√	√	√	√	√

√表示可能有这种影响

（三）审计环境对合规审计实务的影响

合规审计实务是合规审计制度建构及其执行，其本身组成一个实务系统。政治环境、经济环境、法律环境、社会文化环境和科学技术环境作为系统之外对系统有影响的因素，会影响合规审计制度建构及其执行。这种影响有两个路径：一是直接影响合规审计制度建构及其执行。例如，在联邦制国家，不同层级的审计机关之间并不存在领导和被领导的关系，而在单一制国家，不同层级的审计机关之间存在领导和被领导的关系，这是政治制度对合规审计制度构建的直接影响。二是间接影响，主要是审计环境通过影响合规审计理念，进而通过合规审计理念来影响合规审计实务。例如，我国的经济社会处于转轨时期，政治、经济、法律、社会文化等都处于变革之中。在这些情形下，刘家义（2012）分析合规审计与治理的关系，认为合规审计是治理的免疫系统，通过预防功能、揭示功能和抵御功能，发挥经济社会免疫作用。在这种审计理念指导下，他对我国的合规审计制度进行了全面的梳理。这就是审计环境影响了审计理念，而审计理念影响了审计制度构建。

审计环境会影响哪些合规审计实务？对于合规审计实务的构成要素，可能从不同视角来考虑，例如，将审计实务要素界定为“人法技”。“人”是指审计队伍建设，“法”是审计法制建设，“技”是指审计工作手段和技术方法建设。本节认为，合规审计实务是合规审计制度建构及其执行，所以，需要从审计制度及其执行这个视角来理解合规审计实务，而这里的审计制度应该包括正式制度和非正式制度。根据这一个认识，合规审计实务由以下要素构成：合规审计法律规章、合规审计准则和行为规则、合规审计行为、合规审计文化。上述这些要素，都可能受到合规审计环境的直接或间接影响。例如，国家的政治制度会影响国家基本法律中对合规审计地位的规定，主流民族文化价值观会影响审计行为，而审计文化当然会受到主流民族文化价值观的影响。

哪些审计环境会影响合规审计实务？审计环境对合规审计实务的影响具有一定的随机性或权变性，并不存在一一对应的因果关系，一定的审计环境并不一定与特定的合规审计实务相对应，所以，审计环境对合规审计实务的影响具有非线性的特征，具有多元多轨性，在一些情形下，可能呈现相关关系。例如，在信息化背景下，分析性程序可能有更加广泛的用途，而在手工背景下，分析性程序的应用会受到较大的限制，这可能是科学技术环境与合规审计实务之间的相关关系。然而，在许多情形下，审计环境与合规审计实务之间并不存在这种相关关系，而呈现较为复杂的关系，例如，由于各国的合规审计体制受到该国政治环境、经济环境、法律环境及社会文化环境的影响，这表现为众多的环境因素共同影响合规审计体制，而合规审计体制又会影响其审计业务类型（例如，当审计机关属于司法系列时，绩效审计的重视程度受到影响），而审计业务类型又会影响审计准则，所以，当然，上述环境因素还可能对合规审计准则产生直接影响。所以，合规审计准则受到审计环境的直接和间接两方面的影响。

总体来说，合规审计环境和审计实务各要素间并不存在一一对应的因果关系，而是通过直接影响和间接影响两个路径，呈现复杂的非线性关系或相关关系，大致情形见表11-8。

表11-8　　　　**审计环境对合规审计实务的影响**

合规审计实务要素	审计环境				
	政治环境	经济环境	法律环境	社会文化环境	科学技术环境
审计法律规章	√	√	√	√	√
审计准则和行为规则	√	√	√	√	√
审计行为	√	√	√	√	√
审计文化	√	√	√	√	√

√表示可能有这种影响

【复习思考题】

1.违规行为产生的原因是什么？

2.瑕疵行为产生的原因是什么？

3.缺陷行为的应对机制有哪些？合规审计是否属于应对机制？

4.合规审计的本质是什么？

5.合规审计的终极目标是什么？

6.合规审计的直接目标是什么？

7.合规审计的客体有哪些？

8.什么是法定审计？什么是选择性审计？

9.合规审计中的行为是什么？有什么特征？有哪些类型？

10.影响合规审计主体选择的基本原因是什么？

11.合规审计的实施框架是什么？

12.审计环境如何影响合规审计？

第十二章　内部控制鉴证基本框架

内部控制鉴证关注的内部控制是否存在缺陷。本章聚焦内部控制鉴证基本框架，包括：内部控制鉴证需求、内部控制鉴证本质、内部控制鉴证目标、内部控制鉴证客体、内部控制鉴证内容、内部控制鉴证主体、内部控制鉴证方法、内部控制鉴证环境。

[学习目标]

1. 了解内部控制鉴证需求；
2. 了解内部控制鉴证本质；
3. 了解内部控制鉴证目标；
4. 了解内部控制鉴证客体；
5. 了解内部控制鉴证内容；
6. 了解内部控制鉴证主体；
7. 了解内部控制鉴证方法；
8. 了解内部控制鉴证环境。

第一节　内部控制鉴证需求和内部控制鉴证本质

本节关注内部控制鉴证的两个基本问题：为什么需要内部控制鉴证？什么是内部控制鉴证？对前者的阐释形成内部控制鉴证需求理论，对后者的阐释形成内部控制鉴证本质理论。

一、内部控制鉴证需求

内部控制鉴证就是对内部是否存在缺陷的评价，包括内部鉴证（也称内部控制评价）和外部鉴证（也称内部控制审计）。目前，内部控制鉴证已经成为民间审计、内部审计和政府审计的重要业务。然而，内部控制鉴证的需求因素是什么呢？也就是说，为什么需要内部控制鉴证呢？关于内部控制鉴证的需求因素，需要回答三个基本问题：第一，为什么需要内部控制？第二，为什么需要内部控制鉴证？第三，内部控制鉴证为什么出现多样化？对于第一个问题，一般来说，内部控制是基于风险防范的需要，而风险又源于环境不确定性和人性假设，所以，环境不确定和人性假设是内部控制的引致因素。对于第二个问题，一般来说，正是由于内部控制可能存在缺陷，不能达到其预定目标，所以，需要对内部控制进行鉴证，而环境不确定和人性假设又是内部控制缺陷的引致因素。所以，总体来说，可以从环境不确定性和人性假设两个因素出发，解释为什么需要内部控制、为什么需要内部控制鉴证。对于第三个问题，主要原因是委托代理关系不同，从而出现不同的内部控制鉴证需求。上述框架如图12-1所示，实线部分是第一个基本问题，虚线部分是第二个和第三个基本问题。

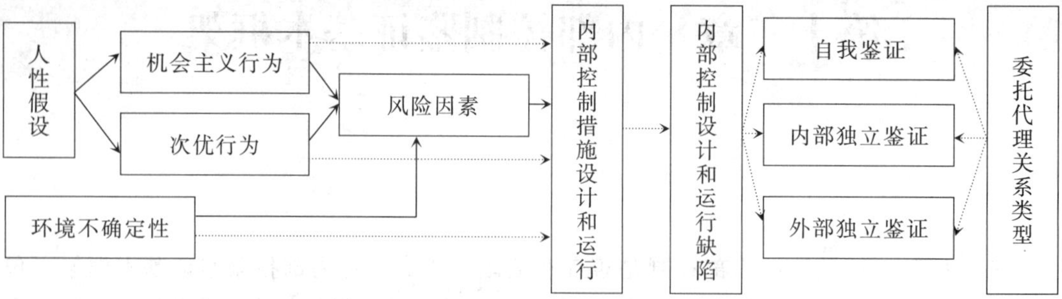

图12-1 环境不确定性、人性假设和内部控制鉴证

（一）为什么需要内部控制

COSO 2013版《内部控制整合框架》指出，内部控制是一套由董事会、管理层及其他人员实施的程序，以合理确保有关运营、报告以及合规的目标得以实现。

2008年，财政部联合五部委颁布的《企业内部控制基本规范》指出：内部控制，是由企业董事会、监事会、经理层和全体员工实施的，旨在实现控制目标的过程。内部控制的目标是合理保证企业经营管理合法合规、资产安全、财务报告及相关信息真实完整，提高经营效率和效果，促进企业实现发展战略。

2012年，财政部颁布的《行政事业单位内部控制规范（试行）》指出，内部控制是指单位为实现控制目标，通过制定制度、实施措施和执行程序，对经济活动的风险进行防范和管控。单位内部控制的目标主要包括：合理保证单位经济活动合法合规、资产安全和使用有效、财务信息真实完整，有效防范舞弊和预防腐败，提高公共服务的效率和效果。

上述三个内部控制方面的权威规范，虽然表述方面不同，但共同的内核是：内部控制是组织内部为实现特定目标而建立的一个系统，这个系统为特定目标的达成提供支持或保证。然而，为什么需要建立这样一个系统来支持或保证目标的达成呢？其原因是，目标的达成存在不确定性，这些不确定性就称为风险。所以，内部控制通过防范风险以支持或保证目标的达成。然而，不确定性为什么会产生呢？其原因是，存在一些因素影响目标的达成，这些因素称为风险因素，所以，内部控制首先要评估风险因素，包括识别风险因素、分析风险因素、确定风险应对策略，并在此基础上，建立控制措施来应对这些风险因素。如果风险因素评估没有差错，应对这些风险因素的措施也是有效的，则风险因素对内部控制目标的影响就能得到有效抑制，从而，内部控制目标的达成就能得到支持或保证。

看来，内部控制的逻辑起点和关键是风险因素评估。那么，有哪些风险因素呢？COSO 2013版《内部控制整合框架》及《行政事业单位内部控制规范（试行）》并未对风险因素进行分类。《企业内部控制基本规范》将风险因素分为内部因素和外部因素。内部风险因素包括人力资源因素、管理因素、自主创新因素、财务因素、安全环保因素、其他内部因素；外部风险因素包括经济因素、法律因素、社会因素、科学技术因素、自然环境因素、其他外部因素。

然而，上述这些因素为什么会对内部控制目标的达成产生负面影响呢？根本的原因有两个：一是环境不确定性，二是人性假设。我们先来看环境不确定性。任何一个组织在确定其内部控制目标时，都会对影响内部控制目标的内部环境因素和外部环境因素有所评估，并以评估为基础来决定内部控制目标。在内部控制目标达成过程中，如果上述这些环境因素按预期的情况变化，则这些因素对内部控制目标的影响也就在预期之内。然而，上述这些环境因素完全可能与设定内部控制目标时的评估不一样（称为环境差异），从而出现环境不确定性或环境差异。这些环境不确定性或差异，对内部控制目标的达成形成非预期的影响，从而使得设定的内部控制目标之达成具有不确定性。环境不确定性或环境差异的产生有两个原因：一是设定内部控制目标时，对环境因素的评估存在遗漏，一些重大的环境因素没有包括进来；二是对环境因素的变动估计错误，环境因素的实际变动与估计的可能变动有重大差异。从某种意义上来说，内部控制目标是因变量，而环境因素是自变量。根据对自变量的估计，设定了因变量的目标。如果自变量不变，则因变量也不变，从而内部控制目标能达成；如果自变量发生了非预期变化，则因变量显然也会发生相应的偏离，从而内部控制目标的达成出现偏离。为此，需要建立内部控制系统，识别和评估这些环境因素的变化，并采取有效的控制措施。

我们再来看人性假设。如果说环境不确定性主要是影响内部控制目标达成的物的因素（当然，物是人操持的，也离不开人的影响），那么，人性假设则是影响内部控制目标达成的人的因素。人性假设是关于人性的设定。历史上出现过多种人性假设，例如，人性恶、人性善假设，经济人、社会人、复杂人假设等。我们认为，人性假设应该是现实生活中正常人在正常情形下表现出来的人性。这里有两个关键因素：一是正常人，也就是普通人，而不是社会中的特殊群众；二是正常情形下，不是特殊情形下。根据这两个限定条件，一般来说，人性主要有两个方面：一是自利，二是有限理性。所谓自利是指人会计算、有创造性、能寻求自身利益最大化，表现为经济人。人出于自利之目的的行为并不一定会损害他人利益，相反，有可能增进他人利益。但是，自利也可能带来对他人利益的损害。每个人由于自利的本能，在一定的条件下可能出现机会主义行为，此时的自利就可能损害他人的利益。有限理性（bounded rationality）认为人的行为是有意识的理性，但这种理性又是有限的，人并不能在任何情形下都作出最优选择。由于人是有限理性的，所以，人可能出现次优行为或次优问题。特别需要说明的是，次优行为不同于次优选择，后者是指没有作出最优选择，而前者是指即使在当前的环境下，也没有作出最适宜的选择，还存在改进潜力，其优秀程度低于次优选择。

那么，人性假设如何影响内部控制目标之达成呢？我们先来看自利。人的自利可能产生机会主义倾向（也称为代理问题）。与此相关，人如果有了机会主义倾向，就会偏离组织目标，甚至以牺牲组织目标为代价来追求个人目标，从而形成风险因素或影响组织目标达成。有机会主义倾向的人可能从两个路径形成风险因素或影响内部控制目标之达成：一个路径是采取逆向行为，直接实施一些与控制目标要求相背离的行为，从而形成风险因素；二是卸责，主要是不作为，从而使得风险因素没有得到有效抑制。以《企业内部控制基本规范》确定的目标为例，内部控制的目标是合理保证企业经营管理合法合规、资产安全、财务报告及相关信息真实完整，提高经营效率和效果，促进企业实现发展战略。就合法合规目标来说，有机会主义倾向的人为了自己的利益可能会违规，这是逆向行为；也可能是对于违规行为的控制不力，从而使得违规行为泛滥，合规合法性目标难以达成，这是卸责。就资产安全目标来说，有机会主义倾向的人可能会挥霍组织资源，以满足自己的需要，甚至采取舞弊行为来非法占有组织的资产，这是逆向行为；或者是对相关资产的安全性不在意，任由一些不安全因素发生，这是卸责。就财务报告及相关信息真实完整目标来说，有机会主义倾向的人为了自己的利益可能会故意弄虚作假，这是逆向行为；也可能是对信息真实完整的控制不力，这是卸责。就经营目标和战略目标来说，即使有机会主义倾向的人，一般也不会有意出现逆向行为，主要是卸责，表现为不努力工作，没有付出足够的精力和时间来实现这些目标。

我们再来看有限理性如何影响内部控制目标之达成。有限理性对内部控制目标达成的影响，主要路径是次优行为，也就是由于人的非故意行为产生错误或失误，从而造成了风险因素或影响内部控制目标的达成。以《企业内部控制基本规范》确定的目标为例，就合法合规目标来说，由于不知道相关法律法规或错误地理解了相关法律法规，可能出现违规行为；就资产安全来说，由于非故意行为，可能造成财产的损失浪费，或者由于非故意原因，让他人从本人负责的工作中获取了非法利益；就财务报告及相关信息真实完整目标来说，由于非故意原因，使得信息计算或加工错误或遗漏，或者由于非故意原因，让他人的弄虚作假行为得逞；就经营目标和战略目标来说，由于非故意原因，可能出现不当行为，从而对经营目标和战略目标产生负面影响，或者由于非故意原因，使得他人损害本组织经营目标和战略目标的行为得以实施。

以上分析了环境不确定性、人性假说、风险、内部控制之间的关系。总体来说，有如下结论：环境不确定性或环境差异对内部控制目标的达成产生非预期的影响，从而使得设定的内部控制目标之达成具有不确定性；人性的自利会产生机会主义行为，表现为逆向行为和卸责，通过机会主义行为形成风险因素或影响内部控制目标之达成；人性的有限理性会产生次优行为，出现非故意的错误或失误，从而造成风险因素或影响内部控制目标的达成；为了应对上述风险因素对内部控制目标的影响，需要建立内部控制系统。

（二）为什么需要内部控制鉴证

以上讨论了内部控制的需求因素。然而，内部控制系统能否真的为控制目标的达成提供支持或保证呢？答案是，不一定！其原因是，内部控制可能存在缺陷。由于内部控制缺陷的存在，其功能发挥受到限制，从而不能为内部控制目标的达成提供支持或保证。根据美国《管理层内部控制评价指引》和《第5号审计准则——与财务报告审计相结合的财务报告内部控制鉴证》以及我国的《企业内部控制评价指引》和《企业内部控制鉴证指引》，内部控制缺陷分为设计缺陷和执行缺陷。前者主要是指内部控制的结构和程序不完整，遗漏了一些必要的控制，或者控制设计不合理，从而导致即使按照控制设计执行了，但无法达到控制的目标；后者则是指一项控制虽然设计合理，但没有得到有效的执行，或者执行控制的员工没有得到合理的授权或资质，从而导致控制不能得到有效的执行。根据内部控制缺陷对控制目标达成的影响程度，内部控制缺陷分为重大缺陷、重要缺陷和一般缺陷。当存在重大缺陷时，内部控制目标存在现实或潜在的重大偏离，内部控制整体无效；当存在重要缺陷时，内部控制目标存在现实或潜在的重要偏离，虽然内部控制整体仍然有效，但是，在某些方面可能是无效的；当存在一般缺陷时，内部控制目标会出现一些现实或潜在偏离，这些偏离不具有重大或重要性，内部控制存在需要改进的瑕疵。

那么，内部控制缺陷为什么会存在呢？我们认为，内部控制缺陷同样源于环境不确定性和人性假设，其基本情况见表12-1。

表12-1 **环境不确定性、人性假设和内部控制缺陷**

<table>
<tr><th colspan="3" rowspan="2">项目</th><th colspan="2">缺陷类型</th></tr>
<tr><th>设计缺陷</th><th>执行缺陷</th></tr>
<tr><td rowspan="3">缺陷原因</td><td rowspan="2">人性假设</td><td>自利</td><td>√</td><td>√</td></tr>
<tr><td>有限理性</td><td>√</td><td>√</td></tr>
<tr><td colspan="2">环境不确定性</td><td>√</td><td>√</td></tr>
</table>

√表示有这种情形

下面，我们来具体分析缺陷原因。先来看自利与内部控制缺陷。自利主要表现为有意行为，自利人在设计内部控制时，一方面，可能故意将一些对自己有利的风险因素不予评估，或者不设计控制措施，或者设计的控制措施不足以应对这种风险；另一方面，自利人在设计内部控制时可能出现卸责，不认真进行内部控制评价和控制措施设计，从而使得风险评估和控制措施设计都存在缺陷。自利还会影响内部控制执行，自利人在执行内部控制时可能是选择性执行，凡是对自己有利的内部控制措施就执行，对自己不利的内部控制措施就不执行或执行不力；自利人还可能为了自己的利益凌驾内部控制，使得内部控制形同虚设；自利人在执行内部控制时还可能出现卸责，从而使得内部控制不能得到有效执行。

有限理性主要表现为非故意行为，其产生内部控制缺陷的路径与自利相似。一方面，有限理性人可能由于非故意原因，将一些重要的风险因素遗漏，或者设计的控制措施不足以应对其拟应对的风险，这些都表现为风险暴露超过风险容忍度，并在此基础上产生了内部控制设计缺陷；另一方面，有限理性人在执行内部控制时，可能由于非故意原因，未能有效地执行内部控制，从而出现风险控制未能达成预定目标，产生内部控制执行缺陷。

环境不确定性会影响内部控制设计和执行。一方面，一般来说，风险评估和风险应对措施之设计都是以一定的环境条件为基础的。如果环境条件发生了变化，则风险可能发生变化，或者风险应对措施需要发生变化。如果以不变应万变，则这种内部控制就难以达成其目标。所以，环境不确定性的存在可能使得原来设计的内部控制不适应新的环境，从而使得内部控制出现设计缺陷。另一方面，内部控制的执行也需要一定的环境条件。如果环境条件发生了变化，则原来执行的内部控制可能也难以有效执行，从而出现内部控制执行缺陷。例如，信息技术在内部控制中有广泛的应用，但是，如果操作这种信息技术的内部控制人员发生了变化，新来的人对相关信息技术不了解，则这种内部控制措施的有效执行就存在问题。

正是由于自利、有限理性、环境不确定性等因素的存在，内部控制可能存在缺陷，而这些缺陷的存在，就意味着内部控制目标可能出现重大、重要和一般偏离。这就损害了内部控制目标利益相关者的利益。这些利益相关者为了维护自己的利益，就产生了鉴证内部控制缺陷的需求。通过内部控制鉴证，及时地发现内部控制缺陷并使之得到弥补，从而为内部控制目标之达成奠定更加可靠的基础。

以上分析了自利、有限理性、环境不确定性、内部控制缺陷、内部控制鉴证之间的关系。总体来说，有如下结论：自利、有限理性、环境不确定性可能引致内部控制设计缺陷和执行缺陷。这些缺陷的存在可能损害内部控制目标利益相关者的利益。这些利益相关者为了维护自己的利益，就产生了鉴证内部控制缺陷的需求。通过内部控制鉴证，及时地发现内部控制缺陷并使之得到弥补，从而为内部控制目标之达成奠定更加可靠的基础。

（三）内部控制鉴证为什么出现多样化

虽然是内部控制缺陷损害了利益相关者的利益，从而导致了内部控制鉴证需求。但是，从现实生活来看，内部控制鉴证出现了多样化，表现为两个方面：一方面，在许多情形下，并没有出现内部控制鉴证；另一方面，内部控制鉴证出现了多种类型。这其中的原因是什么呢？

我们先来分析没有内部控制鉴证的情形。根据本章前面的分析，内部控制缺陷源于自利、有限理性和环境不确定性。一般来说，这些因素是普遍存在的，所以，内部控制缺陷具有普遍性，只是程度不同而已。由于内部控制缺陷具有普遍性，所以，内部控制缺陷对内部控制目标利益相关者的不利影响也具有普遍性。一些情形下没有内部控制鉴证，并不是这些情形下的内部控制不存在缺陷，而是存在内部控制缺陷，但是利益相关者并没有内部控制鉴证的需求。这其中的原因是什么呢？原因有两方面：第一，内部控制鉴证是需要付出成本的，在有些情形下，内部控制鉴证可能不符合成本效益原则。出于成本效益的考虑，利益相关者选择不进行内部控制鉴证。第二，利益相关者不介意内部控制缺陷可能造成的利益损害。如果某组织的利益相关者对本组织的利益不很关注，或者本组织的利益多寡与利益相关者的关联较弱，则利益相关者本身可能就不关注这个组织的目标达成情况，当然也不会介意支持或保证该组织目标达成的内部控制是否存在缺陷。

我们再来分析内部控制鉴证类型多样化。从现实生活来看，内部控制鉴证有多种类型。内部鉴证包括自我鉴证和独立鉴证，外部鉴证当然是独立鉴证，也区分为注册会计师鉴证和政府审计鉴证，这其中的原因是什么呢？从根本上来说，内部控制鉴证类型多样化的原因是委托代理关系多样化和人性假设。一方面，不同类型的委托代理关系产生不同的内部控制目标利益相关者，从而产生不同的内部控制鉴证需求，从而需要不同的内部控制鉴证主体来实施；另一方面，自利和有限理性也会导致不同鉴证主体实施的内部控制鉴证各有利弊，从而需要不同内部控制鉴证的组合。下面，我们来具体分析委托代理关系、人性假设和内部控制鉴证类型多样化的关系。

一些文献将内部控制内部鉴证等同于内部控制自我鉴证。从严格意义上来说，这是不正确的。内部控制内部鉴证区分为自我鉴证和内部独立鉴证两种情形。自我鉴证是内部控制当事人对自己实施的内部控制所进行的鉴证（也称为内部控制自我评估，control self-assessment，CSA），而本组织内部与所鉴证内部控制无关的部门对内部控制所实施的鉴证就是内部独立鉴证。例如，财务部对本部门的内部控制的鉴证就是自我鉴证，而审计部对财务部的内部控制的鉴证就是内部独立鉴证。从内部控制鉴证需求角度来看，有两个基本问题需要回答：第一，为什么需要内部鉴证？第二，为什么自我鉴证和内部独立鉴证并存？

关于为什么需要内部鉴证，任何一个组织内部都存在委托代理关系。委托人和代理人之间存在激励不相容、信息不对称，再加上组织环境存在不确定性，自利的代理人完全有条件偏离委托人的期望，出现机会主义倾向，实施机会主义行为。为了应对代理人的机会主义行为，委托人会推动建立一整套治理机制，而内部控制是其中的重要内容。所以，内部控制是委托人抑制代理人机会主义行为，保障其利益不受损害的制度设计。正是基于此，委托人当然会关注内部控制是否存在缺陷，从而有内部控制鉴证需求。另外，即使代理人没有实施机会主义行为，代理人也是有限理性的。这种有限理性也可能带来内部控制设计缺陷或执行缺陷，从而损害委托人的利益，所以，即使基于代理人的有限理性，委托人甚至代理人本身也会产生内部控制鉴证需求。

虽然如此，为什么自我鉴证和内部独立鉴证并存呢？自我鉴证与内部独立鉴证相比，由于对所鉴证的内部控制非常熟悉，所以，最有可能发现内部控制所存在的缺陷，并且，有利于后续整改。但是，如果内部控制缺陷是对当事人有利的缺陷或者报告这种缺陷可能给当事人带来负面影响，由于自利的原因，当事人可能不报告、不整改这种内部控制缺陷。所以，自我鉴证不具有独立性，而可能存在利益冲突，因此不能完全依赖自我鉴证，必须在自我鉴证的基础上，再实施内部独立鉴证。

以上分析了内部鉴证需求及其多样化的原因，下面，我们来分析外部鉴证需求及其多样化的原因。这里有两个基本问题需要回答：第一，为什么需要外部鉴证？第二，外部鉴证为什么区分为政府审计鉴证和注册会计师鉴证？

本章前面的分析指出，内部控制鉴证源于内部控制利益相关者保护其自己利益的需求，内部控制外部鉴证需求源于在组织外部存在外部利益相关者。一般来说，任何一个组织都存在外部利益相关者，组织内部控制目标的达成状况会影响这些外部利益相关者的利益，所以，这些外部利益相关者会有内部控制鉴证需求。然而，为什么不能直接依赖内部鉴证的结论呢？其原因是，内部鉴证是受到组织管理层控制的，而外部利益相关者和组织管理层是委托代理关系。激励不相容、信息不对称，再加上组织环境存在不确定性，管理层作为代理人同样可能出现机会主义行为，从而使得其提供的内部控制鉴证报告可能虚假。正是在这种背景下，不受组织管理层控制的外部独立机构所提供的内部控制鉴证恰好满足了外部利益相关者的需要。

然而，外部鉴证为什么区分为政府审计鉴证和注册会计师鉴证？其原因是委托代理关系不同。一般来说，任何一个组织都要使用一定的资源，而资源的来源无非是两种类型：一是来源于公共资源，个人不要求回报的供资也类似于公共资源，这种情形下形成的组织就是公共组织；二是资源来源于私人，这种情形下形成的组织就是私营组织。当然，有些组织的资源同时来源于两种渠道，此时，以何种渠道为主，该组织就属于何种类型。无论是私营组织还公共组织，其直接供资者与该组织的管理层形成了委托代理关系，直接供资者是委托人，该组织的管理层是代理人。委托人基于其自身利益的保护，希望对其供资的组织之内部控制进行鉴证。对于特定的组织来说，对该组织的内部控制进行鉴证有两个选择：一是委托人自己建立专门机构来实施内部控制鉴证；二是从市场上购买该种鉴证服务。不同的组织有不同的选择，对于私营组织来说，由于该组织的委托人共同供资的只有该组织，如果建立一个专门机构来实施内部控制鉴证，可能不符合成本效益原则；相反，直接从市场上购买具有专业水平的注册会计师服务来实施内部控制的鉴证成本会低于自己建立专门的机构，所以，私营组织的外部利益相关者，主要聘请注册会计师来实施内部控制的外部鉴证。公共组织的供资者则不同。委托人或供资者可能给许多的公共组织提供了资源，是许多公共组织的委托人，此时，如果自己建立一个专门机构对这些公共组织的内部控制进行鉴证，是符合成本效益原则的。并且，如果这个专门机构主要从事对公共组织的内部控制鉴证，还可以发展出专业优势，从而更加显现效率和效果，所以，政府审计机构鉴证公共组织的内部控制就出现了。

以上分析了委托代理关系、人性假设和内部控制鉴证类型多样化的关系。总体来说，有如下结论：由于成本效益原则制约或利益相关者不介意内部控制缺陷造成的利益损害，一些组织没有内部控制鉴证。内部控制是委托人抑制代理人机会主义行为、保障其利益不受损害的制度设计，同时，代理人的有限理性也可能带来内部控制缺陷，所以，在委托代理关系下，基于代理人的自利和有限理性，委托人甚至代理人会产生内部控制鉴证需求，而委托代理关系可以分为内部委托代理关系和外部委托代理关系，从而出现了内部鉴证和外部鉴证。外部鉴证有两种选择，委托人或者自己建立机构，或者从市场上聘请。由于成本效益的考虑，公营组织的委托人建立了政府审计机构来实施内部控制鉴证，而私营组织的委托人则从市场上聘请注册会计师来实施内部控制鉴证。

二、内部控制鉴证本质

内部控制鉴证虽然区分为多种形态，并且各有其个性，但是，它们都是对内部控制有效性的判断，所以，应该具有共性；同时，内部控制鉴证属于广义审计，所以，内部控制鉴证本质离不开审计一般的本质，是在审计一般本质的基础上，显现制度主题审计的特征。所以，内部控制鉴证本质要以审计一般的本质为基础，显现各种内部控制鉴证的共性特征。

（一）审计一般的本质

关于审计一般的本质有许多研究，主要观点有查账论、控制论、经济监督论。上述这些观点，都或多或少地具有某种类型审计的特征。查账论带有财务信息审计的特征，系统过程论带有民间审计和财务信息的特征，而经济监督论和免疫系统论则带有政府审计的特征。有鉴于此，需要从各种审计的共性来看待审计一般的本质，我们认为，审计是以系统方法，从行为和信息两个角度独立鉴证经管责任中的代理问题和次优问题并将结果传达给利益相关者的制度安排。

这一概念是高度概括的，其核心内容是各种审计的共性，可以从以下几方面进行解析：

（1）审计源于经管责任，虽然在委托代理关系下不一定有审计，但是，审计离不开委托代理关系。正是要鉴证经管责任的履行情况，才产生了审计。

（2）审计内容是经管责任中的代理问题和次优问题。虽然审计要鉴证经管责任的履行情况，但是，这种鉴证带有明显的倾向性，主要关注经管责任履行过程中是否存在由于自利而产生的代理问题以及由于有限理性而产生的次优问题。代理问题和次优问题可以归结为行为和信息两个方面。代理问题源于自利，是故意而为，而次优问题是非故意而为。在一些情形下，故意和非故意难以区分，所以，根据它们的问题领域，区分为财务信息、业务信息、具体行为、制度四类主题，而财务信息和业务信息可以合并为信息，具体行为和制度可以合并为行为。审计就是围绕上述四类主题来开展的。

（3）审计是有系统方法的制度安排。审计是一种制度安排，这种制度安排中包含审计自身的系统方法。

（4）审计具有独立性。经管责任涉及多方面，审计不参与其鉴证的经管责任之履行，与经管责任本身没有利益关联，具有独立性。也正是由于这种独立性，审计才具有客观性。

很显然，内部控制鉴证属于制度审计，其本质不能离开上述审计本质，但是，又会更加显现制度审计的特征。

（二）内部控制鉴证本质

我们将内部控制评价、内部控制审核、内部控制鉴证三者合并，称为内部控制鉴证。在此基础上，以审计一般本质为基础，将内部控制鉴证的共性本质概括如下：内部控制鉴证是以系统方法从制度角度独立鉴证经管责任中的缺陷制度并将结果传达给利益相关者的制度安排。这一概念是高度概括的，其核心内容是各种内部控制鉴证的共性，可以从以下几方面进行解析：

（1）内部控制鉴证离不开经管责任。经管责任是委托代理关系中形成的代理人对委托人的责任，主要原则是最大善意行事。然而，由于人性假设，再加上信息不对称、激励不相容、环境不确定性等因素的存在，代理人完全有可能出现代理问题或次优问题，从而，代理人所建立和执行的内部控制体系可能存在缺陷。这些缺陷的存在当然对经管责任的履行具有负面影响，所以，需要对内部控制进行鉴证。

（2）鉴证主题是制度。内部控制鉴证属于广义审计。任何审计都有审计主题，从技术逻辑来说，审计就是围绕审计主题获取证据，并对审计主题与既定标准之间的相符程度发表意见。内部控制鉴证主题是内部控制制度，属于制度主题，与行为主题、财务信息主题、业务信息主题相并列。既然是制度主题，其审计取证模式、意见类型、审计责任都不同于其他主题。有一种观点认为，内部控制鉴证可以定性为基于责任方认定业务，而责任方认定就是业务信息，所以，内部控制鉴证主题可能是业务信息。这种观点似是而非，因为即使作为基于责任方认定业务，审计师还是需要获取证据来搞清楚内部控制的真实状况，其审计主题仍然离不开内部控制制度。当然，在这种情形下，管理层内部控制评价意见也是鉴证主题，属于业务信息。属于双重审计主题，并不否定制度主题。

（3）内部控制鉴证的核心内容是鉴证缺陷制度。由于制度缺陷对经管责任的履行存在负面影响，所以，为了更好地履行经管责任，必须通过内部控制鉴证来发现这些缺陷。如果不能发现缺陷，则当然无从弥补这些缺陷。与此相关的一个问题是，内部控制鉴证是否要关注运行良好的内部控制？从理论逻辑上来说，内部控制鉴证当然既要发现内部控制优势，又要发现内部控制缺陷，然而，根据最大善意原则，建立和实施说得好的内部控制应该是代理人应尽的职责，而内部控制缺陷则是代理人应该改进之处，所以，内部控制鉴证的核心内容定位为发现制度缺陷，而不是发现制度优势。

（4）内部控制鉴证是一种有系统方法的制度安排。内部控制鉴证要取得良好的效果，必须有可靠的过程来保障。这种可靠的过程是以系统方法为基础的制度安排，主要体现在三个层面：第一，取证模式——系统方法的灵魂，统帅鉴证程序的组合，例如，“从上到下 风险导向”是目前内部控制鉴证的主流取证模式。第二，鉴证步骤——内部控制鉴证各项工作的逻辑安排，并不是杂乱无章的，各项工作之间按一定的逻辑关系顺序展开，例如，《内部控制评价指引》规定，管理层内部控制评价包括应该遵循以下步骤：制订评价工作方案、组成评价工作组、实施现场测试、认定控制缺陷、汇总评价结果、编报评价报告。第三，鉴证程序，也就是内部控制鉴证各步骤的具体操作技术，例如，《内部控制评价指引》规定，内部控制评价工作组实施现场测试时，可以综合运用个别访谈、调查问卷、专题讨论、穿行测试、实地查验、抽样和比较分析等方法。

（5）内部控制鉴证结果要传达给利益相关者。内部控制鉴证的直接目的是发现制度缺陷，但是，其最终目的是弥补制度缺陷，而无论内部审计师还是外部审计师，都是独立的鉴证者，不能或无力直接对缺陷制度进行整改。为此，必须将鉴证结果报告给有力量实施或推动实施整改的利益相关者。另外，作为鉴证客体的外部利益相关者，当然会关心鉴证客体是否存在制度缺陷。通过内部控制鉴证报告这种形式，将鉴证结果传达给这些利益相关者，满足了他们的这种信息需求。

第二节　内部控制鉴证目标和内部控制鉴证客体

本节关注内部控制鉴证的两个基本问题：希望通过内部控制鉴证得到什么？内部控制鉴证究竟鉴证谁？对前者的阐释形成内部控制鉴证目标理论，对后者的阐释形成内部控制鉴证客体理论。

一、内部控制鉴证目标

（一）内部控制鉴证目标体系

内部控制鉴证属于广义审计，类似于审计目标，内部控制鉴证目标就是相关各方希望通过内部控制鉴证得到的结果。很显然，相关各方至少包括：第一，内部控制鉴证的利益相关者（委托代理关系中的委托人、代理人、投资人、政府监管部门等）；第二，鉴证者。

从逻辑上来说，利益相关者的鉴证目标是鉴证者鉴证目标的基础。前者类似于顾客需求，后者类似于产品供给。没有顾客需求，也就没有产品供给。同时，鉴证产品供给要满足鉴证产品需求，不能满足鉴证需求的鉴证产品是没有生命力的。所以，从某种意义上来说，鉴证产品需求是基础性的，具有终极意义，是内部控制鉴证的终极目标；而鉴证产品供给是回应性的，是适应鉴证需求而产生的，决定鉴证产品内容、鉴证产品定位和鉴证产品种类，是内部控制鉴证的直接目标。总体来说，直接目标决定鉴证产品，而终极目标是鉴证产品消费之后的结果。

一般来说，根据内部控制鉴证的发展状况，内部控制评价、内部审计审核、内部控制鉴证是主要的鉴证业务类型。每种鉴证业务类型各有利益相关者和鉴证者，所以，都有其终极目标和直接目标。组合起来看，内部控制鉴证目标体系见表12-2。

表12-2　**内部控制鉴证目标体系**

项目		鉴证目标	
		利益相关者的鉴证目标（终极目标）	鉴证者的鉴证目标（直接鉴证目标）
内部控制鉴证类型	内部控制评价	√	√
	内部控制审核	√	√
	内部控制鉴证	√	√

√表示有这种目标

（二）内部控制评价目标体系：终极目标

内部控制评价是各个组织的管理层主持的对本组织内部控制的评价。这种评价希望达到什么结果呢？

这里的利益相关者主要包括三方面：外部利益相关者、管理层、内部单位负责人。他们各有自己的鉴证目标。

从外部利益相关者来说，内部控制缺陷会影响管理层履行其经管责任，给外部利益相关者的利益带来负面影响。为此，外部利益相关者有抑制内部控制缺陷的需求，希望管理层自己能主持对本组织的内部控制进行评价，及时地发现制度缺陷，并在此基础上进行整改。

从管理层来说，内部控制评价区分为组织层面内部控制和内部单位内部控制。由于管理层本身的有限理性，组织层面内部控制的设计和执行也可能存在缺陷。通过对这个层面的内部控制鉴证，可以发现这些缺陷，从而有利于管理层更好地履行其经管责任。组织内部的各单位，是管理层领导的下属单位，其负责人是管理层的代理人。由于有限理性、自利，再加上环境不确定性、信息不对称、激励不相容等因素的存在，内部单位的内部控制可能存在有意或无意的缺陷。这种缺陷当然会对管理层履行其经管责任不利，管理层当然希望及时地发现和整改这些内部控制缺陷。

内部管理负责人是管理层的代理人。如果他要最大善意地履行其经管责任，则完全有动机通过内部控制评价来发现内部控制缺陷。即使他领导的内部单位没有内部控制缺陷，通过内部控制评价也能表明这种情形。从某种意义上来说，这是一种信号传递，会增加管理层对他的信任。

以上只是就一般情形而言，如果管理层或内部单位负责人由于自利而使得内部控制存在缺陷，而这种缺陷是有利于管理层或内部单位负责人的，则他们会抵制内部控制评价。另外，如果管理层或内部单位负责人对本组织的内部控制高度自信，可能也会认为内部控制评价不符合成本效益原则，没有价值。

总体而言，从利益相关者来说，内部控制评价的终极目标是抑制制度缺陷。

（三）内部控制评价目标体系：直接目标

内部评价机构希望通过内部控制评价得到什么结果呢？前已叙及，直接目标是终极目标的基础，直接目标是为终极目标提供鉴证产品，终极目标是使用鉴证产品之后产生的效果。那么，内部控制评价要提供什么样的产品才能满足利益相关者抑制制度缺陷的需求呢？这需要从产品内容、产品定位和产品种类三个维度来考虑，其大致情形见表12-3。

表12-3　　内部控制评价产品系列

<table>
<tr><th colspan="2" rowspan="2">产品定位</th><th rowspan="2">产品种类</th><th colspan="2">产品内容</th></tr>
<tr><th>合规性</th><th>合理性（有效性）</th></tr>
<tr><td rowspan="4">建设性评价</td><td rowspan="2">批判性评价</td><td>评价报告</td><td>★</td><td>★</td></tr>
<tr><td>评价决定</td><td>★</td><td>★</td></tr>
<tr><td colspan="2">评价建议</td><td>★</td><td>★</td></tr>
<tr><td colspan="2">评价整改报告</td><td>★</td><td>★</td></tr>
</table>

★表示可以有这种情形

下面，我们对表12-3中的内部控制评价产品做进一步的阐述。

（1）内部控制评价产品内容。内部控制评价可以从两个维度来展开：第一，评价内部控制的合理性，也就是对内部控制是否能达到其拟达到的目标，同时还符合成本效益原则。如果在符合成本效益原则的前提下，能达成其拟达成的目标，则这种内部控制就是有效的，否则，就是存在缺陷的。这里的控制缺陷包括两方面的含义，一是不能达成其拟达成的目标；二是虽然能达成其拟达成的目标，但是，不符合成本效益原则。总体来说，内部控制合理性与内部控制有效性是从不同角度对内部控制状况的描述，合理性更加关注内部控制过程，而有效性更加关注内部控制结果，而过程是结果的基础，所以，内部控制合理性和有效性是异曲同工的，它们的对立面是内部控制缺陷。第二，评价内部控制合规性。内部控制的建立和实施要遵守组织外部相关的法规法律制度。如果违背了这些法律法规制度，则内部控制制度本身就是不合规的，这种制度的有效或合理当然无从谈起。内部控制评价属于内部审计职责，所以，内部控制评价产品内容类似于审计目标的合规性和效益性（更恰当地说，这时的效益性应该是合理性，但是，一般来说，审计的直接目标通常界定为真实性、合法性和效益性）。

（2）内部控制评价产品定位。内部控制评价产品定位有两种选择，一是批判性评价，二是建设性评价。在批判性评价定位下，主要关注两个问题，一是揭示内部控制缺陷；二是根据制度缺陷的责任程度，对一些责任人进行处理处罚。上述两个问题解决之后，相关责任人得到了处理处罚，但是，制度缺陷可以依然存在。为此，建设性评价就产生了。建设性评价就是在批判性评价的基础上，再做进一步的工作。第一，提出制度缺陷完善建议；第二，推动对制度缺陷产生的原因进行整改；第三，跟踪整改结果，切实了解整改情况，并在此基础上提出整改报告。从理论上来说，内部控制评价产品定位可以选择批判性定位或建设性定位，但是，一般来说，为了实现内部控制评价的终极目标，需要评价者选择建设性定位。

（3）内部控制评价产品种类。从产品种类来说，内部控制评价产品包括评价报告、评价决定、评价建议和评价整改报告。评价报告的主要信息包括内部控制是否存在缺陷、存在何种缺陷、缺陷的原因、缺陷的责任人。评价决定主要是对内部控制缺陷责任单位和责任人的处理处罚决定。评价建议是对存在缺陷的内部控制制度进行优化的建议。评价整改报告是对制度缺陷整改情况的报告。上述内部控制评价产品种类的选择依赖于内部控制评价产品定位。一般来说，如果是批判性产品定位，则内部控制评价产品主要是评价报告和评价决定；在建设性产品定位下，评价建议和评价整改报告都有用武之地。

总体而言，从内部控制评价者来说，内部控制评价的目标是通过评价产品内容、产品定位和产品种类满足利益相关者抑制制度缺陷的需求。产品内容包括内部控制有效性和合规性。产品定位包括批判性和建设性。产品种类包括评价报告、评价决定、评价建议和评价整改报告。

（四）内部控制鉴证或审核目标体系：终极目标

内部控制鉴证和内部控制审核都是外部独立机构实施的，前者是合理保证，后者是有限保证，所以，本章将二者合并起来分析。利益相关者希望通过内部控制鉴证或审核得到什么结果呢？这里的利益相关者包括外部利益相关者和内部利益相关者，各类利益相关者都有自己的期望。

我们先来看外部利益相关者。投资者或供资者是第一类外部利益相关者，他们投资或供资于某组织，成为该组织的委托人，与该组织的管理层形成委托代理关系，而作为代理人的管理层由于自利或有限理性，再加上环境不确定性、激励不相容、信息不对称，该组织的内部控制完全可能存在缺陷。该组织的内部控制是实现该组织目标的制度保障。如果该组织的内部控制存在缺陷，则该组织的目标之达成就失去了制度保障。所以，投资者或供资者为了实现其投资或供资之目标，有激励抑制该组织的内部控制缺陷，通过外部机构对该组织的内部控制进行审计或审核，鉴证是否存在内部控制缺陷，是其中的重要手段。

除了投资者或供资者是外部利益相关者外，政府监管机构也是外部利益相关者或是外部利益相关者的代表。一方面，监管机构出于保护投资者或供资者的利益，希望该组织的内部控制具有有效性；另一方面，监管机构还希望该组织能依法运行，而内部控制的一个重要目标就是为该组织的依法运行提供合理保证。上述两方面结合起来，监管机构完全有动机抑制该组织的内部控制缺陷，而通过外部机构对该组织的内部控制进行审计或审核是一条重要路径。

对于内部控制鉴证或审核来说，内部利益相关者是操持该组织的管理层。一方面，由于有限理性，其设计和执行的内部控制可能存在缺陷，而这种缺陷会影响其最大善意履行经管责任，所以，管理层可能有激励通过外部机构来抑制其内部控制缺陷，而外部机构鉴证其内部控制是否存在缺陷是重要的手段。另一方面，如果管理层认为其内部控制不存在缺陷，通过外部机构的鉴证，会将这种结果传递给外部利益相关者，从而有利于增加管理层自身及其所操持的这个组织的信誉，所以，管理层并不排斥内部控制鉴证或审核。当然，如果管理层也可能由于对组织的内部控制过度自信或由于自利动机，排斥内部控制鉴证或审核。

总体而言，外部和内部利益相关者都有动机通过外部机构对内部控制进行鉴证，发现并整改内部控制缺陷。内部控制鉴证或审核的终极目标是抑制制度缺陷。

（五）内部控制鉴证或审核目标体系：直接目标

外部审计师在内部控制鉴证或审核中的目标称为直接目标，那么，外部审计师希望通过内部控制鉴证或审核得到什么结果呢？总体来说，就是提供令利益相关者满意的审计或审核产品。这需要从产品内容、产品定位和产品种类三个维度来考虑，其大致情形见表12-4。

表12-4 **内部控制鉴证或审核产品系列**

<table>
<tr><td colspan="2" rowspan="2">产品定位</td><td rowspan="2">产品种类</td><td colspan="2">产品内容</td></tr>
<tr><td>合规性</td><td>合理性（有效性）</td></tr>
<tr><td rowspan="4">建设性审计或审核</td><td rowspan="2">批判性审计或审核</td><td>审计或审核报告</td><td>★</td><td>★</td></tr>
<tr><td>审计或审核决定</td><td>★</td><td>★</td></tr>
<tr><td colspan="2">审计或审核建议</td><td>★</td><td>★</td></tr>
<tr><td colspan="2">审计或审核整改报告</td><td>★</td><td>★</td></tr>
<tr><td colspan="5">★表示可以有这种情形</td></tr>
</table>

下面，我们对表12-4中的内部控制鉴证或审核产品做进一步的阐述。

(1) 内部控制鉴证或审核产品内容。关于内部控制状况，外部审计师给利益相关者提供哪些信息呢？一般来说，要包括两方面的信息：第一，由于内部控制缺陷的存在会影响利益相关者的利益，所以，利益相关者首先需要了解内部控制是否存在缺陷，也就是说，内部控制能否为其拟实现的目标提供合理的基础，这类目标称为合理性或有效性；第二，如果内部控制本身违背相关法律法规，也可能会损害利益相关者的利益，所以，利益相关者需要了解内部控制是否存在违法违规，这类目标称为合规性。

(2) 内部控制鉴证或审核产品定位。内部控制鉴证或审核产品定位有两种选择：一是批判性评价，二是建设性评价。在批判性评价定位下，外部审计师主要是揭示内部控制缺陷。建设性评价就是在批判性评价的基础上，提出制度缺陷完善建议，跟踪整改结果，并在此基础上提出整改报告。从理论上来说，内部控制鉴证或审核产品定位可以选择批判性定位或建设性定位。但是，外部审计师类型会影响其内部控制鉴证或审核产品定位。一般来说，政府审计机关通常会选择建设性定位，而民间审计组织则要根据合约的规定来确定其定位，通常情形下，会选择批判性定位，而即使选择了建设性定位，跟踪整改结果并在此基础上提出整改报告的可能性也不大。

(3) 内部控制鉴证或审核产品种类。从产品种类来说，内部控制鉴证或审核产品包括审计或审核报告、审计或审核建议以及审计或审核整改报告。审计或审核报告的主要信息包括内部控制是否存在缺陷、存在何种缺陷、缺陷的原因。审计或审核建议是对存在缺陷的内部控制制度进行优化的建议。审计或审核整改报告是对制度缺陷整改情况的报告。上述内部控制鉴证或审核产品种类的选择依赖于内部控制鉴证或审核产品定位。一般来说，如果是批判性产品定位，则主要是审计或审核报告；而在建设性产品定位下，则审计或审核建议以及审计或审核整改报告都有用武之地。

总体而言，从外部审计师来说，内部控制鉴证或审核的目标是通过内部控制鉴证或审核产品内容、产品定位和产品种类满足利益相关者抑制制度缺陷的需求。产品内部包括内部控制有效性和合规性。产品定位包括批判性和建设性。产品种类包括评价报告、评价建议和评价整改报告。

二、内部控制鉴证客体

内部控制鉴证客体涉及鉴证谁，也就是对谁的内部控制进行鉴证。例如，上市公司可以作为内部控制鉴证客体，一个行政单位可以作为内部控制鉴证客体，某公司的某项业务相关的内部控制也可以作为独立的内部控制鉴证客体，甚至一个重要的岗位也可以作为内部控制鉴证客体。那么，内部控制鉴证客体选择是否具有规律呢？究竟按什么原则来选择内部控制鉴证客体呢？

内部控制鉴证客体事实上是内部控制的建立和实施者，也就是内部控制主体。然而，内部控制主体可以有不同的层级，例如，一个公司整体是一个内部控制主体，公司内部的一个部门是一个内部控制主体，某部门的一个岗位也是一个内部控制主体。内部控制鉴证选择的理论框架所要回答的是如何选择内部控制鉴证客体，主要涉及两个问题：一是内部控制鉴证客体的可能情形；二是在这些可能情形中，哪些情形存在内部控制鉴证的可能性。前者涉及具有内部控制完整性的可能情形，后者涉及从多种可能情形中选择内部控制鉴证客体的原则——成本效益原则。

（一）可能的内部控制鉴证客体——内部控制体系具体完整性的可能情形

要对某客体的内部控制进行鉴证，一个基础性的条件是该客体存在一个完整的内部控制体系。如果没有完整的内部控制体系，则内部控制鉴证就无法得出有意义的结论。例如，对内部制衡机制进行鉴证时，如果不能确定具体范围，则该制衡机制可能难以确定其控制目标，进而也难以确定其控制客体，当然也难以对其有效性发表意见。一般来说，完整的内部控制系统有四个要素：控制目标，控制主体，控制客体，控制措施。控制目标涉及通过内部控制所希望得到的结果，例如，财产安全、业务经济合规合法、信息真实完整、经营效率效果等。控制主体是谁来控制，也就是控制的实施者。控制客体是对什么进行控制，是内部措施的直接标的物，一般来说，业务经营活动、资产、信息，甚至人都是内部控制的客体。控制措施包括两个方面：一是风险评估，二是风险应对。这里的风险是影响内部控制目标达成的负面因素。要达成控制目标，首先要找到这个因素并对其进行评估，并在此基础上，用一些措施应对或控制这些因素。通过这个过程，内部控制目标就有可能达成。上述四个要素组成了一个具有实施功能的内部控制系统（郑石桥等，2013）。

一般来说，从纵向看，任何一个组织的不同层级都可能具有完整的内部控制系统。整个组织具有完整的内部控制系统，组织内部的单位也具有完整的内部控制系统，甚至一些重要的岗位也具有完整的内部控制系统。同时，从横向看，针对不同类型事项的内部控制也可能具有完整性，例如，会计控制、统计控制、营销内部控制、人力资源内部控制、资产内部控制、资金内部控制等，其本身都具有完整性。所以，内部控制可以从空间范围和内容范围两个维度来认知，完整的内部控制也就存在多种情形，其大致情形见表12-5。

表12-5　**内部控制具有完整性的情形**

项目		空间范围				
		同类单位	特定单位	特定单位的某内部机构	特定事项	特定人
内容范围	全部内部控制	A1√	A2√	A3√	A4√	A5√
	部分内部控制	B1√	B2√	B3√	B4√	B5√

√表示这种情形下的内部控制系统具有完整性

从空间范围来看，内部控制鉴证客体有多种情形，同类单位可以作为内部控制鉴证客体，例如，科研经费管理制度，可以将所有的高等学校作为内部控制鉴证客体；特定单位可以作为内部控制鉴证客体，例如，内部审计部门做内部控制评价，就是将本单位整体作为内部控制鉴证客体；特定单位的某内部机构可以作为内部控制鉴证客体，例如，内部审计部门选择某内部机构，对该内部机构的内部控制进行评估；特定事项相关的内部控制也可以作为内部控制鉴证客体，例如，采购内部控制就可以独立作为内部控制鉴证客体，工程项目内部控制也可能成为独立的内部控制鉴证客体；特定人相关的内部控制也可以作为内部控制鉴证客体，例如，领导干部经济责任审计，其所主管的领域，内部控制状况也是其履行经济管理责任的重要内容。

从内容范围内部，在特定的空间范围内部，可以选择该空间范围内的全部内部控制进行鉴证，例如，内部审计部门对子公司的内部控制进行鉴证，可以对该子公司的全部内部控制进行鉴证，也可以选择该空间范围内的部分内部控制进行鉴证。例如，外部审计师对上市公司的内部控制鉴证，目前，主要关注财务报告内部控制，并不是全部内部控制。

（二）现实的内部控制鉴证客体——符合成本效益原则的鉴证客体

表12-5显示，在许多情形下，内部控制系统都具有完整性。那么，是否要对所有情形的内部控制都进行鉴证呢？答案是否定的——只有符合成本效益原则的情形，才会成为内部控制鉴证客体。

这里的成本效益原则，就是通过内部控制鉴证获得的收益大于内部控制鉴证的成本。对于某可能的内部控制鉴证客体来说，只有其鉴证收益大于鉴证成本，这种客体才可能成为内部控制鉴证客体，这种意义的鉴证客体才是真正可能得到实施的鉴证客体。

虽然如此，这里的成本效益至少涉及三个主体：内部控制鉴证委托人、内部控制鉴证主体、内部控制鉴证客体，这里的相关成本效益究竟是站在谁的立场来考虑的？

上述三个主体的情形有较大的差异。对于内部控制鉴证主体来说，一般来说，内部控制鉴证委托人要么通过预算的方式为其配置资源，要么通过付费的方式为其提供财务资源。正常情形下，内部控制鉴证主体通过不同方式获得的收益会大于鉴证成本。所以，对于内部控制鉴证主体来说，不涉及成本效益问题。

内部控制鉴证委托人和内部控制鉴证客体的地位不同。一般来说，二者之间存在某些委托代理关系，内部控制鉴证客体是代理人，而内部控制鉴证委托人是委托人。在这种关系中，委托人一般处于较为主导的地位，可以决定是否对其代理人的内部控制进行鉴证。由于代理人所领导组织的最终利益也影响委托人的利益，所以，委托人在权衡其利弊得失时，也会在较大程度上将代理人领导组织的整体利益考虑进去。这样一来，从内部控制鉴证来说，委托人的成本效益更具有全局性，并且，处于主导地位。所以，在成本效益涉及的三个主体中，委托人立场的成本效益是选择内部控制鉴证客体的基准。

那么，委托人立场的内部控制鉴证成本效益又受哪些因素影响呢？我们先来看鉴证成本。内部控制鉴证成本包括两个方面：一是委托人直接发生的成本，包括委托人为内部控制鉴证主体配置资源及鉴证过程中，委托人发生的相关成本；二是内部控制鉴证客体发生的相关成本，包括支付给内部控制鉴证主体的支出、鉴证过程中该客体直接发生的支出。由于鉴证客体所领导组织的最终利益与鉴证委托人相关，委托人会将上述两方面的成本都考虑进去。一般来说，内部控制鉴证成本与所鉴证的内部控制本身的特征相关。内部控制越是复杂，内部控制鉴证主体对其进行鉴证所需要付出的资源越多，并且，发生鉴证错误的可能性也越大，从而鉴证风险也越大。由于这些原因，内部控制鉴证客体需要内部控制鉴证委托人提供的资源也就越多。内部控制的复杂性影响鉴证风险，同时，内部控制鉴证法律责任的规定也会影响鉴证风险。法律责任越是严格，内部控制鉴证风险也就越大，而为了应对这种增大的风险，一方面，内部控制鉴证主体可能做更多的细致工作，从而增加鉴证成本；另一方面，为了弥补增加的鉴证风险，鉴证主体可能要求增加其报酬，对匹配其增加的风险承担责任。所以，总体来说，内部控制复杂程度及内部控制鉴证法律责任会影响内部控制鉴证成本。内部控制越是复杂、鉴证法律责任越大，内部控制鉴证成本越高。

我们再来看内部控制鉴证收益。总体来说，内部控制鉴证收益主要来源于避免内部控制缺陷所带来的损失。正是由于内部控制鉴证发现了内部控制缺陷，从而避免了这种缺陷可能带来的潜在损失。所以，从这种意义上来说，内部控制鉴证收益来源于所避免的内部控制缺陷带来的潜在损失，这种潜在损失越大，内部控制鉴证收益也就越大。

那么，内部控制缺陷潜在损失又受哪些因素的影响呢？一般来说，主要有两个因素：一是内部控制缺陷的严重程度，二是内部控制缺陷的影响广度。内部控制缺陷一般区分为重大缺陷、重要缺陷和一般缺陷。缺陷越是严重，对于特定的利益相关者来说，潜在损失越大。所以，内部控制缺陷越是严重，如果及时发现了该缺陷，能避免的潜在损失也就越大，从而内部控制鉴证收益也就越大。内部控制缺陷的影响广度是指特定内部控制缺陷一旦发生，可能涉及的利益相关者。涉及的利益相关者越多，其影响广度就越大，进而这种内部控制缺陷的潜在损失也就越大。

综合上述内部控制鉴证成本和收益，基于成本效益原则的内部控制鉴证客体选择有如下结论：内部控制复杂程度及内部控制鉴证法律责任会影响内部控制鉴证成本，而内部控制越是复杂、鉴证法律责任越大，内部控制鉴证成本越高；内部控制缺陷严重程度和影响广度影响内部控制鉴证收益，而内部控制缺陷越是严重、影响广度越大，通过鉴证发现该缺陷能避免的潜在损失也就越大，从而内部控制鉴证收益也就越大。

第三节　内部控制鉴证内容和内部控制鉴证主体

本节关注内部控制鉴证的两个基本问题：内部控制鉴证究竟鉴证什么？谁来实施内部控制鉴证？对前者的阐释形成内部控制鉴证内容理论，对后者的阐释形成内部控制鉴证主体理论。

一、内部控制鉴证内容

内部控制鉴证内容主要涉及鉴证什么。本章首先分析内部控制鉴证内容的选择原则；然后，用这些原则来分析内部控制鉴证内容的几种可能性，明确内部控制鉴证内容是内部控制缺陷性；在此基础上，分析内部控制缺陷性的含义。

（一）内部控制鉴证内容的选择原则

关于内部控制鉴证内容有多种选择：内部控制效率性，内部控制可靠性，内部控制有效性。那么，究竟如何选择呢？我们认为，内部控制鉴证内容的选择应该基于两个原则：一是服从内部控制鉴证目标，二是可鉴证性。

我们先来看第一个原则。内部控制鉴证内容和内部控制鉴证目标相互影响。一方面，内部控制鉴证内容会影响内部控制鉴证目标之达成；另一方面，内部控制鉴证内容是为内部控制鉴证目标服务的，一定的内部控制鉴证目标要求与之相适应的内部控制鉴证内容。综合来说，内部控制鉴证内容服从于内部控制鉴证目标。一般来说，内部控制鉴证目标是一个体系，从相关主体来说，包括利益相关者和鉴证者。前者的目标是终极目标，后者的目标是直接目标。从业务类型来说，内部控制鉴证包括内部控制评价、内部控制鉴证和内部控制审核。这三类鉴证有不同的利益相关者和鉴证者，从而有不同的终极目标和直接目标。关于内部控制评价，从利益相关者来说，终极目标是抑制制度缺陷；从评价者来说，直接目标是通过评价产品来满足利益相关者抑制制度缺陷的需求。关于内部控制鉴证或审核，从利益相关者来说，终极目标是抑制制度缺陷；从外部审计师来说，直接目标是通过内部控制鉴证或审核产品满足利益相关者抑制制度缺陷的需求。内部控制鉴证内容应该围绕上述内部控制鉴证目标来确定。

我们再来看第二个原则。内部控制鉴证内容需要具有可鉴证性。如果对选择的内部控制鉴证内容无法进行鉴证，则当然也无法得出鉴证结果。如果非要以这种内部为基础来进行鉴证，可能出现内容变换，鉴证结果所对应的内容并不是拟鉴证的内容。例如，一些实证研究文献研究内部控制缺陷的影响因素，对于内部控制缺陷这个变量，用政府监管部门的处理处罚为计量，用这种方法计量出来的内部控制缺陷，显然不是严格意义上的内部控制缺陷，只能是“已经受到监管部门处理处罚的内部控制缺陷”，而“没有受到监管部门处理处罚的内部控制缺陷”并没有包括在这种计量中，这显然是内部控制缺陷的变换。

所以，总体来说，内部控制鉴证内容一方面要服从于内部控制鉴证目标，另一方面要具有可鉴证性。

（二）内部控制鉴证内容的几种可能性

关于内部控制鉴证内容，根据现有文献归纳，大致有三种情形：内部控制效率、内部控制可靠性、内部控制有效性。我们分别来分析其作为内部控制鉴证内容的可行性。

一些文献认为，内部控制的核心是内部控制效率性，所以，内部控制鉴证内容应该是内部控制效率。有人认为，内部控制效率是内部控制在设计和执行过程中所表现出来的控制成效的集合，与有效性（effectiveness）相比，效率（efficiency）概念更适合用于内部控制评价。内部控制评价应该以效率为核心概念来建立自己的理论体系和开发相应的评价工具，因为效率是一个量的比较概念，以此为基础进行内部控制的效果评价，可以提高评价的准确性，增加评价结论的信息含量。有人认为，内部控制有效性通过内部控制效率来实现，一方面可以通过延缓或阻止内控熵增来实现，另一方面可以增加内部控制系统整体的负熵值来实现。

我们认为，以效率性来鉴证内部控制是不合适的。效率性是指组织经营活动过程中投入资源与产出成果之间的对比关系。如果要鉴证内部控制效率性，就要搞清楚内部控制的投入资源和产出成果。第一，内部控制效率性难以鉴证。对于内部控制来说，无论是投入资源，还是产出成本，都很难确定。由于内部控制与组织的管理体系融于一体，在许多情形下，无法区分哪些是内部控制，哪些不是内部控制。既然很难区分内部控制与管理体系，当然也就很难区分内部控制的资源投入和产出成果。一些实证研究文献将管理成本作为内部控制成本，这显然是扩大了内部控制的范围，但是，要将管理成本区分为内部控制成本和非内部控制成本是难以做到的。第二，即使在有些情形下，能计量内部控制资源投入和产出成果，按投入产出对比关系来评价内部控制也是不合适的。一般来说，内部控制投入存在边际效益递减。当一个单位的内部控制较差时，较少的投入也会有较大的产出；而当一个组织的内部控制达到一定的程度时，内部控制投入的边际产出会降低，从而投入产出比也会下降。用投入产出比只能反映内部控制水平不同阶段的投入产出情况，并不能反映内部控制的整体水平，因为这个内部控制整体水平是内部控制累计投入的结果，而不仅仅是增加投入的结果。第三，内部控制效率性与内部控制鉴证目标有一定的距离。尽管内部控制鉴证目标可以从不同的主体来考虑，但是，总体来说，是通过发现制度缺陷来抑制制度缺陷的。所以，中心问题是内部控制缺陷，而不是内部控制效率。基于以上原因，我们认为，以效率性来鉴证内部控制是不合适的。

一些文献认为，内部控制鉴证的核心问题是内部控制可靠性（reliability）。内部控制可靠性评估，一方面可以为优化内部控制设计提供基础，另一方面，可以用于审计程序设计，了解了内部控制的可靠程度，为实质性测试设计提供了基础。一些文献还研究了内部控制可靠性的判断或模拟模型。

我们认为，以可靠性来评价、鉴证内部控制也是不合适的。其原因有两个方面，第一，可靠性难以鉴证。可靠性是在一定时间内、在一定条件下，系统无故障地执行指定功能的能力或可能性，可通过可靠度、失效率、平均无故障间隔等来评价其可靠性。就内部控制来说，其可靠度、失效率、平均无故障间隔，从不同的角度来描述内部控制可靠性，但是，这些变量，都难以计量。以资产安全目标为例，内部控制维护资产安全的功能是否具有可靠性呢？我们可以通过其维护资产安全的可靠度、失效率、平均无故障间隔这些不同的角度来计量。无论从何种角度来计量，其前提条件是知道资产安全的真实状况。如果不知道资产安全的真实状况，可靠度、失效率、平均无故障间隔都无法计量。从现实来说，资产安全的真实状况可能无法知晓，人们只能知晓已经发现的资产不安全事项，对于未发现的资产不安全事项是不知道的。例如，对于贪污行为，未发现前是不知晓的，只有发现后才知道这种行为。如果一直未能发现，则一直不知道这种行为。很显然，我们不能将“不知道”作为“未发生”。第二，鉴证内部控制可靠性与内部控制鉴证目标有一定的偏离。内部控制鉴证目标是通过发现内部控制缺陷来抑制内部控制缺陷，主要关注的是内部控制缺陷，而不是内部控制可靠性。

内部控制鉴证内容的主流观点认为，内部控制鉴证内容是内部控制有效性或效果性。内部控制相关权威文献持这种观点，大量的学术文献也持这种观点。

从权威文献来说，国外的权威文献，例如，COSO-IC（1994，2013），COSO-RM、INTOSAI、GAO都使用了“internal control effectiveness”，并且认为，需要从内部控制目标达成程度来判断内部控制有效性（an effective internal control system provides reasonable assurance that the organization will achieve its objectives）。国内相关的权威文献也是如此，《企业内部控制评价指引》第二条规定，内部控制评价是指企业董事会或类似权力机构对内部控制的有效性进行全面评价、形成评价结论、出具评价报告的过程。《企业内部控制鉴证指引》第二条规定，内部控制鉴证是指会计师事务所接受委托，对特定基准日内部控制设计与运行的有效性进行审计。

从学术文献来说，很多文献涉及内部控制有效性的内涵和计量。关于内部控制的内涵，有结果观和过程观。多数学术文献都认为，内部控制的有效性是指内部控制为相关目标的实现提供的保证程度或水平，这属于结果观。但是，也有些文献从过程观来认识内部控制有效性。有人认为，内部控制有效性是以持续监督为基础、完成内部控制制度计划和达到计划结果的程度。以PDCA循环理论为基础，内部控制有效性包括内部控制设计、内部控制执行、内部控制检查和内部控制改进四个方面。内部控制有效性包括两个方面：一是内部控制制度本身的有效性，二是在执行过程中的有效性。

关于内部控制有效性的计量，有计量模型和计量指标两种情形。一些文献提出了内部控制有效性计量模式，有人提出用the time of detection（TD）、the time that the damage caused by the event is fixed（TF）、the time limit after which（TW）来测量内部控制有效性。有人提出，利用横轴表示实体内部控制重要的目标、纵轴表示内部控制五个可靠性水平的二维法来评价内部控制有效性的模型。关于内部控制有效性的计量指标，一些实证研究文献使用不同的变量来计量内部控制有效性，主要有四种思路：一是通过分析业务流程，找出每个关键控制点，对每一控制点的主要控制措施的有效性进行测试，并根据测试结果对整体内部控制有效性进行评价；二是以内部控制要素为评价对象，对内部控制要素是否存在以及运行效果进行评价；三是围绕内部控制目标实现程度，根据目标选取评价指标，建立综合评价指标；四是将自愿披露的内部控制缺陷和审计师对内部控制报告的审核意见等作为内部控制有效性的评价指标。

那么，内部控制有效性是否适合作为内部控制鉴证内容呢？我们认为，尽管内部控制权威文献和许多的学术文献都持这种观点，但是，内部控制有效性还是不宜作为内部控制鉴证内容，其原因如下：第一，内部控制有效性的过程观，并未能提出计量方法，事实上，也不能只是从内部控制过程来计量内部控制有效性，因为过程毕竟是为结果服务的，同时，结果可能还受到一些过程之外的因素之影响。第二，各种实证研究中提出的内部控制有效性计量指标，只是根据文章所涉及主题及数据的可得性来提出替代变量，这些变量可能涉及内部控制有效性的某些方面，但是，并不能从整体上替代内部控制有效性。第三，内部控制有效性是难以鉴证的。因为效果性或有效性是指系统实际取得成果与预期取得成果之间的对比关系，主要关注的是既定目标的实现程度。根据这个定义，要鉴证内部控制有效性，必须有两个前提条件：一是搞清楚内部控制各项目标的预期情况，二是搞清楚内部控制各项目标的真实情况。只有搞清楚上述两方面的情况之后，将内部控制目标的真实情况与预期情况进行比较，才可以确定其目标达成情况了。然而，上述两方面的情况能否搞清楚呢？由于目标的预期情况是预先设定的，所以，预先给各项内部控制目标设定一个目标值，这是不存在困难的。问题是，要搞清楚这些目标的真实达成状况，就不一定可行了。

以我国的内部控制权威规范为例，《企业内部控制基本规范》第三条规定，内部控制的目标是合理保证企业经营管理合法合规、资产安全、财务报告及相关信息真实完整，提高经营效率和效果，促进企业实现发展战略。《行政事业单位内部控制规范（试行）》第四条规定，单位内部控制的目标主要包括：合理保证单位经济活动合法合规、资产安全和使用有效、财务信息真实完整，有效防范舞弊和预防腐败，提高公共服务的效率和效果。上述这些目标中，经营效率和效果、发展战略、公共服务的效率和效果都可能体现为一些量化指标，而这些指标是可以根据一些数据计算出来的，所以，对于这些目标来说，可以通过内部控制目标的达成状况与目标值之间的比较来确定相关内部控制的有效性。但是，这里要特别注意的是，这些目标除了受到内部控制系统的影响外，还受到许多外部因素的影响。在一些情形下，这些外部因素甚至是主要因素，所以，通过这些目标的达成状况来判断内部控制有效性是存在问题的。除了上述目标之外的其他目标，经营管理或经济活动合法合规、资产安全和使用有效、财务报告及相关信息真实完整、有效防范舞弊和预防腐败，这些目标的真实状况可能是难以知晓的，反映这些目标达成状况的前提是要了解有多少偏离目标的“已经发生的偏离事项”，不能将“已经发现的偏离事项”作为“已经发生的事项”，而通常情形下，人们只是知道“已经发现的偏离事项”，不知道究竟有多少“已经发生的偏离事项”。例如，某内部单位统计信息虚假，这显然是影响了信息真实完整目标，但是，如果该弄虚作假行为没有被发现，则其对信息真实完整目标的影响也就无法计量。

综合上述三方面的原因，我们认为，内部控制有效性不宜作为内部控制鉴证内容。

通过本章前面的分析，根据服从内部控制鉴证目标和可鉴证性两个原则，内部控制效率性、内部控制可靠性、内部控制有效性都不适宜作为内部控制鉴证内容。那么，内部控制鉴证内容是什么呢？我们认为，内部控制鉴证内容是内部控制缺陷性（deficiency）。其理由如下：第一，内部控制缺陷性与内部控制鉴证目标具有良好的对应关系。内部控制鉴证目标就是通过发现内部控制缺陷来抑制内部控制缺陷，将内部控制鉴证内容确定为内部控制缺陷，就直接服务于内部控制鉴证目标了。第二，内部控制缺陷性具有可鉴证性。其基本思路是寻找内部控制过程中的缺陷，并分析这些缺陷对内部控制目标已发生或潜在的影响程度，确定缺陷严重程度，并在此基础上，对内部控制整体有效性形成结论。关于内部控制缺陷的鉴证思路，相关内容较多，由于本章的主题，这里不展开讨论。在随后内容中，我们将展开分析内部控制缺陷和缺陷性的含义。

（三）内部控制缺陷和缺陷性的含义

从功能上来看，内部控制是为其目标提供适宜的保证程度。如果没有达到拟提供的保证程度，就是内部控制目标偏离，这种偏离就是内部控制缺陷。那么，内部控制为什么不能为目标之达成提供其拟提供的保证程度呢？也就是说，为什么会出现内部控制目标偏离呢？其原因是没有有效地抑制对内部控制目标有负面影响的风险因素，也就是说，存在超过容忍度的风险暴露。所以，从这个意义上来说，内部控制缺陷也就是超过容忍度的风险暴露（risk exposure）。从内部控制目标偏离来认知的内部控制缺陷是结果视角，从风险暴露来认知的内部控制缺陷是过程视角，二者具有因果关系。正是因为有超过容忍度的风险暴露，内部控制目标才有偏离。但是，二者之间的关系并不是简单的线性关系，而是呈现复杂的非线性关系，主要体现在以下两个方面：

第一，风险暴露对目标偏离的影响有或有性（contingency）和时滞性。虽然风险因素会影响内部控制目标之达成，但是，这种影响呈现或有性，只是一种可能，并不一定会发生。即使发生，也不是时时刻刻都发生，所以，风险暴露造成内部控制目标偏离具有或有性。也正是因为这个原因，已经存在的内部控制缺陷，可能表明有超出可容忍的风险暴露，但是，如果风险因素并没有真正发生，则这种风险暴露给内部控制目标偏离带来的只是形成潜在影响。虽然在当期没有发生，但是，也许在今后会发生，这种影响具有时滞性。正是因为风险暴露对目标偏离的影响有或有性和时滞性，鉴证内部控制缺陷就不能只考虑已经发生的目标偏离，还要考虑风险暴露可能形成的潜在偏离。

第二，风险暴露之外的因素也可能影响内部控制目标偏离。内部控制目标有多种，总体来说，可以分为合规合法性目标、资产安全性目标、信息真实完整性目标、业务经营目标、战略目标。在这些目标中，前三个目标，内部控制要为其提供合理保证，而对于业务经营目标和战略目标，内部控制并不能为其提供合理保证，其原因是，前面三个目标受内部控制之外的因素影响较少，其成败主要由内部控制来决定，而业务经营目标和战略目标除了受内部控制的影响之外，还受到两类因素的影响：一是组织内部的管理控制系统的影响，二是外部因素的影响。有不少的情形下，管理控制系统和外部因素的影响可能大于内部控制系统的影响。正是由于这个原因，业务经营目标和战略目标偏离，不一定是内部控制有缺陷。所以，对于不同的内部控制目标，其目标偏离的原因不同，风险暴露在其中的作用也不同，不能简单地根据目标偏离来判断内部控制缺陷。正是这个原因，在判断内部控制缺陷时，对于不同的内部控制目标要有不同的偏离容忍度，对业务经营目标和战略目标偏离的容忍度要高些。

以上分析了内部控制缺陷，那么什么是内部控制缺陷性呢？内部控制缺陷性是指内部控制缺陷所造成的内部控制目标偏离程度，也就是内部控制缺陷程度。由于不同组织的规模不同，对于内部控制缺陷不能只是从规模上来认知，还要从程度上认知，既要知道总体规模，又要知道对目标的影响程度。二者结合起来，对内部控制缺陷及其整体状况就有了全面的认知。所以，对内部控制整体的鉴证意见，要以缺陷性为基础来形成。

最后，为了进一步认清内部控制缺陷性，我们还需要分析内部控制有效性和内部控制缺陷性的关系。一般来说，内部控制有效性是从内部控制目标达成程度来衡量的。如果内部控制提供了其拟提供的保证程度，则认为内部控制是有效的。而内部控制缺陷性恰恰是内部控制目标偏离程度。如果偏离程度超出了可容忍范围，则认为内部控制是存在缺陷的。内部控制有效性和缺陷性之间的关系如图12-2所示。

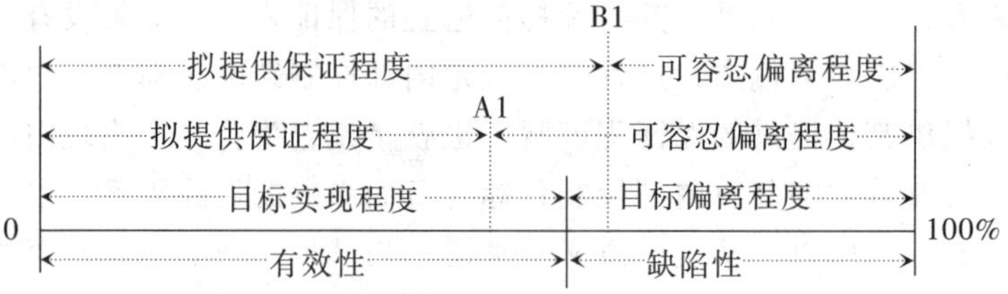

图12-2 内部控制有效性与缺陷性的关系

图12-2中，横线表示内部控制目标的达成程度从0至100%这个区间。已经达成的内部控制目标就是有效性，而未能达成的内部控制目标就是缺陷性。然而，对于内部控制的鉴证意见，要依赖A点的位置而定，A点表示拟达成的内部控制目标，也就是拟提供的保证程度，拟容忍的最大偏离程度。如果A点位于图中所示位置，表示实际偏离小于可容忍偏离，或者是实际提供的保证程度高于拟提供的保证程度，则内部控制是有效的。如果A点向右位移，越过有效性和缺陷性的分界线至B点，则实际偏离大于可容忍偏离，或者是实际提供的保证程度低于拟提供的保证程度，则内部控制是存在缺陷的。

虽然说内部控制有效性和缺陷性是互补关系，但是，并不能说内部控制鉴证内容选择有效性或缺陷性都是可以的，其原因是，由于无法知道有些内部控制目标的真实达成状况，所以，有效性不具有可鉴证性。相反，内部控制缺陷性则具有可鉴证性，所以，可能通过缺陷性来鉴证内部控制有效性。从100%减去内部控制缺陷性就是有效性，所以，对内部控制整体有效性发表形成意见，并不意味着内部控制鉴证内容是内部控制有效性，而是通过鉴证内部控制缺陷性，根据内部控制有效性和缺陷性关系，得出有效性，其鉴证内容还是内部控制缺陷性。

二、内部控制鉴证主体

现有生活中，内部控制鉴证有多种鉴证主体，内部审计、民间审计和政府审计都有内部控制鉴证业务，这其中的原因是什么？我们认为，基本的原因源于三个方面：一是委托代理关系的类型不同，二是内部控制鉴证这种交易的特征不同所决定的交易成本，三是鉴证独立性的考虑。从委托代理关系类型来说，可以区分为公共部门委托代理关系和私营部门委托代理关系。不同的审计主体在不同的委托代理关系中对内部控制进行鉴证。从交易特征来说，内部控制鉴证在不同情形下具有不同的特征，主要显现为资产专用性和交易经常性两个维度，不同的交易特征会影响交易成本，从而影响内部控制鉴证者的选择。从鉴证独立性来说，鉴证者必须独立于被鉴证者，从而，区分外部鉴证主体和内部鉴证主体。正是由于委托代理关系的多种类型、交易特征和鉴证独立性的要求，使得内部控制鉴证主体呈现多样化。上述三方面对鉴证主体多样化的影响大致如图12-3所示。下面，我们来具体分析。

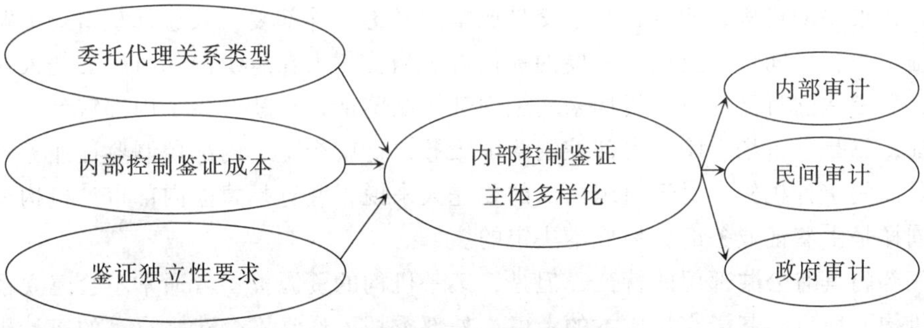

图12-3　研究框架

（一）委托代理关系类型与内部控制鉴证主体多样化

委托代理关系是指这样一种鲜明或隐含的契约，根据这个契约，一个或多个行为主体（委托人）为另一些行为主体（代理人）提供资源，要求这些代理人为委托人提供服务，同时，根据代理人提供的数量和质量支付相应的报酬。委托代理关系是人类社会的基本政治经济关系，由于部门类型不同、委托人在组织外部或组织内部，所以，具有多种形态，大致情形见表12-6。

表12-6　　委托代理关系类型

项目		委托人在组织内部或外部	
		组织外部	组织内部
部门类型	公共部门	★	★
	私营部门	★	★
	第三部门	★	★

★表示有这种类型的委托代理关系

表12-6显示，委托代理关系有六种类型，在每种类型的委托代理关系中，内部控制都是治理代理问题和次优问题的重要制度设计，都可能存在鉴证需求。然而，在不同类型的委托代理关系下，内部控制鉴证者可能存在差异。

对于公共部门来说，当委托人在组织外部，委托人关注公共部门的内部控制，有内部控制鉴证需求。然而，由谁来鉴证呢？一般来说，委托人有两个选择，一是由自己的审计机关来实施内部控制鉴证，这就产生了政府审计机关的内部控制鉴证；二是从市场上购买内部控制鉴证服务，这就产生了民间审计机构实施的内部控制鉴证，也称为政府审计业务外包。究竟是建立政府审计机关来鉴证内部控制，还是从市场上购买这种鉴证服务，依赖于内部控制鉴证业务的交易成本，而交易成本是由交易特征决定的，我们将于随后的内容中分析。当委托人在组织内部时，委托人同样有两种选择：一是建立自己的审计机构来实施内部控制鉴证，这就产生了内部审计机构的内部控制鉴证；二是从市场上购买内部控制鉴证服务，这就产生了民间审计机构实施的内部控制鉴证，也称为内部控制鉴证业务外包。对于组织内部的委托人来说，究竟是建立内部审计机构还是业务外包，同样是由鉴证业务的交易成本决定的。

对于私营部门来说，当委托人在组织外部，由于某私营机构的委托人一般不会共同出资建立存在很多的机构，所以，基于交易成本的考虑，外部委托人通常从市场上购买内部控制鉴证服务，民间审计机构是主要的提供者。当委托人在组织内部时，委托人同样有两种选择：一是建立自己的审计机构来实施内部控制鉴证，这就产生了内部审计机构的内部控制鉴证；二是从市场上购买内部控制鉴证服务，这就产生了内部控制鉴证业务外包，鉴证主体是民间审计机构。对于组织内部的委托人来说，究竟是建立内部审计机构还是业务外包，同样是由鉴证业务的交易成本决定的。

第三部门具有公共部门的特征，但是，某一机构的资源提供者通常不会建立很多的第三部门机构，所以，基于交易成本的考虑，外部委托人通常不会建立自己的审计机构，而是从市场上购买内部控制鉴证服务，这就产生的民间审计机构的内部控制鉴证。当然，在某些情形下，由于第三部门的供资者或委托人对其供资的机构并不进行监管，所以，并不关注特定第三部门机构的内部控制。在这种情形下，政府作为公共服务的提供者，有责任对这类第三部门机构进行鉴证，这就可能产生政府审计机关对第三部门机构的内部控制进行鉴证。第三部门机构的内部委托人，对其下属的内部控制可能存在鉴证需求。在这种情形下，是建立专门的内部审计还从市场上购买鉴证服务，是由交易成本决定的。

所以，总体来说，不同部门的内部控制鉴证主体可能不同，外部委托人和内部委托人的内部控制鉴证需求可能由不同的主体来实施。委托代理关系的多样化在一定程度上导致了内部控制鉴证主体的多样化。

（二）内部控制鉴证成本与内部控制鉴证主体多样化

委托人是建立自己的审计机构还是从外部购买民间审计的内部控制鉴证服务，交易成本是一个重要因素。何种运行方式的交易成本低，就选择何种方式。由内部控制鉴证作为一种交易，其交易成本主要由交易运行结构决定，而交易运行结构是由特征所决定的（郑石桥，2015）。对于交易特征可以从多个维度来分析，从内部控制鉴证主体选择来说，相关的交易特征是资产专用性和交易经常性。资产专用性是指内部控制鉴证是否需要针对该组织的专门化的知识。一般来说，任何一个组织的内部控制都是适应本组织的风险特征和控制环境而建立的，所以，都具有一定的资产专用性，但是，不同组织之间的内部控制还是存在一定的共性。著名的COSO内部控制框架就是这种共性的体现。所以，从资产专用性来说，一般情形下，由于内部控制既有共性，也有个性，并不能对内部控制鉴证主体的选择形成决定性影响。交易特征的另一个方面是交易经常性，也就是具有特定性的内部控制鉴证业务量的大小。如果经常性的内部控制鉴证业务量较少，则委托人一般不宜于建立自己的审计机构，私营部门和第三部门的外部委托人就属于这种情形，规模较小的组织内部委托人购买民间审计的内部控制鉴证业务也属于这种情形；如果经常性的内部控制鉴证业务量较多，则委托人可以考虑建立自己的审计机构来实施内部控制鉴证，公共部门的委托人建立政府审计机关、具有一定规模的组织内部委托人建立自己的内部审计机构，都属于这种情形。

总体来说，将内部控制鉴证视同一类交易，由交易特征所决定的交易成本不同，使得这种交易的运行方式多样化，进而使得内部控制鉴证主体多样化。

（三）内部控制鉴证独立性与内部控制鉴证主体多样化

除了委托代理关系类型和内部控制鉴证成本影响鉴证主体多样化之外，内部控制鉴证独立性还影响鉴证主体多样化。很显然，当委托人在组织外部时，由于内部审计机构是该组织管理层的下属，所以，外部委托人不能依赖内部审计机构的内部控制鉴证结果，而需要外部机构来实行内部控制外部，这就产生了外部主体实施的内部控制鉴证。对于一些大型组织来说，上一层级的管理者作为委托人，需要了解下一层级单位的内部控制状况，不能依赖下一层级的内部审计机构所实施的内部控制鉴证结果，因为这种鉴证不具有独立性，这就出现了组织内部的多层级的内部控制鉴证主体。

总体来说，正是由于内部控制鉴证独立性的要求，使得内部控制鉴证主体多样化。

第四节 内部控制鉴证方法和内部控制鉴证环境

本节关注内部控制鉴证的两个基本问题：内部控制鉴证究竟如何鉴证？鉴证环境与内部控制鉴证是什么关系？对前者的阐释形成内部控制鉴证方法理论，对后者的阐释形成内部控制鉴证环境理论。

一、内部控制鉴证方法

内部控制鉴证的鉴证主题是约束具体行为的制度。鉴证目标是制度的合规性和合理性。在既定的鉴证目标和鉴证主题下，内部控制鉴证取证模式涉及三个主要问题：第一，鉴证标的，也就是鉴证实施的直接标的物之确定；第二，针对特定的鉴证标的，具体的鉴证目标是什么，也就是确定针对特定鉴证标的之鉴证命题；第三，如何证明每一个具体的鉴证命题，也就是确定和实施鉴证程序。

（一）内部控制鉴证取证：鉴证标的

鉴证标的是鉴证实施的直接标的物，也就是鉴证的靶子。内部控制鉴证的主题是约束行为的制度，其鉴证标的是制度的再分类。一般来说，制度可以分为两类：一类是对所有具体行为都有约束力，一般称为整体层面的制度；二是针对特定具体行为的制度，一般称为业务层面的制度。

对于整体层面的制度，其鉴证标的应该是制度要素，也就是制度中界定的主要事项，一般以制度章节为划分标准。例如，公司章程是一个整体层面的制度，在章程中对于股东会、董事会、监事会、经理层的权责分别进行了界定，股东会、董事会、监事会、经理层都可以单独作为鉴证标的。

对于业务层面的制度，一般会按业务类型来组织，所以，通常以业务流程中的关键环节作为鉴证标的。例如，预算制度一般会规范预算编制、预算执行、预算调整、决算等环节，这些环节都可以单独作为鉴证标的。

当然，在一些情形下，如果制度较为庞大，上述鉴证标的可以进行多层级的划分，一直要划分到具有相对清晰的鉴证总体和鉴证个体时，才能得到可实施的鉴证标的。如果对鉴证标的的划分过于粗略，则鉴证总体中包括的鉴证个体可能具有较大的差异，会影响鉴证载体的选择，也会影响鉴证程序的有效实施。

鉴证标的确定之后，围绕每个标的，还要确定其鉴证总体和鉴证个体。制度标的个体，也就是鉴证个体，是该制度标的约束的每个特定行为，而全部特定行为之集合，就形成该内部控制鉴证标的之鉴证总体。特别要注意的是，鉴证总体和鉴证个体是以标的为对象确定的，不同的标的不宜混合起来形成鉴证总体。每个内部控制鉴证标的，都要形成自己的鉴证总体和鉴证个体。例如，预算执行制度和预算调整制度约束不同的预算行为，需要分别形成鉴证标的来判断其合规性和合理性。如果将二者混合起来形成一个鉴证标的，则不同属性的预算执行行为就在一个总体中，不利于内部控制鉴证的有效开展。

鉴证总体和鉴证个体确定之后，还需要进一步确定鉴证载体。鉴证载体是关于鉴证个体的记载或记忆，它们是鉴证活动的直接实施对象，表现为资料、实物和人。一般来说，制度标的载体有四种形式：一是书面的规章制度，这些规章制度表明制度设计情形；二是制度相关的实物措施，这是实施制度的实物手段，内部控制措施中的实物控制手段就属于这种情形；三是制度执行过程中形成的相关记录，表明制度执行情况及其效果，也包括制度评估记录和报告；四是相关人员形成的制度相关记忆，包括制度的设计健全性和执行符合性的看法或记忆。一般来说，来源于不同载体的鉴证证据，其证明力不同。

一般来说，鉴证载体分为三种情形：一是有系统载体且有原始记录支持；二是有系统载体但无原始记录支持；三是无系统记录。对于一般的被鉴证单位来说，制度管理都已经达到一定的程度，各种形式的内部控制鉴证载体组合起来，应该能形成一个系统且有原始记录支持的载体。

（二）内部控制鉴证取证：鉴证命题

鉴证命题是可以被定义并观察的现象，是鉴证目标在鉴证标的上的落实，也就是针对特定的鉴证标的需要获取证据来证明的事项，也称为具体鉴证目标。

内部控制鉴证的鉴证目标是制度合规性和合理性，也可分解为合规性、健全性和遵循性。合规性是指制度是符合既定标准的（这里的既定标准主要是外部机构颁布的相关法律法规及规章），如果存在不符合既定标准的制度，则该命题是伪命题；健全性是指制度是合理的，不存在重大缺陷，如果存在重大缺陷，则该命题是伪命题；遵循性是指制度得到了有效的执行，在执行中不存在重大缺陷，如果执行中存在重大缺陷，则该命题是伪命题。

上述各项鉴证目标落实到具体的鉴证标的，就形成了该鉴证标的需要获取鉴证证据来证明的事项，也就是该鉴证标的需要鉴证证据来验证的鉴证命题。如果某个命题获取了相应的鉴证证据，则该命题就得到了证明。如果某鉴证标的的全部鉴证命题都得到了证明，则该鉴证标的就得到了鉴证。如果某鉴证主题的全部鉴证标的都得到了鉴证，则该鉴证主题的鉴证目标就达到了。

（三）内部控制鉴证取证：鉴证程序

鉴证程序就是从鉴证载体中，为每个鉴证命题获取鉴证证据的技术方法。鉴证程序的实际实施对象是鉴证载体。由于鉴证载体不同，鉴证程序的选择也不同。前已叙及，一般来说，对于内部控制鉴证，应该能形成一个有系统且有原始记录支持的载体。在这种情形下，鉴证取证一般采用命题论证型鉴证取证模式。鉴证取证过程一般包括两个步骤：风险评估、制度测试。初看起来，与风险导向模式下的会计报表审计程序类似。但是，就其实质内容来看，二者存在较大差异。

1.风险评估

这里的风险是制度风险，也就是制度不能达到其目标的可能性。例如，内部控制无效的可能性。一般来说，制度要达到其目标，需要具有两个属性：一是合规性，也就是符合外部权威机构颁布的相关法律法规和规章；二是合理性，也就是制度不存在显著的缺陷或瑕疵，也称为有效性。而制度风险之产生，要么是制度明显违反外部权威机构颁布的相关法律法规和规章，要么是存在显著的缺陷或瑕疵。所以，制度风险就是制度违规及存在缺陷或瑕疵的可能性。

风险评估是以一定的审计风险模型为基础，对相关风险进行评价。目前，关于内部控制鉴证的鉴证风险模型还没有相关研究，关于内部控制鉴证风险模型有少数文献涉及。有人认为，内部控制鉴证是审计财务报告的生成过程，而财务审计是审计内部控制过程的产出，所以，二者应该有不同的风险模型。他们认为，内部控制鉴证风险是内部控制中有重大缺陷，而审计人员未能发现，这一风险可以分解为固有风险、控制设计和执行风险、控制运行效果风险。有人借鉴上述文献，提出了财务报告内部控制鉴证风险模型，有人也提出了类型的内部控制鉴证风险模型。受上述文献的启发，本章提出内部控制鉴证风险模型：

IAR=IR · IDIR · IDR

在上述模型中，IAR（internal control attestation risk）表示内部控制鉴证风险，是对内部控制鉴证发表错误鉴证意见的可能性，主要是指当制度存在重大缺陷（包括违规，下同）时，鉴证意见认为不存在重大缺陷；IR（inherent risk）表示固有风险，是在没有制度的情形下，制度目标不能达成的可能性；IDIR （institution design and implementation risk）表示制度不能达成制度目标的可能性，也就是制度存在重大缺陷的可能性，事实上，也就是制度失败的可能性；IDR（institution detection risk）表示制度测试风险，是指审计人员不能发现已经存在的制度重大缺陷的可能性。

需要说明的是，这里沿用财务报表审计风险模型采用的乘数方式，正如有人指出，财务报表审计风险模型本身不是乘数关系，而只是用乘数方式作为观念的指导，内部控制鉴证风险模型各要素也不是乘数关系，只是各要素以乘数方式表示，作为概念框架。

根据内部控制鉴证风险模型，内部控制鉴证的风险评估要做四项工作：第一，确定内部控制鉴证风险（IAR），也就选择可接受的内部控制鉴证风险水平。一般来说，依赖内部控制鉴证结果的利益相关者越多、制度越重要，可接受的内部控制鉴证风险水平越低。第二，评估固有风险（IR），也就是评估在没有制度的情形下，制度目标不能达成的可能性。第三，评估制度失败风险（IDIR），也就是评估制度设计及执行是否存在重大缺陷。第四，根据上述各步骤的结果，确定可容忍的制度测试风险水平（IDR）。当然，在上述风险评估中，也可以将固有风险和制度失败风险合并评估。

上述风险评估要在两个层面开展：一是整体层面，也就是以制度整体作为评估对象进行风险评估，这个层面的风险评估主要用于鉴证总体计划或鉴证策略的制定；二是鉴证标的层面，以每个鉴证标的为对象进行风险评估，这个层面的风险评估主要用于针对鉴证标的的鉴证方案或具体鉴证计划的制订。

2.制度测试

制度测试是以鉴证标的层面的风险评估为基础，为每个鉴证标的确定具体鉴证方案并实施。这里的制度测试，类似于风险导向财务报表审计中的控制测试，鉴证方案主要涉及针对特定鉴证标的的鉴证程序的性质、时间和范围。内部控制鉴证程序的性质，主要是指选择何种类型的鉴证程序来进行控制测试，主要考虑因素是可容忍的制度测试风险和鉴证载体的具体情形；内部控制鉴证程序的时间，主要是指鉴证程序的实施时间及鉴证证据所涵盖的时期，主要考虑因素是可容忍的制度测试风险及制度的实施特征；内部控制鉴证程序的范围，主要是指鉴证样本的规模，主要考虑因素是可容忍的制度测试风险。

一般来说，由于有系统化的鉴证载体且有原始记录支持，在实施所有的鉴证程序之后，能够获得充分适当的鉴证证据，以支持发表合理保证的鉴证意见。但是，由于在内部控制鉴证中对缺陷的判断涉及大量的主观判断，鉴证人、被鉴证单位及利益相关者对缺陷标准的认识可能不同，从而，鉴证意见的可接受程度会受到影响。

归纳起来，在有系统化的鉴证载体且有原始记录支持时，内部控制鉴证取证模式的逻辑框架如图12-4所示。

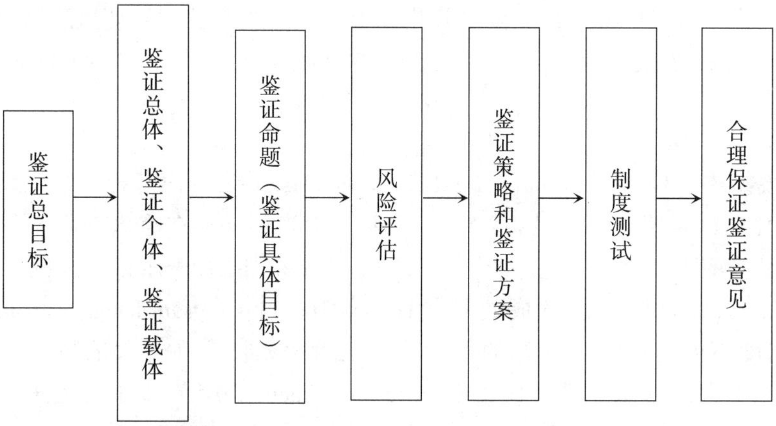

图12-4　内部控制鉴证取证模式的逻辑框架

二、组织治理状况、制度审计和审计效率效果

（一）概念界定

审计效率不同于审计效果。审计效果就是审计产生的最终结果，也就是审计目标的达成程度，而审计效率是审计本身的投入产出比率。例如，在审计质量不变的前提下，完成特定审计项目的时间、资源等减少，则审计效率就提高了；相反，如果时间、资源等增加，则审计效率就降低了。而审计效果则不同，它体现的是审计目标的达成程度。达成程度高，则审计效果就好，否则，就是审计效果不好。例如，通过多年的审计，查出的违规问题越来越多，这只能说审计产出越来越多，但是，不能说效果越来越好，而是审计失灵。

审计效率和审计效果有密切的关系，一般来说，审计效率是审计效果的基础，缺乏一定的审计效率，难以达到较好的审计效果。相反，有好的审计效率，不一定能有好的审计效果，因为审计效率相当于审计机构产生出审计产品，而审计效果是在审计机构的推动下，利益相关者消费审计产品之后产生的效果，而利益相关者是否消费审计产品、如何消费审计产品、审计产品是否存在期望差等都是审计机构难以控制的。所以，一般来说，审计效率主要由审计机构和被审计单位的相关因素影响，而审计效果还受到委托人等利益相关者的影响，对于审计机构来说，其控制审计效果的能力要大大低于其控制审计效率的能力。

基于此，本章区别审计效率和审计效果，研究被审计单位的组织治理状况及审计机构选择的审计路径如何影响审计效率和审计效果。

（二）组织治理状况和审计路径的组合情形

无论何种审计，一个共同的要求是在控制审计风险的前提下提高审计效率效果。为了将审计风险降低到可接受程度，在不同的审计路径下，消费的审计资源不同，从而审计效率效果不同。所以，审计路径是审计效率效果的基础。影响审计效率效果的因素很多，例如，审计人员专业水平、被审计单位合作态度、审计目标等。本章关注被审计单位的组织治理状况和审计路径对审计效率效果的联合影响。在不同的组织治理状况下，选择适宜的审计路径是审计效率效果的前提。如果选择的审计路径与该组织的治理状况不匹配，则可能降低审计效率效果。组织治理状况、审计路径和审计效率效果的大致关系如图12-5所示。

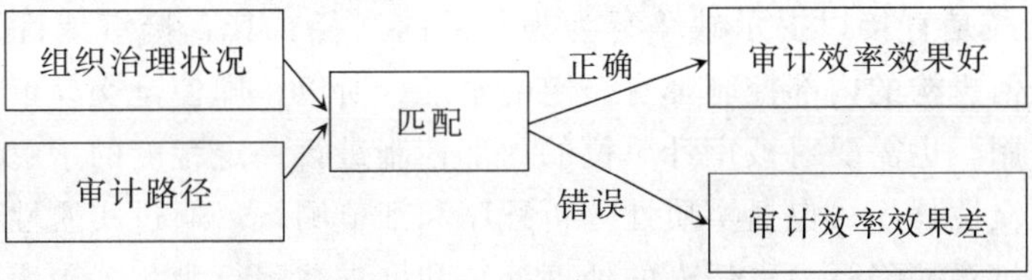

图12-5 组织治理、审计路径和审计效率效果

治理不同于管理，更不同于统治，它不只是依赖于从上而下的行政权威，而是依靠相关主体的互动。全球治理委员会于1995年对治理有如下界定：治理是经营管理事务的诸多方式的总和，它是使相互冲突或不同的利益得以调和并且采取联合行动的持续的过程。它有四个特征：治理不是一套规则条例，也不是一种活动，而是一个过程；治理的建立不以支配为基础，而以调和为基础；治理同时涉及公、私部门；治理并不意味着一种正式制度，而确实有赖于持续的相互作用。

组织就是一个机构，我国称为单位。组织治理就是该机构的利益相关者，为媾和相关主体利益、达成系统目的所采取的契约、指导、控制等所有方法措施制度化的过程。组织治理的最终目的是实现组织目标，主要表现为一套制度体系，主要是正式制度，也包括一些非正式制度。这些制度通过规范该组织内部的各项具体行为来为组织目标之达成提供制度保障，组织各利益相关者的各种具体行为都要遵守该制度体系的要求。所以，制度体系和具体行为是一枚钱币的两面，具体行为是组织达成目标的一切作为或不作为，而制度体系是履行这些具体行为时必须遵守的规范。一般来说，如果制度体系是适宜的，则按这些制度体系来履行具体行为是组织目标达成的基础。如果违背这些制度体系，则组织目标难以达成。

制度体系通过两个路径为组织目标之达成奠定基础：一是为具体行为选择适宜的方

法，为具体行为的高效率奠定基础；二是抑制不适宜的具体行为，也就是抑制缺陷行为(包括违规行为、瑕疵行为)，这为风险防范奠定基础。防范风险和提高效率具有异曲同工之妙，风险防范好了，对目标达成有负面影响的因素也就抑制了，低效率行为也就难以发生了，效率自然也就高了。从另一方面来说，如果各种行为都是高效率了，则说明违规行为、瑕疵行为也就少了，风险自然也就低了。

组织治理状况就是组织治理体系对效率的保障作用发挥状况以及对缺陷行为的抑制程度，也称为组织治理有效性，可以区分为有效程度高和有效程度低两种情形。有效程度高是指效率得到了有效保证、风险得到了有效防范，显然，组织目标的达成程度也较高；有效程度低是指效率没有得到有效保证、风险没有得到有效防范，显然，组织目标的达成程度也较低。

审计的最终目标是抑制缺陷行为，通过揭示缺陷行为、推进缺陷行为处理和相关治理的完善，使缺陷行为得到有效抑制，从而促进组织目标的达成。审计目标的实现有两个路径可供选择：一是直接审计具体行为，直接揭示缺陷行为，并对缺陷行为进行处理处罚，并推进相关体制、机制和制度的优化。由于具体行为就是组织内部一项项具体的活动，也称为交易，所以，这种路径称为交易审计路径。二是不直接审计具体行为，而是审计构建组织治理的制度体系，因为制度体系是约束具体行为的，通过健全制度体系，并使制度体系得到有效执行，同样能达到约束缺陷行为的目的。

交易审计路径是直接以揭示缺陷行为为目的的路径，其直接审计目的是揭示缺陷行为。由于现代任何机构的内部控制都有一定的水准，所以，即使是交易审计路径，也不能完全脱离内部控制。也需要对被审计单位的内部控制进行一定程度的了解和评价，并在此基础上，实施实质性程序，包括实质性分析程序和细节测试。通过实质性程序，发表并报告缺陷行为，通过对缺陷行为责任人的处理处罚和推进缺陷行为相关制度的整改来达到抑制缺陷行为的目的，其审计效率表现为发现和报告缺陷行为及缺陷制度，而审计效果表现为缺陷行为抑制程度。

制度路径是直接以揭示制度缺陷为目的的路径，其直接审计目的是揭示制度缺陷。为此，需要了解被审计单位的内部控制，并对选择一些内部控制进行控制测试，通过控制测试发现和报告内部控制缺陷，并在此基础上推进内部控制缺陷的整改来优化内部控制，进而抑制缺陷行为，其审计效率表现为发现和报告缺陷行为及缺陷制度，而审计效果表现为缺陷行为抑制程度。上述两个路径的大致逻辑步骤如图12-6所示。问题的关键是，何种路径的审计效率效果好？

很显然，上述两种路径的目标相同，但是，由于其路径不同，审计取证模式也不同，其审计效率效果也不同。当然，影响审计效率效果的因素很多，本章关注的是组织治理状况和审计路径联合起来对审计效率效果有何影响。根据前面分析的组织治理状况及审计路径，二者的组合情形见表12-7。由于组织治理状况和审计路径的联合审计，表12-7所示的四种情形，其各自的审计效率和审计效果会各不相同。

（三）组织治理状况与审计路径对审计效率的联合影响

我们以图形的面积大小概约地表示审计效率。面积越大，审计效率越低。交易审计路径的审计效率（$T_{效率}$）$=T_1+T_2+T_3+T_4+T_5$，制度路径的审计效率（$S_{效率}$）$=S_1+S_2+S_3$。如果$S_{效率}<T_{效率}$，则制度审计效率高于交易审计效率；如果$S_{效率}>T_{效率}$，制度审计效率低于交易审计

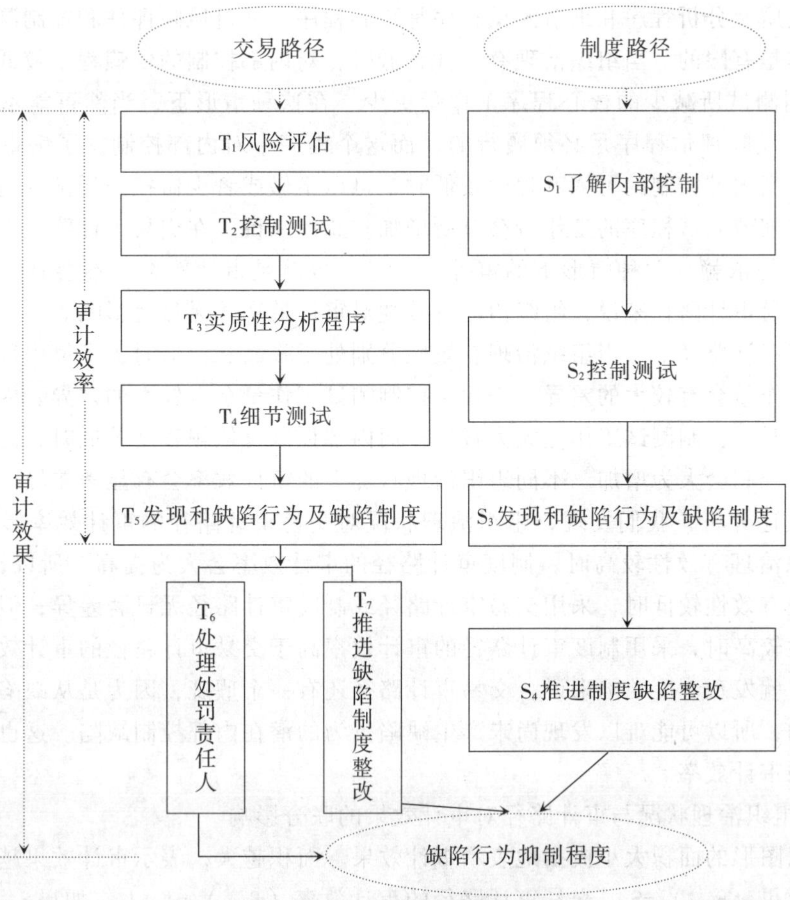

图 12-6　审计路径框架基本逻辑步骤

表 12-7

组织治理和审计路径的组合情形

项目		组织治理状况	
		有效性高	有效性低
审计路径	交易审计路径	A	C
	制度路径	B	D

效率。那么，这个不等式究竟会出现何种情形？如果只是纯粹讨论这两种路径对审计效率的影响，可能无法得出正确的结论，需要联系被审计单位的组织治理状况来分析它们的联合影响。

为了简化本章的分析，将被审计单位组织治理状况区分为治理有效性高和治理有效性低两种情形（见表 12-7）。

交易审计路径通过缺陷行为来追踪制度缺陷，经过风险评估、控制测试、实质性分析程序、细节测试这些审计程序，审计工作量是 $T_{效率}=T_1+T_2+T_3+T_4+T_5$，制度路径是直接寻找内部控制缺陷，经过了解内部控制、控制测试两个审计程序，审计工作量是 $S_{效率}=S_1+S_2+S_3$。在交易审计路径下，当组织治理有效性较高时，对内部控制的依赖程序较高，通过风险评估和控制测试，能减少实质性分析程序和细节测试程序的工作量，但是，在交易审计路径下，实质性分析程序和细节测试程序是核心程序，通过风险评估和控制测试减少的核心程序工作是有限的。当组织治理有效性较低时，对内部控制的依赖程度较低，通过风险评估和控制测试所减少的核心程序工作量更少。在这种情形下，当然可能不进行控制测试，但是，风险评估程序是必须履行的，而这个程序中对内部控制的了解也是不可省略的。所以，当内部控制的可依赖程度较低时，可以不做或者少做控制测试，但是，实质性分析程序和细节测试程序的工作量会有所增加。总体来说，在交易审计路径下，无论内部控制是否值得依赖，两种情形下的审计工作量，也就是审计效率，不会有显著差异。所以，对于交易审计路径来说，组织治理有效性对审计效率并无显著影响。

在制度审计路径下，当组织治理有效性分别处于较高和较低时，了解内部控制这个审计程序的工作量会有较大的差异，表现在控制测试工作量会有较大的差异。内部控制可依赖程度较高时，控制测试工作量大为减少；而内部控制可依赖程度较低时，需要进行控制测试的内部控制会大为增加。不同组织治理状况下的审计效率会有显著差异。

综合上述分析，我们发现，组织治理状况对交易审计路径的审计效率影响不大，但是，当组织治理有效性较高时，制度审计路径的审计效率会大为提高。所以，总体来说，当组织治理有效性较低时，采用交易审计路径或制度审计路径无显著差异；但是，当组织治理有效性较高时，采用制度审计路径的审计效率高于交易审计路径的审计效率。

当然，就发现制度缺陷来说，交易审计路径还有一个瑕疵，因为是从缺陷行为追踪到制度缺陷的，所以可能难以发现尚未产生缺陷行为的潜在内部控制缺陷。这也会影响交易审计路径的审计效率。

（四）组织治理状况与审计路径对审计效果的联合影响

我们以图形的面积大小概括地表示审计效果。面积越大，表示审计效果越好。制度路径的审计效果（$S_{效果}$）$=S_4$，交易审计路径的审计效率（$T_{效果}$）$=T_6+T_7$。如果$S_{效果}<T_{效果}$，则说明交易审计路径的审计效果好于制度审计路径的审计效果；如果$S_{效果}>T_{效果}$，则说明制度审计路径的审计效果好于交易审计路径的审计效果。问题的关键是，何种情形下会出现何种不等式？如果只是纯粹讨论这两种路径对审计效果的影响，可能无法得出正确的结论，这需要联系被审计单位的组织治理状况来分析它们的联合影响。

为了分析方便，将被审计单位组织治理状况区分为治理有效性高和治理有效性低两种情形（见表12-7）。

审计效率是审计效果的前提，在发现和报告内部控制缺陷的基础上，需要有些后续行动，才能达到抑制缺陷行为的目的，这就是审计效果。在组织治理有效性较低时，内部控制的建立和实施都存在困难，所以，需要以较大的推动力使得内部控制缺陷得到整改。在交易审计路径下，一方面对缺陷行为责任人进行处理处罚，另一方面又对缺陷制度进行整改，对责任人的处理处罚有助于推进缺陷制度整改。在制度审计路径下，一般不存在对责任人的处理处罚，只是缺陷制度整改，其力度当然会小于交易审计路径下的双管齐下。所以，当组织治理有效性较低时，在缺陷制度整改方面，交易审计路径可能优于制度审计路径。也就是说，前者的审计效果可能好于后者。当组织治理有效性较高时，内部控制的建立和实施都不存在困难，即使没有对责任人的处理处罚，内部控制整改也能得到有效进行，此时，不同路径的审计效果可能无显著差异。

综上所述，我们发现，在审计效率既定的前提下，当组织治理有效性较低时，交易审计的审计效果可能好于制度审计路径；而当组织治理有效性较高时，不同审计路径的审计效果可能无显著差异。

【复习思考题】

1.为什么需要内部控制?

2.为什么需要内部控制鉴证?

3.内部控制鉴证为什么出现多样化?

4.各种内部控制鉴证的共性本质是什么?

5.内部控制鉴证目标体系是如何组成的?

6.内部控制鉴证的终极目标是什么?

7.内部控制鉴证的直接目标是什么?

8.内部控制鉴证客体的可能情形有哪些？基于成本效益原则，内部控制鉴证客体应如何选择?

9.内部控制鉴证内容的选择原则是什么?

10.内部控制鉴证内容的可能性有哪些?

11.内部控制缺陷性是什么意思？它与内部控制有效性是什么关系?

12.内部控制鉴证主体为什么多样化?

13.内部控制鉴证取证模式涉及哪些主题?

14.内部控制鉴证的取证程序有哪些主要步骤?

15.组织治理状况和审计路径的组合有哪些情形？对审计效率效果有什么影响?

第十三章　绩效审计基本框架

绩效审计是绩效管理的组成部分，在绩效管理中有两种定位：一是作为绩效信息鉴证机制，二是作为特殊的绩效评估机制。本章将这两种机制结合起来，对绩效审计的基本问题做一个简要阐述，形成绩效审计基本框架，主要内容包括：绩效审计需求，绩效审计本质，绩效审计目标，绩效审计客体，绩效审计主体，绩效审计内容，绩效审计环境，绩效审计模式，绩效审计基本步骤。

[学习目标]

1. 了解绩效审计需求；
2. 了解绩效审计本质；
3. 了解绩效审计目标；
4. 了解绩效审计客体；
5. 了解绩效审计主体；
6. 了解绩效审计内容；
7. 了解绩效审计环境；
8. 了解绩效审计模式；
9. 了解绩效审计基本步骤。

第一节　绩效审计需求、绩效审计本质和绩效审计目标

本节关注绩效审计的三个基本问题：为什么会有绩效审计——绩效审计需求；什么是绩效审计——绩效审计本质；希望通过绩效审计得到什么——绩效审计目标。

一、绩效审计需求

审计源于委托代理关系。在委托代理关系中，由于人性缺陷，在激励不相容、信息不对称及环境不确定的条件下，代理人可能偏离委托人的期望，从而出现代理问题的次优问题，为此，需要建立应对机制，而审计是应对机制的组成部分。这里的审计，当然包括绩效审计。下面，我们根据上述思路，对绩效审计的审计需求做具体的分析。

如前所述，除了"花自己的钱，为自己办事"没有委托代理关系之外，其他各种花钱方式都有一定的委托代理的成分，而"花他人的钱，为他人办事"属于典型的委托代理关系。

在委托代理关系下，由于人性自利和有限理性，在激励不相容、信息不对称及环境不确定的条件下，代理人可能偏离委托人的期望，花钱可能不讲节约、不讲效果，出现各种

对经管责任履行有负面影响的问题。由于自利产生的故意行为，称为代理问题；由于有限理性而产生的非故意行为，称为次优问题。为此，必须建立治理机制来应对这些代理问题和次优问题，而包括绩效审计在内的绩效管理是其中的应对机制之一。

绩效管理是指组织为了达到组织目标，根据战略规划来制订绩效计划、实行绩效监测、进行绩效评估并应用绩效成果的持续循环过程，其目的是持续提升组织绩效。从经管责任的角度来说，绩效管理就是事先根据组织战略，对组织做事和花钱作出计划（绩效计划是其中之一），并在此基础上，以绩效计划为基础，对绩效进行监测，并定期对绩效进行评估，同时，根据绩效实施成果，对绩效责任主体进行奖励或处罚，以通过这个循环，抑制或控制绩效目标确定、绩效产生及绩效成果应用中的代理问题和次优问题，为绩效水平的提高奠定基础。

绩效审计作为绩效管理的组成部分，聚焦两个问题：一是保障绩效信息的真实性；二是识别具有重要性的绩效差异，在此基础上，调查绩效差异的原因，并提出应对绩效差异的措施，也就是服务于提升组织绩效水平。通过上述两个问题的解决，绩效审计抑制了绩效信息失真，为绩效管理发挥了基础性的信息保障作用；同时，识别了绩效差异及其原因，并提出了应对措施，而这里的原因，要么是代理问题，要么是次优问题。上述绩效信息失真以及导致绩效差异的代理问题、次优问题，都是绩效审计关注的核心问题。

二、绩效审计本质

审计本质关注审计是什么，绩效审计本质也不例外。绩效审计属于审计，所以，其本质不能离开审计本质。我们以审计本质为基础来分析绩效审计的本质。

一般认为，审计是以系统方法从行为和信息两个角度独立鉴证经管责任中的代理问题和次优问题并将结果传达给利益相关者的制度安排。以此为基础，对绩效审计本质界定如下：绩效审计是以系统方法从行为和信息两个角度独立鉴证和评价绩效责任履行情况，识别其中的代理问题和次优问题，并将结果传达给利益相关者的制度安排。对于绩效审计本质的上述界定，可以从以下五个方面深入理解：

（1）绩效审计的审计对象是绩效责任履行中的代理问题和次优问题。绩效责任通常属于经管责任的一部分，也就是一定的主体，对绩效计划的实现及相关资源的使用所应该承担的责任，通常包括绩效目标实现情况及绩效预算资源使用情况。很显然，绩效责任属于经管责任的组成部分，其外延要小于经管责任，所以，绩效审计属于审计的一部分。当然，对于绩效责任的理解不同，可能导致绩效审计的对象不同。同时，审计作用于绩效责任，有其独特的视角。这就是关注绩效责任履行中的代理问题和次优问题。绩效责任履行有许多环节，绩效审计并不全部涉及，只关注绩效责任履行中的代理问题和次优问题，是问题导向的，通过鉴证和评价这些问题，促进责任主体更好地履行其绩效责任。

（2）绩效审计的审计主题包括信息主题和行为主题。审计主题是对什么进行审计。绩效审计一方面可以定位于鉴证绩效信息的真实性，此时，鉴证的绩效信息就包括财务信息和业务信息，从审计主题来说，它们都是信息主题；另一方面还可以定位于一种特殊的绩效评估机制，此时，财务信息和业务信息仍然是绩效审计的审计主题，但是，为了寻找绩效差异的原因，可能涉及特定行为是否合规、特定制度是否健全，就审计主题来说，可能涉及行为主题和制度主题，二者都是广义的行为主题；同时，绩效审计无论如何定位，在审计过程上对违规行为都要保持警觉，这就可能涉及特定行为是否合规，就审计主题来说，是行为主题。所以，总体来说，绩效审计是以信息主题为主，可能涉及行为主题和制度主题。当然，在许多情形下，并不需要对特定行为和特定制度本身发表审计意见，此时，在审计方案设计中并不需要考虑这些审计主题。

（3）绩效审计的功能定位包括鉴证和评价。一般来说，审计具有鉴证、评价和监督三大功能，其中，鉴证是基本功能。没有鉴证功能，就不可能发挥评价功能和监督功能。绩效审计的基本功能是绩效信息的真实性鉴证，评价功能是在鉴证的基础上，将真实的绩效与一定的标杆进行比较，以确定绩效水平，甚至还会寻找绩效差异的原因。当绩效审计定位于绩效信息鉴证机制时，主要发挥鉴证功能；当绩效审计定位于特殊的绩效评估机制时，绩效审计在鉴证功能的基础上，还发挥评价功能，并且，主要注重评价功能。当然，绩效审计无论如何定位，在审计过程上对违规行为都要保持警觉，这就可能发现违规行为。对这些违规行为的责任者可能要进行处理处罚，这就发挥了监督功能。当然，这种监督功能的发挥具有不确定性，所以，不属于绩效审计的必需功能。

（3）绩效审计具有独立性。独立性是审计的灵魂。对于绩效审计来说，独立性要求审计组织不是绩效责任主体，不参与绩效计划的履行，不承担履行计划履行的责任，同时，要求审计人员与承担绩效履行责任的人员也不具有利益关系。这种独立性的存在，使得审计组织和审计人员能从主观态度上做到客观公正，为客观地实施绩效审计奠定基础。

（4）绩效审计要将审计结果传递给利益相关者。绩效审计不是为审计而审计，而是为了提高绩效信息的真实性和提升绩效水平，所以，审计人员必须将绩效信息鉴证结果及绩效评估结果提交给利益相关者，以便他们使用这些审计结果来作出自己的相关决策。这里的利益相关者也就是绩效责任的相关者，一般包括绩效责任主体及其委托人，也可能包括绩效责任主体的服务对象。

（5）绩效审计有系统方法。绩效审计要么发挥绩效信息鉴证功能，要么发挥绩效评估功能。无论发挥何种功能，都要体现审计的专业性，需要采用系统的方法来发挥上述功能。目前，关于绩效信息鉴证有一些审计准则，关于绩效评估也有一些准则。这些准则是绩效审计系统方法的体现。当然，与财务审计相比，绩效审计的系统方法还处于发展之中。

三、绩效审计目标

审计目标就是人们通过审计实践活动所希望得到的结果。它是审计工作的出发点和归宿。绩效审计目标也是如此，它是人们通过绩效审计活动所希望得到的结果。这里的“人们”主要有两类：一是以审计委托人为主的利益相关者；二是审计人员。前者希望绩效审计得到的结果是绩效审计的真正起点和终点，称为终极目标；后者希望绩效审计得到的结果是绩效审计的直接产出，称为直接目标。

关于审计终极目标，一般来说，绩效审计的利益相关者希望得到两种结果：一是保障绩效信息真实，这主要通过绩效信息鉴证来实现；二是提升绩效责任主体的绩效水平，这主要通过绩效审计作为评估机制来实现。那么，利益相关者的这两个目标如何实现呢？这就需要审计人员提供审计产品，通过消费审计产品来实现上述目标。利益相关者使用审计结果之后的结果，是审计的终极目标。所以，直接目标是终极目标的基础，而直接目标的选择要以终极目标为导向。

关于审计直接目标，由于绩效审计的定位不同，审计人员提供的审计产品也不同。当定位于绩效信息鉴证机制时，审计产品就是绩效信息鉴证结论，此时的审计目标称为绩效信息的真实性。事实上，审计人员为了鉴证绩效信息是否真实，遵循的主要路径是寻找绩效信息是否存在失真，所以，查找具有重要性的绩效信息失真是这种定位的主要目标。

当定位于特殊的绩效评估机制时，有两种不同的选择：一是评价绩效水平；二是寻找绩效差异及解决措施。不同的选择会有不同的审计产品。当评价绩效水平时，其审计产品是绩效评价报告，目标是确定绩效处于何种水平，主要方式是将实际的绩效与一定的标杆进行比较，确定绩效水平，所以，确定绩效水平是这种情形下的审计直接目标。当寻找绩效差异及解决措施时，审计人员的需要解决两个关键问题：一是识别具有重要性的绩效差异；二是寻找这种绩效差异的原因及其相应的解决措施。这两个关键问题的解决也就是审计人员的直接目标。

以上所述的绩效审计不同定位下的直接目标和终极目标，归纳起来见表13-1。

表13-1 绩效审计目标

项目			审计目标	
			直接目标	终极目标
绩效审计定位	绩效问责	绩效信息鉴证	发现绩效信息失真	保障绩效信息真实
		绩效水平评价	确定绩效水平	提升绩效水平
	绩效差异改进		识别绩效差异，寻找绩效差异的原因及解决措施	提升绩效水平

第二节 绩效审计客体和绩效审计主体

本节关注绩效审计的两个基本问题：绩效审计究竟审计谁——绩效审计客体；绩效审计由谁来审计——绩效审计主体。

一、绩效审计客体

审计客体关注审计谁，绩效审计客体也不例外。一般来说，审计客体就是委托代理关系中的代理人（包括其领导的组织，下同），绩效审计的审计客体也不例外。由于委托代理关系具有广泛性，所以，绩效审计客体也具有多种情形。资源委托代理关系包括公共部门委托代理关系、私营部门委托代理关系和组织内部委托代理关系，这种三种委托代理关系下的代理人都是审计客体，当然也都是绩效审计客体。

在公共部门委托代理关系中，审计客体是经管责任承担者。政府的委托人是公众，在单一制国家，上级政府也是下级政府的委托人。对于政府部门、政府事业组织来说，本级政府是委托人。对于非政府组织来说，供资者是委托人。代理人的绩效责任包括两部分：一是资源及其使用状况，二是经管责任完成情况（在绩效管理体系中，也就是绩效目标完成情况，下同）。一般来说，资源及其使用情况体现在财务报告中，而经管责任完成情况则体现在各类绩效报告中。这里的经管责任有多种情况，可以是一个单位或部门的职责，也可以是一个项目的实施，还可能是一项政策的执行，也可以是一类公共资源的管理，所以，公共部门的绩效审计分为单位/部门绩效审计、项目绩效审计、政策绩效审计、资源绩效审计。上述四方面的绩效审计既可以定位于绩效信息鉴证，也可以定位于绩效评估机制。

私营部门委托代理关系主要是私营企业，股东是委托人，管理层是代理人。管理层的绩效责任包括两部分：一是资源及其使用情况，主要体现在财务报告中，针对这种信息报告，有专门的财务审计；二是业务营运责任，也就是组织目标或绩效目标完成情况，包括财务成果、营运业绩、核心竞争力、可持续发展等方面的成果。在这些绩效中，财务成果来源于财务报告，其他各类绩效基本上都是非财务绩效，需要有专门的绩效审计来鉴证其真实性，也进行绩效评估。一般来说，股东是将企业作为一个整体来关注的。在一定特定情形下，股东也可能关注某些特定的项目，例如，大型工程项目、重要的研究项目，所以，在这些情形下，项目也可能成为绩效审计的特定客体。

公共部门和私营部门都有内部组织层级，所以，都存在内部委托代理关系。上级是委托人，下级是代理人。上级将一定的资源交付下级，并要求下级完成特定的职责，下级要向上级报告资源及其使用状况，更要报告其职责履行情况，绩效主要体现为职责履行或组织目标完成。在一些特殊情形下，上级交付下级实施特定项目，这类项目也就为绩效审计的客体。

以上所述的各类绩效审计客体，归纳起来见表13-2。

表13-2 **绩效审计客体**

委托代理关系类型	审计客体类型	审计客体具体存在形态
公共委托代理关系	公共部门	单位：政府、政府部门、事业单位、非政府组织等
		单个项目
		单项政策
		一类资源
私营委托代理关系	企业	企业整体
		重大项目：工程项目、研究项目等
组织内部委托代理关系	内部单位	单位：内部具有独立职能的组织
		重大项目：工程项目、研究项目等

二、绩效审计主体

审计主体关注谁来审计，绩效审计主体也不例外。审计主体的要求包括独立性和专业胜任能力。由于专业胜任能力是可以建立的，所以，从根本上来说，对审计主体的唯一要求是独立性。当然，在保持独立性的前提下，还要考虑成本效益原则。根据这两个原则，在不同的委托代理关系中，审计主体有不同的选择。

在公共委托代理关系中，当政府本身作为审计客体时，其审计主体只能是上级政府建立的审计机关，或者是同级政府分权制衡下，本级广义政府的审计机关作为本级广义政府的一种权力对属于另外权力类型的政府进行审计，例如属于立法机关的审计组织，对属于行政机构的政府进行审计。当政府部门或事业单位作为审计客体时，本级广义政府设立的审计机关或上级政府审计机关都具有独立性，都可以成为审计主体，究竟选择何种审计主体，要从成本效益原则来选择。至于项目、政策、资源的绩效审计，需要根据这些事项的负责机构来确定其审计主体选择，基本类似于上述政府本身、政府部门或事业单位的审计主体之选择。至于非政府组织，其审计主体有两种情形：一是供资者积极参与非政府组织治理，此时，可以由供资者选择审计主体，既可以委托民间审计组织来审计，也可以申请政府审计机关来审计；二是供资者基本不参与非政府组织治理，此时，政府审计机关应该积极地参与其中，作为审计主体。当然，当政府审计机关作为审计主体时，也可以采取业务外包的方式，委托民间审计组织来实施，这并不改变政府审计机关作为审计主体的事实。

在私营委托代理关系中，对于企业最高管理层的审计，股东一般会委托民间审计组织来实施。当然，如果股东投资了许多企业，也可以建立自己的审计机构来对接受投资的企业进行审计。究竟选择何种审计主体，股东会基于其成本效益考虑而作出理性选择。

在单位内部委托代理关系中，审计客体是单位内部组织，其审计主体有两种选择：一是建立内部审计机构，二是委托民间审计机构。选拔何种审计主体，单位最高管理层会根据成本效益原则作出选择。

绩效审计主体的选择中，一个需要讨论的问题是，负责绩效考核的机构能否作为审计主体？从独立性来说，在许多情形下，绩效考核机构可能不具有应有的独立性，此时，就不宜作为审计主体。例如，在公共委托代理关系中，一些指标是层层加码确定的，下级绩效指标可能是上级绩效的基础。没有下级指标的操纵，上级绩效可以难以完成。在这种情形下，上级绩效考核部门就难以保持独立性，从而也就不能作为这些绩效的审计主体。当然，如果绩效考核机构能保持应有的独立性，从专业胜任能力来说，绩效考核部门应该是没有问题的。如果还符合成本效益原则，则绩效考核机构是可以作为绩效审计主体的。

第三节　绩效审计内容和绩效审计环境

本节关注绩效审计的两个基本问题：绩效审计究竟审计什么——绩效审计内容；绩效审计与其环境因素是什么关系——绩效审计环境。

一、绩效审计内容

绩效审计内容涉及两个问题，一是从哪些维度来开展绩效审计，涉及绩效究竟包括什么；二是绩效审计业务类型，涉及绩效审计定位和绩效审计内容维度的组合。

（一）绩效审计内容维度

一般有认为，绩效可能包括五个维度：经济性（economy）、效率性（efficiency）、效果性（effectiveness）、公平性（equity）、环境性（environment）。由于上述每个方面的英语单词都是以“E”开头，所以，绩效审计也称为“5E审计”。经济性反映对各项经济资源的利用是否节约合理；效率性反映投入与产出的关系，效果性反映目标的执行结果；公平性反映社会影响；环境性反映环境影响。

绩效内容的上述维度与审计客体关联起来，根据前面的分析，绩效审计客体包括以下主要情形：单位、工程项目、研究项目、政策、资源。内容维度与审计客体关联起来，形成绩效审计内容矩阵见表13-3。

表13-3 **绩效审计内容**

项目		绩效内容维度				
		经济性	效率性	效果性	公平性	环境性
绩效审计客体	单位	★	★	★	★	★
	工程项目	★	★	★	★	★
	研究项目	★	★	★	★	★
	政策	★	★	★	★	★
	资源	★	★	★	★	★

★表示可能有这种绩效审计

（1）单位绩效审计内容：单位绩效包括的范围很广，凡是具有独立职能的任何组织都应该有绩效，都可能成为绩效审计客体。在公共委托代理关系中，一级政府、一个政府部门、一个政府事业单位、一个非政府组织，都具有独立的职能，都应该有绩效，都可能有绩效审计。当然，由于不同单位的职能不同，其绩效内容也会不同。例如，高等学校的绩效与医院不同，从而，其绩效审计内容也不同。另外，即使是同一单位，在不同时期，委托人对其绩效的关注重点也可能不同，从而引致绩效审计内容不同。例如，对于各级地方政府，以前的绩效考核中并不关注资源环境绩效。目前，生态文明提到了重要的日程，所以，在各级政府的绩效考核指标中，资源环境绩效成为重要内容，进而，这方面的绩效也就成为绩效审计的重要内容。

（2）工程项目绩效审计内容：工程项目绩效分为两个阶段——一是建设绩效，二是营运绩效。建设绩效包括建设成本、建设质量、建设工期、建设环境影响等，不同的项目在上述各方面的权重可能有些区别。营运绩效一般是工程项目的设计功能实现情况，主要体现为一些财务指标和非财务计算指标。不同的工程项目，其功能指标差异较大。

（3）研究项目绩效审计内容：研究项目绩效主要关注科研成果及效果。科研成果是科研的直接产出，而效果则是科研成果使用后的产出。很显然，不同的研究项目，成果和效果的指标不同。

（4）政策绩效审计内容：政策绩效主要关注政策事实和价值两个维度。事实维度是指政策目标达成情况，一般体现为一些量化指标；价值维度是指政策产生的影响，这些影响是以价值判断为基础的，也可能体现为一些量化指标。

（5）资源绩效审计内容：这里的资源是指为特定目标而设定的具有专门用途的资源，资源绩效是指其特定目标达成情况，一般也体现为一些量化指标绩效。

（二）绩效审计业务类型

绩效审计业务类型受到三个因素的联合影响：一是绩效内容维度，绩效审计维度包括经济性、效率性、效果性、公平性、环境性。不同的绩效内容维度，绩效审计业务不同。二是绩效审计客体。审计客体包括单位、工程项目、研究项目、政策、资源。不同的绩效审计客体，绩效审计业务不同。三是绩效审计定位。绩效审计定位一般包括绩效信息鉴证、绩效水平评价、绩效差异改进。不同的定位，绩效审计业务不同。当定位于绩效信息鉴证时，绩效审计就是绩效信息鉴证型审计；当定位于绩效水平评价时，绩效审计就是绩效水平评价型审计；当定位于绩效差异改进时，绩效审计就是绩效差异改进型审计。总体来说，绩效审计业务类型的基本情况见表13-4。

表13-4　**绩效审计业务类型**

审计客体	审计定位	绩效维度				
		经济性	效率性	效果性	公平性	环境性
单位	绩效信息鉴证型审计	★	★	★	★	★
	绩效水平评价型审计	★	★	★	★	★
	绩效差异改进型审计	★	★	★	★	★
工程项目	绩效信息鉴证型审计	★	★	★	★	★
	绩效水平评价型审计	★	★	★	★	★
	绩效差异改进型审计	★	★	★	★	★
研究项目	绩效信息鉴证型审计	★	★	★	★	★
	绩效水平评价型审计	★	★	★	★	★
	绩效差异改进型审计	★	★	★	★	★
政策	绩效信息鉴证型审计	★	★	★	★	★
	绩效水平评价型审计	★	★	★	★	★
	绩效差异改进型审计	★	★	★	★	★
资源	绩效信息鉴证型审计	★	★	★	★	★
	绩效水平评价型审计	★	★	★	★	★
	绩效差异改进型审计	★	★	★	★	★

★表示可能有这种绩效审计业务

二、绩效审计环境

审计环境理论关注两个问题：一是审计环境如何影响审计；二是审计如何影响审计环境，绩效审计也不例外。

从审计环境对审计的影响来说，绩效审计环境从两个路径影响绩效审计：一是影响绩效审计需求，不同的审计环境对绩效是否存在审计需求及何种绩效是审计重点，存在重要影响，例如，现在非常重要的资源环境责任审计，在以前并没有得到重视，发生这种变化的原因是资源环境问题的严峻性；二是影响审计技术方法，在不同的审计环境下，绩效载体不同，技术条件也不同，所以，能用于绩效审计的技术方法也不同，例如，在专业测量模式用到的测量技术就受到科学技术环境的影响。

绩效审计不是为审计而审计，所以，审计最终会对审计环境产生影响。绩效审计主要通过其审计产品来影响审计环境。绩效审计产品包括鉴证产品、评价产品和建议产品。这些审计产品通过委托人及利益相关者的使用，会影响代理人及利益相关者的行为，进而影响绩效责任的履行及绩效水平。

第四节　绩效审计模式

本节的主题属于绩效审计究竟“怎么审计”的问题，首先介绍审计模式，再介绍绩效审计模式，然后对绩效审计的主要模式做较详细的介绍。

一、审计模式的含义

模式这个词在审计领域使用较多，有时甚至可能是错误使用。例如，审计模式的含义之一是审计机构报告关系，即表明审计机构的直接领导是谁。根据这种含义，政府审计区分为立法模式、司法模式、行政模式和独立模式，而内部审计则区分为治理导向模式、管理导向模式和财务导向模式。显然，这里的“模式”不是方法论，而是体制；这里的“审计模式”应该用“审计体制”来表述。

审计模式的第二种含义是审计目标、审计范围、审计对象、审计内容、审计立项原则、审计准则、审计方法和技术、审计程序、审计报告和审计结果等主要审计要素的组合。不同国家在上述方面存在差异，就形成了不同的国家审计模式，例如，美国模式、德国模式、法国模式、中国模式等。不同的审计业务类型在主要审计要素方面也存在差异，从而，也会形成不同的审计模式，例如，合规性审计模式、会计报表审计模式、绩效审计模式等。很显然，这种意义上的审计模式，给模式本身赋予的含义太多，从而模糊了模式的特定含义。

审计模式的第三种含义是指审计实施路径。这个意义上的审计模式主要是针对绩效审计而言。这种观点认为，绩效是一个相对而非绝对的概念，不同地区、不同国家、不同时期对绩效的理解存在一定的差异。与特定地区、时期的经济社会发展状况相适应，对绩效也存在不同层次的理解，由此形成了三种不同类型的绩效审计模式。一是资金绩效审计模式。这种审计模式是指将政府部门分配、管理、使用资金的绩效状况作为评价内容的一种模式，重点对全部政府性资金运用的经济性、效率性和效果性进行评价，关注资金的分配是否经济合理，管理是否规范有序，使用是否高效安全等。二是项目绩效审计模式。这种模式是将政府部门负责的公共项目绩效状况作为审计内容，重点是对政府部门负责管理或直接投资的公共项目的经济性、效率性和效果性进行评价。三是制度绩效审计模式。这种模式是将政府部门相关制度规范的绩效作为审计内容，重点是对政府部门各项制度的规范性、有效性进行评价。这种审计模式关注的是审计实施路径，似乎具有方法论的含义，但是，主要涉及绩效审计范围或审计客体，所以，可以归结为审计范围或审计客体。

审计模式的第四种含义如下：审计模式是指为实现特定的审计目标所采取的审计策略、方式和方法的总称，它规定了审计取证工作的切入点，规定了审计人员在实施审计工作时，从何处入手、如何入手、何时入手等问题。随着社会经济的发展，审计目的在不断变化，被审计单位的具体情况在不断变化，因而审计模式也在不断发展。显然，这里的审计模式具有方法论的含义，也包含了事物之间的规律关系，是真正意义上的审计模式。本章的绩效审计模式就是这个意义上的审计模式。

二、绩效审计模式的分类

根据上述对审计模式的分析，绩效审计模式应该是为实现特定的绩效审计目标所采取的绩效审计策略、方式和方法的总称。它规定了绩效审计取证工作的切入点，规定了绩效审计人员在实施绩效审计工作时从何处入手、如何入手、何时入手等问题。尽管绩效审计在国外已经有近80年的历史，但是，直到20世纪70年代，绩效审计才成为审计领域的重要业务。所以，人们对绩效审计模式的含义也存在不同的观点或从不同的视角来概括绩效审计。下面，我们先对这些不同的绩效审计模式的不同分类做一个简要介绍，对主要绩效审计模式的详细介绍是随后的内容。

（一）二分法

二分法就是将绩效审计模式区分为两种，本身又有多种分类体系。例如，最高审计机关国际组织在最高审计机关国际组织《绩效审计指南》中，将绩效审计区分为以结果为重点的方法和以问题为重点的方法两大类。其他一些二分法包括：根据绩效审计与其他审计的关系不同，将绩效审计分为独立型绩效审计和结合型绩效审计；根据绩效审计的服务对象不同，将绩效审计分为宏观服务绩效审计和微观服务绩效审计。

（二）三分法

三分法就是将绩效审计模式区分为三种类型，包括精英模式、理性模式和渐进模式。精英模式就是审计组织应该通过绩效审计，促进公共绩效管理的改革实践及制度建设。因为审计组织可以利用自己工作中掌握的大量审计信息和自身专业优势，向一些关键人物提出绩效管理改革方面的专家建议。理性模式就是审计组织在理性分析的基础上选择重点、热点或关键的审计客体进行绩效审计。通过对单位、项目或事项进行审计，扩大绩效审计的影响，引起关键人物的关注和重视，最终达到影响其决策的目的。在这种模式下，应该选择关键人物强调的项目或活动开展绩效审计。选择审计项目时，应该对被审计单位、将耗费的审计人力与成本和审计能带来的改进进行初步评估，并选择净收益最大的项目开展绩效审计。渐进模式就是各地审计组织因地制宜逐步扩大绩效审计范围和业务量，不强调每年必须开展多少独立的绩效审计项目，而是在传统的审计项目中逐步增加项目绩效审计的内容。

（三）四分法

四分法就是将绩效审计模式区分为四种类型，包括结果导向绩效审计、过程导向绩效审计、问题导向绩效审计、风险导向绩效审计。

（四）五分法

五分法就是将绩效审计模式区分为五种类型，又有两种分类体系。一种分类体系将绩效审计模式区分为过程导向审计、“3E”导向审计、结果导向审计、制度导向审计、风险导向审计。这里的“3E”导向审计模式主要从经济性、效率性和效果性出发，检查被审计单位为履行职能而使用所掌握资源的绩效情况。这种模式最大的优势是概念包容性广，对微观绩效审计项目有较强的指导作用。这里的制度导向审计模式是指，绩效的大小或好坏，与该组织的内部控制制度有密切的因果联系，制度导向的审计模式就是从这一因果联系出发，寻求和确定被审计单位经济效益变化的原因，为进一步审计提供重点方向。制度导向审计的关键是对被审计单位的内部控制制度，尤其是对其中的管理控制部分进行评价。通过评价，基本掌握被审计单位的制度缺陷和薄弱环节，在此基础上深入分析管理制度上的漏洞及可能导致的绩效风险和不良后果。

另外一种分类体系将绩效审计模式区分为结果导向审计、过程导向审计、问题导向审计、业务导向审计、风险导向审计。这里的业务导向审计模式是指以被审计单位重大业务为线索，对该项业务的过程和结果进行检查分析，判断业务活动是否正常，是否达到预期效果，进一步找出导致业务活动偏差的因素，提出改进建议的一种审计方法。所谓重大业务是对被审计单位绩效有重大影响的业务，它是被审计单位素质的综合表现，是业务活动绩效的集中反映，通过对重大业务活动的追踪审计，能够捕捉到被审计单位的多方面信息，可以收到立竿见影的效果。除了上述对业务导向审计的介绍外，五分法中的其他各种绩效审计模式的内容将在本章随后内容中介绍。

（五）六分法

六分法就是将绩效审计模式区分为六种类型：结果导向审计、控制系统导向审计、“3E”导向审计、问题分析导向审计、责任机制导向审计、“成本-效益”分析导向审计。

这里的控制系统导向审计主要对被审计单位的控制系统进行分析、检查和测试。审计人员根据对实现关键结果的重要性来选择一些控制环节进行审计，确定主要缺陷，采取进一步的措施确定问题产生的原因和对预期结果的影响或潜在影响。事实上，这也就是前面介绍过的制度导向审计模式。这里的责任机制导向审计模式将责任机制作为绩效审计的中心内容，主要判断不同层次的负责人员在多大程度上实现了相关目标和要求。在这种模式下，审计人员要去发现问题，并对所发现问题背后的原因进行分析，但其重点是要发现是谁犯了错误和没有尽到应尽的责任。这里的“成本-效益”分析导向审计模式主要对被审计单位、项目或活动的成本和效益进行分析和比较。该模式有两个特点，首先，对任何单位、项目或活动进行评价，均从成本和效益两方面入手；其次，在判断一个事项是有利（效益）还是无利（成本），是重要还是不重要（即确定各部分的权重）时，明确地站在公众的立场上。六分法中的其他各种绩效审计模式的内容将在本章随后各节中介绍。

以上介绍了绩效审计模式的不同分类体系，有些分类只是理论上的探究，并没有相应的实践活动，而有些分类则有相应的实践活动。根据这个区别，本节随后将对有实践活动的绩效审计模式做较详细的介绍，它们是：结果导向绩效审计、过程导向绩效审计、问题导向绩效审计、风险导向绩效审计。

三、结果导向绩效审计、过程导向绩效审计、问题导向绩效审计和风险导向绩效审计

（一）结果导向绩效审计

最高审计机关国际组织《绩效审计指南》指出，绩效审计一般是事后审计。所以，结果导向绩效审计又称为事后审计模式。由于新公共管理倡导以结果为导向，所以，结果导向是当前世界各国绩效审计的一个主导模式。在这种模式下，审计人员不是一开始就检查被审计单位的经管责任履行过程，而是直接检查经管责任履行结果，对其是否符合绩效标准进行评价。它的一般过程是：检查目标完成情况；分析效率、效果和经济性；分析原因；提出审计建议。该模式放弃了使用已久的对程序和系统的关注，而直接关注工作是否达到了预期的目标。在结果导向模式下，审计人员对被审计单位绩效结果进行分析评价，

以此为线索追踪到导致结果的原因，追踪到业务过程和活动之中，然后对这些过程和活动进行详细审计。这里的结果通常是指经过审计被证实为真实与合法的财务会计报表资料或根据绩效考核指标所计算的数据。被审计单位一定时期的绩效通过财务会计报表和业务报表反映出来，审计人员在鉴证这些资料准确无误后，就可以计算与被审计单位有关的绩效评价指标，然后将计算结果与一定的标准进行比较，对差距较大的指标进一步分析，找出绩效变化的原因。为了保证对关键原因分析的可靠性，审计人员还会采取一定的方法进行验证，直到反映真实情况为止。

这种模式的优点是，审计证据易收集，审计目标易实现，占用审计资源更少，但它只能“秋后算账”，无法有效发挥预防作用。

结果导向绩效审计是当前世界各国政府绩效审计的主导模式，其原因有两个方面：第一，源于社会公众的问责需求。公共部门的绩效审计实质上是代表社会公众来监督政府对公共资源或财政资金的管理和使用。社会公众或立法机构最为关心的一般是公共资源的使用结果而不是管理和使用过程。因此，绩效审计工作的设计应该以“结果”为导向，向社会公众、立法机构等提供他们所关心的“公共资源使用结果”及“政府业绩”方面的信息。这就使得结果导向模式应该成为政府绩效审计的主导模式。当然，这里的“结果”的含义可能在不同的国家有不同的理解，对于不同的审计项目内容不同。总体来说，其主要内容可以归纳为经济性、效率性和效果性。第二，源于审计资源的限制和审计风险控制。在有限的审计资源条件下，如何有效地开展绩效审计以满足社会公众的问责需要，是审计机关需要认真研究的问题。从审计取证思路来说，就是要在事前审计、事中审计、事后审计以及全过程审计模式中进行选择。事前审计模式是一种带有预测性质的分析和评估。这种模式所获取的审计证据大多为预测性质的证据。这需要审计人员必须具有更多的专业知识，必须具有更高超的分析预测水平和技术，所以，这种事前审计证据更难收集，审计的风险也更大。因此，不是绩效审计最优的审计模式。事中审计模式是以管理过程或控制系统为导向的绩效审计。一般来说，对控制系统、管理过程进行分析成本较高，而且确定控制系统缺陷对预期结果的影响也比较困难。因此，对于以政府及非营利组织为主要审计客体的政府绩效审计来说，这一审计模式的成本明显过高。全过程审计模式包括事前审计、事中审计和事后审计。该模式不仅需要更多数量和更高素质的审计人员，而且需要更多的审计经费和审计时间。就事后审计模式来说，其获取的审计证据一般都是已经发生的事实证据，审计人员比较容易获取这些审计证据，因而审计的风险相对不大。同时，由于事后审计不需要对复杂的政府管理过程和程序进行全面审计，因而审计成本也相对不高。所以，相比而言，事后审计是可选择的绩效审计。

（二）过程导向绩效审计

过程导向绩效审计是以绩效产生过程为审计主题的绩效审计模式。这种模式的理论基础是过程方法论，它认为，过程是结果的保障，基本思想包括：通过对过程实现动态循环改进，从而不断提高目标达成程度；通过识别关键过程、重点过程，以及关键过程、重点过程的后续开发和持续改进，促进以目标为关注焦点的形成和提高目标的达成程度；了解所有过程和这些过程的相互间的关系，更加有效地分配和利用组织的现有资源；通过过程方法提出过程的输入要求，对过程的输出结果进行检查，提供必要的资源，把过程的各项活动展开，充分发挥过程所涉及的所有部门与人员的作用；过程的策划、控制与改进是过程管理的基本环节。

根据过程方法论，过程是结果的保障。没有持续可行的绩效产生过程，就不可能持续可靠地实现绩效目标。所以，过程导向绩效审计关注绩效产生过程，通过识别绩效产生过程的缺陷，实现绩效产生过程的持续改进，进而为绩效目标的达成奠定基础。

从本质上来说，过程导向绩效审计的审计主题是绩效产生过程，也就是制度，这与其他各类绩效审计模式具有很大的不同。特别是，在结果导向绩效审计模式下，寻找绩效差异原因时，可能追踪到绩效产生过程，但是，此时对绩效产生过程的追踪是寻找绩效结果的差异原因，本身并不对绩效产生过程本身发表意见，所以，过程导向绩效审计模式下对绩效产生过程的关注，与结果导向绩效审计模式对绩效产生过程的关注有很大的不同。

（三）问题导向绩效审计

问题导向绩效审计，是结果导向绩效审计的一种特例。它是指审计人员以被审计单位暴露的突出问题为线索，从问题发生的原因追查被审计单位业务运行和管理的薄弱环节，提出针对性的改进建议的审计方法。这种审计模式的应用前提是重大问题已经暴露。

问题导向绩效审计，主要关注问题的确认和分析。在这一审计模式下，缺点和问题是审计的起始点，而不是审计的终点。该审计模式的主要任务是核对问题的存在，并从不同角度分析其原因，在此基础上通过完善相应的体制、机制、制度等，来推进问题的解决，达到发挥审计建设性作用的目的。

在具体实践应用中，问题导向绩效审计需要着重把握以下几个关键点：

第一，从问题出发确定立项选择。在项目的选择中要注重三个环节：注重项目选择来源渠道的广泛性；注重项目关注问题的实地调查和多方确认；注重项目效果的预见性分析。

第二，通过分解问题确定审计的主要内容。项目确定后，将审计要回答的总括性问题，自上而下分解为多个层次的子问题，形成"逻辑结构树"。通过不断发展逻辑结构树直至最低层，确定基本审计任务，确定完成审计工作所需的资源，合理分配审计人员的工作。该逻辑结构树可以帮助审计人员明确审计目标，从杂乱无章的信息中，筛选出有价值的审计证据，并用这些证据搭建出一座通往审计目标的桥梁。

第三，在实施过程中寻找评价标准。问题导向绩效审计，主要关注问题的确认和分析，因此，需要在审计实施过程中，通过对审计事项的全面了解和深入分析，寻找到恰当的评价标准。

第四，对问题产生的原因进行综合提炼。问题的原因分析是问题导向绩效审计的主要内容，问题的原因分析可以分为三个层次：一是直接原因，二是体制、机制、制度的制约，三是经济社会发展的约束。

第五，提出解决问题的多层次建议。针对原因分析的三个层次，相应的审计建议也可以分为三个层次：对于问题产生的直接原因，提出个性化解决办法，采用一对一的问题解决方式；对于体制、机制、制度的制约，向被审计单位、主管部门或有关决策部门，提出改进和完善的建议；对于经济社会发展的约束，应阐明问题和原因的性质，对经济社会制约因素的演化过程进行必要的分析，为最终改进问题提供一个面向未来的、不断发展的思路框架，并提交有关分析报告给决策部门。

第六，强化审计结果利用。发现问题和分析问题仅仅是绩效审计的初步目标，最终目标是发挥审计的建设性和预防性作用。要提高审计结果利用效果，关键是区分不同对象对审计结果利用的不同需求，开发出多层次的审计成果，推进审计成果的综合利用。

（四）风险导向绩效审计

风险导向绩效审计立足于对绩效审计风险进行系统分析和评价，并以此为出发点制订审计计划，实施审计实务。这种模式强调对被审计单位的组织风险的关注与评估，并以此为核心，对效果性、效率性和经济性等进行审计。这里所说的风险是指被审计单位的各个业务部门、各项业务活动和各项财产物资，受到不确定因素的影响，导致绩效不利变动的可能性，所以，这里的风险是指绩效目标不能达成的风险，也就是绩效风险。风险导向绩效审计模式下，审计人员以绩效目标为基础，对被审计单位的各项业务或财产物资进行风险评估，按照风险评估结果的高低来确定进一步审计的内容。

风险导向审计使审计人员从被动地承受风险转变为主动地控制和降低审计风险，在提高审计效率的同时，又有针对性地控制和降低了审计风险，在一定范围内控制并且减轻了审计人员的责任，从而为绩效审计开拓了新的思路。但是，从实质上来说，风险导向绩效审计是以绩效风险评估为基础来开展绩效审计，而绩效风险主要指绩效目标达成风险，所以，这种审计模式事实上是结果导向绩效审计模式的具体实施模式。

根据以上分析，过程导向绩效审计模式是以过程为基础的审计模式，其审计主题是制度，所以，过程导向绩效审计本质上是制度审计；而问题导向绩效审计是结果导向绩效审计的特殊情形，风险导向绩效审计是结果导向绩效的具体实施模式。所以，总体来说，就绩效审计的基本思路来说，结果导向绩效审计是主要模式，包容了问题导向绩效审计和风险导向绩效审计。如果将风险导向绩效审计和导向绩效审计结合起来，可以称为基于风险的结果导向绩效审计。这种绩效审计模式是结果导向，这是绩效审计的特征，但是，其审计取证思路是以绩效风险评估为基础，这就显现了绩效审计与财务审计、合规审计、制度审计的共性。

第五节　绩效审计的基本情形和基本步骤

本节的主题仍然属于绩效审计究竟“怎么审计”的问题，是在绩效审计模式的基础上，介绍绩效审计基本步骤。然而，绩效审计的类型较多，不同情形的绩效审计，其审计过程可能存在差异，所以，首先需要对绩效审计的基本情形予以分析，在此基础上，再确定以何种情形为基础来介绍绩效审计的基本步骤内容。

一、绩效审计的基本情形

审计基本过程一般包括审计准备、审计实施和审计报告三个阶段，绩效审计当然要包括上述三个阶段，但是，可能在有些情形下，还要增加一些阶段。并且，绩效审计有多种类型，从审计取证思路来说，绩效审计模式有四种类型：结果导向绩效审计、问题导向绩效审计、过程导向绩效审计、风险导向绩效审计。从绩效审计定位来说，绩效审计有三种类型：绩效信息鉴证型审计、绩效水平评价型审计、绩效差异改进型审计。将审计取证思路和绩效审计定位组合起来，绩效审计的基本情况见表13–5。

从逻辑上来说，表13–5所示的12种绩效审计组合情形，其审计过程都会存在差异，但是，会有较大的共性。为了避免内容重复，没有必要分别介绍这12种情形下各自的审计

表13-5 绩效审计的基本情形

项目		绩效审计定位		
		绩效信息鉴证型审计	绩效水平评价型审计	绩效差异改进型审计
绩效审计取证思路	结果导向绩效审计	★	★	★
	问题导向绩效审计	★	★	★
	过程导向绩效审计	★	★	★
	风险导向绩效审计	★	★	★

★表示可能有这种组合

过程，而是找主流情形。根据本章前面的分析，就审计取证思路来说，基于风险的结果导向绩效审计是主流模式；就审计定位来说，绩效信息鉴证型审计、绩效水平评价型审计、绩效差异改进型审计三种情形中，前者是后者的简化，后者可以涵盖前者，所以，需要从绩效差异改进型审计来介绍绩效基本过程。

二、绩效审计基本步骤

一般来说，审计基本步骤包括审计准备、审计实施和审计报告三个阶段，但是，绩效审计需要有的放矢，所以，需要选择审计项目；另外，绩效审计对发现的问题需要进行后续跟踪，所以，需要增加审计成果应用阶段。如此一来，绩效审计通常需要包括五个基本步骤：审计项目选择，审计准备，审计实施，审计报告，审计成果应用。下面，对各步骤做一个提纲性介绍。

（一）审计项目选择

由于审计资源限制，绩效审计项目需要选择，审计组织通常要采取一定的方法，从众多的待选项目中，选择拟实施绩效审计的项目。这个工作通常在编制年度审计计划时进行。绩效审计项目的选择是绩效审计的起点。审计项目选择如何，直接决定绩效审计效果，所以，通常需要审计组织的管理层高度重视。当然，在某些情形下，绩效审计可能已经成为法定审计业务，此时，就是根据法律的要求来确定绩效审计项目，而不是选择绩效审计项目。

（二）审计准备

在基于风险的结果导向绩效审计下，绩效审计准备阶段主要有五方面的工作，一是组建审计小组；二是发送审计通知书，民间审计接受委托从事绩效审计时，可能不一定需要发送审计通知书；三是进行初步业务活动，主要是为了制定总体审计策略和具体审计方案，而对审计客体进行初步了解；四是在此基础上，制定总体审计策略和具体审计方案。

（三）审计实施

在基于风险的结果导向绩效审计下，绩效审计准备阶段主要是实施总体审计策略和具体审计方案，包括以下工作：绩效信息真实性鉴证，绩效差异识别，绩效差异原因调查及对策建议，对违规及管理缺陷保持应有的职业警觉。

（四）审计报告

这个阶段的主要工作是基于审计实施获得的审计证据，形成审计结论，并以此为基础，形成审计报告，并与利益相关方沟通。绩效审计的不同定位，审计报告不同，绩效信息鉴证型审计会出具绩效信息鉴证报告，绩效水平评价型审计会出具绩效水平评价报告，而绩效差异改进型审计会出具绩效评估报告。

（五）审计成果应用

绩效差异改进型审计中，对于发现的绩效问题及其整改情况，审计组织还需要做进一步的跟踪，这是绩效审计成果应用的主要内容。此外，对于一些审计组织来说，对审计过程中发现的违规及管理缺陷责任人，可能还涉及处理处罚的问题，这也是审计成果应用。

各步骤的主要工作见表13-6。

表13-6 **绩效审计基本步骤**

审计步骤	各步骤可能的主要工作	不同审计定位的审计工作		
		绩效信息鉴证型审计	绩效水平评价型审计	绩效差异改进型审计
审计项目选择	1.法定审计项目的确定	★	★	★
	2.选择性审计项目的选择	★	★	★
审计准备	1.组建审计小组	★	★	★
	2.发送审计通知书	★	★	★
	3.初步业务活动	★	★	★
	4.总体审计策略和具体审计方案	★	★	★
审计实施	1.绩效信息真实性鉴证	★	★	★
	2.绩效差异识别	☆	★	★
	3.绩效差异原因调查及对策建议	☆	☆	★
	4.对违规及管理缺陷职业警觉	★	★	★
审计报告	1.形成审计意见	★	★	★
	2.编写审计报告及相关文件	★	★	★
审计成果应用	1.审计过程中的审计成果应用	★	★	★
	2.审计结果公告	★	★	★
	3.审计建议的后续跟踪	☆	☆	★
	4.审计处理处罚的后续跟踪	★	★	★

★表示可能有这种审计工作，☆表示可能没有这种审计工作

【复习思考题】

1.委托代理关系下为什么会出现代理问题和次优问题？

2.什么是绩效管理？绩效审计在绩效管理中如何定位？

3.绩效审计的本质是什么？

4.绩效审计终极目标是什么？绩效审计直接目标是什么？

5.绩效审计客体有哪些存在形态？

6.按什么原则来选择绩效审计主体？

7.经济性、效率性、效果性、公平性、环境性各自的含义是什么？

8.绩效审计业务类型有哪些情形？

9.什么是绩效信息鉴证型审计？

10.什么是绩效水平评价型审计？

11.什么是绩效差异改进型审计？

12.绩效审计环境影响绩效审计的路径有哪些？

13.绩效审计模式有哪些？什么是结果导向绩效审计？什么是问题导向绩效审计？什么是风险导向绩效审计？

14.绩效审计基本步骤包括哪些阶段？

主要参考文献

［1］阿伦斯，埃尔德，比斯利．审计学：一种整合方法［M］．谢盛纹，译．14版．北京：中国人民大学出版社，2013.

［2］陈汉文．审计［M］．北京：中国人民大学出版社，2016.

［3］陈希晖．审计法规与准则［M］．大连：东北财经大学出版社，2016.

［4］克涅科，索尔特里奥，马卢．审计：增信服务与风险［M］．刘霄仑，李晓慧，刘凤芝，译．大连：东北财经大学出版社，2011.

［5］刘明辉．审计［M］．6版．大连：东北财经大学出版社，2017.

［6］王会金．审计学［M］．北京：中国时代经济出版社，2014.

［7］王会金．现代企业财务审计［M］．3版．北京：中国财政经济出版社，2010.

［8］中国注册会计师协会．审计［M］．北京：中国财政经济出版社，2017.

［9］中国注册会计师协会．财务报表审计工作底稿编制指南［M］．2版．北京：经济科学出版社，2012.